语言类型学集刊

BULLETIN OF LINGUISTIC TYPOLOGY

第二辑

[illegible] 主编
[illegible] 夏俐萍 副主编

上海教育出版社

目　录

The Debate on Comparative Categories(Concepts) in Typology
语言类型学界有关比较范畴(概念)的争论

Randy J. LaPolla （罗仁地）

Some definitions:

ALT	Association for Linguistic Typology(语言类型学协会)
LingTyp	Listserv list for the ALT(语言类型学协会电邮讨论网)
Descriptive categories	categories used for describing the phenomena of individual languages(描写个别语言的时候用的形态句法范畴)
Comparative categories/concepts	categories/concepts used for comparing languages (比较不同语言的时候用的语义或者语义/形态句法范畴/概念)

Background:

For quite a while there has been debate in the field of typology about the nature of the categories or concepts used in typological comparison and the difference between these categories or concepts and the categories used in describing individual languages.

In early 2016 there was a debate on LingTyp on this topic, and this debate was seen to be very significant, and so the Editor of *Linguistic Typology* produced a special issue of the journal *Linguistic Typology* (20.2) on this topic with position papers written by the members who had participated in the online debate. I would like to present the debate here, to clarify the issues, and also point to a particular insight that came out of that debate and a following one early this year, and discuss its implications.

The full 2016 discussion is available as a doc file in the LingTyp archives at http://listserv.linguistlist.org/pipermail/lingtyp/2016-January/thread.html under the heading "Structural congruence as a dimension of language complexity/simplicity".

The issues:

The discussion of comparative categories began with criticisms from Jan Rijkhoff and myself about methodology in word order studies, particularly the confusion of functional/semantic and formal categories, and not addressing them both (distinguishing them) in doing comparative work (18 Jan 2016).

- Matthew Dryer (19 Jan) replied that he spent years studying the interaction of semantic and formal categories, and "[t]he result is that while the syntactic realization sometimes makes a small difference, it is overall irrelevant: by and large, generalizations over semantic categories apply the same, regardless of the syntactic realization."
- Dan Everett (19 Jan) then said, "One of the biggest problems in this regard that I have noticed is in grammars of individual languages. Fieldworkers sometimes confuse semantic and formal categories in the grammars, classifying as a syntactic structure a semantic category."
- I then replied (19 Jan): "Dan's point is very important. For example, most people describing languages do not know how to distinguish agents, topics, and syntactic pivots ('subject'), and just call anything that occurs initially as 'subject'. Sometimes even when the linguist is clear on the difference, they still use the word 'subject'. E.g. Y.R.Chao, in his grammar of spoken Chinese, clearly stated there is nothing like what is referred to as 'subject' in English, as all clauses are simply topic-comment, but he still used the term 'subject' for what he said was purely a topic. This has confused generations of linguists, and they call Chinese SVO, which not only implies that Chinese has such categories, but also that these categories either determine or are determined by word order. See the fol-

lowing paper arguing against the use of such shortcuts, and arguing for more careful determination of the factors determining word order in a language:

LaPolla, Randy J. & Dory Poa. 2006. On describing word order. Catching Language: The Standing Challenge of Grammar Writing, ed. by Felix Ameka, Alan Dench, & Nicholas Evans, 269—295. Berlin: Mouton de Gruyter.

www.ntu.edu.sg/home/randylapolla/Papers/LaPolla_and_Poa_2006_On_Describing_Word_Order.pdf

- Matthew then replied, "Randy says that calling Chinese SVO implies that Chinese has such categories. I am surprised that he would say that. I would have thought it was obvious that **classifying languages typologically does not entail that the terms employed in the typological classification correspond to categories in the language.**① Nor does it mean that these categories determine or are determined by word order. I have certainly made that clear in my work that **classifying a language as SVO makes no claim about the categories in the language, nor that these categories determine word order even if the language has such categories.**"
- I then replied (19 Jan): "Hi Matthew, Are you kidding me? Do you really think that when people read a characterisation of word order in a language which says the language is Subject-Verb-Object that readers are not going to assume that the language not only has those categories, but that they must be significant in the determination of the word order (or vice versa) for such a characterisation to be used? Why else would anyone use such a characterisation? And if it doesn't imply the existence of these syntactic categories or their relation to word order, why use such a characterisation?... You are saying the categorical labels you use in your typological classifications have no relation to the actual typological facts of the language. So, for example, we apply the category label 'subject' to a language, even though we know it doesn't have anything like a subject. Do you really want to say that? My own view has always been to stick with the actual facts of

① I have added bold to some sections to highlight particularly important statements.

the languages. I don't know what use a typological classification that was not based on the facts of the languages would have."

- Matthew then replied (19 Jan-partial): "As I argued in Dryer (1989), languages in which word order does not code grammatical relations and in which the word order is not based on grammatical relations but in which VO word order is more common tend to have word order properties associated with VO word order, like prepositions, while analogous languages in which OV word order is more common tend to have word order properties associated with OV word order, like postpositions. **What this means is that the GRAMMARS of what I classify as VO languages have nothing in common. It is only the languages that have something in common at the level of usage.**"
- I then replied (19 Jan-partial): "In terms of the correlations you talk about among languages that manifest what is (from my view problematically) subsumed under the VO or SVO rubric, **my view is that we should look for the reasons why, in terms of information structure, structural pivots, historical development, or whatever, the languages manifest the particular patterns they do.** Simply lumping them together under a single rubric does nothing but categorise them, and doesn't explain anything."
- Matthew then further explained (20 Jan-partial, two different posts):

  "... since the number of possible types is presumably infinite, typology necessarily lumps together languages which are some level are clearly different. Even if I lump together types of languages which differ in some crucial way in their grammatical system, I feel obligated to justify grouping them together. That is the basis for my grouping together languages in which there is a grammatical rule that defines the language as what I would call SVO and languages where there are no syntactic rules governing clause word order, but where the pragmatic factors governing word order and the frequency in discourse in which those different pragmatic factors arise result in more frequent SVO order at the level of frequency in usage."

  "The class of languages I treat as SVO is defined roughly as those languages where the statistically dominant order in usage is AVP. **There is nothing that the grammars of this set of languages share: these languages resemble**

each other only at the level of usage, not at the level of grammar."

- Bill Croft then came back to the original issue (21 Jan-partial):

"Dan commented that the use of terms in grammatical description is not always clear, in particular that grammatical and functional categories are confused. This is a major and serious problem. Related to it is that (hybrid) comparative concepts are confused with language-specific concepts, or are poorly defined—this is the sense in which someone uses the term 'adjective' or 'ergative', or more typically argues that a language does not have 'adjectives' or is not 'ergative', in some crosslinguistic sense. As David Beck notes, this is usually a pointless or meaningless exercise ... People very commonly interpret typologists' talk of comparative concepts as language-specific grammatical categories or word classes...

Matthew takes the view that 'grammar' and 'usage' are completely separate ... and appears to say that 'grammar' forms a 'system' (in the structuralist sense?) that has nothing to do with crosslinguistic categories that typologists use to formulate language universals about things like word order or the past perfective. I disagree with those assumptions about what I would call a grammar, that is, what a speaker knows about her language (hence the scare quotes in the preceding paragraph). The crosslinguistic diversity of grammatical behavior that led typologists to conclude that grammatical categories are language-specific is mirrored by the diversity of grammatical behavior of words and phrases across constructions that leads to the conclusion that categories are not just language specific but construction-specific (Croft 2001 etc.). **The same patterns that in one language are (or seem to be) categorical distinctions are found in other languages as token frequency differences; ... These observations break down the barrier between 'grammar' and 'usage', and also mean that language-specific categories are not fundamental building blocks of grammatical description but one side of a rich and complex relationship between constructions and the units that fill the roles in the constructions."**

- Peter Arkadiev then replied (21 Jan): "... in my view (shared by many, I dare say), if a language has OV as only the most frequent pattern in usage, with some alternative orders as subsidiary patterns, **this is certainly a fact about that language's grammar, and this fact has to be reflected not only in the grammatical description of this language, but in the typological classification thereof, as well.** At least under certain granularity of typology, as allowed by our comparative concepts. Otherwise we might miss something very important."

- Martin Haspelmath then echoed Matthew Dryer's position in saying (23 Jan), "if grammars are analogous to genomes, the totality of our linguistic behaviour (within a speech community) is analogous to phenotypes. I would say that typologists generalize over these phenotypes—compare Matthew's point that usage frequencies also play an important role for word order typology."

Summary of debate:

It became clear that we all agree that there are no cross-linguistic formal categories (see e.g., Dryer 1997, 2016; Croft 2001; Haspelmath 2007, 2010b, 2017), and so language description should be inductive and based on the facts of the language, and that language-specific descriptive categories used in describing a language are unique to that language, and that comparative categories are abstractions away from the actual details of the language-specific categories. We differ though in how far we feel the abstractions can go from the actual facts of the language. We also differ in terms of what we consider to be "the facts of the language", as Dryer and Haspelmath argue that there is a difference between the grammar of a language (the conventions the speaker follows) and the actual usage manifested in the texts of the language, essentially the Structuralist distinction between langue/competence vs. parole/performance, and argue that typology is based on parole/performance, and not langue/competence/grammar. Jan Rijkhoff, Peter Arkadiev, Bill Croft, and I independently argued that there is only what is manifested in the texts and so usage is the grammar of the language and so the facts of the language, and so there is no justification for ignoring the reasons for the patterns being the way they are.

My reaction:

In my paper for the *Linguistic Typology* special issue on this question, I argued that in doing both description and comparison we should work inductively, staying true to the facts of the languages as manifested in natural data, and not resort to extreme abstractions that lead to classifying languages or constructions in a way that obscures the diversity of the structures of the languages:

> "Within the Structuralist paradigm and the Boasian tradition in language description, language particular categories are established on the basis of an inductive analysis of the morphosyntactic distribution of forms in texts in a particular language. The functions ascribed to the forms are inferences based on their distribution. The labels used for the categories that emerge from the analysis may be those used in the description of other languages, as long as there is enough of a 'family resemblance' between the two categories. That is not the same as equating the two, or imposing a category that has no justification in the language ("apriorism"), or saying that there are crosslinguistic categories, but is simply saying that the category which needs to be described to make sense of the use of the form in that language is in some way similar to a category posited for another language and so can take the same label, like a greyhound and a beagle are both given the label 'dog' even though there are many differences between them." (LaPolla 2016b: 365)①

> "Comparative categories are dependent on descriptive categories, as they are idealizations or prototypes formed on the basis of the family resemblances found in the descriptions. The International Phonetic Alphabet is an example of this, creating idealizations or prototypes of sounds found to be used for distinguishing meaning in language use, or, in the case of the Cardinal Vowels, sounds that can be defined in a relatively objective

① See also Dryer 2016: 307—308 on the use of labels for categories in language description that are the same as those used for other languages "based on striking similarity to categories in other languages for which these labels have been used".

way so that they can be used as reference points for language-particular descriptions. As with the IPA, the grammatical comparative categories often are given the same labels as used in the descriptions, as Latin or English (or Chinese in the context of China) categories are taken as key reference points." (LaPolla 2016b: 367)

Matthew Dryer and Martin Haspelmath argue, though, that typological comparison of languages does not depend on the individual descriptions of the languages, and is a separate enterprise altogether. Typologists are free to create categories and apply them at will to languages, using the same labels as used in many descriptions, even if the language does not manifest the particular feature identified in the label, and the reader is supposed to know that the comparative categories do not mean the same thing as the descriptive categories.

Aside from the problem of the competence vs. performance view that Dryer and Haspelmath work with, there is also a logical problem in assuming that even though the languages don't manifest the features identified in the label, they can still be given that label. In my paper I used an analogy that was discussed in the online debate, "wings" as a comparative category. From at least some perspectives saying bats and birds both have wings is not problematic, because there is enough of a family resemblance between the structure and function of the wings of birds and the membranes of bats to justify including them in the same category, but what Dryer is talking about (e.g., classifying Chinese as SVO even though the word order is controlled by information structure and not controlled by factors such as Subject and Object or A and P—which is how Dryer defines "Subject" and "Object" in Dryer (2013)—because in texts counts A's occur more frequently in initial position) is equivalent to saying that not only can birds and bats be classified as winged entities, but rockets can also be classified as such, because they have flight properties associated with winged entities. That is, ignoring the fact that the A's occur more often in initial position in Chinese because they are more often topical (and not because they are S or A) and classifying the language as SVO is the same as saying that since a bird flies because of its wings, and a rocket flies, we can classify the rocket as a winged entity. I don't find this type of classification helpful. As argued in LaPolla & Poa 2006, it is better to look at the factors that actually determine the word order patterns in the languages, and then we can compare languages in terms of those factors.

Haspelmath's comparative concepts (e.g. 2010, 2016, 2017) are not different from the concepts we have been using all along in typology and description, except that he argues that there does not need to be a connection between what I think are the facts of the language and the way it is categorized typologically, agreeing with Dryer. This is something I have been arguing against for many years (see, e.g., LaPolla 2002, presented at a conference in 1994) because I think it is confusing to non-specialists, and because it does not produce useful results, as it makes language patterns that aren't similar look similar. For example, in word order typology, Dryer claims that the grammatical nature of a particular element makes no difference to how it patterns grammatically, but that is not true of the languages that I am familiar with. For example, it is because clausal noun modifiers in Chinese are nominal that they appear in the same construction as nominal noun modifiers and also pattern the way they do, being able to appear either before or after the noun head depending on pragmatic factors, and having no syntactic constraints on the type of semantic relation possible between the head and the modifying clause (see LaPolla 2017). In Rawang (Sino-Tibetan; Myanmar) there are both nominalized and non-nominalized clausal noun modifiers, and they pattern differently precisely because of their nominal vs. non-nominal status (see LaPolla 2008).

Although I believe the Structuralist paradigm ("basic linguistic theory") is problematic from a scientific point of view (see LaPolla 2016a), I recognize that it is still the dominant framework for language documentation and description, as well as typology, but the method must be used in a strictly inductive way, that is, no categories should be imposed on the language, and the labels used for the categories should follow the principles I discussed in Section 1 of LaPolla 2016b (partially quoted above), with each label/category explicitly defined.

Large scale language comparison, combing hundreds of grammars (of varying quality) and extracting forms that one thinks might fit one's comparative categories (regardless of what the author of the grammar might have said) can be quite problematic, and the limitations of the linguist's knowledge become all too obvious. It is much better to concentrate on languages one has a good knowledge of and contribute to typology by expanding our understanding of what is found in the languages and how we might understand it, including its historical origins. The denial of the relevance of history is another problem with the Structuralist approach: the question that started the debate was about "structural congruence as a dimension of language complexity", and the idea was to look for mystical harmony principles for the facts of word order, when in fact simple reference to the history of the language often explains the facts, e.g., if you have a possessive construction where reference to the possessor precedes reference to the possessed, and in the case of some words that construction is reanalysed as an adposition construction, as often happens, then you end up with "structural congruence" between the adposition construction and the possessive construction. See LaPolla 2002 for discussion of this and other problems with the methods and explanations used in word order typology.

In my contribution I also presented a non-Structuralist alternative view of communication and typological description, based on a theory of communication and the related cognition I have been developing for more than 20 years (see LaPolla 2015, 2016a for the most recent presentations, and LaPolla & Poa 2002 for a presentation in Chinese). In this view, communication is not based on language, but on abductive inference of the communicator's intention in performing a particular act with communicative intent, and language is seen as arising from the desire to constrain the inferential process in particular ways. Both individual language description and typology can be done by looking at whether or not the languages of interest constrain the inference of a particular aspect of meaning (which can be seen as an area of semantic space), and if so, how. For example, if we are interested in comparing languages in terms of constraining the interpretation of the inference of the time of an action relative to the time of speaking, we can ask if the languages do it only lexically or do they do it with conventionalized morphological constructions, and, if they have conventionalized constructions for this, we can look at to what extent they "cut up" the possibilities, e.g., past vs. non-past, or three degrees of past vs. non-past, or past vs. present vs. future; and also we can ask what specific morphosyntactic form the construction takes. This gives us the full diversity of language structures, rather than obscuring that diversity.

The "genifier" debate:

The issue came up again on the LingTyp list in March 2017, as Martin Haspelmath proposed a new comparative category that lumped gender systems and classifier systems into one category, called "genifiers". Again I and others opposed such a move, as we saw it as categorisation that obscured the facts of the languages (gender marking and classifiers are doing different things). During discussion of this offline with Martin, he sent me a paper he had just finished, a draft of his reply to the papers in the *Linguistic Typology* special issue on classification. In that paper, Martin (2017) says that what he means by the use of the expression "the facts of the language" is different from my use of the expression "the facts of the language" (as in the title of my 2016 paper: "On categorisation: Stick to the facts of the language"). He says that what I am talking about is not the facts of the language, but the grammar of the language, what regulates the forms, whereas he is talking about the actual forms as spoken without regard to why they are the way they are. This again reflects his Structuralist assumption of a distinction between langue/competence vs. parole/performance, as he mentions in a footnote (Haspelmath 2017, § 10, p.19):

> "... the universal in (10a) entails a statement such as (10b).
>
> (10) a. In almost all languages, the subject normally precedes the object when both are nominals. (Greenberg 1963, Universal 1)
>
> b. In Mandarin Chinese, the subject normally precedes the object.

LaPolla (2016: § 2) objects to the claim that Chinese is an SVO language (which is a more specific claim than (10b), but otherwise very similar) because he has shown in earlier work that Chinese does not have any subject or object category, and he thinks that 'labeling [Chinese as an SVO language] implies that these categories either determine word order or are determined by it' (cf. LaPolla & Poa 2006). But again, this is not so. **(10b) is a correct factual statement about Mandarin Chinese (assuming that 'subject' means S/A, and 'object' means P), and it is not a rule of Mandarin grammar.** * LaPolla may be right that 'most people who see a description of Chinese as SVO will in fact assume that the label was given to the language because those categories are significant for determining word order in the language' (2016: 370). But if they do, they have not understood the difference between describing a language and classifying a language from a comparative perspective. These two are different enterprises—not completely unrelated, because both are based on the facts of the language, but also not identical ... **Thus, what we compare across languages is not the grammars (which are incommensurable), but the languages at the level at which we encounter them, namely in the way speakers use them.**

* Footnote: Confusingly, LaPolla (2016) uses the expression 'the facts of the language' in the sense in which I use 'rules of the language' (this strange terminology may be motivated by his rejection of 'structuralism' and the competence/performance distinction)."

In response to this, I replied (email 27 April), "In reference to what you say in § 10, my problem is that by saying what you say as a 'factual statement', you are not representing it in the most relevant way, which is to say topics occur before the verb, and it just happens that A and S are more often topical than not, and so end up in that position. The language is structured differently from IE languages, and yet typology in many ways is still forcing all languages into an IE structure."

He replied (27 April-partial): "Exactly. It's a correct factual statement, but not a good way to formulate the rules of the language. That's why typology cannot be based on the rules of languages, but must be based on the facts of languages."

I then said (27 April): "When you say 'we need typology for an understanding of the facts of languages in functional terms' I am in full agreement, but we seem to differ somewhat on what counts as the facts of languages. For me it is more interesting to look at the functional diversity of the uses of language structures rather than just the resulting structures themselves without reference to their use or motivation. That doesn't mean you can't do comparison, it is just not simple structural comparison, it is comparing the languages in terms of the cognitive and cultural categories manifested in the individual languages."

His reply (28 April): "I guess that I'm a bit more pessimistic than many other functionalists with respect to the possibility of finding functional explanations in individual languages. Of course, one can often say interesting things, but it seems to me that these are always hypotheses that need to be tested by large-scale typology."

My reply (29 April): "... **my point was that in making the statement in terms of A/S or 'subject' it makes it seem as if that is the causal factor, so I would prefer statements that really do include the clausal factor, e.g. information structure in the case of Chinese. If a language has grammaticalised A/S pivots in a majority of constructions in the language, then one might be able to make a statement that the word order reflects this A/S pivot, leading to the word order pattern we find most often, but if there is no evidence of that, then other factors should be identified as resulting in the patterns found.**"

So here I realised the major difference between our positions was in whether we had an interest in understanding causation as a goal of typology (or any comparative linguistics) and also whether causation was an operative factor in our comparisons. I argue causation should be a factor in our comparisons, and also that understanding causation is a goal of comparative linguistics, while Haspelmath thinks otherwise:

His reply (29 April): "I never use the term 'causal factor' at the level of language-particular conventions. Speakers obey rules because they are conventional, not because they are functional. **I think functional considerations (and 'causal factors') come in only at the level of cross-linguistic generalizations ... [Relative to last part of above-RJL]: Here you are talking again about language-particular rules."**

My reply (7 May): "Yes, they become conventional, but the pattern had to be motivated at some point in order to be used often enough for it to become conventional. As functionalists, one thing that distinguishes us from the formalists is we go beyond stating what the pattern is and try to explain how it came to be conventionalised ... **Yes, but it is relevant in comparison as well, and this is the main thing you and I have been disagreeing on, I think: I think that the facts that explain the patterns found in the languages should be operative in the comparisons, rather than the comparisons being done simply on a string of words with no reference to why the words are in the order they are ... It seems you are saying we can explain something in one language only if the explanation holds for a lot of other languages. I don't think that's right, unless you only mean in terms of universals rather than language-specific explanations."**

His reply (8 May): "**Yes: I think the comparisons should be neutral with respect to possible explanations—they should involve only the conventions, or the behaviour of the speakers, but not the explanations, because I think that it's too hard to talk about explanations at the particular level** ... Yes, I do think that communicative explanations must apply to all languages, i.e. they can explain universals, but not specific phenomena in specific languages. To the extent that a specific phenomenon instantiates a universal, it becomes more understandable, of course, but the explanation is at the universal level. How exactly it operates in specific languages is not explainable, I think—there are too many historical accidents."

What I intend when I say we should look at "causation" is that we need to understand why the speaker's output is the way it is, what caused it to be that way, rather than just looking at the output without reference to why it is the way it is, as Haspelmath and Dryer argue we should do. To give an example, in phonetics we can look at a sound wave produced by a speaker (the output, Haspelmath's "facts of the language"), and compare sound waves across languages, for example saying that this language and that language both have lowered 3rd formants on some vowels, but that doesn't tell us why the formant is lower, just that it is. There are several reasons why the 3rd formant might be lower, so we would want to see what the cause of the lowering was and then compare the languages in terms of which ones have lowered 3rd formant due to tongue retroflexion, which ones have it due to tongue root retraction, which ones have it due to lip protrusion, which ones have it for some other reason, and see what features are concomitant with that particular articulation. To give a non-linguistic example, if two patients came to a doctor's clinic, and both had a cough, we would want to first determine why they were coughing, and possibly find that one had black lung while the other simply had a cold, rather than just say they both have a cough and so should be treated the same way.

Summary of what I think are the differences in our positions:

Martin Haspelmath and Matthew Dryer argue that

a) in doing comparisons, in most cases one can ignore the morphosyntactic facts of the patterns found and do comparisons on a largely semantic basis, and

b) one can ignore the causes of the patterns being compared, and just directly compare the forms without consideration of why the forms are the way they are.

I argue that

a) it is necessary to take into account the actual morphosyntactic realisation in, for example, constituent order studies, because, contra Dryer, the nature of the morphosyntactic element does influence the pattern it manifests, and

b) we need to consider the reasons why the pattern is the way it is, otherwise you end up comparing very different systems that just happen to produce similarly-looking results. (e. g. the rocket's propulsion system and the wings of the bird both result in the object flying, but classifying the rocket as a winged entity because the result (flying) is the same as for entities with wings does not make sense, as the reason for the flying is completely different.)

Returning to our linguistic example, word order in Mandarin Chinese is determined by information structure, not by grammatical relations or mood, while in English word order is determined by grammatical relations and the marking of mood.① From Dryer and Haspelmath's point of view the two languages can be lumped together in a category called "SVO" just because they happen to both end up with a verb-medial pattern in many clauses. As with the rocket example, I think that this is not an empirically valid or methodologically defensible way to do comparison. I also think it obscures the diversity of linguistic forms, and of course doesn't address causality at all. This relates to our goals in doing comparative linguistics, and it may be we have different goals. For me the goal is to investigate the diversity of patterns in languages and determine the reasons for the patterns being the way they are, and so the more finely detailed we can get in understanding the diversity the better, and that is why I oppose lumping languages together in a way that obscures the diversity of structures and their motivations.

When I finally came to understand Dryer and Haspelmath's position this past May, it came as quite a revelation and a shock, as all along I had assumed all linguists were interested in causation, that is, why the forms in languages are the way they are.② In my 2002 paper I criticised the type of implicational universal given in Haspelmath's (10a) above for (among other things) showing only correlation, not causation. But I was missing the point that they were not trying to show causation, but only correlation based on superficial

---

① See LaPolla 2009 on Chinese clause structure, and Michael Halliday's brilliant analysis (e.g. 1994) of why English structures are the way they are. See also LaPolla & Poa 2006 for a summary and comparison of the factors that determine clause structure in English, Chinese, and Tagalog.

② Dryer, in his excellent contribution to the LT issue (2016: 315), says "The differences among languages arise because of competing motivations (Haiman 1983; Du Bois 1985; Croft 2003), where different explanatory forces compete with each other and languages differ because different explanatory forces win out in different languages." Yet in doing comparative work argues for ignoring these explanatory forces.

formal or simply semantic resemblance. This issue is on the one hand a question of methodology, but on the other hand it also relates to our most fundamental notions of what language is and how communication works, and what the goals of comparative linguistics are. I have presented the debate here to encourage discussion of this issue and the related underlying issues.

References

Croft, William 2001 *Radical construction grammar: Syntactic theory in typological perspective*. Oxford: Oxford University Press.

Croft, William 2003 *Typology and universals. 2nd edn*. Cambridge: Cambridge University Press.

Dryer, Matthew S. 1989 Discourse-governed word order and word order typology. *Belgian Journal of Linguistics* 4: 69—90.

Dryer, Matthew S. 1997 Are grammatical relations universal? In Joan L. Bybee, John Haiman & Sandra A. Thompson (eds.), *Essays on language function and language type*, 115—143. Amsterdam: Benjamins.

Dryer Matthew S. 2013 Order of subject, object and verb. In Matthew S. Dryer & Martin Haspelmath (eds.), *The world atlas of language structures online*. Leipzig: Max-Planck-Institut für evolutionäre Anthropologie. http://wals.info/chapter/81 (accessed on 13 March 2016).

Dryer Matthew S. 2016 Crosslinguistic categories, comparative concepts, and the Walman diminutive. *Linguistic Typology* 20.2: 305—331.

Du Bois, John A. 1985 Competing motivations. In John Haiman (ed.), *Iconicity in syntax*, 343—366. Amsterdam: Benjamins.

Haiman, John 1983 Iconic and economic motivation. *Language* 59: 781—819.

Halliday, M.A.K. 1994 *An Introduction to Functional Grammar, 2nd edition*. London: Edward Arnold.

Haspelmath, Martin 2007 Pre-established categories don't exist: Consequences for language description and typology. *Linguistic Typology* 11: 119—132.

Haspelmath, Martin 2010a Comparative concepts and descriptive categories in crosslinguistic studies. *Language* 86: 663—687.

Haspelmath, Martin 2010b Framework-free grammatical theory. In Bernd Heine & Heiko Narrog (eds.), *The Oxford handbook of grammatical analysis*, 341—365. Oxford: Oxford University Press.

Haspelmath, Martin 2016 The challenge of making language description and comparison mutually beneficial. *Linguistic Typology* 20.2: 299—303. doi:10.1515/lingty-2016-0008.

Haspelmath, Martin 2017 How comparative concepts and descriptive linguistic categories are different.ms, March 2017.

LaPolla, Randy J. 2002 Problems of methodology and explanation in word order universals research. In PanWuyun (ed.), *Dōngfāng yǔyán yu wénhuà*, 204—237. Shanghai: Dōngfāng Chūbān Zhōngxīn.

www.ntu.edu.sg/home/randylapolla/Papers/LaPolla_2002_Problems_of_Methodology_and_Explanation_in_Word_Order_Universals_Research.pdf

LaPolla, Randy J. 2008 Relative clause structures in the Rawang language. *Language & Linguistics* 9. 797—812.

www.ntu.edu.sg/home/randylapolla/Papers/LaPolla_2008_Relative_Clause_Structures_in_the_Rawang_Language.pdf

LaPolla, Randy J. 2009 Chinese as a Topic-Comment (not Topic-Prominent and not SVO) language. In Janet Xing (ed.), *Studies of Chinese linguistics: Functional approaches*, 9—22. Hong Kong: Hong Kong University Press.

www.ntu.edu.sg/home/randylapolla/Papers/LaPolla_2009_Chinese_as_a_Topic-Comment_Language.pdf

LaPolla, Randy J. 2015 On the logical necessity of a cultural connection for all aspects of linguistic structure. In Rik De Busser & Randy J. LaPolla (eds.), *Language Structure and Environment: Social, Cultural, and Natural Factors*, 33—44. Amsterdam & Philadelphia: John Benjamins.

www.ntu.edu.sg/home/randylapolla/Papers/LaPolla_2015_On_the_logical_necessity_of_a_cultural_and_cognitive_connection.pdf

LaPolla, Randy J. 2016a Review of *The Language Myth*, by Vyvyan Evans. Commissioned review for *Studies in Language* 40.1: 235—252. doi 10.1075/sl.40.1.09lap

www.ntu.edu.sg/home/randylapolla/Papers/LaPolla_2016_Review_of_The_Language_Myth.pdf

LaPolla, Randy J. 2016b On categorization: Stick to the facts of the languages. *Linguistic Typology* 20.2: 365—375.

http://www.ntu.edu.sg/home/randylapolla/Papers/LaPolla_2016_On_categorization-Stick_to_the_facts_of_the_languages.pdf

LaPolla, Randy J. 2017 Clausal noun-modifying constructions in Sino-Tibetan languages. In Yoshiko Matsumoto, Bernard Comrie & Peter Sells (eds.), *Noun-modifying clause constructions in languages of Eurasia: Reshaping theoretical and geographical boundaries*. Amsterdam: Benjamins.

http://www.ntu.edu.sg/home/randylapolla/Papers/LaPolla_2017_Noun-modifying_clause_constructions_in_Sino-Tibetan_languages.pdf

LaPolla, Randy J.(罗仁地)& Dory Poa(潘露莉) 2002《信息传达的性质与语言的本质和语言的发展》,《中国语文》第3期。

LaPolla, Randy J. & Dory Poa 2006 On describing word order. *Catching Language: The Standing Challenge of Grammar Writing*, ed. by Felix Ameka, Alan Dench, & Nicholas Evans, 269—295. Berlin: Mouton de Gruyter.

www.ntu.edu.sg/home/randylapolla/Papers/LaPolla_and_Poa_2006_On_Describing_Word_Order.pdf

（罗仁地　南洋理工大学　新加坡　RandyLaPolla@ntu.edu.sg）

寄生范畴：源于语法库藏限制条件的语义范畴*

刘丹青

提　要："寄生范畴"是在语言库藏类型学框架下库藏手段和语义范畴的一种非直接对应现象，即由于表达甲范畴的库藏手段在使用中存在语义条件乙的限制，因此语义乙也在该手段中得到隐性表达，成为寄生于甲范畴的语义范畴。本文先简述古今汉语中的三个寄生范畴实例：现代汉语复数标记"们"寄生生命度范畴，析取连词"或者"和"还是"寄生陈述—疑问的语气范畴，先秦汉语情态动词"可"寄生表被动的态范畴。文章主体着重考察了在多种方式类副词、表时间起点的介词连词和相对时间域名词寄生事态或时态范畴的情况，并比较了其他语言中的某些类似情况。论文最后总结了寄生范畴区别于语法库藏的目标范畴的一些特点，并讨论了寄生范畴现象的理论意义和对语言库藏类型学的推动。

关键词：寄生范畴　目标范畴　语言库藏类型学　语义条件限制　事态范畴

1. 寄生范畴的界定与实例

1.1　寄生范畴的界定

语言库藏类型学（刘丹青　2011，2012）致力于从跨语言视角研究形式和语义之间的复杂关系，关注特定范畴特别是显赫范畴的超范畴扩张及语言之

---

*　本文受中国社会科学院创新工程项目"汉语口语的跨方言调查与理论分析"资助。卢笑予博士帮助进行了专项语料统计分析。论文初稿曾先后在第三届语言类型学国际研讨会（2017 年 7 月 16 日）、北京语言大学汉语学院、中山大学中文系、法国高等社会科学中心东亚研究所等处报告，获 Walter Bisang、罗仁地（Randy LaPolla）、陆丙甫、金立鑫、程工、崔健、强星娜、林华勇、陆烁、贝罗贝（Alan Peyraube）、罗端（Redouane Djamouri）、柯理思（Christine Lamarre）、徐丹等诸多学者的指教讨论；于秀金、唐正大、白鸽、盛益民、周晨磊等几位也在微信群组讨论中提出有益意见；论文还得到《中国语文》多位匿名审稿人的宝贵意见。以上意见对论文改进帮助甚多，一并致谢。尚存疏漏皆属作者。

间的跨范畴对应。

在范畴扩张的种种表现中，有一种常见类型是由库藏手段在使用中的限制条件诱发的，即某范畴的语法手段因为使用中有某种语义条件限制，使得该范畴同时带上这种条件所代表的另一种语义范畴，本文称之为“寄生范畴”(parasitic category)[①]。而承载它们寄生的范畴则可以称为“宿主范畴”(host)。这里的宿主不是语言形式，而是带形式表征的语义范畴。

汉语工具书的释义，早已关注有些虚词使用时的特定语义条件限制。如《现代汉语词典》(自 1960 年试印本起，以下简称《现汉》)和《现代汉语八百词》(吕叔湘主编，1980 年。以下简称《八百词》)都指出了“再”和“又”不同的使用条件，即与事件的时间状态有关(引文为节录)：

(1)【再】zài 副词。①表示又一次(有时专指第二次)：～版|……机器没有～发生故障。注意 表示已经重复的动作用‘又’，表示将要重复的动作用‘再’。如：这部书前几天我又读了一遍，以后有时间我还要～读一遍。……。(《现汉》试印本)

(2)在表示动作重复或继续时，‘再’用于未实现的，‘又’用于已实现的。(《八百词》)

以上释义的正文，都指出了“又”和“再”表示又一次、重复一类意义，说的是“表示”。同时，补充说明“又”用于“已经”“已实现”，“再”用于“将要”“未实现”，说的是“用”和“用于”，显示这是用法，不同于副词“表示”的词义。

这样的释义方式很合理。本文想指出的是，如果用法是以语义限制为条件的，那么这一语义限制也构成了一种隐性范畴，寄生在显性库藏的目标范畴(即库藏手段本身旨在表达的语义)中，即寄生范畴。这属于语法库藏和语义范畴非直接对应现象。

对语法库藏和语义范畴的非直接对应现象，近些年有国外学者从不同的角度讨论过。Nesset(1999)认为，俄语定指范畴没有在语法上直接实现的条件，但是可以有“间接实现”的机制，例如句法上，名词短语可以在由语序表征的话题与焦点位置上分别获得有定和无定的解读。再如有些俄语名词通过宾

① 认知语言学有寄生范畴化(parasitic categorization)的说法，所指与本文不同，见温格瑞尔、施密特著、彭利贞等译(2009:83)。

格和部分格(以领格形式出现)与之对立,体现无指和有指的对立。他说的间接实现的范畴,用本文观点看,就是一种寄生范畴,即指称范畴成为依附于信息结构范畴或格范畴的寄生范畴。Chumakina et al.(2007)就 Archi 语的人称范畴,提出了"非自主范畴"(non-autonomous categories)概念,认为 Archi 语没有直接表征人称范畴的形态,但是在动词的数范畴和性范畴构成中,需要涉及人称因素,因此人称是 Archi 语中的一种非自主范畴。他们还指出,从库藏直接得到的范畴是现实范畴,而有些范畴则通过推理获得。

1.2　寄生范畴的三个实例

在进入本文主体的个案研究前,先简要列举古今汉语中三个寄生范畴的实例。

1) 现代汉语后缀"们"的目标范畴是复数或群集,接近数范畴。普通话后缀"们"用于名词及名词短语时,有生命度的限制,主要用于人类(参看吕叔湘,1980:342),拓展到与人接近的宠物家畜等。这一限制条件使得"们"在用作复数的形态手段的同时也蕴含了高生命度的语义,即由数范畴扩展到生命度(animacy)范畴。生命度范畴便是依附于数范畴的寄生范畴,数范畴则是其宿主范畴。在特定情况下,汉语使用者可以正面启用"们"表生命度的功能。例如:

(3) a. 他把骆驼拉了起来。对待骆驼的方法,他不大晓得,可是他不怕它们,因为来自乡间,他敢挨近牲口**们**。骆驼**们**很慢很慢的立起来,……(老舍《骆驼祥子》第三章)

b. 单是周围的短短的泥墙根一带,就有无限趣味。油蛉在这里低唱,蟋蟀**们**在这里弹琴……Ade(德语,再见的意思),我的蟋蟀**们**! Ade,我的覆盆子**们**和木莲**们**!(鲁迅《从百草园到三味书屋》)

例(3a)中给"牲口"和"骆驼"加上了"们",在表示复数的同时,也凸显了牲口和骆驼的高生命度,体现了"他"(小说主人翁祥子)跟牲口和骆驼的亲密关系。例(3b)用"们"的名词语,都含有拟人意蕴,并与句子其他拟人表达相配合。蟋蟀"弹琴"本身就是拟人,"蟋蟀"加了"们",正与其拟人谓语一致;后面作者将带"们"的动植物名词用作呼语,也是一种拟人化处理,通过呼喊将昆虫和花草人格化。生命度含义就是依附于"们"的数范畴上的寄生范畴。

2) 现代汉语析取连词"或者"和"还是",在英语中都说 or,《八百词》"还是”条连词义项谓“用于选择，同‘或者’。”但是我们知道，在普通话中，“还是”用于疑问句，包括直接疑问句（你买苹果**还是**梨?）和间接疑问句（我问他买苹果**还是**梨），“或者”用于陈述句（我想买点苹果**或者**梨）、祈使句（你去买点苹果**或者**梨）。由于“还是”与“或者”的使用有句子语气（言语行为类型）的用法差异，（析取）连接范畴中实际上寄生了疑问～陈述的语气范畴。

3）先秦汉语的“可”是属于情态（modality）范畴的助动词，表达道义及可能性。但是，当时的“可”有一个使用条件限制，它的主语必须是后面实义动词的受事而不能是施事（参看王力，1980：419。该书同时提及有类似表现的“足”，本文暂不讨论），如：

（4）儒者**可**亲而不**可**劫也，**可**近而不**可**迫也，**可**杀而不**可**辱也。《礼记·儒行》
‘儒士，可以被亲近，不能被威逼，可以被接近，不能被强迫，可以被杀掉，不能被侮辱。’

（5）白圭之玷，尚**可**磨也；斯言之玷，不**可**為也。《诗经·大雅·蕩之什·抑》
‘白玉上的瑕疵，尚且可以被磨去；这句话的污点，无法处理（它）了。’

假如“可”用在悬空的介词之前，则主语是这一介词的支配对象，亦即介词后的空位与主语同指（例中用下标的 i 表示），如“NP 可以 V”表示“可以 NPV”。由于现代汉语一般不允许介词悬空，所以这类句子有时难以直译，只能做接近原意的意译。如：

（6）是以大物$_i$不**可以**[t_i]命。《左传·桓公六年》‘因此重要事物不能用来命名’

（7）人而无恒，不**可以**作巫医。《论语·子路》‘人若没有恒心，不能用他做巫医’（不能直译为“他不可以做巫医”）

（8）晋$_i$未**可与**[t_i]争。《左传·成公三年》‘不能与晋国竞争’

（9）赐$_i$也，始**可与**[t_i]言《诗》已矣！《论语·学而》‘子贡$_i$啊，可以跟他$_i$谈《诗经》了’

尽管“可”在先秦只用于受事主语，但是它本身只是表情态的手段，不是表

被动的手段。对这一细微的区别,王力先生早有觉察。他指出(王力,1957):

> 当我们讨论到被动式的时候,指的是具有结构特点的被动式,而不是概念上的被动式。因此,我们在这里有必要先把概念的被动撇开。经常被人误会为被动式的,主要是下列的两种结构:
>
> 第一是"可"字句及其类似的结构。把"可""足"等字后面的动词解释为含有被动意义,这对于了解古代汉语是有好处的;"可见"和"能见"显然是不同的概念。但是,在结构上看,它和"能"字句并没有什么区别。……

王力先生认为"可"字句具有被动义,但不是具有结构特点的被动式,即没有表示被动概念的语法形式手段。就语法层面来说,"可"跟"能"是同类的。它们都是表情态的助动词。"可"字句只是概念上的被动,所以其被动范畴是寄生于情态范畴的语义范畴。

被动的条件限制在先秦末年开始放宽。殷国光(1997:157)注意到《吕氏春秋》中多例"可"字后是主动性动词,如例(10),也有的句子主语为受事,动词后有代词复指受事主语,使"可"后动词仍然带上了宾语,如例(11)。后者似乎反映了一种过渡状态。

(10) a. 故孝子忠臣亲父交友不**可**不察于此也。(《吕氏春秋·安死》)

b. 故审知今则**可**知古,知古则**可**知后。(《吕氏春秋·安死》)

(11) 草木鸡狗牛马。不**可**谯诟遇之。(《吕氏春秋·污徒》)

"可"的核心情态语义至今一直没有改变。这说明情态是"可"的核心语义和目标功能,作为宿主比较稳固;被动义作为使用条件限制则比较容易弱化乃至消失。古汉语语法书(如杨伯峻、何乐士:216)和虚词词典(如王海棻等1996:193)一般不提"可"的使用条件,视之为一般的情态助动词,尽管他们举的先秦用例都是被动义的。

寄生范畴构成了语法范畴超范畴扩张的一种类型,这在跨语言比较中就可能形成跨范畴对应——古汉语情态范畴与其他语言的态范畴(voice)发生跨范畴对应。例如,以上用"可"的句子,都可以也应当翻译成英语的被动语态句。如:

（4′）儒者可近而不可迫也。The Confucians can be approached, but cannot be forced.

（8′）晋$_i$未可与[t$_i$]争。The Jin State cannot be rivalled.

这种跨范畴对应关系可以用库藏类型学的图例表示如下（12）：

（12）古汉语　　　　　　　　　英语

可能情态范畴————————可能情态范畴

　　　　　　　　　　　　　　　被动态

实线代表同范畴对应，虚线代表跨范畴对应。

1.3　本文的主要议题：作为寄生范畴的事态范畴

本文主体将讨论寄生于副词、介词及连词等非事态范畴中的事态和时态范畴。

这里说的“事态”，是汉语史学界常常使用的宽泛的概念（例如蒋绍愚、曹广顺主编 2005，第七章“事态助词”）。实际是一种兼有时（tense）、体（aspect）、语气（mood）属性而又不便确切定位为典型的时、体或语气的范畴，在类型学中常缩写为 TAM，主要跟事件过程有关，同时跟说话人的语气（特别是现实式和非现实式 realis～irrealis 对立）有关。典型的如句末“事态助词”“了”（所谓“了$_2$”）。本文主要讨论事态范畴寄生于其他多种范畴的情况，事态范畴内部的细分不影响本文的讨论。

2. 事态范畴寄生于增量、频度、速度等方式类副词

修饰动词或谓语、直接表达时体范畴的副词库藏，如表达进行体的“在、正在”，完成体的“已经”，经验体的“曾经”，属于分析性事态表达手段，这不是本文的研究范围。本文关注的是一些非时体类的副词，使用时却有事态方面的条件限制或倾向，从而使得它们带上了事态语义作为寄生范畴。刘丹青（2009）举过表示动作增量的“再～又”、表示动作频度的“勤～老”、表示动作启动速度（属方式范畴）的“赶快～连忙”和表示动作进行速度（也属方式范畴）的“快～飞快”。这些副词都不是事态副词，但是每一对使用时都有事态条件的差别。该文对这些用例做了一个粗略描述，大致来说，每一对前一个倾向用于未然行为，后一个倾向用于已然行为。实际情况更为复杂。本文将就此做进一步的考察，并探究寄生范畴实际的表达作用。

2.1 “再”和“又”

如前所述,《现汉》和《八百词》很早就关注到“再”和“又”用法中的事态差别。“再”和“又”的目标范畴,语义学上就是动作的增量(increment)。《八百词》所说的用法中的“已实现～未实现”,比《现汉》所说的“已经～将来”准确一些;更准确的概括则应该是现实非现实(realis～irrealis),接近于式(mood,语气)范畴,同时跟行为的时间进程有关。用“再”表示的动作重复,在时间上并不一定是未实现的,更不一定是“将来”的,但是其句法位置决定它处在非现实式的辖域中,只能取非现实的解读。如(CLL① 指北京大学现代汉语语料库,后面是文献原名):

(13) 蒋介石只听不说,面无表情,但临结束时要蒋廷黻多留几天,以便**再**谈。(北大:沈渭滨:《蒋廷黻〈中国近代史〉导读》)

(14) 随后演一个节目就嗷嗷叫着要**再**来一遍,等到表演小提琴独奏和对唱,就要起来没完了。(邓友梅《追赶队伍的女兵》)

(15) 忆严听说部队都往东去了,决定往南**再**走几里,找不到部队就往东追。(邓友梅,同上)

(16) 那种惨痛的记忆深深地被刻在当时中国人的心中,没有人想**再**到苏俄来冒险。(CLL:龙长海《俄罗斯的中国移民:历史与现状》)

(17) 忆严掏出手枪朝那人打了一枪,没有打着,**再**打,卡壳了。(邓友梅,同上)

(18) 颤音是舌尖或小舌连续颤动而发出的音,气流呼出的通道被堵住后迅速打开,**再**堵住,**再**打开,好像是紧紧相连的一小串塞音。(CLL:CWAC\ALT0049.txt)

(19) 甲午战争以后,日本并无于短期内**再**进攻中国的企图。是时日本政府反转过来想联络中国。(CLL:蒋廷黻《中国近代史》第四章)

例(13)“再谈”是“以便”引出的目的小句;例(14)“再来一遍”用在意愿情态动词“要”的辖域内,例(15—16)带“再”的小句都是意愿动词“决定”“想”的宾语从句。这些都属于非现实式的句法语义环境。例(17)的情况复杂些。“再打”看似已实现的动作,其实没有实现(卡壳),“再”处于一个意愿性的背景从句,

① 北京大学汉语语料库网址:http://CCL.pku.edu.cn:8080/CCL_corpus/。例句后用简称CCL加篇目或编号。

修饰主句“卡壳了”,即“再想打的时候,卡壳了”。这个“再打”由于不是前景信息,是不能煞句的,即使说成“再打一下”,还是不能煞句。假如改说成“又打了一下”,就能煞句了,因为“又”才是用于现实式的副词。例(18)虽然表示“堵住”和“打开”的动作重复,但是这是在讲述一般的道理,不是叙述特定事件,属于惯常行为,因而也具有一定的非现实性。例(19)“于短期内再进攻中国”是“企图”的同位性定语从句,即“企图就是于短期内再进攻中国”。定语从句就是“企图”的内容,当然是非现实的。以上各例,从大的叙述内容来说,可以是过去的事件,但是在具体的句法语义辖域内,这些带“再”的谓语都受到一定约束,只能获得非现实式解读。

正像“可”的被动义作为寄生范畴比宿主范畴(情态)更容易丢失一样,事态范畴作为寄生范畴也比宿主范畴(频度方式副词)更容易丢失。在粤语及港式中文中,“再”没有非现实的限制,经常用于普通话当用“又”之现实情境。如刘丹青(2009)所引:

(20) 温太买咗一支试完之后,**再**买**咗**一打。(网络)(……又买了一打)

而且,在“南风吹拂”之下,非粤语区媒体也开始出现打破普通话常规的用法,如拙文(2009)所引:

(21) 据央视网刊登的一段视频显示,中央电视台早间新闻节目《朝闻天下》近日**再**添新人。(中新网新闻稿)

(22) 英国前首相布莱尔夫妇以400万英镑(约合5 600万元人民币)的价格**再**购置了一套本属已故奥斯卡影星约翰·吉尔古德所有的豪华古宅。(房地产门户——搜房网2008年5月6日新闻)

这再次显示寄生范畴不如目标范畴稳固,更加易变。此外,“再”在文言中不区别现实非现实的用法也助长了粤式用法的北上,让人感觉到除了带粤味,还带了些文气。

在很多情况下,“再/又”所在句子的事态是由其他因素决定的,副词所含的事态义只是冗余信息,不起显性作用。如前引《八百词》的例子,用“再”的句子都不带体标记,带“又”的句子都带了表已然的助词“了”。但是,“再”和“又”的区别确实有机会从隐形变为显性,发挥实效,帮助听者读者区分句子事态,比较:

(23) 从这时起中英双方皆一意主战,彼此绝不交涉。英国的态度很简单:中国不答应她的要求,她就不停战。道光也是很倔强的:一军败了,**再**调一军。(CLL:蒋廷黻《中国近代史》第一章)

(24) 兄弟对于大家又没有什么好处实在抱愧的很,今天已经要走啦,**又**让大家这么破费。更教兄弟心里不安,将来怎么报答呢?(《京语会话·祖饯》)

这两例"再"和"又"都可以互换,但事态义也会因此有别。例(23)用"再",表示前分句条件下会产生的结果,是道光皇帝次数不定的调军规律,属于惯常行为,可归非现实式;假如以"又"代"再",则是道光的一次具体的调军行为,属现实事件。例(24)用"又",显示临别时"让大家破费"已经是事实。假如换用"再",则表示如果让大家破费,会让说话人不安,是对非现实事件的一种劝阻。这些句子不靠其他手段,单凭这些增量副词就实现了现实非现实事态的表达。

2.2 速度类方式副词——"赶快""赶紧""连忙"①

为了更加准确地了解这三个词的用法差异,我们用现实和非现实的概念,对CLL现代汉语语料库中每个词的前500例进行了穷尽性分析,统计结果如下②:

(25)【赶快】现实式172:非现实式306

【赶紧】现实式369:非现实式128

【连忙】现实式500:非现实式0

以上统计中,现实式都是已然事件的陈述句,非现实式包含了适合该式的各种句法语义条件:情态动词后(26)、意愿动词后(27)、目的句谓语(28)、祈使句(29)、条件句(30)、言语行为动词所引出的兼语句的VP_2(相当于这些言语行为所支配的祈使句,(31))。

(26) 怕是时间来不及了,我还要**赶快**回去。这样,我留下上海的地址。有什么意见随时联系,我在上海恭候……(CLL:《宋氏家族全传》)

① 刘丹青(2009)已分析过"赶快"和"连忙"的对立,未涉"赶紧"。

② 语料的定性分析和统计由卢笑予博士帮助完成,特此致谢。个别不确定用例未计算在内。

(27) 当当已经走过10年了，我也这把年纪了，有时候很想**赶快**上市。(《创业者对话创业者》)

(28) 最好的方法是以"请问你有何贵事?"来打断对方的话头，以便**赶快**进入主题。(CLL：《哈佛管理培训系列全集·第08单元 哈佛经理时间管理》)

(29) 吴：天呐。这个这个所有媒体记者**赶快**现在回去通报一下。这个不可能有人知道，如果知道这种事情，一定是……(CLL：《李敖对话录》)

(30) 离镇西猪背桥有十五分钟路程，如果他**赶快**的话还可能在那里照几张相。(CLL：《作家文摘》\1995\1995A)

(31) 国藩没有法子，只好催国荃**赶快**回营。(CLL：蒋廷黻《中国近代史》第二章)

从统计数据看，"赶快"以非现实式用法为主，与现实式用例呈2∶1弱。下面是"赶快"也用于现实式事件陈述句的例子，都可以换用"连忙"：

(32) 小鬼们一听，**赶快**找到玉钵，把它摇得叮咚乱响。(CLL：《传媒大亨与佛教宗师的对话：包容的智慧》)

(33) 此时，有两个巡更的兵卒，提着灯笼从墙边走来。他们**赶快**伏下身子，等士兵走过以后，便轻轻跳下。(CLL：李文澄《努尔哈赤》)

"赶紧"也是现实非现实两可，但是比例上跟"赶快"相反，以现实式为主，与非现实式用例呈2∶1强。例略。

"连忙"则刚性要求用于现实式谓语，完全排斥非现实式，与以非现实式为主的"赶快"形成强烈的对照。如：

(34) 对方打量了我一眼说："你把个人资料留下，回头我们再联系。"我**连忙**留下招待所的电话。回去的路上美滋滋地想：从今以后，我就成了影视……(CLL：《中国北漂艺人生存实录》)

(35) 宋庆龄一听是小弟子安来了，**连忙**从屋里走出来。(CLL：《宋氏家族全传》)

假如把上述用“赶快”的非现实句换上“连忙”,句子很难成立。如:

(27′) ＊当当已经走过10年了,我也这把年纪了,有时候很想**连忙**上市。

(28′) ＊最好的方法是以“请问你有何贵事?”来打断对方的话头,以便**连忙**进入主题。

北京大学中文系1955级、1956级语言班编写的《现代汉语虚词例释》(1982:321,以下简称《虚词例释》)已经关注到“赶快、赶紧”和“连忙”在这方面的区别。请看该书的[辨异]:

(36) 连忙、赶忙——赶紧、赶快

两者的意思相近,在陈述句中可以互换。但“赶紧、赶快”经常用在祈使句中,“连忙”“赶忙”只用于陈述句。下面的例子里的“赶紧”不能换成“连忙”:

⑪ 哎,可不能哭,赶紧去问问姐姐吧。(《给孩子们》209)

⑫ 夜战可真够味! 营长,快赶紧追呀!(《保卫延安》547)

这段辨析本身符合实际,只是用“陈述句～祈使句”的对立来概括不够周延。如上所举,很多使用“赶快”的非现实句,并不是祈使句,如例(26—31)中除例(29)外的各句,但是一样不能换用“连忙”,现实～非现实的对立更能覆盖相关事实并提供有效解释。

上述用法分工在一些上下文中可以凭词项互换来体现事态义的对立,如:

(37) 我估计李东垣串门来了,大家说那你给看看吧,这李东垣会医术,**赶快**给看一看,李东垣诊脉,一诊,李东垣大呼,说刚才那药你开的什么药?(CLL:《梁冬对话罗大伦》)

(38) 那个时候在莫斯科开公司,都是个人干个人的,而且都是为了一个项目开公司,挣了一笔钱就赶快把公司给关了,**赶紧**跑掉,不然就会被抓,送去蹲监狱!(CLL:《世界100位富豪发迹史》)

例(37)用了“赶快”,倾向于理解为这是“大家说”的内容,是大家对李东垣的祈使句,属非现实式;假如换成“连忙”,就是李东垣已经实施的“看一看”的行为了。例(38)，“赶紧跑掉”，说的是规律性的反复发生的惯常性行为，非现实式；假如换成“连忙”跑掉，就是一次具体的开公司—挣钱—跑掉的事件，属于现实式。这些例子充分说明在其他句法语义条件相等的情况下，可以仅凭“赶快”和“连忙”的对立来传递非现实的祈使行为或惯常行为和现实的已然行为的事态对立。

2.3　频度副词“勤/多～常～老”等

频度副词不表示单次行为，多少带有惯常性，但仍有现实非现实之别。刘丹青(2009)举过下面的例子：

(39) a. 你要**勤**上外地去游览。～b. *他去年**勤**上外地去游览。

“勤”只能表示非现实行为的频度，如例(39a)，不能表示已然事件的频度，如例(39b)。“多”作为单音状语也有此限制①。同样为单音副词的“常”就没有这个限制，可以表示已然或未然的频度，而“老”或“老是”则倾向于表达现实事件的频度。比较：

(40) a. 我今后要**勤**回家看望老人。～b. *我去年**勤**回家看望老人。
(41) a. 我今后要**多**回家看望老人。～b. *我去年**多**回家看望老人。
(42) a. 我今后要**常**回家看望老人。～b. 我去年**常**回家看望老人。
(43) a. *我今后要**老**回家看望老人。～b. 我去年**老**回家看望老人。

例(40—43)清楚展示了单音频度状语对事态的敏感。而事态义并不是这些副词的核心范畴，而是由用法限制形成的寄生范畴。词典注释时不常注意它们的事态语义。例如：《现汉》(第7版)把“勤、常、老”的状语用法归入以下义项：

(44) 【勤】①形 尽力多做或不断地做(跟“懒、惰”相对)：手～|～学苦练|人～地不懒。②形 次数多；经常：～洗澡|夏季雨水～|他来得最～，差不多天天来。
【常】④副 时常，经常：～来～往|我们～见面。
【老】⑬副 经常：人家～提前完成任务，咱们呢？

① “多”做状语时，如后接数量成分，可以用于现实性事件，如“多收了三五斗”“多跑了一趟”。

注意,这三个词的释义都用到了"经常",体现出高度一致性,同时完全没有涉及事态义(该词典【多】条未设表次数的义项)。这三个单音词,《八百词》只收了"老""多",《虚词例释》只收了"老""常",都只解释了它们的频度义(经常、次数多之类),不涉及事态义。目标范畴(频度)和寄生范畴(事态)的词典地位判然有别。

表示速度的方式状语"快"只能用于非现实环境,现实性事件则没有合适的单音状语可用,而须用双音复合词"飞快地""很快地"等表示,如:

(45) a. 你**快**写吧。(非现实。~?? 你飞快地写吧)
b. 他**飞快**地写着。(已然。~ * 他快写着)
c. 他**很快**地写了一篇报道。

以上示例和分析显示,汉语普通话表示增量、频度、速度等方式类副词或形容词状语,在使用中常有事态条件的限制,从而使得事态范畴有机会寄生于方式范畴。从中,我们梳理出区别目标范畴和寄生范畴的几点依据:

1) 语文辞书对以上方式类副词的宿主范畴都以"表示"一类用语释义,而从不将寄生的事态义视为固有语义,至多作为用法说明介绍,以"用于 X"等形式表达;很多词项的事态义完全不被提及。这些处理反映了母语人的语言直觉:方式类副词的事态范畴只是一种处于心理边缘的存在,犹如视觉中的虚光所及,不在焦点视野。

2) 在确立同义词反义词关系时,只会依据宿主范畴来确定,不会依据寄生范畴来确定。例如副词"勤~老",两者作为目标范畴的频度义相同;而作为寄生范畴的事态义则正好相反,"勤"关联非现实式,"老"关联现实式。"勤~老"可以根据其目标范畴归为同义词,绝不能根据其寄生范畴归为反义词。"赶快~连忙"也大致同此。

3) 寄生范畴比宿主范畴更容易淡化或丢失。如"再"的非现实义在粤语中已不存在,在普通话中也有淡化、消失现象,而"再"的动作增量义稳固存在了两千年。

不过,寄生范畴在特定条件下也可以被凸显,成为显性的范畴义。如当句子中没有其他表示事态的手段时,方式状语就可能承担标明事态的功能。

以上情况,也适合于其他寄生范畴现象,如下文将讨论的个案。

3. 以时间起点介词、连词及时间名词为宿主的时态范畴

3.1 时间起点介词

在普通话及其他一些语言中，事态范畴有时寄生于由介词表达的时间起点范畴中，而且寄生的是时态(tense)范畴：过去～非过去。这些介词的固有功能是介引一个持续性行为或状态的时间起点，这个起点的具体位置由介词所辖的名词语决定，如"去年"(过去)或者"明天"(将来)，有时起点是由一个 VP 或小句表达的事件，这时该虚词宜分析为时间从句连词。这两种情况都不需要靠介词连词本身来定位时间。

普通话的时间起点介词(如前置词"从""自"、后置词"起"及框式介词"自……起"等)，大多数都同时适用于过去现在将来的时间起点，但是有一个词已被工具书注意到只能用于过去的时间起点，请看《八百词》"自从"条：

(46) 自从[介]从。限指过去的时间起点。

～五月份以后，我就没收到他的信|～来了共产党，工农翻身得解放|～水库开始动工，他就搬到工地住去了。

《八百词》也收了"从""自""打"，都没有在时间起点义上注明事态限制。《现代汉语虚词词典》(张斌主编，2001)"自从"注"表示过去的时间起点"；"从""自"都注"表示时间起点"，"打"注"表示起点"，都没有"过去"的限制。此外，北京口语中还有双音介词"打从""自打"，也都只用于过去起点。如：

(47) 再扩大面积，土地管理部门也不允许，**打从**五几年时，中央领导就指示过不许占用耕地作为墓地。(CLL：当代\报刊\1994 年报刊精选\01)

(48) 山里**打从**土改，年复一年，由此长出许多地。(CLL：2000 年《人民日报》)

(49) **打从**华佗死后，曹操发头风病，就再没有找到合适的医生给他治疗。(CLL：《中华上下五千年》)

(50) 没有拳头产品，就没有效益，企业就受穷。**自打**那时，开始掉头发。(CLL：1994 年报刊精选\02)

(51) "向阳红 09"号**自打**启航后，科学家和船员就开始受罪。(CLL：1994 年报刊精选\07)

这两个口语双音介词都不能用来介引现在或将来的时间起点,如:

(52) 这项规定**从**(*打从/*自打)现在起执行。
(53) 这家餐馆**从**(*打从/*自打)明天起开业。

如果综合考虑后置词的情况,则具有时间限制的起点介词还有后置词“以来”“来”和“起”。它们都可以单独用作时间起点标记。《虚词例释》“以来”条云:“表示从过去某一时间开始到现在为止的一段时间”。“来”也限于指过去时间的起点。如:

(54) 本世纪六十年代**以来**,后现代主义逐渐支配了西方国家的精神文化生活。(CLL:马克思主义经典选读资料)
(55) 联合国成立**以来**置于其托管下的11块托管领土先后都已独立或因自治而结束了托管,所有的托管协定都宣告终止。(CLL:《司考国际法知识库—联合国体系》)
(56) 近30年**来**,科学知识社会学以其新奇和偏激引致了巨大的兴趣和争议。(CLL:当代\CWAC\AHE0024)
(57) 中国股市的投机没有过度。特别是去年五月**来**,更是加速下滑,使这种特征已无从表现。(CLL:当代\报刊\1994年报刊精选\04)

“(以)来”除了单用,也常用在起点前置词之后形成框式介词,不管前置词是否有时态限制,一旦带上“(以)来”,都只能用于过去时间。如:

(58) 认知过程的计算机隐喻自从诞生**以来**,一直受到质疑。(CLL:叶浩生《具身认知思潮的理论心理学思考》)
(59) 自打我认识她**以来**,十多年里她那模样简直没有一点儿变化啊!(CLL:《刘心武选集》)
(60) 西方从苏格拉底**以来**一向是以这种态度来了解德性,也就是从概念思考的态度来给它一个定义。(CLL:熊浩《接受理论、文化精神与结辩的话语实践》)
(61) 我国**自**秦汉**以来**,两千多年,只有两个人曾主张变法,一个是王莽,一个是王安石。(CLL:蒋廷黻《中国近代史》第一章)

(62) 查实该犯罪团伙**自**去年**来**,涉嫌在厦门盗窃摩托车多达 39 起。(CLL:新华社 2004 年 2 月份新闻报道)

诸如"从明年以来""自下个月来"这类表达,因语义冲突而都不成立。

后置词"起"不管是单用,还是跟没有时间限制的前置词配套,都没有时态限制,只有跟限指过去的前置词"自从、自打、打从"等配套时,才限于指过去起点。如:

(63) 60 年代**起**,该派成为西方哲学社会学重要流派之一,……(过去)(CLL:百度百科《法兰克福学派》)
(64) 券商发债 10 月 8 日**起**将实施,而真正产生作用,恐怕要到年底左右。(将来)(CLL:新华社 2003 年 9 月份新闻报道)
(65) **从**下午 5 点**起**,我们吃了一顿好饭,看了一场好电影,……(过去)(王朔《过把瘾就死》)
(66) 上海**从** 12 月 15 日**起**将实施今冬错峰让电措施,执行时间将持续到明年 3 月 4 日。(将来)(CLL:新华社 2004 年 11 月份新闻报道)
(67) **自从**上大学**起**,她每天睡眠很少超过 7 个小时。(过去)(CLL:《从普通女孩到银行家》)
(68) **自打**路遥步入文坛那天**起**,他就把自己的生命同文学创作拴在了一起。(过去)(CLL:1993 年人民日报\2 月份)

当"起"跟"自从""自打"这些排斥非过去时间起点的双音介词配套时,会与将来时间词语冲突,如"自从下个月起""自打明年起"都不合格。跟"从、自"等配合时,可以自由地跟表示各种时间起点的词语配合,如例(64)与将来时间搭配。

与上文现实非现实的视角不同,分析起点介词时,我们用的是过去和非过去的时态视角。这是因为,起点介词对以说话时间为参照点的谓语时态敏感,用过去和非过去(含现在和将来)已足以提炼规则,不必逐一考察与现实非现实有关的各种语境。

综上,汉语时间起点介词有专用于过去时间的词项,包括框式介词,却没有专用于现在或将来的词项。这至少说明,汉语介词上是可以寄生时态范畴的,而这是汉语库藏中本来缺少专用手段的范畴,因而特别值得重视。我们也发现,确实在某些语句中,其他要素无法显示谓语的时态,而起点介词可以帮

助表征时态。如:

(69) a. 从 1997 年起,中国完全按照 IMF 要求进行国际收支统计。(CLL:当代\CWAC\CFM0164)
b. 从 1997 年以来,中国完全按照 IMF 要求进行国际收支统计。
c. 自从 1997 年起,中国完全按照 IMF 要求进行国际收支统计。

例(69a)使用“从……起”,既能指将要如此,也能指已经如此。句子本身没有提供信息。在语境中,本例说的是过去之事,如果像例(69b, c)那样换用“(从)……以来”“自从……起”,就只能指过去之事。源点介词以寄生范畴顺带表达了时态。

3.2 时间名词

表示相对时间域的名词也可以寄生时态功能。请看下例:

(70) a. (他 40 岁时从机关辞职,)后来,自己办了一家农场。
b. (他明年会从机关辞职,)* 后来打算自己办一家农场。
(71) a. (他明年会从机关辞职,)以后打算自己办一家农场。
b. (他 40 岁时从机关辞职,)? 以后,自己办了一家农场。

“后来”和“以后”都表示某一参照点之后的时间域,可以视为同义词,属于相对将来时间域。但是,“后来”只搭配过去时谓语,如果用于将来时谓语,则不能接受,如例(70b)。“以后”作为后置词对谓语的时态中性,如“他辞职以后,自己办了一家农场/打算自己办一家农场”,但单独作为时间状语用,则用于将来时谓语较自然,如例(71a),用于过去时间则稍不自然,如例(71b)。《现汉》【后来】条后的注意已经反映了两者的差别:“‘以后’可以指过去,也可以指将来,‘后来’指指过去。”可见,相对时间域跟相对于说话时的谓语时态是不同层次的时间语义,它们之间也能存在寄生和超范畴扩张关系。同样表示相对将来时间域,“后来”刚性地寄生了过去时态,“以后”则倾向于寄生将来时态。由于汉语谓语的时态没有显性的语法表征手段,因此时间名词上寄生的谓语时态有时也能帮助显性传递时态信息。

3.3 以上所述的以方式范畴(增量、频度、速度)、源点范畴和相对时间域范畴寄生事态类范畴的情况,应该不是汉语独有的,而具有一定的常见性。例

如，源点介词连词寄生事态范畴的相关现象，就可以在英、德、法等语言中见到

如英语的 since，其时间起点义，在《新世界英汉大词典》（胡壮麟主编 2016）的介词义项中用“自从”来解释。“自从”在现代汉语中只能用于过去的时间起点。since 在英语中也只能用于过去的时间起点，而其所修饰的主句谓语则通常是完成体。以现在或将来时间为起点的命题，则要用 from...（on）一类表达，如：

（72）a. He has been a college student since last month.（他上个月起就是一名大学生了。）

b. He will be a college student from today on.（他今天起就是一名大学生了。）

c. He will be a college student from next month.（他下个月起就是一名大学生了。）

d. * He will have been a college student since today.（他今天起就是一名大学生了。）

e. * He will have been a college student since next month.（他下个月起就是一名大学生了。）

德语的时间起点介词也表现出时态的差别，即 seit（＝seitdem）表示过去起点，如例（73），ab 表示将来起点，如例（74）（张才尧：1994：328，351，459）：

（73）a. Seit　wann　sind　Sie　in　Deutschland
打从　什么时候　是/在　你　在　德国
（打什么时候起您就在德国？）

b. Seit　zwei　Monaten　liegt　die　alte　Frau　im　Krankenhaus.
从　两　月　躺（冠词）老　妇人　在　医院
（两个月以来老太太一直躺在医院里。）

c. Seitdem　sie　ihr　Auto　gegauft　haben,　machen　sie
自从　他们　他们的　汽车　买　（完成体）　做　他们
viele　reisen.
多　旅行（过去时）
（从他们买了汽车以后，他们旅行过多次。）

(74) a. Ab morgen arbeiten wir in einem neuen Gebäude.
从 明天 工作 我们 在……里 一 新 大楼
(从明天起,我们在一幢新的大楼里工作。)

b. Die Bardeanstalt ist ab nächste Woche geöffnet.
(冠词) 澡堂 是 从 下一 星期 开放
(澡堂从下周起开放。)

法语介词 dès 表示时间起点时,没有时态限制,可以用于过去(dès lors,从那时起)、现在(dès maintenant,从现在起)和将来(dès demain,从明天起)。但是另一个起点介词 depuis 却只能以过去时间为起点,如 depuis lors(从那时起)、depuis peu(不久以来)。该介词也介引时量单位,仍是从过去某一时间持续到现在的行为,如(网络资源:https://www.thoughtco.com/french-temporal-words-and-phrases-1371403):

(75) a. Nous mangeons depuis une heure.
We've been eating for an hour.(我们已经吃了一个小时了。)

b. Il parle depuis 5 minutes.
He's been speaking for 5 minutes.(他已经说了五分钟了。)

c. Il travaillait depuis 10 jours quand je l'ai vu.
He'd been working for 10 days when I saw him.(我看到他时他已经工作了 10 天了。)

可见,法语跟汉语、英语一样,既有无时态限制的介词,也有时态限制的介词。

不过,时间起点介词寄生时态意义,虽然跨语言可见,却并非普遍现象。有些语言的时间起点介词看来没有时态限制,可以用于任何事态。从蒋颖(2015:293—294)所描写的大羊普米语的时间起点成分,都是用后置词(蒋著称"格助词")nəuŋ^{55} 来标示的,如例(76)用于过去,例(77)用于现在,例(78)用于将来,而该书中未见有其他时间起点介词:

(76) a. tə^{55}gɯ^{55} ɛ^{31}lei^{55}lei^{55} ʧhiɛ^{55} **nəuŋ**^{55} qa^{55}ʃtʃi^{31} ʃʅ$^{55/31}$ si^{31}.
他 很小 时 从 打工 去 (缀)
(他从小就出去打工。)

b. tə^{55} gɯ^{55} qɑ^{55} ʃuɛ$^{24/55}$ ko^{24} tʃhiɛ^{55} **nəuŋ**^{55} ni^{55} niɑŋ^{31} fpi^{31} dzɿ^{55} gəuŋ$^{24/31}$
他 十八岁 时 从 自己 吃饭穿衣
gui^{24} thəuŋ^{21} ʐəu^{55}.
能 （缀）
（他从十八岁起就能自己养活自己。）

（77） tiɛ^{24} **nəuŋ**^{55} ji^{55} tʃɿ^{24} phji^{55} pʉ^{55} ʐɿ^{55} ʐe^{31} dz$^{23/31}$ ʃei^{33}
现在 从 就 好好（助） 活儿 做 （缀）
（从现在起要好好干活。）

（78） ɑ^{55} siɑŋ^{24} **nəuŋ**^{55} ji^{55} tʃɿ^{24} dzɿ^{31} dzɿ$^{24/31}$ tʂho$^{24/31}$ ʃei^{33}
我 明天 从 就 书 念 （缀）
（我从明天起开始念书。）

英、德、法等印欧语言是时态显赫的语言，定式谓语上都有时形态，因此，时态范畴即使能寄生在某些时间起点介词上，也基本没有单独表时态的机会，只是一种锦上添花的冗余信息；而汉语缺少严格的时态，时态作为寄生范畴存在，是一种雪中送炭。

4. 结语与余论

4.1 小结

很多语义范畴在语法库藏中有专用的形态或虚词等表达手段，成为特定语种的入库语法范畴。这些库藏手段在使用时可能受到一些条件制约，这些条件属音系、韵律、形态句法等不同层面。当语法范畴受语义条件制约时，该语义便进入到入库范畴中成为寄生范畴。寄生范畴并不是作为宿主的入库范畴的内在要素；当宿主范畴比较显赫、用途活跃时，寄生范畴可能在某些条件下被激活，成为入库手段兼表的语义内容，与宿主范畴并存。因此，寄生范畴是显赫范畴扩张的一种重要类型。

本文或详或略讨论了以下几个寄生范畴个案：

普通话的名词复数/群集后缀“们”寄生了生命度范畴，可表达高生命度。

普通话析取连词“还是”“或者”寄生了句子语气（言语行为类别）范畴，分别表达疑问和陈述语气。

古代汉语“可”作为情态范畴可能功能的表达手段，寄生了态范畴，可表达被动态。

部分增量—频度—速度类方式副词在方式范畴中寄生了现实—非现实的事态范畴。

部分表示时间起点的源点介词、连词和相对时间名词寄生了时态范畴的过去时态。时间起点介词寄生事态或时态范畴，也见于跨语言材料，如法语、德语。但是也有些语言如普米语的时间起点介词没有时态限制。

寄生范畴常常是冗余信息，尤其在形态型语言中常常表现为锦上添花。但是，在某些条件下，例如句子中没有其他手段表示该范畴时，寄生范畴就可能变隐性为显性，实际起到范畴表征的功能，成为雪中送炭的手段。寄生范畴是语言表达"言外之意"的来源之一。

4.2 寄生范畴的扭曲对应及其语义倾向

寄生范畴的形式和语义间往往呈现出扭曲对应的情况，常常是一种形式使用受限，取一种值，另一种形式使用不受限，语义中性。如"连忙"只能用于现实式，而"赶快、赶紧"现实和非现实均可。再如前置词"自从"和后置词"以来"只能用于过去时，但前置词"从、自"和后置词"起"没有时态限制。英语 since 只能用于过去时，而 from 没时态限制。这种扭曲对应可以图示如下(以"连忙"等为例)：

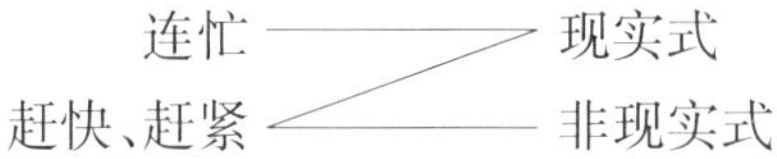

甚至原来整齐对立的现象也会出现一方限制的弱化，形成扭曲对应。如原来"又"用于现实式，"再"用于非现实式，随着"再"突破限制也可以用于现实式，两者之间也形成扭曲对应关系。

目前看来，作为寄生范畴，专表过去时—现实式的一方容易寄生于专用的语法手段；而多用于将来时—非现实式的手段往往也能用于过去时—现实式一方，从而大体形成"现实式/过去时～中性(偏非现实/现在将来)"的格局，"又～再"、"连忙～赶快/赶紧"、"自从/打从/自打～从/自"、"以来～起"、"后来～以后"、英语 since～from、法语 depuis～des，都处于这样的格局中。其中"再"原来只表非现实，现在也逐步"入侵"现实式范围，向中性项靠拢。根据语言共性库(Plank, On-line: The Universals Archive，编号 746)引 Stassen (1997)，如果一种语言有一种时态对立的标记，那么这种对立存在于过去和非过去之间。这说明过去与非过去的对立是语言中优先入库的范畴，其中凸显的显然是过去时。寄生范畴中出现过去—现实式的优先表现，可能也是这种语言共性的反映之一。

历时层面,语法库藏的宿主范畴比寄生范畴更加稳固。“可”的情态义从先秦一直存活至今,而寄生于上的(被动)态范畴从先秦末年起开始放松乃至消失,只以化石形式存在,如“士可杀、不可辱”之类。再如“再”和“又”的增量范畴一直存在,而“再”的现实性限制却沿着粤语>港式中文>普通中文的路径逐步放松淡化。

4.3 寄生范畴的理论蕴含

寄生范畴的分析视角具有可操作性。寄生范畴是由语法范畴使用中的语义限制造成的。这种视角可操作性很强,有句法合格性测试做依据。语法中为什么会存在这类语义限制条件,一般有功能认知方面的外部原因,因而也表现出一定的等级性共性。

例如,“们”只用于高生命度名词语,类似的限制在语言中并不少见,而且总是生命度高的更容易表征复数。Rijkhoff (2002:30—38)的 Table 2.1 和随后的讨论,列举了数十种语言的数范畴模式,材料中多种语言——Naioi 语、Nggiti 语、Sarcee 语、泰米尔语(Tamil)、Nunggubuyu 语都是只有指人名词才有名词数范畴,其中 Sarcee 语数范畴的范围比人类略宽——人类加犬类。赫梯语(Hittite)的数看似跟性有关,只有阳性和阴性名词才有数范畴,中性名词没有。实际这仍是因为中性名词生命度低于分阴阳性的指人和动物名词[①]。生命度本质上体现人类认知中的关注度,两者成正比,人类认知倾向于优先关注重要对象的数目,生命度越高,越值得关注。推而广之,寄生范畴即使不是入库范畴,也反映了使用者对该范畴的一种特殊关注。

不过,不是每一种语法范畴的语义限制都能很快确定语言外动因,也不排除有的只是一些约定俗成的规则。例如,同为情态动词,为什么“可”有受事主语的要求而“能”就没有?“连忙”为什么有现实性的要求,而“赶快”“赶忙”却没有?另一方面,寄生范畴的语言内机制是一致的,都源于使用时的语义条件限制。因此,语言学应优先关注和揭示语言内的可操作机制,这也是库藏类型学的优先议题,在此基础上可以再去探究有无语言外动因。

库藏类型学至今讨论显赫范畴,都在入库范畴前提下讨论。没有专用库藏手段的语义功能,就当然被视为不显赫,至多成为别的范畴扩张的对象。但是,寄生范畴的情况,使我们面对更加复杂的情况。

---

① 根据吴宇虹等(2015:259—260),赫梯语阴阳性无别,用于人和动物名词,跟中性名词相对。然则阴阳性与中性之间的对立,只是生命度的对立了,跟性别无关。

对于形态丰富、入库范畴众多且显赫的语言来说,寄生范畴常有同一语义的入库目标范畴,因此寄生范畴的实际用途不大,至多只是对该范畴表达的一种“锦上添花”,如时态显赫语言中介词所带的时态范畴。对于形态偏少、语法手段使用强制性不强的语言,如汉语,寄生范畴可能就是该范畴仅有的存在形式,因此不失为一种“雪中送炭”,如古汉语中寄生于情态范畴的被动态。即使语言中另有专用手段表示,但是假如这些手段语法化程度不高,强制性不强,那么寄生范畴仍能有可观的表达作用。例如,汉语表示事态的手段不像印欧语的时态那么显赫,强制性不高,因此,方式类副词中寄生事态范畴,常能实际发挥时态表达作用。可见,寄生范畴在形态稀少语言中更值得关注。

库藏类型学提出之初(刘丹青 2011, 2012),都以入库范畴为成为显赫范畴的必要条件。不入库的范畴,谈不到显赫。但是,本文的研究显示,不入库的范畴,不一定完全不凸显。一种范畴作为寄生范畴出现,即使不入库,至少也比零存在更加凸显,体现了该语言的母语人对该语义范畴有较强的心理感知度。例如,只有对现实非现实敏感,对生命度敏感,才会形成以此为限制的用法规则。因此,寄生范畴不是毫不重要的范畴。但是,依靠寄生而隐性存在的未入库范畴,是否需要用“显赫范畴”来描述,这还需要进一步的思考和讨论,要避免“显赫范畴”概念随意扩大造成理论的内在矛盾。

参考文献

北京大学汉语专业 1982《现代汉语虚词例释》,商务印书馆。

胡壮麟主编 2016《新世界英汉大词典》,外语教学与研究出版社。

蒋绍愚、曹广顺主编 2005《近代汉语语法史研究综述》,商务印书馆。

蒋 颖 2015《大羊普米语参考语法》,社会科学出版社。

刘丹青 2009《普通话语法中的东南因子及其类型后果》,《汉藏语学报》第4期,商务印书馆。

刘丹青 2011《语言库藏类型学构想》,《当代语言学》第4期。

刘丹青 2012《汉语的若干显赫范畴:语法库藏类型学视角》,《世界汉语教学》第2期。

吕叔湘主编 1980《现代汉语八百词》,商务印书馆。

王海棻、赵长才、黄珊、吴可颖 1996《古汉语虚词词典》,北京大学出版社。

王 力 1957《汉语被动式的发展》,《语言学论丛》第一辑,新知识出版社。

王 力 1980《汉语史稿》(中册),中华书局。

温格瑞尔、弗里德里希和汉斯-尤格·施密特著,彭利贞、许国萍、赵薇译 2009《认知语言学导论(第二版)》,复旦大学出版社。

吴宇虹等 2015《古代西亚塞姆语和印欧语楔形文字和语言》,东北师范大学出版社。

杨伯峻、何乐士 2001《古汉语语法及其发展》,语文出版社。

殷国光 1997《〈吕氏春秋〉词类研究》,华夏出版社。

于秀金 2017《跨语言时—体—情态的范畴化、显赫性及扩张性——库藏类型学视角》,《中国语文》第6期。

张　斌主编 2001《现代汉语虚词词典》,商务印书馆。

张才尧 1994《实用德语语法》,外语教学与研究出版社。

中国社会科学院语言研究所词典编辑室 1960/2016《现代汉语词典》(试印本/第7版),商务印书馆。

Chumakina, Marina, Anna Kibort & Greville G. Corbett 2007 Determining a language's feature inventory: person in Archi. In Austin, Peter K. & Andrew Simpson (eds) *Endangered Languages*. [Linguistische Berichte, Sonderheft 14]. Hamburg: Helmut Buske. 143—172.

Helmbrecht, Johannes, Chapter Politeness Distinctions in Pronouns. In *World Atlas of Linguistic Structures online*(世界语言结构地图集(网络版)), http://wals.info/chapter/45.

Jag, Ardila 2003 (Non-Deictic, Socio-Expressive) T-/V-Pronoun Distinction in Spanish/English Formal Locutionary Acts. In *Forum for Modern Language Studies* 39(1): 74—86(13), Oxford University Press.

Nesset, Tore 1999 The Realization of (In) definiteness in Russian. *Poljarnyj vestnik—Norwegian Journal of Slavic Studies*, Vo.2.

Plank, Frans (Archivist Genera), on-line, *The Universal Archive*. https://typo.uni-konstanz.de/archive/intro/.

Rijkhoff, Jan 2002 *The Noun Phrase*. Oxford: Oxford University Press.

Siewierska, Anna 2004 *Person*. Cambridge University Press.国内原文引进版,刘丹青、强星娜导读,北京大学出版社2008年。

(刘丹青　中国社会科学院语言研究所　北京　liudq@cass.org.cn)

语言类型学视野下的汉语起点介词语义地图研究*

——以汉语方言的分析为中心

朴正九　姜柄圭　柳秀京

提　要：动词与论元之间的语义关系一般可使用词缀、附着词、介词等多种格位标记来表达。一个格位标记可以表达一个以上的功能。汉语方言中，位于起点论元前面的介词可表示途径、工具、原因、施事等多种语义。本文将说明这种起点格位功能如何扩展到其他格位功能，还将建立起点介词语义扩展的概念空间，并在此基础上尝试构建汉语各个方言中起点介词功能扩展的语义地图。格位功能的扩展是隐喻和转喻认知机制作用的结果。位移事件——"起点—途径/处所—终点"和行为事件——"施事—工具—对象"的语义扩展可使用转喻机制进行解释，而位移事件中的起点、途径和终点分别映射为行为事件中的施事、工具和对象则可使用隐喻机制加以说明。

关键词：语言类型学　语义地图　格　介词　起点　汉语方言

1. 问题的提出(绪论)

格(case)是表示具有从属关系(dependent)的名词及其中心词(head)的不同形态关系的体系。传统语法中的"格"仅局限于表示表层的屈折形态(inflection marking)，而分析性(analytic)的格位标记也包含于格的体系中。

---

* 本论文在2016年大韩民国教育部及韩国研究财团的资助下完成(NRF-2016S1A5A2A03926321)。本论文初稿曾在"韩国中国语言学术研讨会"(2017年5月26—27日)上报告，修订稿作为"第三届语言类型学国际学术研讨会"(2017年7月15—16日，中国上海)上的主旨报告。本论文的完成，得益于国内外多位学者的帮助和指正。其中特别要感谢的是，国立首尔大学黄善烨教授把他费尽心血整理出的中世纪韩国语后置介词的材料及相关文献提供给我们。香港城市大学的马嘉思(Matthias Gerner)教授将有关英语介词的共时及历时用法的研究论文寄给了我们。本论文已刊登于韩国中国言语学会发行的《中国言语研究》(2017年8月第71期)。

分析性格位标记最典型的代表是词缀和介词(adposition)。虽然有些语言仅使用屈折格、词缀格、介词格中的一个,但在很多语言中,会同时使用这几种格。例如,在英语中,当前置介词后面有代词宾语出现时,代词同时使用介词格和屈折格来表示宾格。另外,在只使用介词的语言中,有些语言仅使用前置介词和后置介词中的一个,但同时使用这两种介词的语言也不在少数。汉语中的"介词"和"方位词"分别位于名词的前与后,被看作是一种框式介词,这种看法与这种类型学视角不无关系。此外,不使用标记,仅依靠语序,这也可看作是一种抽象的格位体系。英语在过去采用SOV语序,那时格位标记非常发达,但随着格位标记的消失,语序也变为SVO语序,而这种改变也并非偶然。

世界上的语言使用多种格位标记,但无论格的种类或体系有多么丰富,格位标记的语义功能扩展机制都具有类型学上的普遍性。在共时层面上,很多语言中,一个格位标记可以表示几种功能。例如,汉语普通话中表起点的介词极多,有"自从""从""由"等,但它们的功能各不相同。"自从"只能表示时间上的起点;"从"除了表示起点以外,还可表示途径和依据;而"由"的功能则更多,可表示起点、途径、依据,除此之外,还可表示原因、工具和施事。这种一个格位标记表示多种格位功能的现象在世界语言中不难发现。

本文以语义地图理论为依据,以虚词语法功能的扩展具有语义功能的家族相似性(family resemblance)为前提,试图建立一个概念空间来展现汉语多功能起点介词格位功能的扩展,并勾画出各方言的语义地图。即,世界上的语言中,如果一种语言中的某个介词表示A格位,而另一种语言中的介词表示A和B两种格位,还有一种语言中的介词表示A、B、C三种格位,这并非是一个偶然的现象,而是恰好能证明"A→B→C"三个格位功能蕴含着连续性的扩展关系,并且这种扩展路线是具有普遍性的。为此,本文不仅会考察汉语的多种方言,同时还会对韩语等多种语言中起点格位标记的功能扩展类型进行考察。

2. 资料依据

本文将对汉语普通话及多种方言中的介词类型及其功能进行考察。为此,本文首先整理了大量汉语方言参考语法的相关资料,对中国七大方言的使用者进行了问卷调查,并对这些方言资料进行了多变量统计分析。通过这些分析过程得到分析结果,本文将此为依据进行理论解释。下面先简单介绍一下本文所依据的各资料的具体信息以及数据的收集和分析方法。

2.1　汉语方言参考语法相关资料

本文所依据的汉语方言资料共有三类:方言地图及参考语法书籍;学位论文;期刊论文。这些资料是本文所使用的最基本的研究资料,通过这些文献资料,本文收集到了各方言中使用的介词种类及功能,筛选出具有多功能特征的起点介词并对这些功能进行了重点分析说明。

(1) 方言地图及参考语法书籍

汉语方言地图对音韵及词汇变体的描写较为细致,但对语法标记及其功能的论述相对较少。尽管如此,为了确认整体起点标记的分布情况,本文参考了方言地图。例如,在当今收录资料最多的《汉语方言地图集》中,"从今天起"这个作为起点标记介词的词条下,共列出900多个使用这一标记介词的方言点。为了掌握整体起点标记介词的变体,本文参考了此资料。此外,本文还参考了《中国东南部方言比较研究丛书介词》这种参考语法资料,整理出各种东南方言中所使用介词的用法。

① 李　申,《徐州方言志》,语文出版社,1985
② 李如龙、张双庆,《中国东南部方言比较研究丛书介词》,暨南大学出版社,2000
③ 曹志耘主编,《汉语方言地图集:语法卷》,商务印书馆,2008

(2) 学位论文

本文所调查的学位论文大部分以特定地区的方言为研究对象,在该方言体系中对介词范畴进行分类并论述其功能。这些论文大都以描写为主,从论述形式上来看,可以看作各方言介词的参考语法资料。部分论文目录如下:

① 陶伏平,《宁乡偕乐桥话介词初探》,湖南师范大学硕士论文,2002
② 吴秋丽,《泉州方言介词研究》,福建师范大学硕士论文,2008
③ 毛格娟,《湖南宁远平话介词研究》,湖南师范大学硕士论文,2011
④ 李得军,《靖远方言介词初探》,西北师范大学硕士论文,2013
⑤ 刘　宇,《哈尔滨方言语法现象研究》,吉林大学博士论文,2015
⑥ 翟占国,《安徽利辛方言介词语法化研究》,浙江财经大学硕士论文,2015

(3) 期刊论文

本文所调查的有关方言介词的学术论文可分为如下两类。第一类论文(a类),研究在某一个方言中,既具有起点功能,又具有其他多种功能特性的特定介词。第二类论文(b类),以某一个方言为研究对象,对该方言中所使用的介词范畴进行全面描写并分析各功能。部分论文目录如下:

〈a类〉

① 曹延杰,《德州方言"在、逮、从"的对比分析》,《德州学院学报》,2001

② 夏俐萍,《湖南方言中的"走"字句》,《新乡师范高等专科学校学报》,2004

③ 褚　晶,《山东枣庄方言中的介词"搁"》,《语言应用研究》,2006

④ 刘　静,《大同方言中的"赶"》,《山西大同大学学报(社会科学版)》,2009

⑤ 刘丽媛,《聊城方言中"从"的意义和用法研究》,《语言本体研究》,2012

⑥ 郝红艳,《江苏沭阳方言的"待、搁、蹲"》,《方言》,2015

〈b类〉

① 庄初升,《闽语平和方言的介词》,《韶关大学学报(社会科学版)》,1998

② 李改样,《芮城方言常用介词浅析》,《语文研究》,1999

③ 邓享璋,《沙县盖竹话的介词——兼谈永安、沙县方言介词的若干用法》,《三明高等专科学校学报》,2002

④ 陈海忠,《潮汕方言介词例释》,《汕头大学学报》,2003

⑤ 尹世超,《东北官话的介词》,《方言》,2004

⑥ 李　滨,《闽东古田方言的介词》,《龙岩学院学报》,2014

⑦ 金小栋,《从〈华西官话汉法词典〉看19世纪末西南官话的介词系统》,《三峡论坛》,2016

通过上面的这些文献材料,本文整理出各方言起点标记介词目录,如表1。其中,有些介词仅具有起点功能,而有些介词则是多功能性介词,除了具有起点这一功能外,还具有多种其他语义功能。本文以后者为分析对象,将其功能分为起点、途径、终点、依据、原因、工具、施事等并进行分析。

2.2 对中国七大方言使用者的问卷调查

2.2.1 问卷调查概要

本文在既有研究的基础上,考察各方言中介词的功能,同时对方言的使用者进行了问卷调查。由于参考语法资料及研究论文中对汉语介词的说明有些地方不甚明确,或者有所遗漏,不利于构建完整的语义地图,因此为了弥补既有研究中的不足,有必要进行实地考察和问卷调查。但因为实地调查中国

表1　各方言起点标记介词目录

<table>
<tr><th>大方言</th><th>次方言</th><th>方言点</th><th>起点标记介词</th></tr>
<tr><td rowspan="19">官　话</td><td rowspan="2">东北[①]</td><td>哈尔滨</td><td>搁,奔</td></tr>
<tr><td>长　春</td><td>搁,逮,打,从</td></tr>
<tr><td rowspan="2">冀鲁[②]</td><td>聊　城</td><td>从</td></tr>
<tr><td>德　州</td><td>从</td></tr>
<tr><td rowspan="13">中原</td><td>芮　城</td><td>到,从</td></tr>
<tr><td>临　猗</td><td>赶,搁</td></tr>
<tr><td>陕　县</td><td>到</td></tr>
<tr><td>枣　庄</td><td>搁</td></tr>
<tr><td>禹　州</td><td>丫,打,挨,从,打从</td></tr>
<tr><td>东　明</td><td>压,打,从</td></tr>
<tr><td>中　牟</td><td>压,押,挨,起,□[tʰiɛ⁵⁵]</td></tr>
<tr><td>靖　远</td><td>逮,投,投打,从,起,赶,由</td></tr>
<tr><td>沛　县</td><td>起,打</td></tr>
<tr><td>西　宁</td><td>块,吵</td></tr>
<tr><td>开　封</td><td>压</td></tr>
<tr><td>徐　州</td><td>搁</td></tr>
<tr><td>利　辛</td><td>走,压</td></tr>
<tr><td>江淮</td><td>沭阳</td><td>待,搁,蹲</td></tr>
<tr><td colspan="2">西　南</td><td>从,自,走</td></tr>
<tr><td>晋方言</td><td colspan="2">大　同</td><td>赶</td></tr>
<tr><td rowspan="3">吴方言</td><td colspan="2">杭　州</td><td>跟,自,自从,从,由,往</td></tr>
<tr><td colspan="2">苏　州</td><td>勒,从</td></tr>
<tr><td colspan="2">汤　溪</td><td>趁</td></tr>
<tr><td rowspan="3">湘方言</td><td colspan="2">新　邵</td><td>打</td></tr>
<tr><td colspan="2">宁　乡</td><td>走</td></tr>
<tr><td colspan="2">湖　南</td><td>走</td></tr>
</table>

① 除表1中所示哈尔滨、长春方言的起点标记介词以外,"由打""从打""自打""跟"等介词普遍适用于东北方言中。

② 除表1中所示聊城、德州方言的起点标记介词"从"以外,山东地区还使用"打""齐"等介词。

续表

大方言	次方言	方言点	起点标记介词
赣方言	平江城关		落
客家方言	石城龙岗		打,齐
	连　城		着
闽方言	闽南方言		按,对,用,尉
	汕　头		对,同
	平　和		自,伫,趁(按)
	沙　县		行,起,打
	泉　州		对,按,用,尉,从
	古　田		通,着
	福　州		趁
	潮　汕		同,对,在
	屯　昌		趁
粤方言	香　港		嚓,响
	广　州		嚓,从,由
	肇　庆		嚓,从,由
平　话	湖南宁远平话		跟,走,于

所有的方言区不太现实,所以我们选择了各方言区中的几个方言点进行抽样调查。本文所做问卷调查的目的是:调查大方言中各地区起点标记介词存在多少变体,是否具有多样的语义功能。这种调查可通过实例显示出该地区的特性,具有极大的参考价值。

我们选定了分别属于中国七大方言的不同方言点,每一方言点选择了两位被调查者。我们尽量选择能代表大方言地区的方言使用者,但有些代表地区的方言与普通话差别不大,于是我们又追加选定了一些与普通话差异较大的方言点。方言使用者的基本信息列表如下①:

① 有关问卷调查中对方言点的选定,还有以下几点补充说明:

(1) 湖南省　湘方言:除了娄底(双峰)方言以外,我们还调查了长沙地区的使用者,但因与普通话差异不大,因此排除在外。

(2) 福建省　闽方言:闽方言地区的起点标记介词丰富多样,地区差异也较大。本调查对泉州地区和厦门地区的使用者进行了调查,这两个地区之间也相差较大,在问卷中最终反映的是泉州方言的使用情况。

(3) 广东省　粤方言:除肇庆方言以外,我们还调查了广州地区的使用者,但使用广州方言的外地人较多,他们受到普通话的影响较大,不能准确反映出粤方言的特征。

表 2 问卷调查地区及方言使用者信息

地区(省级)	方言点	方言区	性别	年龄
黑龙江	哈尔滨	东北官话	女	33
	哈尔滨	东北官话	女	35
江　苏	苏　州	吴方言	女	28
	苏　州	吴方言	女	26
湖　南	娄　底	湘方言	女	26
	娄　底	湘方言	女	26
江　西	南　昌	赣方言	男	29
	南　昌	赣方言	女	28
福　建	泉　州	闽方言	女	25
	泉　州	闽方言	女	24
广　东	肇　庆	粤方言	男	31
	肇　庆	粤方言	女	29
广　东	珠　海	客家话	女	28
	珠　海	客家话	男	29

2.2.2　问卷调查内容设计

我们借鉴了参考语法资料中所论述的介词形态和功能,从而设计出问卷调查中的各项调查内容。综观既有研究文献,汉语不同方言中表示起点的介词具有多种形态。从形态来看,存在如“从”“由”“搁”“打”“自”“跟”“齐”“到”“赶”“起”“押[iɛ^{24}]”“挨[ɤɛ^{24}]”“逮”“投”“起[tɕɿ]”“赶”“落[loʔ^{4}]”“行[ka^{33}]”“对[tui$^{31-55}$]”“按[an$^{31-55}$]”“用[iŋ$^{31-22}$]”“尉[ui$^{31-55}$]”等多种变体。从语义功能来看,表示起点的介词也可表示途径,也可表示施事,而且还可以表示原因、依据、工具、处所、终点等。

综合上面的内容,我们在设计问卷调查的调查项目时,把重点放在了两个核心问题上。

第一,各方言中,表示起点、途径、施事、原因等语义时使用哪个介词?

第二,该方言地区所使用的起点介词除表示起点以外,是否具有其他语义功能?若有,具体兼具哪些语义功能?

问卷调查内容的设计过程如下图所示：

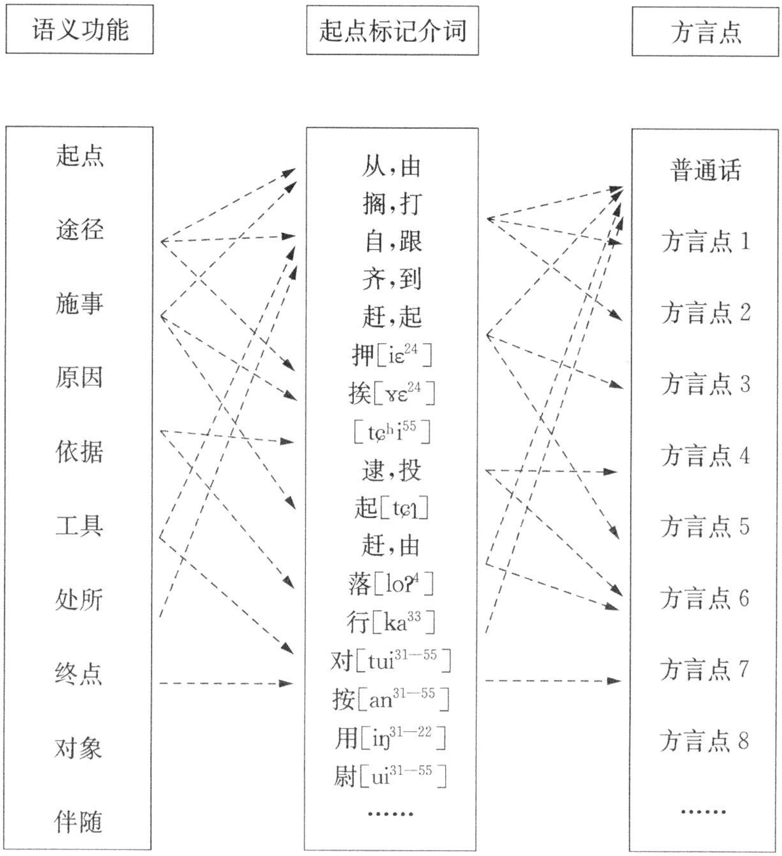

图 1　问卷调查内容设计过程

在进行问卷调查时，我们首先把例句提供给方言使用者，说明起点、途径、施事、原因等意义，然后让他们选择表达所给例句的意义时可使用的介词。介词的类型选用方言地图及参考语法材料中所提到的形态，如果可使用除了所给形态以外的介词，则写在“其他”一栏中。问卷调查共进行了两次，第一次问卷调查以自由应答形式进行，第二次问卷调查则以“可/否”的选择形式进行，如表 3 所示。这是根据调查居住在中国哈尔滨的一位 35 岁女性所完成的调查表。哈尔滨属东北官话地区，使用“从”“由”“打”“搁”等表示起点。其中所具语义最丰富的介词是“搁”，“搁”可表示起点、途径、原因、依据、工具、处所等。

表 3　问卷调查表实例[调查地区:东北方言(哈尔滨)]

介　词	例　　句	从	由	打	搁	奔	跟	其他
① 起点(地点)	(a) 他从北京回来了。 (b) 从上海到北京……	○	○	○	○	○	X	
② 起点(时间)	(a) 从晚上就发烧了。 (b) 从现在起……	○	X	○	○	X	X	
③ 途径	(a) 你从后门进来吧! (b) 由南门入场。	○	○	○	○	○	X	
④ 施事	(a) 由你决定吧! (b) 准备工作由我负责。	X	○	X	X①	X	X	
⑤ 原因	(a) 这是由交通事故引起的。 (b) 由感冒引起了肺炎。	○	○	X	○	X	X	
⑥ 依据	(a) 从脚步声就能听出来。 (b) 从笔迹看,这字像孩子写的。	○	○	○	○	○	X	
⑦ 工具	(a) 社会由个体组成。 (b) 人体是由各种细胞组成的。	○	○	X	○	X	X	
⑧ 处所	(a) 他在家看电视。 (b) 我们在这儿休息吧。	X	X	X	○	X	X	
⑨ 终点	(a) 到郊外去;到群众中去。 (b) 向前走。	X	X	X	X	○	X	
⑩ 对象	(a) 向他们学习。 (b) 跟老师商量。	X	X	X	X	○	○	和
⑪ 伴随	(a) 我跟他们一起去。	X	X	X	X	X	○	和

2.3　普通话与方言各功能相似性的测定资料

基于以上文献调查的内容和问卷调查的结果,可整理出汉语起点介词的功能分布情况,这种分布情况又可编排为表格形式。本文为了更容易地分析资料,在编排表格时,按照功能的有无,分为"有"或"无"。例如,某个介词 A,根据它是否具有功能 F,首先分为"O"和"X",然后将其转换为数字。若具有

① 有一些研究中提到"搁"可表示施事,但本文认为这与典型的施事功能有所不同。被调查者也认为,不能使用"搁"来表示所给普通话例句中的施事功能。即,"搁"不能用于普通话中"'由我负责"这样的句子中。在问卷调查过程中,方言使用者提出在下面这种特殊情况中也可使用"搁"。

(1) 这事搁谁也受不了。

(2) 这事搁我也不同意。

该功能，则标数字“1”，若不具有该功能，则标数字“0”。通过这种方法可以编排出如表 4。

表 4 起点标记介词功能表格

起点标记介词	起点	途径	依据	原因	施事	工具	处所	终点	伴随	对象
普通话_从	1	1	1	0	0	0	0	0	0	0
普通话_由	1	1	1	1	1	1	0	0	0	0
哈尔滨_搁	1	1	1	1	0	1	1	0	0	0
大同_跟	1	1	1	0	0	0	1	1	1	1
苏州_勒	1	1	0	0	0	0	1	1	0	0
娄底（双峰）_代	1	1	1	0	0	0	1	1	0	0
黄山_从	1	1	0	0	0	0	0	0	0	0
……										

如表 4，通过这种用二分法建立的数据资料，可将各功能之间的相似性程度用数值计算出来。本文为了考察相似性程度，采用欧氏距离（Euclidean distance）计算法。欧氏距离计算法是一个通常采用的距离计算方法，广泛应用于数学、统计学、生物学、计算机工学、语言学等领域。若 P 和 Q 两个点之间的距离为 dist（P，Q），在 n 维空间中这两个点之间的欧氏距离的计算方法如下（Deza，M. M.，& Deza，E. 2009：94）：

(1) 欧氏距离： $$dist(P, Q)=\sqrt{\sum_{i=1}^{n}(p_i-q_i)^2}$$

根据这种距离计算方法，若两种功能间的相似性越高，则欧氏距离越近，若差异越大，则欧氏距离越远。如表 5 中，使用欧氏距离，换算出在起点介词的多个功能中，其他功能与起点功能的相似性程度。

表 5 起点标记介词的起点功能与其他功能间相似性程度的测定材料

语义功能	与起点功能的相对距离（欧氏距离）	与起点功能的交集比率
起点	0.000	100.0%
途径	3.317	84.1%
依据	4.583	54.5%
原因	6.000	18.2%

续表

语义功能	与起点功能的相对距离(欧氏距离)	与起点功能的交集比率
施事	6.164	13.6%
工具	5.916	20.5%
处所	5.385	38.6%
终点	5.568	40.9%
伴随	6.481	9.1%
对象	6.325	13.6%

通过表 5 可以看出,以“起点”功能为中心,与其距离最近的是“途径”功能。本文所调查的资料中,具有途径功能的起点介词占 84.1%,这两个功能间的相似性用欧氏距离换算后约为 3.317。相反,与起点功能距离较远的是“伴随”“对象”和“施事”。由此,我们可按照这些功能与起点功能之间相似性程度的高低,将它们排列如下:

起点—途径—依据—……—原因—对象—伴随

本文还采用同样的方式,对途径、依据、原因、施事、工具、处所、终点、伴随、对象这些功能之间的相似性程度进行了换算。结果如表 6 所示:

表 6　起点标记介词不同功能间相似性程度的测定材料

	起点	途径	依据	原因	施事	工具	处所	终点	伴随	对象
起点	0.000	3.317	4.583	6.000	6.164	5.916	5.385	5.568	6.481	6.325
途径	3.317	0.000	4.243	5.745	6.083	5.657	5.831	4.899	6.245	6.083
依据	4.583	4.243	0.000	4.123	4.583	4.472	5.831	5.477	4.796	4.796
原因	6.000	5.745	4.123	0.000	2.000	2.646	4.796	5.196	3.464	3.464
施事	6.164	6.083	4.583	2.000	0.000	2.646	4.583	5.000	3.162	3.162
工具	5.916	5.657	4.472	2.646	2.646	0.000	4.690	5.099	3.606	3.317
处所	5.385	5.831	5.831	4.796	4.583	4.690	0.000	4.899	4.123	4.583
终点	5.568	4.899	5.477	5.196	5.000	5.099	4.899	0.000	4.123	3.873
伴随	6.481	6.245	4.796	3.464	3.162	3.606	4.123	4.123	0.000	2.449
对象	6.325	6.083	4.796	3.464	3.162	3.317	4.583	3.873	2.449	0.000

根据这种相似性距离图表，可将最相似的几个功能聚集在一起，大致分为四组，如图2所示。

(a) 起点—途径—依据　(b) 原因—施事—工具

(c) 处所—终点　(d) 伴随—对象

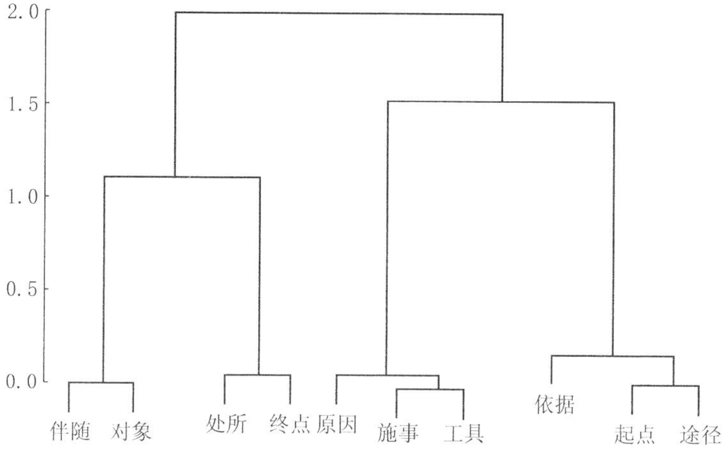

图2　相似功能群集的分布状况

本文最终要构建的是概念空间和语义地图，因此又将上面的材料排列在二维空间中①。具体如下：

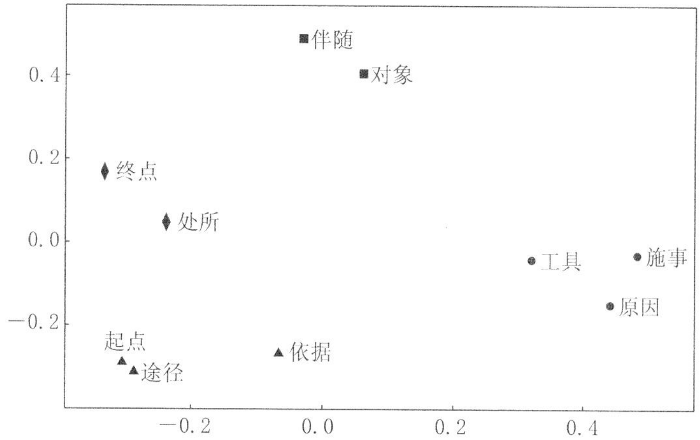

图3　二维空间中各功能的相似性(Ⅰ)

① 此图以距离图表为基础，将各功能间的距离展现在二维空间中，但不能准确地表示它们的实际距离。

但需要注意的是,上图只能说明各功能之间存在相似性,不能判断其方向性。虽可试图在各功能之间增加几条连接线,如图 4,但有必要对各功能间的连接和扩展路线进行多角度的考察以及理论上的解释。

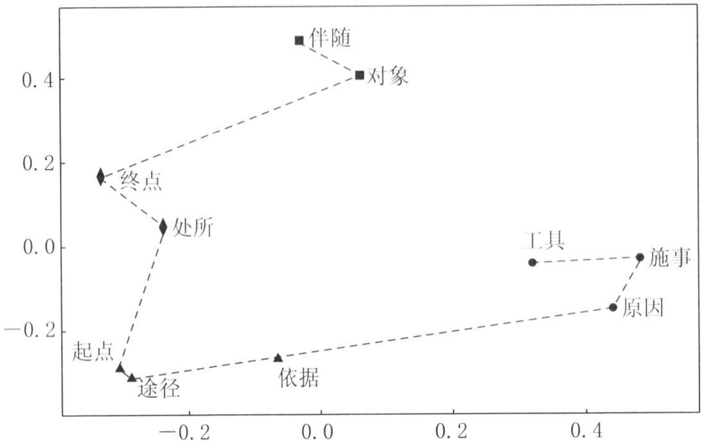

图 4　二维空间中各功能的相似性(Ⅱ)

本文最终要建立一个概念空间,解释说明各方言介词功能的扩展过程,而这些普通话和方言相似性的测定材料对本文实现这个最终目标起到至关重要的作用。

3. 格类型学与格语义地图研究

3.1　格类型学与语义地图研究现状

格(case)是表示名词与谓语(动词)之间的语法关系以及语义关系的功能范畴。从形态来看,每种语言表示格的语法手段不同,有的语言使用屈折语素,有的语言使用介词(前置介词、后置介词、框式介词、ambiposition 等)。从语义来看,一个格位标记可扩展到多种功能。语法化程度越高的格位标记,一个语素所能表示的格位关系越多样。

至今已有多位学者注意到格位标记的多功能性。其中,从语言类型学的角度对格的多功能性进行研究的学者有 Lehmann(1995), Heine & Kuteva(2002), Haspelmath(2003), Blake(2004), Narrog & Ito(2007), Heine(2008), Malchukov(2010)等。他们通过多种语言,探讨格位标记具有怎样的体系、功能能否扩展等。例如,Heine & Kuteva(2002), Blake(2004), Heine

(2008)等认为起点格(ablative)存在如下的功能扩展途径。

(1) Heine & Kuteva(2002)

起点(ablative)→施事(agent),材料(material),比较(comparative),部分(partitive),所有(possessive)

(2) Blake(2004)

起点(ablative)→工具(instrument),处所(locative),被动施事(agent of the passive)

(3) Heine(2008)

起点(ablative)→原因(cause),所有(possessive),部分(partitive),工具(instrument)

(4) Luraghi(2008)

起点(ablative)→工具(instrument),伴随(comitative)

(5) Malchukov & Narrog(2008)

起点(ablative)→作格(ergative),施事(agentive)

(6) Creissels(2008)

起点(ablative)→途径(path),处所(locative),工具(instrumental),原因(cause),部分(partitive),比较(comparative),被动施事(agent: demoted subject in passive constructions)

Narrog & Ito(2007)和Malchukov(2010)等利用语义地图理论,提出多种语言中格范畴的多功能性以及语义功能的扩展过程。语义地图理论是在建立格范畴的普遍性概念空间后,再用地图形式展示出各语言所具有的格位功能的领域。

(7) Narrog & Ito(2007)

Com-Ins-Mat/Mea-T

A   So

在语义地图的研究中,格位标记的多功能性将局部研究结合起来,从而扩展到更大的领域中。例如,将施事(agent)—起点格(ablative),与格(dative)—向格(allative),工具(instrument)—伴随(comitative)等扩展的领域综合起来,可建立更广阔的格位功能的概念空间。Malchukov(2010)曾做过这样的研究，他建立了连接主要格位之间关系的概念空间，并构建了各语言的语义地图。

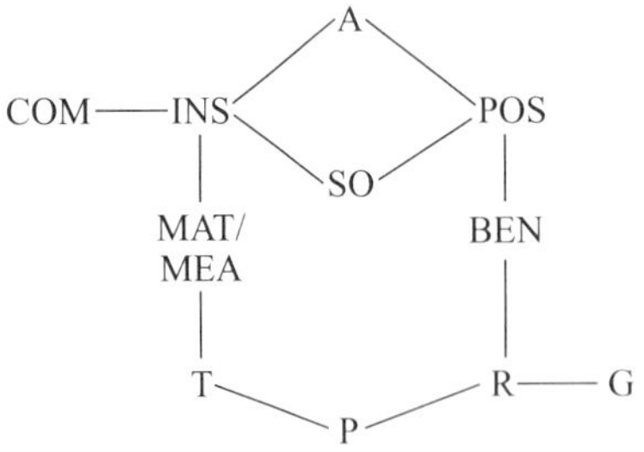

图5　格位体系的概念空间

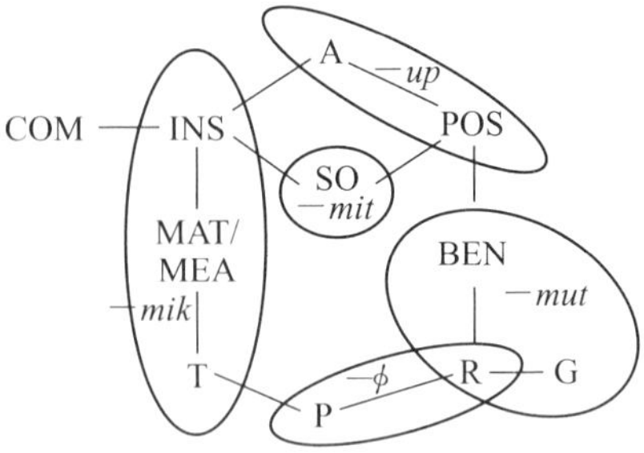

图6　格位体系语义地图(因纽特语)

做过汉语格范畴语义地图模型研究的主要有 Zhang Min(2008，2010)，张定(2015)。汉语介词“给”(受益者)、“在”(处所)、“跟”(伴随者)等在普通话和各方言中扩展出多样的功能。分析这些介词，不仅可以构建该格位的语义地图，更能构建出汉语整个格位体系的语义地图。Zhang Min(2008，2010)，张定(2015)也做过这种尝试。

(8) Zhang Min(2008)　(括号的内容是本文添加的格位功能)

source-(reason)-cause-(agent)

|

(path)

/

Comitative-Instrument-disposal Patient

\

Human Goal(～direction)

(9) 张定(2015)

工具—方式/施事/原因/起点/处所/伴随/被动施事

这些对格位标记多功能性的既有研究也存在不少问题。Narrog & Ito(2007)，Heine(2008)等虽指出了格位功能的扩展途径，但未能连续展示出这个扩展过程。Malchukov(2010)虽尝试指出多种格位功能的连续扩展，但未能充分考虑到东方语言格位标记功能的多样性。如，韩国语或汉语中的格位功能扩展出更多样的功能，但这些未能反映在前人的研究中。

Zhang Min(2008, 2010)等的研究结合汉语方言，构建了比 Malchukov (2010)范围更广的语义地图模型。但他们设置了过多的连接线，反而大大降低了语义地图的说明力。例如，工具(instrument)与 9 个功能相连，被动施事(passive agent)与 4 个功能相连，而伴随(comitative)、来源/起点(source)和原因(cause)则分别有 7 条、6 条和 5 条连接线。若语义地图中的连接线过多，不仅会违背语义地图的连续性假说①，而且很难解释其扩展途径。还有一个问题是，在关于汉语方言介词的语义地图研究中，真正需要的几个概念节点反而不存在。例如，起点标记介词所共同具有的功能——"途径"或"依据"，在 Zhang Min(2008, 2010)的语义地图中都未曾出现。

3.2 语义地图视野下的汉语起点标记介词

如上文所析，既有研究中提出的格位标记的语义地图模型只能部分反映出汉语格位范畴功能，而在构建汉语整体格位功能的扩展上还有很多不足之处。甚至可以说，这些语义地图模型几乎不能说明汉语起点标记介词的语义功能扩展。本文在前面一节中举例说明过，汉语普通话与方言中的起点标记在形态和功能上都十分多样，用一些学者所提出的格位标记语义地图模式很难解释这种现象。如，Malchukov(2010)的模型中，汉语起点介词"从"和"由"的格位功能连接部分仅"起点—工具"有效，甚至"起点—工具"的连接线只适用于部分方言，而不适用于汉语普通话。因此，"从"和"由"所表示的途径、原因、依据、施事、工具等功能是如何添加在这个语义地图中并与其他功能相连，这需要具体说明。

如果在构建格位功能的语义地图时，仅单纯地凭借经验性事实，然后在二维空间里简单地用线连接起来，这毫无意义。除了经验性分析以外，我们有必要从理论上解释说明格位功能间存在相似性的原因和机制。此外，我们还有必要将汉语格位体系的语义地图与其他语言的研究成果作比较，验证相互的研究成果，并修改并弥补既有的语义地图中存在的问题和不足。以往的功能主义研究仅对汉语起点标记介词的多种功能作了介绍，但没有提及这些功能的内部有哪些关联。如果各功能之间有关联，哪些功能间的关系更紧密，哪些功能间的关系更疏远，哪个功能是从哪个功能派生而来，形成这种关系的机制

① 语义连续性假说是在构建语义地图的过程中使用的理论，即多功能性成分的节点(语义或功能)在概念空间中的分布应是连续的(Croft 2003)。

是什么等,这些都未曾提及。本文认为,以上所提到的这些问题都需要解决。

4. 起点标记介词的功能扩展方向

本章将讨论汉语普通话和方言中起点标记介词的语义扩展方向。为了考察起点介词的语义扩展方向,首先需要设定各语义功能的节点(node)并设定节点间的基本连接关系。设定节点是构建语义地图模型最核心的工作,这是因为,只有恰当准确地设定表示格位功能的各个节点以及表示节点间关系的基本连接线,才能构建以语义地图为基础的概念空间。

4.1 起点标记介词的多功能性及节点的设定

汉语普通话中的"从"是表示起点的介词,但如下面例句所示,"从"除了表示起点以外,还可以表示途径和依据。

(1) a. 你从后门进来吧!

b. 从他的脚步声可以听出来,他几乎是使尽全力跑离这个地方。

(普通话)

这种表示起点的介词又可以表示其他语义功能的现象在诸多方言中也很容易发现。例如,沙县方言(闽方言)中的"行",福州方言(闽方言)和屯昌方言(闽方言)中的"趁"都是除了表示起点以外,还可以表示途径和依据的介词。

(2) a. 〈啥〉①人行楼上空水落来? 谁从楼上倒水下来

b. 鳅行手骨子空走去口丙。 泥鳅从手指缝溜走了

c. 行声血就听嘞出是渠。 从嗓音就听得出是他 (沙县)

(3) a. 趁鼎吼贮出来。 从锅里盛出来

b. 子弹趁我耳边擦过去。 子弹从我耳边擦过去

c. 趁服务态度来讲,只间店固无呆。 从服务态度来说,这个店还不错

(福州)

(4) a. 趁海口去广州,总欠坐一日一冥船有。 从海口到广州,还要坐一天一夜的船呢

b. 一枪趁环肚屎拍过。 一枪从肚子打穿过去

---

① 一般用同音字或混读字来代替方言中一些不常用的本字和俗字。本文所参考的《中国东南部方言比较研究丛书·介词》一书中用尖括号表示混读字,因此从该参考资料中选出的例句,本文也使用此标记方法。

c. 趁岁数讲伊大过我，但是趁身魄来讲是我大过伊。

论岁数他比我大，论块头我比他大

（屯昌）

在汉语的方言和其他语言中，很难找到一个不具有起点语义，只具有途径或依据语义的格位标记，而大部分格位标记都是如果表示起点语义，那么至少还能表示途径或依据语义。这说明在起点标记介词的语义扩展过程中，最基本的节点是途径和依据。

此外，我们还发现，具有“起点”语义，同时又具有“工具”或“原因”语义的介词都蕴含着“途径”或“依据”语义。若一个标记表示[起点—途径]或[起点—依据]，那么该标记的语义会扩展为[起点—途径—工具]或[起点—途径—终点]，如下例句(5)(6)；或者具有[起点—依据—原因]这个扩展路线，如下例句(7)。

(5) a. 自广州遘北京，火车着行三十外点钟。 从广州到北京，火车得走三十时

b. 汝自焦去〈可〉〈较〉近卜一里路。 你从这儿走可以近将近一里路

c. 歹团仔自手〈的〉铁支仔共伊凿落去。 歹徒用手里的铁棍捅他 （平和）

(6) a. 你搁他大哥家拿吧。 你从他大哥家拿吧

b. 死小孩子单要搁他家房头走！ 死孩子非要从他家房子外边走！

c. 她跟水浒搁我身上。 她把水洒在我身上 （沭阳）

(7) a. 太阳逮西边出来了。 太阳从西边出来了

b. 逮吸烟引起了这一场火灾。 由吸烟引起了这场火灾

c. 这一回逮迎了些风，我就感冒了。 这次因为受了些风，我才感冒了

（靖远）

“途径”和“依据”从“起点”出发，具有各自的扩展路线，但同时又以“起点”为中心相互联系。这一点可通过利辛方言（中原官话）中的“走”和德州方言（冀鲁方言）中的“从”来证明，它们都形成了[途径—起点—依据]的扩展路线。

(8) a. 你走哪个路来的。 你从哪个路来的

b. 你可是走利辛来的。 你可是从利辛来的

c. 走你身上穿的就能看出来。 从你身上穿的就能看出来 （利辛）

(9) a. 他从小道儿上过来俩。 他从小道上过来的
b. 我刚从家留回来。 我刚从家里回来
c. 从做的这些事儿来看,他还是靠得住的。从做的这些事来看,他还是靠得住的
(德州)

有意思的是,有些介词可以同时表示"起点"和"处所"。如,沭阳方言(江淮官话)中的"待"和"蹲",平和方言(闽方言)中的"伫"都是一个标记同时表示"起点"和"处所"两个功能,于是形成了[起点—处所]这一语义扩展途径。例句如下:

(10) a. 我待超市买回来底。 我从超市买回来的
b. 我待家看一天电视。 我在家看了一天的电视 (沭阳)
(11) a. 我瞧见你家老熳子蹲那家子出来。我看见你家老太太从那家里出来
b. 今天蹲你家吃。 今天在你家吃饭 (沭阳)
(12) a. 汝伫上海来抑是伫福州来? 你是从上海来还是从福州来?
b. 兄弟仔两侬一股伫福州读册,一股伫厦门做工。
兄弟两一个在福州上学,一个在厦门打工
(平和)

这种具有[起点—处所]扩展路线的方言中的介词有时还可表示"终点"语义,这就蕴含[起点—处所—终点]的语义扩展路线。不仅如此,从"起点"扩展到"终点"的介词有时不仅蕴含前面所提到的"处所",而且还蕴含"途径"语义。因此,某个方言中若使用一个标记表示"起点"和"终点",那么该标记一定蕴含"处所"或"途径"语义,扩展路线可设定为[起点—处所—终点]或[起点—途径—终点]。例句如下:

(13) a. 一只苹果勒树浪突下来。 一个苹果从树上掉下来
b. 勒学堂里忙仔一日,连中饭也𪓬好好叫吃。
在学校里忙了一天,连午饭也没好好儿地吃
c. 听见仔一吓,跌倒勒地浪。 听了,吓了一跳,跌倒在地 (苏州)
(14) a. 走衣袋工里□五块钱啰。 从口袋里掏出五块钱吧
b. 我每日走你屋门口过身。 我每天从你家门口经过

c. 要吃茶就走我家里去啰。　　要喝茶就到我家去吧　　（宁乡）

甚至在有些方言中,“起点”“处所”“终点”“途径”语义都使用同一个标记来表示。即,蕴含着[起点—处所—终点—途径—起点]这样一个循环状的语义扩展路线。下列所示的芮城方言(中原官话)中“到”的[途径—起点—处所],徐州方言(中原官话)中“搁”的[处所—终点—途径],连城方言(客家方言)中“着”的[起点—处所—终点—途径]的例句可证明这种循环状的语义扩展路线。

(15) a. 伢到学校门口路过几回都没进去。他从学校门口路过几回都没进去
b. 他夜个到太原回来。　　他昨天从太原回来
c. 我到屋里就听说这事啦。　　我在家的时候就听说这件事　（芮城）

(16) a. 中午搁学校吃饭。　　中午在学校吃饭
b. 把领的钱都放搁腰包里。　　把领的钱都放到腰包里
c. 刚搁这个门出去。　　刚从这个门出去　　（徐州）

(17) a. 着那角来。　　从哪儿来
b. 着黑板上写字。　　在黑板上写字
c. 车开着车库底去。　　把车开到车库里去
d. 我着佢屋门口过个时节听倒佢着哭。我从他家门口过的时候听见他在哭
（连城）

依据上面所述汉语普通话和方言的例证,本文至少可设定三条格位功能扩展路线,如下所示:

(a)[起点—依据—原因—施事]
(b)[起点—途径—工具]
(c)[起点—处所/途径—终点—对象]

4.2　空间和时间节点的设定问题

起点分为空间起点和时间起点,起点标记在很多语言中不仅可表示具体的场所,还可表示时间的开始。汉语普通话和方言中的起点标记介词大都可表示场所和时间,例句如下:

(1) a. 昨天他从北京坐飞机去上海。
b. 从今天开始,我要减肥。 (普通话)

(2) a. 你搁哪儿来? 你从哪儿来?
b. 搁那以后,我们俩再也没见过。 从那以后,我们俩再也没见过 (东北)

(3) a. 太阳逮西边出来了。 太阳从西边出来啦
b. 不用我妈教,我逮小就会。 不用母亲教,从小就会 (靖远)

由空间起点到时间起点的语义扩展可用隐喻机制来解释。由空间到时间的隐喻是人类普遍的认知推理过程。通过隐喻机制,空间语义扩展到时间语义,具体的语义扩展到抽象的语义,不仅起点语义如此,处所、终点、途径、工具等都是如此。处所可从空间处所扩展到抽象的处所(范围)或时间的处所(时间起点);移动的终点可通过隐喻机制映射到行为的对象上;位移事件的中间过程——途径,可隐喻为行为事件的中间媒介——工具,甚至还可扩展到抽象的过程——手段或方法。在设定概念空间上的节点时,一定要考虑空间语义和时间语义,具体的语义和抽象的语义之间的关系。

以起点为例,有些语言中可能存在分别表示空间起点和时间起点的标记。有些方言里,表示空间起点的标记不能表示时间起点。如,苏州方言(吴方言),肇庆方言(粤方言)中的起点标记介词有"从"和"由",其中,"从"既可表示空间起点,也可表示时间起点,但"由"却只能表示空间起点,而不能表示时间起点。此外,芮城方言(中原官话)中的"到"也只能表示空间起点,不能表示时间起点。与此相反,汉语普通话中的"自从"不能表示空间起点,而只能表示时间起点。例句如下:

(4) a. 我到东头来,你到西头来。 我从东头来,你从西头来
b. *到早起到黑唠,没有歇一会儿。 (芮城)

(5) a. *他是自从北京来的。
b. 自从我认识你,你第一次说谢谢我。 (普通话)

起点可分为场所和时间起点,同样,工具语义也是比较概括的,它可再细分为材料、工具、方式(或手段)等。其中,材料是最具体的,而方式是最抽象的。汉语普通话中,"用"可以表示所有的这些用法,在本文所分析的方言中,平和方言也使用同一个标记表示工具、材料和方式。

(6) a. 他这个人像用木头做成的，没一点水分。
b. 前半生用笔写作，后半生用电脑写作。
c. 现在生意难做，只好用这种办法促销。　（普通话）

(7) a. 自这些柴可做一顶眠床。　用这些木柴可以做一张床
b. 歹囝仔自手的铁支仔共伊凿落去。　歹徒用手里的铁棍捅他
c. 药丸子自整粒吞落去较膾苦。　药丸就整个儿吞下去才不会感到苦
（平和）

如上所述，介词所具有的格位功能都包括具体的功能和抽象的功能，但从格位功能 A 到格位功能 B 的语义扩展过程不一定包括 A 的抽象功能。并且，在二维语义地图上，很难同时构建主要格位功能间的扩展路线和个别格位功能的下位概念——时间和空间，具体语义和抽象语义。有可能将起点再细分为空间起点和时间起点，将工具再细分为材料、工具、方式，本文并不排除这种可能性，但本文认为，即使细分，在起点或工具这个节点的下位节点中细分更合理。

在构建语义地图的过程中会发生这种节点的设定问题，对此，郭锐(2012)提到，如果某个功能可分化的方向过多，节点过于复杂，那么应先将大范围内的功能设定为节点，随着研究的深入，再将节点细分。因此，为了构建以经验性事实为基础的概念空间和语义地图，考虑到现在所分析的语言中节点的功能以及出现该功能的方言的数量，本文把空间起点和时间起点看作“起点”节点，把材料、工具和手段看作“工具”[①]节点，不再细分。而对于“终点”和“对象”这两个语义，我们发现使用起点标记介词表示对象语义的方言不在少数，并且在有些方言中这两个功能的使用分工明确，因此本文把它们分为两个节点。

4.3　位移事件的转喻模型

通过对各方言进行的初步分析，本文验证了一个事实，即在起点介词的语义扩展过程中，最基本的路线以“移动”概念为基础。“移动”这一概念包括起点、终点以及途径的路线，如下图示所示：

A(起点)●……→ ……B(途径)……→ ●C(终点)

① 在本文所调查的方言中，未出现因“工具”义的具体语义（材料、工具、手段等）不同，而使用不同标记的用例。因此，在本文的概念空间上，把它们都作为同一个节点。

起点 A 与途径 B 相邻,起点唯有通过途径才能到达终点。在位移事件中,射体的出发一定蕴含途径的经由,这种蕴含关系可用认知转喻模型来说明。同样,在到达终点之前,也一定蕴含途径的经由,因此终点和途径间也可作转喻推理。通过这种转喻推理,可以发现起点介词的功能扩展到途径,甚至扩展到终点。下面的方言即是如此。

(1) a. 走衣袋工里□[tɕy^{45}]五块钱啰。　　从口袋里掏出五块钱吧
b. 我每日走你屋门口过身。　　我每天从你家门口经过
c. 要吃茶就走我家里去啰。　　要喝茶就到我家去吧　　(宁乡)

(2) a. 我通福州去连江,汝呢?　　我从福州去连江,你呢
b. 古田去宁德着通大桥、杉洋行。　　古田去宁德要从大桥、杉洋走
c. 自家侬通底块去?　　我们往哪里走　　(古田)

通过转喻推理扩展而成的[起点—途径—终点]这一位移事件模型,又通过隐喻机制扩展成为行为事件,在此过程中,语义功能有可能扩展为[起点—途径—工具],[起点—途径—终点—对象]。对于这些语义扩展路线,本文将在下一章中作具体说明。

5. 从位移事件到行为事件的功能扩展

5.1 从起点到工具

本文通过对方言的调查发现,表示起点的介词在表示工具义时,该介词一定具有途径语义。并且没有一个介词只具有起点和工具语义,却不具有途径语义。因此,本文按照蕴含共性设定了[起点—途径—工具]这一语义关系。下面的方言示例即可显示这条语义扩展路线。

(1) a. 你这是搁哪儿来呀?　　你这是从哪儿来呀
b. 你们搁这条道走最近。　　你们从这条路走最近
c. 我搁钥匙捅了半天,就是打不开。　　我用钥匙捅了半天,就是打不开
(哈尔滨)

(2) a. 我搁家来。　　我从家来
b. 小偷儿是搁阳台进屋儿的。　　小偷儿是从阳台进屋儿的
c. 搁筷子夹。　　用筷子夹　　(东北)

从起点到途径的语义扩展是一种转喻,而从途径到工具的语义扩展却不是转喻,这是因为途径和工具的语义不相邻。我们从框架语义理论的视角来看,途径和工具可看作两个不同的事件框架。途径是位移事件,工具则是行为事件。

(a) 位移事件:起点—途径—终点
(b) 行为事件:施事—工具—对象

在位移事件中,移动的实体从起点出发,通过途径,到达终点。相反,在行为事件中,施事发出的动作通过工具施加给对象。工具在行为中可能被暗示,也可能被具体地表现出来。因此,位移事件中所通过的途径可映射为行为的工具或手段,这种映射关系即为隐喻。通过这种隐喻的映射,表示起点和途径介词的语义可扩展到工具语义,如下所示。起点和施事、终点和对象间的隐喻关系更加复杂,更加间接,对此,本文将在下文说明。

起点(source)>途径(path)>工具(instrument)

从起点到工具的扩展路线在方言中的实例整理如下:

表 7 [起点—途径—工具]扩展路线的方言

方言点	介词	起点	途径	工具	调查方法
聊 城	从	○	○		文献
德 州	从	○	○		文献
芮 城	到	○	○		文献
枣 庄	搁	○	○		文献
靖 远	逮	○	○		文献
利 辛	走/压	○	○		文献
哈尔滨	搁	○	○	○	问卷调查/文献
东 北	搁	○	○	○	文献
平 和	自	○	○	○	文献
南 昌	从	○	○	○	问卷调查
肇 庆	由	○	○	○	问卷调查

5.2　从起点到施事

既有研究中曾提到，一些现象表明，起点标记可用于施事标记。本文多个方言的调查结果显示，一个介词如果既表示起点，又表示施事，那么它可以表示依据或原因。

(1) a. 太阳逮西边出来了。　　太阳从西边出来了
b. 逮吸烟引起了这一场火灾。　　由吸烟引起了这场火灾
c. 这一回逮迎了些风，我就感冒了。　　这次因为受了些风，我才感冒了
d. 在街上逮警察截处搜查。　　在街上被警察堵住搜查　　(靖远)

语义虽然未扩展到施事，但本文通过分析发现，起点标记介词表示原因时，蕴含依据语义。示例如下：

(2) a. 他是搁北京来的。　　他是从北京来的。
b. 搁他的表情就看出来了。　　从他的表情就看出来了。
c. 这是搁感冒引起的急性肺炎。　　这是由感冒引起的急性肺炎。
(哈尔滨)

这种扩展路线在英语的介词“from”中也可发现。“from”是典型的起点标记前置介词，但除此功能之外，它还可表示依据、原因和施事[①]，甚至可以表示工具(材料)。这些语义都是从“起点”这个原型语义派生而来，例句如下：

(3) a. He walked home from the station.
b. From the evidence, he must be guilty.

① Clark & Carpenter(1989)提出，英语的“from”在“get～from”结构中，起点语义抽象化，这时的功能表示施事。在现代英语中，施事大部分通过“by”来体现，但在古代英语(Old English)和中世纪英语(Middle English)中，“from”不仅可表示起点、依据、原因、工具，而且还可表示施事。特别是古代英语中80%的施事通过“from”的前身“fram”来表示，到了中世纪被“by”取代。此外，Clark & Carpenter还以儿童为对象，通过语言习得实验，对“from”“with”“by”的使用情况进行了调查。发现在儿童所使用的语言中，“from”除了表示起点，还表示施事、原因、工具等多种功能。也就是说，虽然在现代英语中典型施事标记是“by”，但在过去更多地使用“from”。“from”的功能扩展到表示施事，上述历史事实为此提供了经验性事实，而儿童语言习得过程中所呈现的元语言现象则提供了认知上的证据。“from”的语义领域参见附录中的语义地图(40)。

c. Many people die from hunger.

d. He got a good scolding from his father.

e. Cake is made from flour, milk and eggs.

除此之外,法语中的"de(du)"也可扩展到[起点—依据—原因—施事]。而日语中的"から"和捷克语中的"od"也都使用一个标记表示起点、依据和原因。

(4) a. venir de l'école
come ABL[①] DEF-school
从学校来

b. Vous êtes ridicule de porter un chapeau avec
2SP be ridiculous REA wear one hat with
une mini-jupe.
one miniskirt
穿着迷你裙,戴着帽子,真可笑。

c. être puni de son retard
be punished CAU his delay
迟到受罚

d. être aimé de tout le monde
be loved AGE all DEF world
得到所有人的爱

① 上面的例句中所使用的注释(gloss)缩写如下:

英文缩写	英文名称	中文名称	英文缩写	英文名称	中文名称
ABL	ablative	起点	CAU	cause	原因
REA	reason	依据	AGE	agent	施事
TOP	topicalizer	主题化标记	SUMK	subject marker	主语标记
GEN	genitive	属格	ADJ	adjective	形容词
AUX	auxiliary	能愿动词	MK	marker	标记
PAR	particle	助词(其他)	TAM	tense, aspect marker	时体标记
DEF	definite	定冠词	2SP	second person plural	第二人称复数
LOC	locative	处所	ALL	allative	向格

(5) a. 目 から 大粒 の 涙 が 落ちた.
eye ABL large ADJ.MK tear SUMK fell down
眼睛里滚落出大大的泪珠。

b. 昨日 の 先生 の 話 から、今日 は
yesterday GEN teacher GEN speech REA today TOP
休講 だと 思っていた.
cancel(a class) AUX-PAR think-TAM
昨天听老师说的(作为依据)以为今天停课。

c. 操作 ミス から 事故 が 生じた.
operation mistake CAU accident SUMK occurred
因操作失误,发生了事故。

(6) a. 50km od Prahy
50km ABL Prahy
距布拉格 50km

b. platit od hodiny
pay REA time
按小时付费

c. nemůžu od smíchu mluvit
can't CAU laugh speak
笑得说不出话来

通过上面的分析可以得到如下的蕴含关系:

起点(source)>依据(reason)>原因(cause)>施事(agent)

位移事件的出发点是起点,行为的出发点是施事。从起点到施事的扩展是隐喻,这种隐喻大都不是直接的,中间要经由依据和原因两个语义功能。依据是判断的出发点,原因则是结果的出发点。汉语普通话的起点标记介词"由"既可表示依据,也可表示原因。例句如下:

(7) a. 我由经验中得知,抱着玩票心态的人绝不可能做好任何一件工作的。

b. 青少年中的犯罪绝大多数是由这种原因造成的。 (普通话)

例(7a)中,存在判断的主体"我",也存在判断的行为和结果,这时"由"表示判断的出发点——依据。相反,例(7b)中,不存在判断的主体,只存在事件的原因和结果,这时"由"表示该事件的原因。有时,"由"还可以表示施事,如下面例句所示:

(8) 如果当初都由他处理,事情不至于走到如今的地步。 (普通话)

例(8)中的"由"表示施事。施事一般表示具体的人,原因或依据是抽象的,因此,很容易认为从施事到原因或判断的语义扩展更为自然。但分析中国的方言及其他语言资料后发现,一个标记同时表示起点和施事时,蕴含依据或原因功能,反之则不能成立。

本文要强调的是,施事标记与表示依据或原因的标记相比,语法化程度更高。理由有二:第一,依据或原因是可有论元,施事论元则是必有论元,跟表示可有论元相比,表示必有论元才是更语法化的标记;第二,表示依据或原因的格位语义比施事格位语义更具有词汇义。相反,施事标记可以省略,这是因为施事格位标记所表示的语义在与动词的主格关系中也可充分体现,标记本身的负重不大,且在"名词短语—动词短语"的构式中,施事义即使没有格位标记也可推断。如下所示,跟依据相比,原因更处于主句的内层,语法化程度更高;而跟原因相比,施事则被包含于主句的最内层,语法化程度最高。

(a) 依据(reason)[clause 判断主体—判断结果[clause Subj Pred]]
(b) (内涵判断主体)[原因(cause)—结果[clause Subj Pred]]
(c) [clause 施事(agent)Subj—行为(action)Pred]

从起点到施事的扩展路线在方言中的实例如下表:

表 8 [起点—依据—原因—施事]扩展路线的方言

方言点	介词	起点	依据	原因	施事	调查方法
聊 城	从	○	○			文献
德 州	从	○	○			文献
利 辛	走/压	○	○			文献

续表

方言点	介词	起点	依据	原因	施事	调查方法
大　同	跟	○	○			文献
娄底(双峰)	代	○	○			问卷调查
湖　南	走	○	○			文献
平　话	走	○	○			文献
沙　县	行	○	○			文献
福　州	趁	○	○			文献
屯　昌	趁	○	○			文献
哈尔滨	搁	○	○	○		问卷调查/文献
靖　远	逮	○	○	○	○	文献
南　昌	从	○	○	○	○	问卷调查
珠　海	由	○	○	○	○	问卷调查
	从	○	○	○	○	
泉　州	从	○	○			问卷调查
	按	○	○	○		
	由	○	○	○	○	
肇　庆	从	○	○			问卷调查
	由	○	○	○	○	

5.3　从起点到对象

上文对位移事件的节点,即[起点—途径—终点]间的转喻关系进行了分析,发现表示起点的介词也可表示途径和终点,而通过对各方言的调查,也证实了这一点。

(1) a. 你走哪里来,我走长沙来。　　你从哪里来,我从长沙来

b. 到城里去,要走哪条路过?　　到城里去,要从哪条路经过

c. 泥巴不要走脸上漆。　　不要向脸上抹泥巴　　(湖南)

此外,通过对经验性事实的分析,还证实了在起点和终点间的语义扩展过程中蕴含着处所义,即[起点—处所—终点]。"处所"这个概念一般被理解为

表示具体的场所，但起点和终点把场所看作移动发生或停止的地点。处所和起点，处所和终点之间形成一种转喻关系，因此能发现很多用例中，一个介词能表示起点和处所，或者表示处所和终点，再或者起点、处所、终点三者都可表示。例句如下：

（2）a. 着那角来。 从哪儿来

b. 着黑板上写字。 在黑板上写字

c. 车开着车库底去。 把车开到车库里去 （连城）

在韩国语中，“에서”也可同时表示处所和起点，“에”①同时表示处所和终点，这也可认为是因转喻关系而形成的语义扩展。例句如下：

（3）a. 우리는 아침에 도서관에서 만나기로 하였다.

we-TOP morning-PAR library-LOC decided to meet

我们约好早上在图书馆见面。

b. 서울에서 몇 시에 출발할 예정이냐?

Seoul-ABL what time-PAR be leaving to

几点从首尔出发？

（4）a. 동생은 아직 학교에 있다.

younger brother-TOP still school-LOC be at

弟弟还在学校。

b. 그는 집에 가는 길이다.

he-TOP home-ALL be coming

他正在往家走。

起点语义经由途径或处所扩展到终点语义。这种扩展语义的节点——

① 韩国语的后置介词“에”在现代韩国语中除了表示终点和处所以外，还表示依据和原因。如附录中现代韩国语“에”的语义地图所示，语义扩展路线虽呈中断状，但事实上这与“에”功能的历时变化有关。许雄（1975：343—346）指出，中世纪韩国语中“에”除了表示终点、处所、依据、原因以外，也具有起点标记的功能。这时“에”的[终点—处所—起点—依据—原因]这一语义扩展路线成立，可在本文建立的概念空间里构建出无中断现象的语义地图。只不过在历时的语言变化过程中，“에”的起点义消失，因而现代韩国语中出现中断现象。

"终点"有以下两种类型。一个是移动的终点(terminal),另一个是动作方向的目标(target)。在方言中,表示起点和途径的介词短语全都位于动词的前面,但表示终点的介词短语因终点的语义类型不同,与动词的语序也不同。当终点表示目标义时,介词短语位于动词之前,如例(5);当终点表示终点站时,介词短语则位于动词之后,如例(6)。

(5) a. 对头前行二公里到一个双叉路口,再对正手畔

朝前面走二公里到一个交叉路口,再向右手边拐去 (潮汕)

b. 自家侬通底块去? 我们往哪里走 (古田)

(6) a. 走着外底去骗人。 跑到外头去骗人 (连城)

b. 听见仔一吓,跌倒勒地浪。 听了,吓了一跳,跌倒在地 (苏州)

位移事件的射体从起点开始,经由途径或处所到达终点,通过转喻机制形成的这种语义扩展在前面很多方言中都得到了证实。行为事件是施事通过工具把行为施加到某个对象身上,这与位移事件在语义上具有相似性。移动的终点通过隐喻机制投射到行为的对象上,因此,在方言中能看到这样的用例,即表示终点义介词的功能扩展到行为的对象上。有些方言中的介词语义通过转喻机制扩展到[起点—途径/处所—终点],再通过隐喻机制扩展到对象,用例如下所示:

(7) a. 对水里钻出来。 从水里钻出来

b. 对大路行恰好行。 从大路走好走

c. 对好嘞想。 往好里想

d. 对即条事汝免插。 关于这事你别管 (闽南)

(8) a. 你跟彼领去就可以了。 你从这里去就可以了

b. 你俚跟姑姑去过人家。 我们到姑姑家去走亲戚

c. 客你的想法跟我讲下。 把你的想法给我说一下 (平话)

通过以上的分析,可以得出如下蕴含关系。

起点(source) > 途径(path) / 处所(location) > 终点(goal) > 对象(object)

从起点到对象的扩展路线在方言中的用例如下表所示：

表 9 [起点—途径/处所—终点—对象]扩展路线的方言

方言点	介词	起点	途径/处所		终点	对象/伴随		调查方法
			途径	处所		对象	伴随	
哈尔滨	搁	○	○	○				问卷调查/文献
东　北	搁	○	○	○				文献
聊　城	从	○	○	○				文献
德　州	从	○	○					文献
芮　城	到	○	○	○				文献
枣　庄	搁	○	○	○				文献
靖　远	逮	○	○					文献
黄　山	从	○	○					问卷调查
肇　庆	从/由	○	○					问卷调查
利　辛	走/压	○	○					文献
石　城	打	○	○	○				文献
福　州	趁	○	○					文献
屯　昌	趁	○	○					文献
述　阳	待/尊	○		○				文献
沙　县	行	○	○					文献
连　城	着	○	○	○	○			文献
苏　州	勒	○	○	○	○			问卷调查
娄底(双峰)	代	○	○	○	○			文献
宁　乡	走	○	○		○			文献
湖　南	走	○	○		○			文献
徐　州	搁		○	○	○			文献

续表

方言点	介词	起点	途径/处所		终点	对象/伴随		调查方法
			途径	处所		对象	伴随	
西　南	走	○	○		○			文献
古　田	通	○	○		○			文献
潮　汕	在	○		○				文献
	对		○		○			
平话(宁远)	于	○		○				文献
	走	○	○		○			
述　阳	搁	○	○	○	○		○	文献
大　同	跟	○	○	○	○	○	○	文献
	赶	○	○		○			文献
南　昌	从	○	○	○	○	○	○	问卷调查
珠　海	从	○	○		○	○	○	问卷调查
	由	○	○		○	○	○	
泉　州	从/由/按	○	○					问卷调查
	对	○	○		○	○		

6. 结论:概念空间的建立

本文以经验性事实、统计分析和理论解释为依据,考察了汉语普通话和方言中起点标记介词所具有的多功能性,并证实了各语法功能的扩展是以家族相似性为基础而形成的语义关系网。

本文首先参考了多种语言及汉语方言中起点标记介词的资料,通过对所收集资料的分析,发现各功能节点间存在家族相似性和蕴含关系。使用多变量统计分析法(multivariate statistical analysis),通过对近似语义功能的聚类分析(clustering),确认到各功能间具有相似性。

同时,本文加强了理论上的解释说明,揭示出起点标记的功能扩展是隐喻和转喻这两个认知机制作用的结果。在上文中提到过两种事件类型,一种是表示具体移动的"位移事件",另一种是抽象移动的"行为事件",即从施事出发,把行为施加到对象上。隐喻促使具体的位移事件映射到抽象的行为事件,而转喻促使各事件中的功能发生扩展。隐喻的功能扩展有[起点—依据—原因—施事],[途径—工具],[终点—对象];转喻的功能扩展有[起点—途径—终点],[施事—工具—对象][①]。通过这些事件类型和机制,可将多功能起点介词的语义扩展路线做出如下图式:

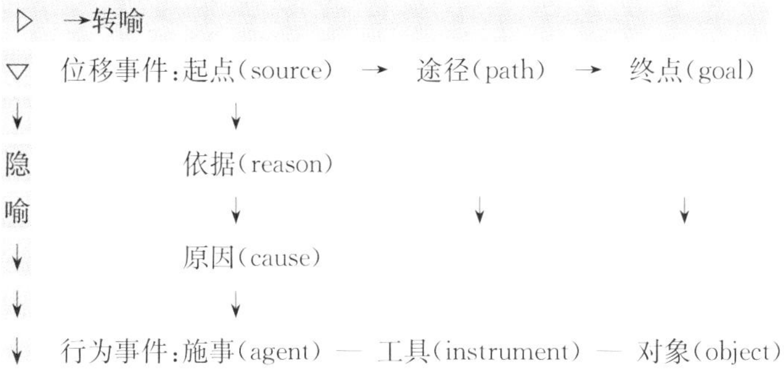

根据以上的分析和理论说明,可建立如下所示的起点标记介词的概念空间。汉语各方言的语义地图另附在附录中。

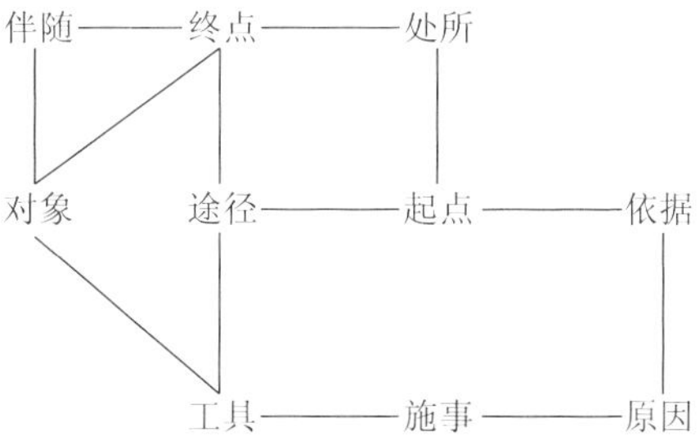

图 7 起点标记介词的概念空间

---

① 施加行为的施事、施事所使用的工具、通过工具受到行为影响的对象,这三者间语义关系紧密,都可通过转喻实现语义扩展。通过转喻实现[施事—工具]语义扩展的用例有屯昌方言的"要"和英语的"by"["by"整体的语义地图见附录语义地图(39)]。具体如下:

(1) a. 施事:曷多菜要猪嚼了去。(菜被猪吃光了)

b. 工具:要乜挖? 要锄头做得无?(拿什么来挖? 用锄头行不行?)

c. 施事:This book is written by Dickens.

d. 工具:I will contact you by letter.

[工具—对象]语义扩展的用例有古代汉语中的"以"、现代汉语中的"拿",以及很多方言中的用例,如:苏州(拿)、上海(拿)、汕头(掠)、香港(攞)、山西临猗(拿)、湖南宁远平话(逮)、湖南新邵(拿)等。湖南新邵方言的用例如下:

(2) a. 工具:你以为拿钱就听么咯买滴倒哩吗?(你以为用钱可以买一切吗?)

b. 对象:拿裤子好实连好。(把裤子好好地缝好)

语义地图理论是一个极具魅力的研究领域,它不把时间耗费在某些词汇到底是多义词还是同音异义词的争论上,而是直观地描写出词汇间语义的距离以及语义扩展的普遍路径。世界上的语言虽然存在形式、音韵、结构等很多方面的不同,但语言中都蕴含着人类创造并使用语言的普遍认知性。本文以汉语方言中的起点标记介词为研究对象,使用语义地图理论,发现了可证明这种普遍性的证据。

本文所建立的普遍概念空间应适用于所有的语言,但在共时上,这个语义地图在少数一些语言中会出现中断,而这种共时上的中断现象蕴含历时上的语言变化。例如,现代韩国语中的后置词"에"和"로"不再具有起点功能,在共时的语义地图上节点间的连接中断,但在中世纪韩国语中,这两个后置词都具有起点功能,语义地图中两个语义节点相互连接。这一事实可以证明概念空间存在普遍性,同时也给了我们一些启示:在建立概念空间时,不仅要考察语言的共时变化,更要考察各功能是否存在扩展、缩小或取代等历时过程。①

从本文的研究过程可知,考察分析多个语言及方言的起点标记介词,要消耗大量的时间和精力。但以经验性事实为基础,以理论研究为后盾所取得的语义地图研究成果具有极高的价值。期待今后语义地图的理论研究成果会更加成熟,不仅限于理论研究方面,还可广泛应用到词典编纂、翻译、汉语教学等众多领域中。

7. 附录:各语言及方言的语义地图

哈尔滨方言—东北官话
搁(问卷)

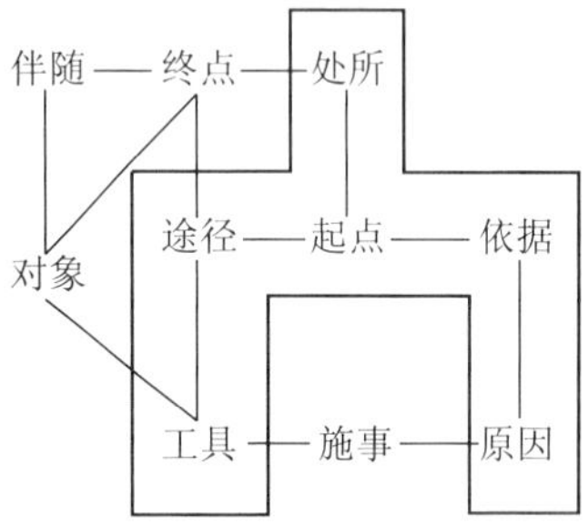

1

哈尔滨方言—东北官话
搁(参考)

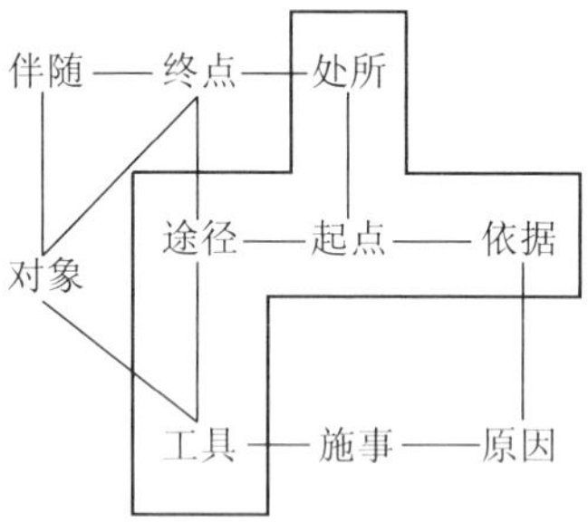

2

---

① 第75页脚注中已经对韩国语中后置介词"에"的语义地图及历时功能变化进行了说明。后置介词"로"也与此相似,现代韩国语中的"로"具有终点、途径、工具、依据、原因等功能,却没有起点功能,造成语义地图上的中断,但在中世纪韩国语中具有伴随、起点功能,因此可在本文建立的概念空间中构建[伴随—终点—途径—工具/起点—依据—原因]的功能扩展路线。现代韩国语和中世纪韩国语中"에"和"로"的语义地图参见附录。

东北方言
搁(参考)

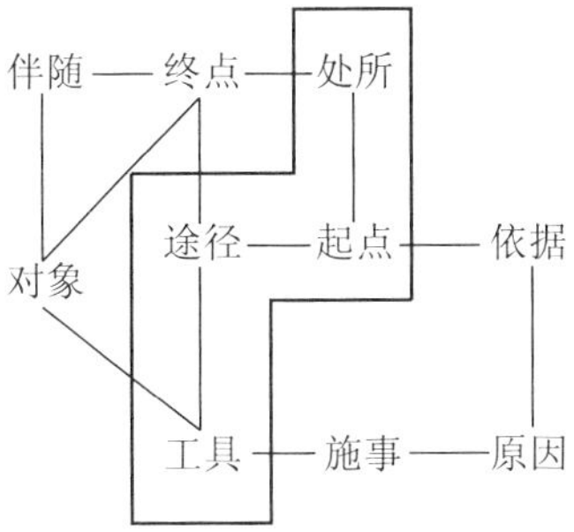

3

聊城方言—冀鲁官话
从(参考)

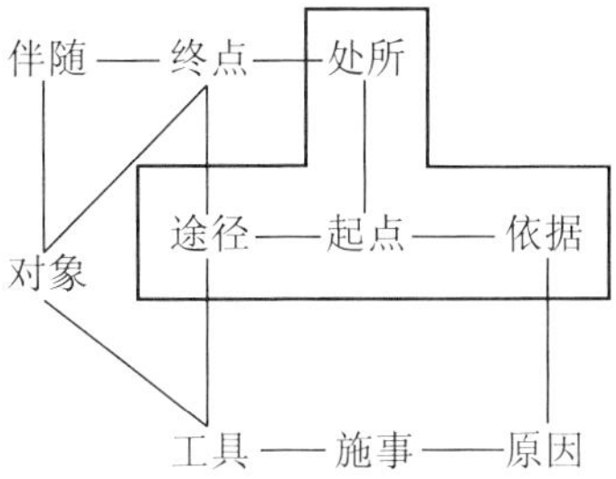

4

德州方言—冀鲁官话
从(参考)

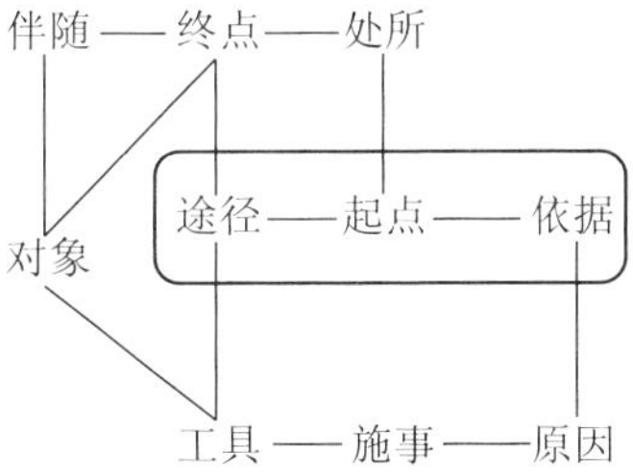

5

芮城方言—中原官话
到(参考)

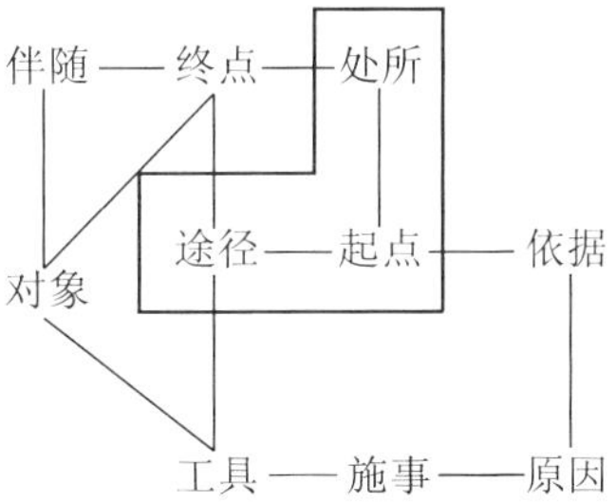

6

枣庄方言—中原官话
搁(参考)

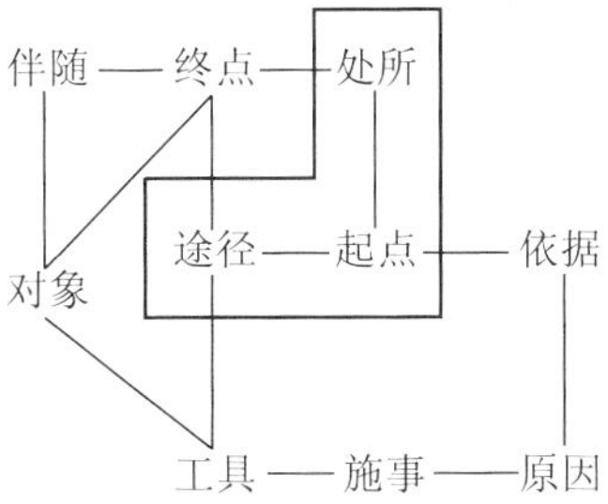

7

靖远方言—中原官话
逮(参考)

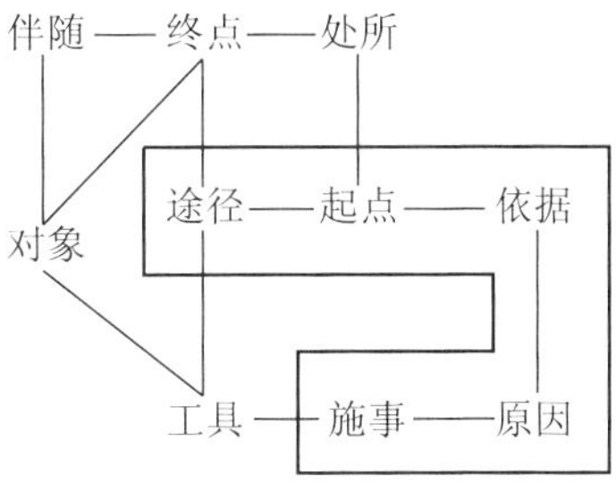

8

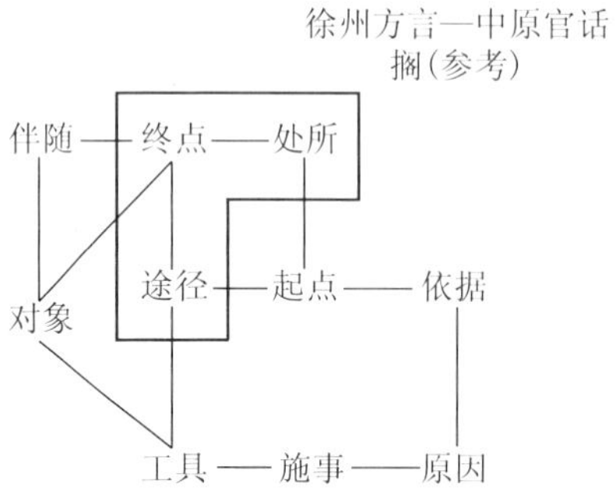

9

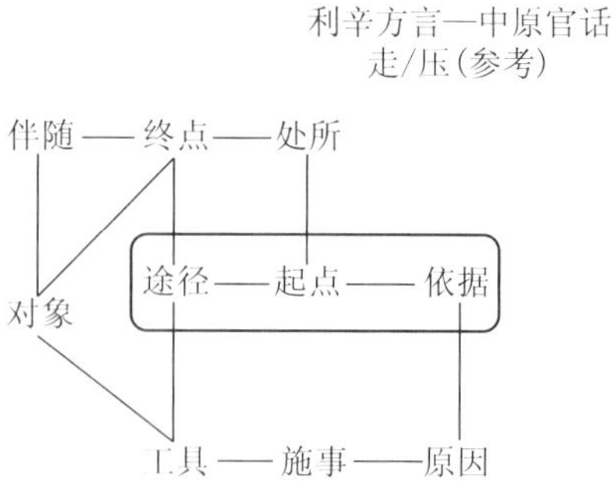

10

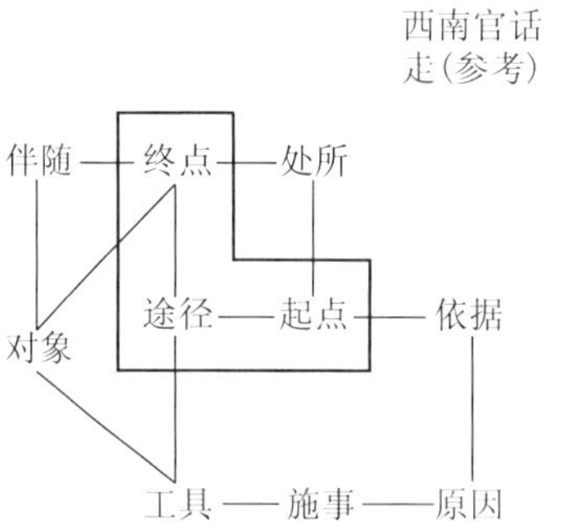

11

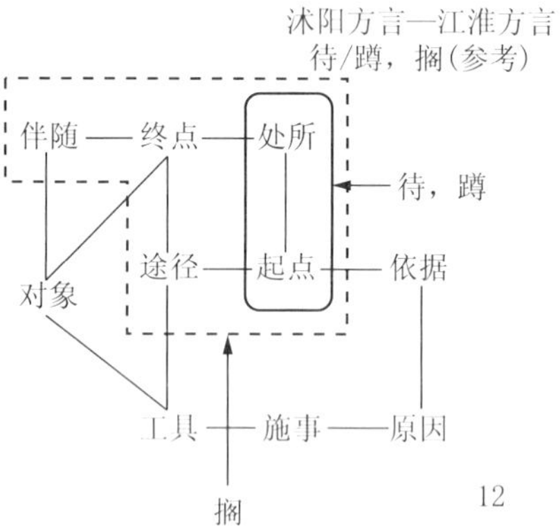

12

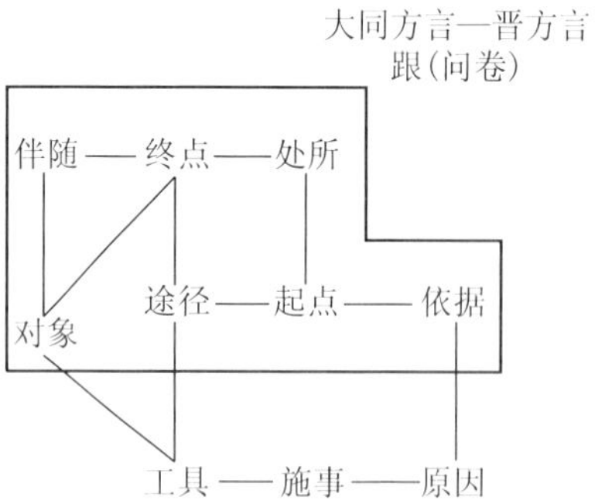

13

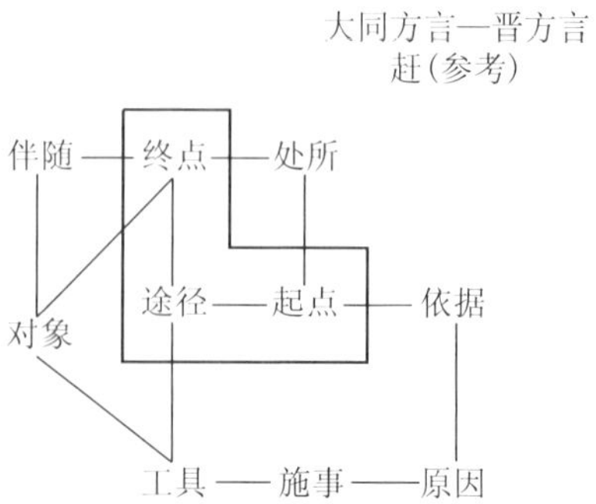

14

苏州方言—吴方言
勒(问卷)

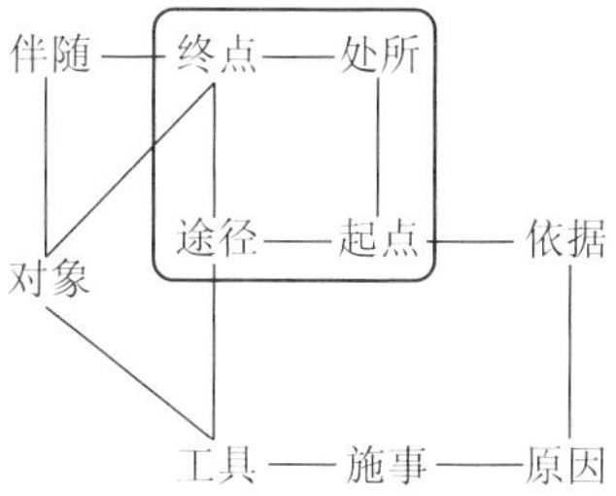

15

苏州方言—吴方言
勒(参考)

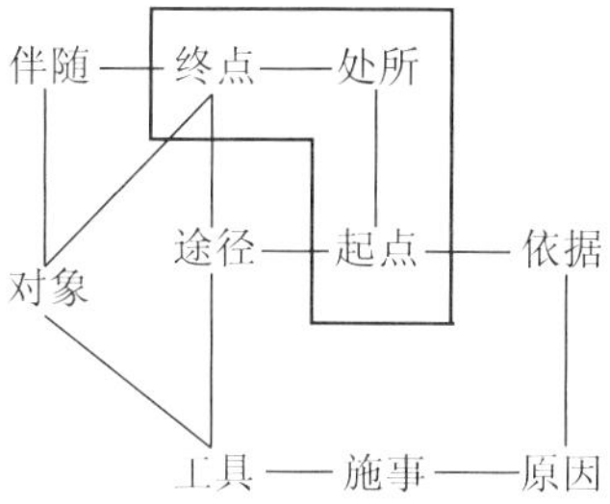

16

娄底（双峰）方言—湘方言
代(问卷)

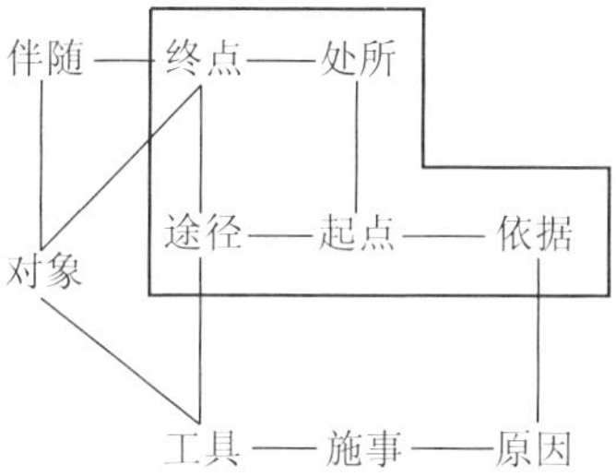

17

宁乡方言—湘方言
走(参考)

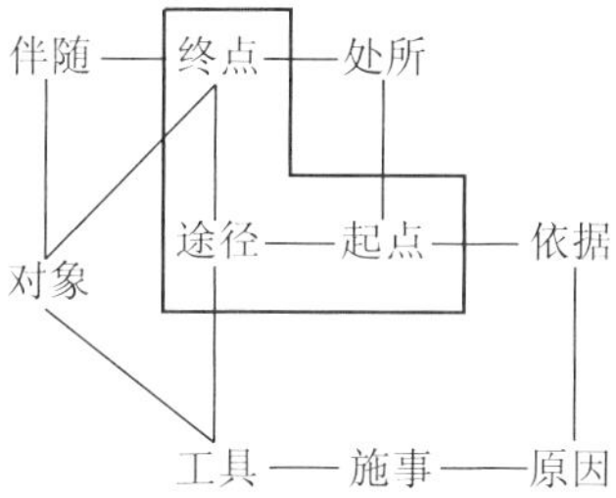

18

湖南方言
走(参考)

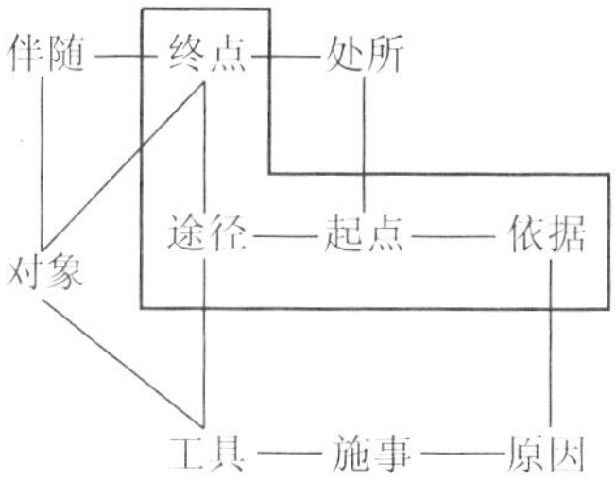

19

南昌方言—赣方言
从(问卷)

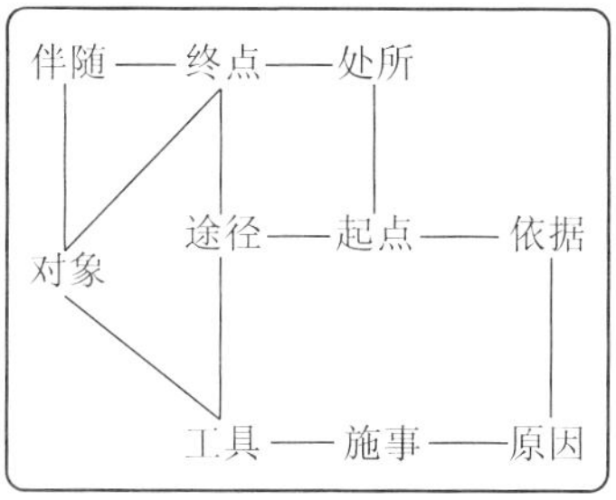

20

珠海方言—客家方言
由，从(问卷)

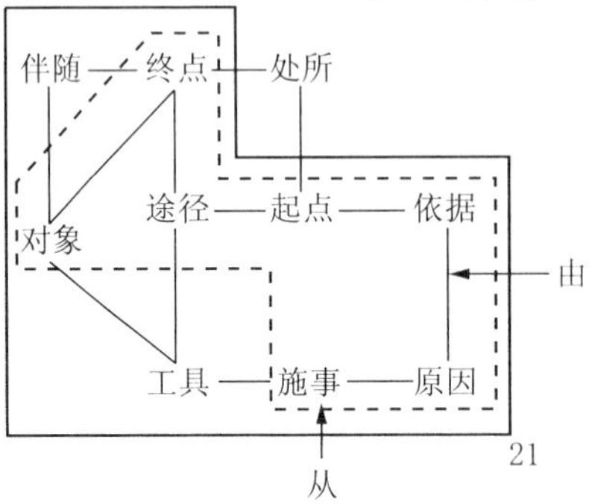

21

石城龙岗—客家方言
打(参考)

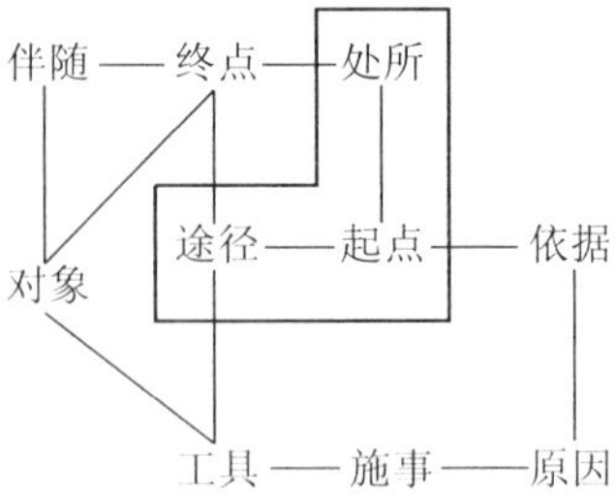

22

连城方言—客家
着(参考)

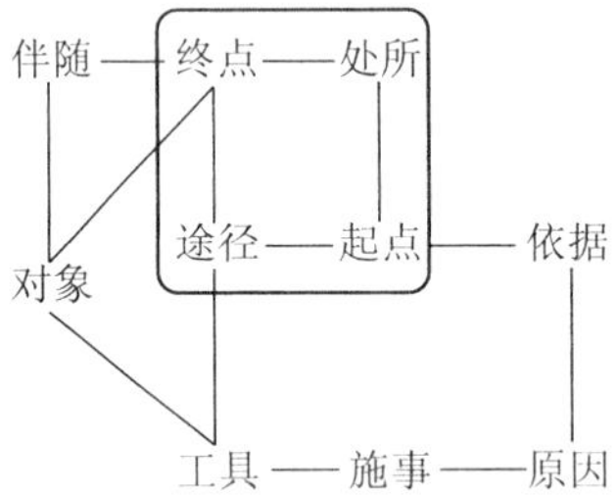

23

湖南宁远平话
于，走(参考)

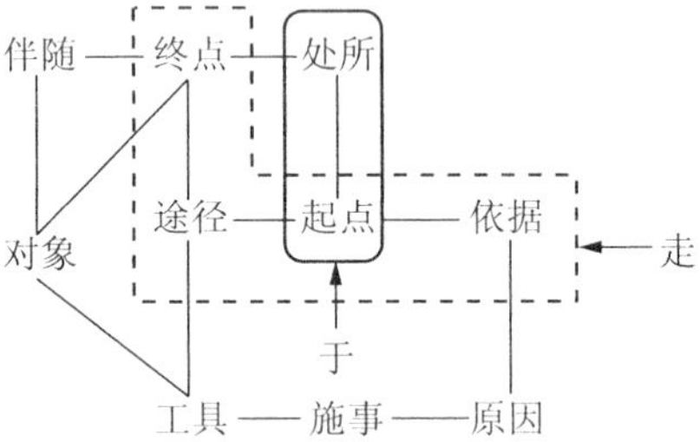

24

泉州方言—闽方言
由，按，从(问卷)

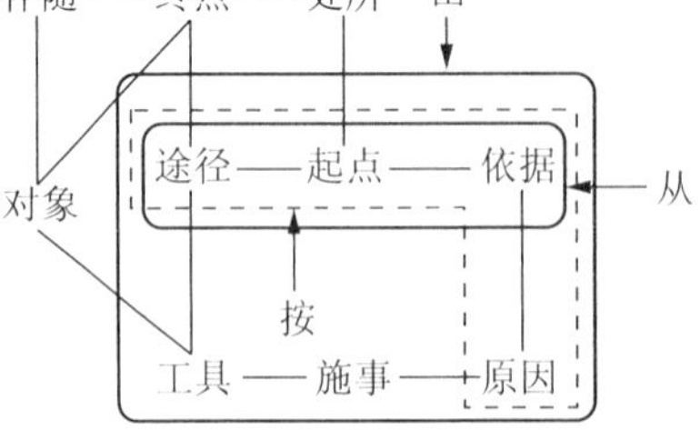

25

泉州方言—闽方言
对，按，用(参考)

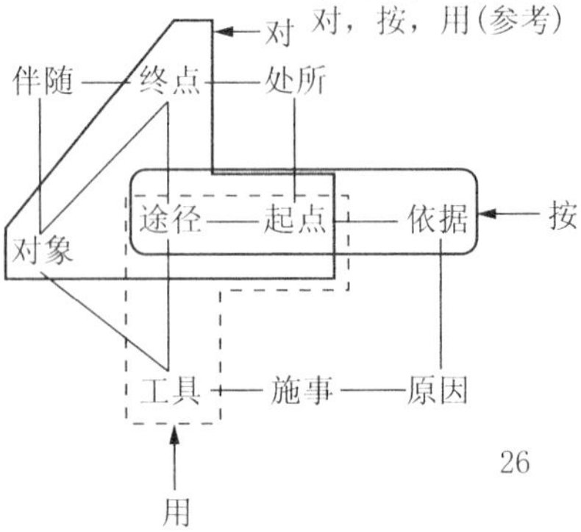

26

平和方言—闽方言
自，伫(参考)

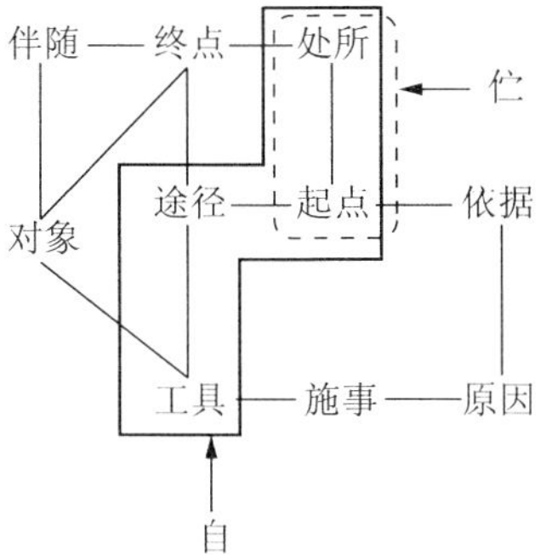

27

沙县方言—闽方言
行(参考)

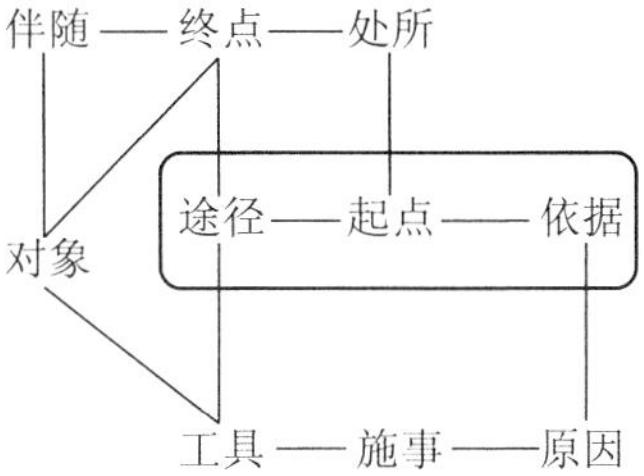

28

古田方言—闽方言
通(参考)

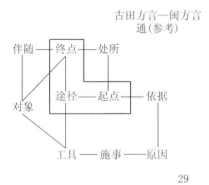

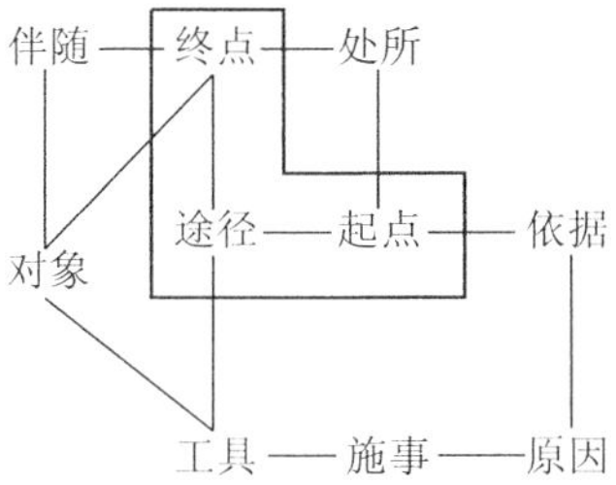

29

福州方言—闽方言
趁(参考)

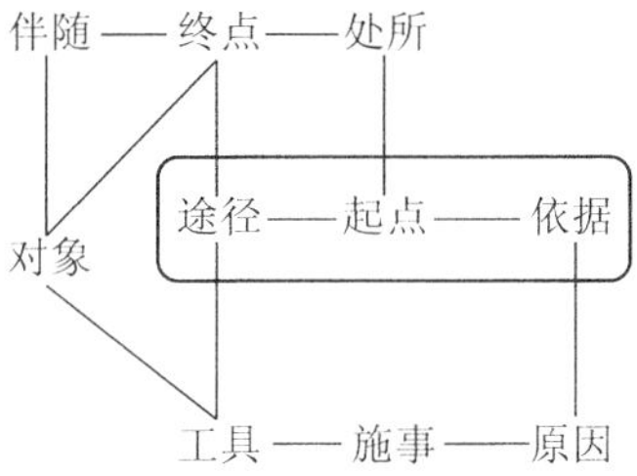

30

屯昌方言—闽方言
趁(参考)

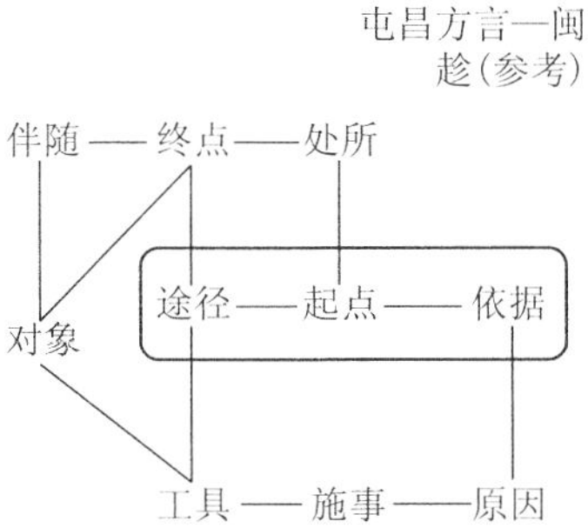

31

潮汕方言—闽方言
对，在(参考)

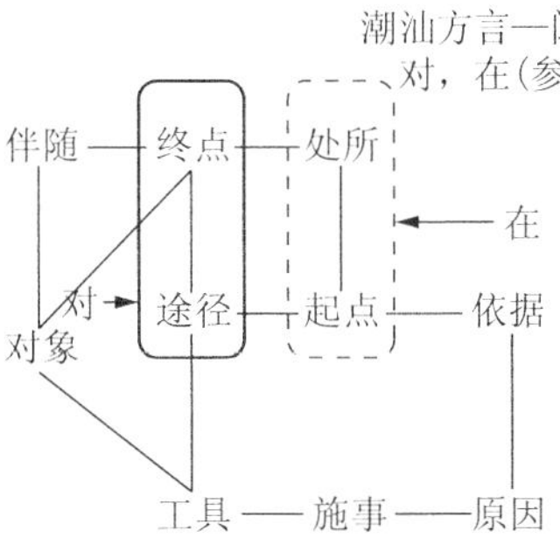

32

黄山方言—徽方言
从(问卷)

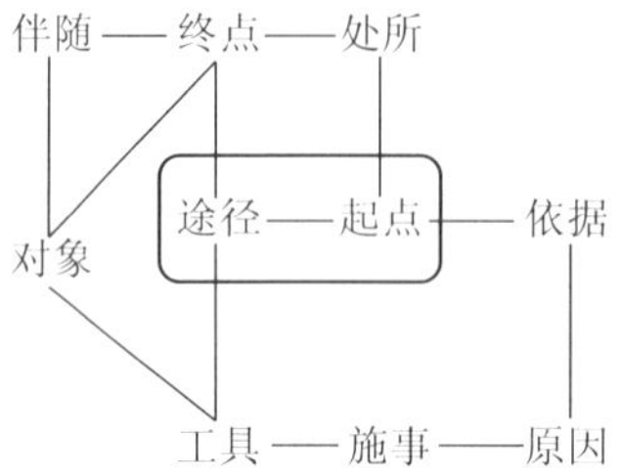

33

肇庆方言—粤方言
由，从(问卷)

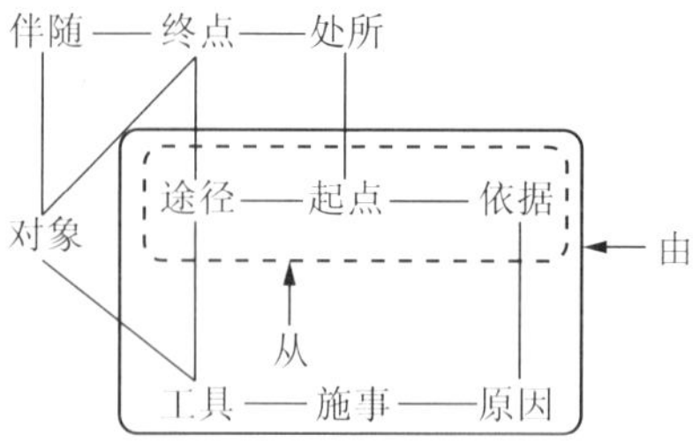

34

现代汉语普通话
由，从

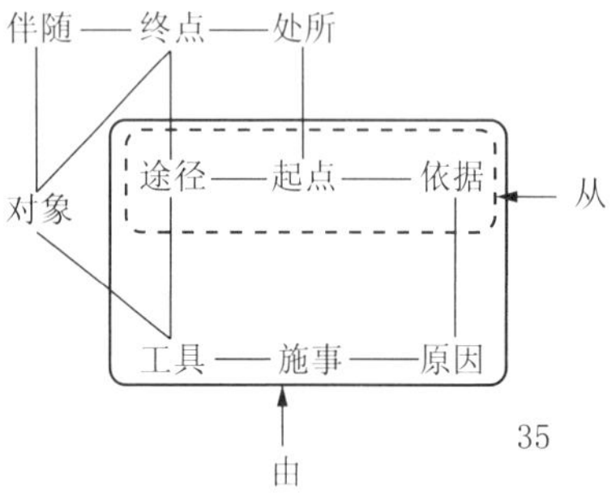

35

韩国语
～es^>eseo, ～but^>buteo

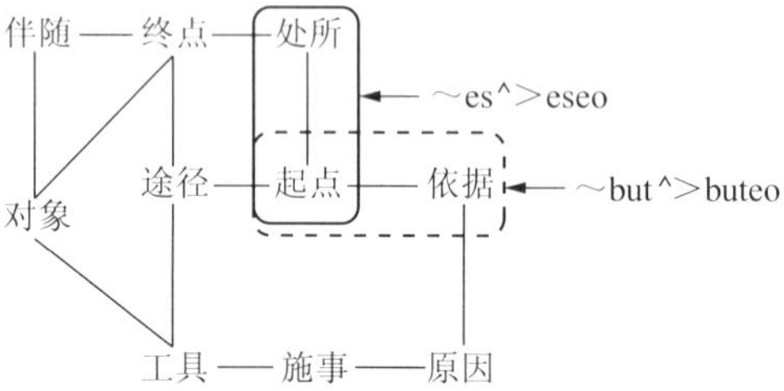

36

韩国语
～e>e：中世纪韩国语
～e>e：现代韩国语

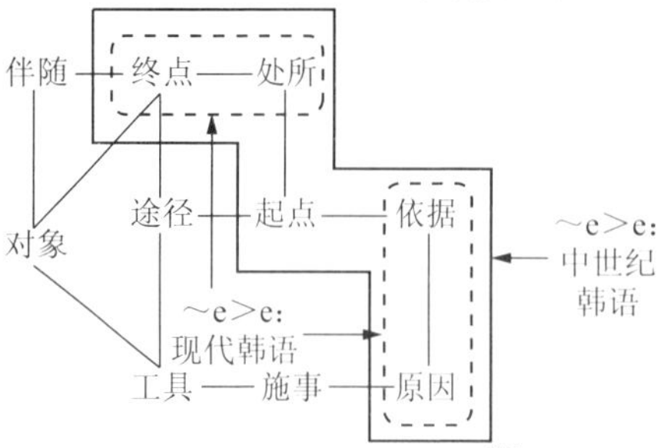

37

韩国语
～r0>ro：中世纪韩国语
～r0>ro：现代韩国语

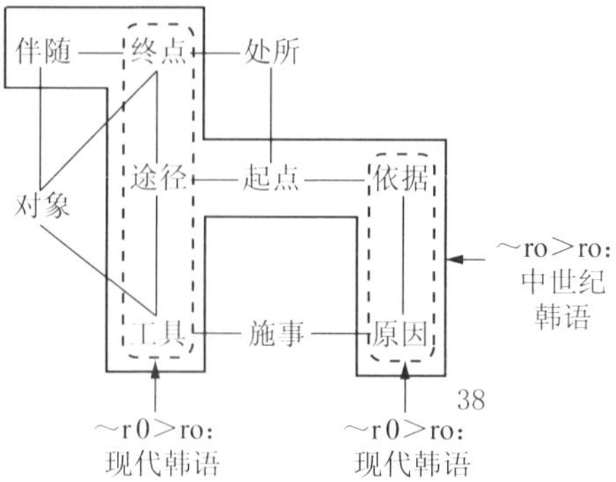

38

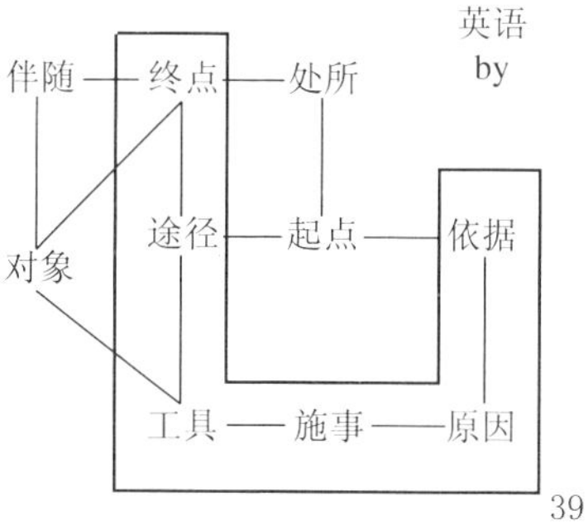

39

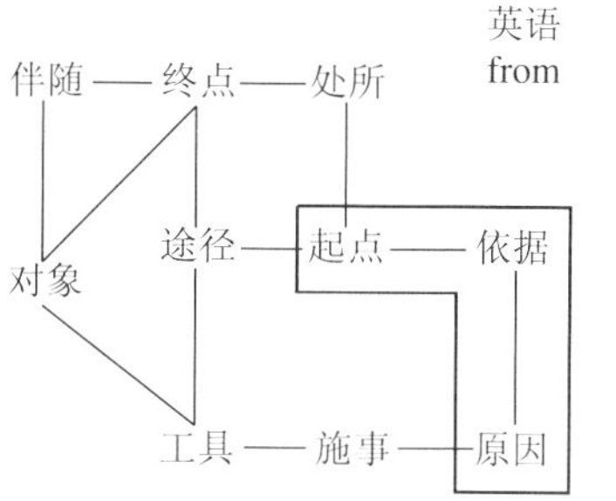

40

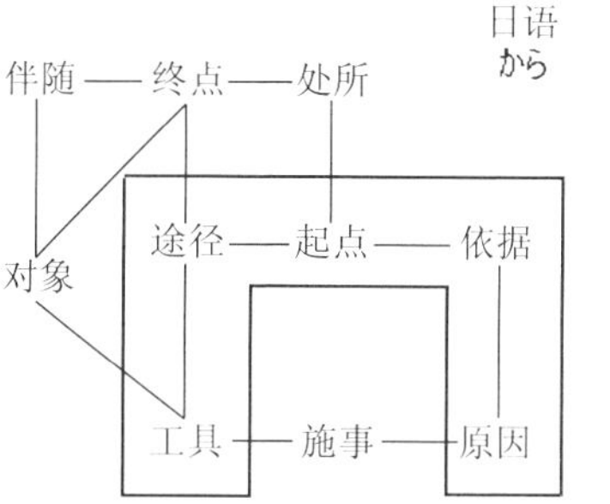

41

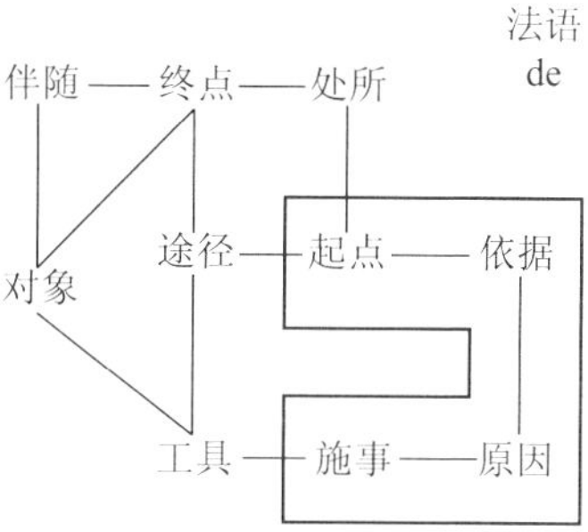

42

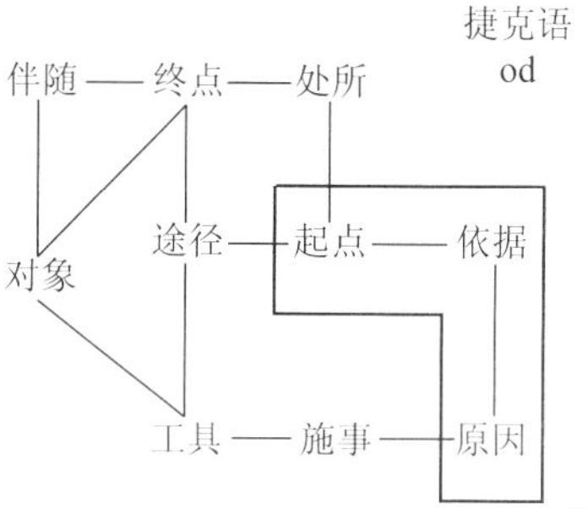

43

参考文献

姜柄圭 2015《汉语与东亚语言的语序类型》,《中国言语研究》第 61 期。

朴正九 2015《从语言类型学视觉看汉语的类型变化及语法体系的发展》,《日语日文学研究》第 94 期 1 号。

白恩姬 2013《先秦时期双宾结构的语义地图及论元排列规则》,《中国言语研究》第 49 期。

柳秀京 2015《关于“上位”空间概念语言成分的语义地图研究——汉语“上/上面/上边”、韩语“wi(위)/shang(상)”、英语“on”的比较研究》,《中国言语研究》第 49 期。

李基甲 2005《介词的功能——从语言类型学来看》,《语学研究》第41期3号。

李知恩 2015《基于语义地图模型(semantic map model)的双重数词体系研究——以两"与"二"为中心》,《中国语文学志》第51期。

林素廷 2013《从语义地图模型看汉语介词与韩国语副词格助词》,《中语中文学》第56期。

许 熊 1975《古韩语:15世纪国语形态论》,Saem文化社。

郭 锐 2012《概念空间和语义地图:语言变异和演变的限制和路径》,《对外汉语究》第1期。

金小栋 2016《从〈华西官话汉法词典〉看19世纪末西南官话的介词系统》,《三峡论坛》第5期。

陶伏平 2002《宁乡偕乐桥话介词初探》,湖南师范大学硕士论文。

邓享璋 2002《沙县盖竹话的介词——兼谈永安、沙县方言介词的若干用法》,《三明高等专科学校学报》第19卷第3期。

刘丽媛 2012《聊城方言中"从"的意义和用法研究》,《语言本体研究》第7期。

刘 宇 2015《哈尔滨方言语法现象研究》,吉林大学博士论文。

刘 静 2009《大同方言中的"赶"》,《山西大同大学学报》第23卷第2期。

毛格娟 2011《湖南宁院平话介词研究》,湖南师范大学硕士论文。

吴秋丽 2008《泉州方言介词研究》,福建师范大学硕士论文。

尹世超 2004《东北官话的介词》,《方言》第2期。

李改样 1999《芮城方言常用介词浅析》,《语文研究》第1期。

李得军 2013《靖远方言介词初探》,西北师范大学硕士论文。

李 滨 2014《闽东古田方言的介词》,《龙岩学院学报》第32卷第6期。

李 申 1985《徐州方言志》,语文出版社。

李如龙、张双庆 2000《中国东南方言比较研究丛书介词》,暨南大学出版社。

张 定 2015《汉语方言"工具—伴随"标记多功能性的MDU视角》,《汉语多功能语法形式的语义地图研究》,商务印书馆。

庄初升 1998《闽语平和方言的介词》,《韶关大学学报(社会科学版)》第19卷第4期。

褚 晶 2006《山东枣庄方言中的介词"搁"》,《语言应用研究》第7期。

翟占国 2015《安徽利辛方言介词语法化研究》,浙江财经大学硕士论文。

曹延杰 2001《德州方言"在、逮、从"的对比分析》,《德州学院学报》第17卷第3期。

曹志耘等 2008《汉语方言地图集》,商务印书馆。

陈海忠 2003《潮汕方言介词例释》,《汕头大学学报》第19卷。

夏俐萍 2004《湖南方言中的"走"字句》,《新乡师范高等专科学校学报》第18卷第6期。

郝红艳 2015《江苏沭阳方言的"待、搁、蹲"》,《方言》第2期。

Blake, Barry J. 2004 *Case*, Cambridge University Press.

Clark, E. V. & Carpenter, K. L. 1998 The Notion of Source in language acquisition,

Language, vol.2.

Creissels 2008 Spatial cases, in Malchukov and Spencer(ed.), *Oxford Handbook of Case*, Oxford University Press.

Croft, W. 2003 *Typology and Universals*, 2nd edition. Cambridge: Cambridge Universitiy Press.

Deza, M.M. & Deza, E. 2009 *Encyclopedia of distances*, Springer Berlin Heidelberg.

Hagège, C. 2010 *Adpositions*, Oxford University Press.

Haspelmath 2003 The geometry of grammatical meaning: semantic maps and cross-linguistic comparison, in M.Tomasello(ed.), *The New Psychology of Language*, vol.2, New York: Lawrence Erlbaum Associates Publishers, 211—243.

Heine, Bernd 2008 Grammaticalization of cases, in Malchukov and Spencer(ed.), *Oxford Handbook of Case*, Oxford University Press.

Heine & Kuteva 2002 *World Lexicon of Grammaticalization*, Cambridge University Press.

Lehmann 1995 *The thoughts on grammaticalization*, Lincom Europa.

Luraghi 2008 Case in Cognitive Grammar, in Malchukov and Spencer(ed.), *Oxford Handbook of Case*, Oxford University Press.

Malchukov & Narrog 2008 Case polysemy, in Malchukov and Spencer(ed.), *Oxford Handbook of Case*, Oxford University Press.

Narrog & Ito 2007 Reconstructing semantic maps: The Comitative-Instrumental area. *Sprachtypologie und Universalienforschung* 60/4, 273—292.

Zhang Min 2008 Universals and particulars manifested on spatial maps and semantic maps: On passive, causative, disposal, instrumental, beneficiary markers across Chinese dialects. Academic talk delivered on 10 Jan. 2008, at the Linguistics Institute, the Chinese Academy of Social Sciences, Beijing, China; on 14 Jan. 2008, Nankai University, Tianjin, China.

Zhang Min 2010 The Revised Semantic Map of Oblique Markers and Its Implications for Comparative and Diachronic Studies of Chinese Syntax,李方桂学会青年学者研讨会, 203—228.

（朴正九　国立首尔大学　韩国　just9@snu.ac.kr
姜柄圭　西江大学　韩国　kbg43@daum.net
柳秀京　岭南大学　韩国　yousk@yu.ac.kr）

语言类型学视角下汉语方言“V快”的历时与共时考察[*]

崔山佳

提　要：近代汉语与汉语一些方言有“V快”，有人认为“V快”的“快”是谓语，“是从处于中心谓语位置的第二个谓词虚化而来的体助词”。我们以为，“快”应该是后置状语，是因受古越语底层状语后置的语序影响而被后置的副词。

关键词：“V快”　汉语方言　后置状语　历时　共时　类型学

1. 明清白话文献中的“V快”

冯力(2007:249—250)说，明代冯梦龙的《山歌》里已出现表迅速义的“快”字，但无一例是处于谓语位置上的。迅速义的“快”只用作动词前的状语或名词前的定语。如：“被窝中快快钻”“第一等快舩到弗是摇第一等快船倒不用摇”。一直到清朝吴语小说《海上花列传》和《九尾狐》里才出现了不少动词后表“近将来体”的助词“快”，如下面的例(1)—例(3)，而且还有一些“即将”义的“快”仍用作谓语动词，如例(4)—例(6)。例句如下：

(1) 双珠道：“就要来快哉！”(清・韩邦庆《海上花列传》)

(2) 娘姨道：“勿是，要去快哉。”(《海上花列传》)

(3) 闹得来头脑子要涨煞快。(《海上花列传》)

(4) 陶云甫就开言道：“……，快点拿得来，我要急煞哉！”……葛仲英道：“等到啥辰光涅？”高亚白道：“难快哉，就是个陈小云同仔韵叟勿曾到。”(高亚白道：“那么也快了，就是那个陈小云和韵叟还没到。”)

* 本文为国家社会科学基金项目“明清白话文献与吴语语法专题比较研究”(18BYY047)的阶段性成果。

(《海上花列传》)

(5) 倪吃仔饭捕面,**快**煞个。(我吃完饭就补妆,一会儿就好,快得很。)(《海上花列传》)

(6) 好得只剩两圈庄,碰完也**快**的。(《九尾狐》)

例(1)—例(3)"快"后置用法并非清末才有,崔山佳(2004:150—154)曾说到过"快"的状语后置现象,现又发现更多例子,且明代小说已有,如:

(7) 直寻到一间房里,单单一个老尼在床将**死快**了。(明·冯梦龙《醒世恒言》卷15)——同卷有"役满快",卷37有"到手快了"。

《醒世恒言》的作者与《山歌》是同一作者,这说明,表"迅速义"的"快"和表"近将来体"的助词"快"似乎是同时出现。

(8) 这里金员外晓得外甥**归来快**了,定了成婚吉日,先到冯家下那袍段钗环请期的大礼。(明·凌濛初《二刻拍案惊奇》卷9)——卷24有"出来快了"。

(9) 崔尚书位至宫保,家至十余万,也是富贵**结局快**了。(明·陆云龙《魏忠贤小说斥奸书》第29回)

(10) 吕达为他不去生意,赔吃赔用,见他直烂到根边,吕达道:"李大哥,如今我与你在这边,本钱都**弄没快**了,这也不打紧,还可再挣。……"(明·陆人龙《型世言》第37回)

上面的作者都是吴语区人。

(11) 只见起下课来,袁天罡道:"该你**行雨快**了。……"(明·罗懋登《三宝太监西洋记通俗演义》第21回)

清代黄文旸《曲海总目提要》认为罗懋登为陕西人。据陆树仑、竺少华在该小说的"前言"中说,小说中多吴语,所以,即使他确系陕西人,也一度流寓于江南一带,我们认为有可能。

以上是白话小说。明代戏曲也有"快"的后置用法,如:

(12) [净]兄弟,我如今修行,七七八八,**上天快**了,到叫我去做贼,败坏我的佛性。我不去,我不去。(沈采《千金记》第23出)
(13) [小旦]我母亲**回来快**了,你自去罢。(许自昌《水浒记》第3出)
(14) [众]**黄昏快**了。(《白兔记》第30出)
(15) [丑]好,整日看经念佛,七八**上天快**也。(《杀狗记》第20出)
(16) 但我**依从快**了,又恐他不是实心。(黄方胤《陌花轩杂剧》第1出)

沈采、许自昌为吴语区人。《白兔记》和《杀狗记》都是南戏,作者似也是吴语区人。黄方胤是江苏南京人,明代时方言可能属吴语。

以上可见,明代表"近将来体"的助词"快"已常见,是较成熟的用法。所以,说这个"快""是从处于中心谓语位置的第二个谓词虚化而来的体助词"(冯力,2007:249)是不对的,这个说法不符合语言发展一般规律,因语言是渐变的,更何况是语法,"快"是实词虚化或语法化。

清代白话小说也有,如:

(17) 杨道仙道:"……我们国公侯伯,**到手快**了,他若翩然去了,我们的事,都弄不成。……"(东鲁古狂生《醉醒石》第12回)
(18) (杨氏)一日对他道:"我是**死快**的人,不想在他家过日子了,你如今一朵鲜花才开,不可不使丈夫得意。……"(李渔·《无声戏》第10回)——《觉世名言十二楼》第3回有"团圆快了",《连城壁·午集》有"起身快了"。

李渔的戏剧《凰求凤》也有,如:

(19) 闲话少说,里面的法鼓传过三通,想是要**升殿快**了,咱和你分班伺候。(第10出)

其他作家作品又如:

(20) 大奶奶连忙喊住道:"……外面祭席可也**完备快**了,你先出去,我也撩上些气,就起来了。"(清·夏敬渠《野叟曝言》第28回)
(21) **到家快**了,他应穿的衣裳早些打点出来,省的临期忙。(清·云槎外

史《红楼梦影》第 3 回)

(22) 杨夫人见女儿、女婿**起身快**了,只得治酒送行,忙了三五日。(清·天花藏主人《画图缘》第 15 回)

(23) 从早辰烧到**晚快**了,也不曾添着一根柴儿。(清·心远主人《二刻醒世恒言》上函第 9 回)——下函第 3 回有“到家快了”。

(24) 晓得自己**老死快**了,恐怕活死人将来没个结果,只得央六事鬼寄信教形容鬼来。(清·张南庄《何典》第 5 回)

李渔、夏敬渠、天花藏主人(徐震)、张南庄是吴语区人。据有人考证,东鲁古狂生祖籍山东,但实际居住和活动的地域似乎不会超出江浙一带,其作品应属吴语作品。云槎外史即西湖散人,其作品与吴语有关。心远主人生平不详,但石汝杰等(2005:826)把《二刻醒世恒言》当作吴语文献资料。

与《海上花列传》和《九尾狐》差不多时间的《文明小史》《负曝闲谈》《海天鸿雪记》《十尾龟》《泪珠缘》等白话小说也有“V 快”,如:

(25) 看看吃尽当光,要沿门**求乞快**了。(清·李伯元《文明小史》第 58 回)

(26) 倪听仔**急煞快**,寻仔俚好几埭,寻俚勿着。(清·蘧园《负曝闲谈》第 18 回)

(27) 二百八十铜钱一日,倪主仆两家头住仔有**两个月快**哉,阿要该点介?(《海天鸿雪记》第 8 回)——第 4 回有“饿快哉”。

(28) 他外公办的捐输要**停止快**了。(清·白眼《后官场现形记》第 168 回)

(29) 耐定规拖牢仔倪一淘出去,故歇害得别人家头脑子里向**痛煞快**。(清·张春帆《九尾龟》第 95 回)——第 132 回有“亮快”。

(30) 奴难过煞勒里,刚刚末**冷煞快**,故歇末身浪热得吓成,赛过像火烧实梗。(清·梦花馆主《九尾狐》第 35 回)——第 33 回有“到快哉”。

(31) 雪印轩道:“你自己还要做主人呢,可以辞谢之处就谢掉点子,东应酬,西应酬,应酬转来,天也要**亮快**了。”(清·陆士谔《十尾龟》第 32 回)——第 13 回有“走快”,第 38 回有“来快了”。

(32) 刚要问他,见那老叟笑道:“你敢是又在那里哭,好!好!也**哭出山快**了。”(清·天虚我生《泪珠缘》第 50 回)

(33) 睡到傍晚,堂倌小阿四来招呼,说是要**吃晚饭快**哉!(清·姬文《市声》第 24 回)

李伯元、白眼(许伏民)、张春帆、陆士谔、天虚我生(陈栩)都是吴语区人。蘧园(欧阳巨源)的作品语言有吴语色彩,小说中地域以江浙、上海为多。二春居士为浙中人,曾为沪上寓公。梦花馆主生平不详,但石汝杰等(2005:831)把《九尾狐》当作吴语文献资料。姬文生平事迹失考,但其作品以上海商界为中心,反映了晚清商界在纺织、茶业等方面受外资侵入而日渐萧条的情景,以及若干有志之士欲振兴民族工业的豪举。从语言来看,如除上面所说的"V快"外,还有具有吴语特色的后缀"头"的用法:"数量+头"。

清代戏曲的例子除上举李渔的例(19)外,苏州人李玉的戏曲更多,如:

(34) [净]瞻老,你催这些货起来,咱要**起身快**了。(《占花魁》第11出)——《清忠谱》第4折有"到快",第15折有"死快了",第25折有"到门快了",第19出(吴梅钞本)有2处"死快了"。

《缀白裘》也有,如:

(35) 呾阿晓得王樨**死快**哉?呾该搭王娘子做亲哉。(第2集第1卷)

《缀白裘》是清代刊印的戏曲剧本选集,收录当时剧场经常演出的昆曲和花部乱弹的零折戏,由苏州人钱德苍根据玩花主人的旧编本增删改订,陆续编成。

(36) 闲话少说,天**亮快**哉。(民国·怡庵主人《昆曲大全·呆中福·作伐》)

弹词也有,如:

(37) 大爷,请再少坐,家父只在此刻**来快**的了。(《描金凤》第4回)
(38) 先生,吾里爷是肚、肚皮大个,住立朵,天光**夜快**哉。(《三笑》第14回)

石汝杰等(2005)把《描金凤》和《三笑》都当作吴语文献资料书目。

《土话指南》也有,如:

(39) 官话:赶到晚上那个无赖子、又约了四个无赖子、到银号里打架去

了、土话：到**夜快**。箇个挞皮。又合之四个挞皮。到庄上去相打。(P21)(大西博子，2016:151)

《官话指南》出版于1882年，是由日本人编写的第一本北京官话教材。《土话指南》是《官话指南》翻译改编的上海话翻译本。

冯力(2007:250)说，在较早时期的用法中，动词前还保留“要”或“就要”这样的将来体标记，与动词后的“快”相响应。可能是因体助词“快”刚出现时用法尚不稳定，仍需“要”“就要”予以协助。到了19世纪西方传教士的上海话记录中对这种句式的记载往往不再加“要”“就要”了。如：

(40) 到**睏快**前后门要关关好。(到快睡觉的时候门要关好。)(Macgowan，1862)

(41) 三刻**到快**者，小菜齐好拉末？好快者。(快到三刻钟了，茶都好了没有？快好了。)(Morrison，1883)

但本文上面的例子和下面的例子可看出，除例(7)用“将”协助外，其余明末和清初的众多例子，都不需要“要”“就要”的协助，并非要到19世纪西方传教士的上海话记录中才如此。

传教士的作品还有如美国睦礼逊(2016:134、155、462)收“睡熟快”“夜快”“我噎煞快了”。这是宁波话。

非吴语区的作品也有“V快”，如：

(42) 岑金知道是**分娩快**了，连忙起身，先去家庙中点了香烛，一面叫家人岑孝，快去唤那阴娘娘来收生。(清·五色石主人《八洞天》卷4)

(43) 又提到姑娘**满服快**了，得给他张罗衣饰。(《儿女英雄传》第24回)

(44) 原来少大爷不上乌里雅苏台了，改放我们山东学台，即刻就要**到快**了；家眷是从水路走运河到德州上岸，我要差人去接他们来住几日。(清·无名氏《续儿女英雄传》第1回)

(45) 继之哼了一声道：“功名也要**丢快**了，他还要来晾他的红顶子！……”(《二十年目睹之怪现状》第7回)——第46回有“出快了”，第65回有“到快了”，第96回有“死快了”。

五色石主人(徐述夔)为江苏东台人(一作泰州人),方言属江淮方言,但江淮方言与吴方言相邻,且很有可能在徐述夔那时就属吴语。文康是北京人,《儿女英雄传》一般被认为是典型的北方话作品,这说明北方话确也有这种句式。《续儿女英雄传》的作者不知其生平。吴沃尧为广东南海人,是粤方言区人。

上面例子中,“快”大多与“了”连用,有的“快”后面跟“哉”,有的“快”后面跟“也”,如例(15),也有后面没有语气词的。“V 快”基本上作谓语,但例(18)中的“死快”作定语,这少见。

上面例子中,“快”绝大多数用于动词后,也有用于动宾短语、动补短语、形容词后,也有用于名词后,如例(14)的“黄昏”,也有用于数量词后,如例(27)的“两个月”。与后面的现代汉语方言相比,各种类型都有了,可见这种用法的成熟性。

贝罗贝等(2009:5—6)说:

> 在汉语的某些方言中,副词可以后置于动词,如广东话的先、住(现在)、过(再)、添(也,又)、埋(又,也,再)、晒(都)、汰(太)。如:
>
> 我去先 Ngoh heui sin(我先去)
>
> 咪郁住 Maih yuk jyuh(别现在动)
>
> 篇文章写好晒啦 Pin mahn jeung se hou saai la(这篇文章都写好了)
>
> 汉语在历史上从未有过后置的副词。在上古汉语,中古汉语及现代汉语里,副词总是出现在动词的前面。所以我们不能假设是“内部演变”造成的现象。要解释这一现象,唯一可能的假设是“外借”。

我们以为上面的说法不准确,因近代汉语有不少“V 快”,此“快”应是后置副词。

此外,宁波话至少在 19 世纪还有副词“野气”的后置用法。美国睦礼逊(2016:361)收“胆子大野气”。同页作了注释:“野气:程度副词,置于形容词后。胆子很大。”这里的“野气”作“大”的后置状语。

关于一百多年前西方传教士文献中吴语多个后置状语的情况,可参见林素娥(2015:325—327)。

冯力(2007:249)说,清代的白话小说中,“快了”用作谓语动词,表“很快就要(到了),就要(发生了)”,还有“快”用作动词前的副词,表“就要、即将”:

(46) 这离三月也<u>快</u>了。(《儿女英雄传》)

(47) 又提到姑娘满服快了，得给她张罗衣饰。(《儿女英雄传》)

(48) 说这可就离得梅楞章京快了。(《儿女英雄传》)

(49) 这天也快亮了。(《儿女英雄传》)

(50) 疮口，居然就快长平啦。(《小额》)

我们以为上面的表述可能有误。说例(48)的“快了”用作谓语动词，表“很快就要(到了)，就要(发生了)”，例(49)、例(50)的“快”用作动词前的副词，表“就要、即将”，那么例(46)与例(47)的“快”表什么呢？据文意，例(46)和例(47)的“快了”同例(48)的“快了”也是用作谓语动词，表“很快就要(到了)，就要(发生了)”。但我们以为，例(47)的“快了”与例(46)、例(48)不同，“满服”是动词性的，作谓语，“快”应是状语后置。

所以，上面几例中，例(46)、例(48)是一类，“快了”作谓语，例(49)、例(50)是一类，“快”作状语，分别修饰“亮”和“长平”，例(47)单独是一类，“快”作补语。

冯力(2007:252)说：“助词‘V快’和‘V歇’在语法化之前，都是处于句末的中心谓语成分，自然是句子的信息焦点。不仅‘快了’被发成重音，而且常常前移至句首加以强调，如‘快了，快了，马上就登舆了’(《二十年目睹之怪现状》)。”冯力(2007:249)所举的“快了”的“快”“是从处于中心谓语位置的第二个谓词”的例子是《儿女英雄传》，比本文上面所举明代的“V快”例子要迟得多，试问，哪有出现在前的从出现在后的“虚化”而来的语言现象？

2. 现代方言中的“V快”

“V快”现代方言也以吴方言为主。上海崇明方言的副词“快”表行为动作即将完成，常后置，且一般都要带着助词“哧”。如：

1. 置于动词之后：水开快哧水快开了｜夷到快哧他快到了｜我跑快哧我准备快走了。
2. 置于形容词之后：天冷快哧天快冷了｜饭熟快哧饭快熟了｜天黑快哧天快黑了。
3. 置于动宾之后：日头落山快哧太阳快下山了｜我里吃饭快哧我们快吃饭了｜夷是生小囡快哧她是快生小孩了。
4. 置于动补之后：衣裳净好快哧衣服快洗完了｜夜饭烧熟快哧晚饭快煮熟了｜拿夷冻杀快哧把他快冻死了。(张惠英，1998)

黄伯荣(1996:795)的“吴语的状语后置”里有如下例子:

(1) 天亮快嘞天快亮了。(上海话)

在“上海话状语后置”里讲得更是详细:副词“快”的用法,上海话和普通话常不同,上海话“快”常用在动词、形容词或数量词组后,而普通话总是用在动词、形容词或数量词组前。如:

(2) 国庆节到快啦国庆节快到了。
(3) 过年快啦快过年了。
(4) 毛病好快啦病快好了。
(5) 半夜快啦快半夜了。

上海话“快”还可用在补语后,如“气煞快啦”“热昏快啦”“烧焦快啦”。

汪如东(2017:317)说,今泰如话有“煞亮”,指“非常亮”,“煞”舒化且读 213 调,上海话中也有“煞亮”。上海话还有“煞快”,表动作程度之极。如:

(6) 我恨煞快。
(7) 伊做煞快。

其实,汪如东(2017:317)有误解,“煞亮”成立,“煞”是程度副词修饰“亮”,但这里的“快”不是形容词,而是副词,“煞快”不成立。例(6)的“恨煞快”应是“恨煞+快”,例(7)的“做煞快”应是“做煞+快”,“煞”是承前,虽也是副词,但词义相当于“死”,而不是与后面的“快”搭配。

朱彰年等(1996:513)的附录《宁波话简述》讲到“快上课了”,宁波话说成“上课快了”。又如:

(8) 其要走快了他快要走了。
(9) 电影放完快了电影快放完了。

鄞州话表“快要、将要”义的时间副词“快”,常用在动词、形容词、数量词、动宾结构、动补结构后,词序与普通话相反。如:

(10) 上海到快嚅。
(11) 结婚十年快嚅。
(12) 其当阿太快嚅。
(13) 介眼下饭卖光快嚅。(肖萍等,2014:17)

奉化话也有,如:

(14) 老人家已八十快了,衰老,喘气,骨瘦如柴,已经做不了什么工了。(巴人《运秧驼背》)

绍兴话也有,如:

(15) 伊来快哉他快来了。(王福堂,2015:355)

傅国通(2007/2010:39—40)说,副词"快"表"即将"义,用在动词、形容词后,也可用在动词、形容词的短语后。这个副词多见于杭州、嘉兴、湖州、宁波、绍兴、舟山等地区。如(例为平湖话、绍兴话):

(16) 杭州到快哩快到杭州了。
(17) 伊個(合)病好快哩他的病快要好了。
(18) 到北京快哩快到北京了。
(19) 吃饭快哩快吃饭了。
(20) 天亮快哉天快亮了。
(21) 生活做好快哉活儿快要干完了。

温州话也有,如:

(22) 衣裳着起快快把衣服穿上。(游汝杰,2018:259)

江苏苏州话也有,叶蜚声等(2008:185)举有如下例子:

(23) 又弗是黄梅天,现在是年夜快呀!

汪平(1984:131)举有如下例子:

(24) 好快哉快好了/快完了。

(25) 三年快哉快三年了。

张家茂(1985)例子更多。

海门话也有,如:

(26) 新娘子来快特。

(27) 桃子熟快特。

(28) 老张六十岁快特。

(29) 盐水挂通快特。

(30) 放夜学快特。

上面例子中,"快"前有动词"来"、形容词"熟"、数量结构"六十岁"、动补结构"挂通完"、动宾结构"放夜学"(王洪钟,2011)。

钱乃荣(1992)经广泛调查,考察22个吴语点能使用"V快哉",它们是:

V快(10个点):宜兴、苏州、常熟、霜草墩、周浦、松江、双林、绍兴、余姚、宁波。

V快+快V(7个点):金坛、无锡、昆山、罗店、黎里、嘉兴、杭州。

V快+要/就要/马上V(4个点):靖江、上海、盛泽、诸暨。

V快+快要V(1个点):溧阳。

有的吴语方言点,"V快"已词汇化为词了,如舟山的"夜快傍晚"(方松熹,1993:109)。宁波的"夜快"也已成词。

游汝杰(2018:259)说,北部吴语只有个别地点可用"添、快"后置于动词。但从前面所举例子可见,北部吴语并非只有个别地点有"V快",而是分布在浙江、江苏、上海的较广范围。据所掌握的材料来看,还是北部吴语的方言点更多。

与近代汉语一样,除吴语外,其他方言也有这种用法,如河北满城话:

(31) 车来快了车快来了。

(32) 病好快了病快好了。(黄伯荣,1996:793)

徐州话也有，如：

(33) 钱都**花完了快**钱都快花完了。(苏晓青等，1996)

上例与一般不同的是"快"在"了"后。

石汝杰(1995：184)说，吴语常见的一些语法形式，如"V快了(到快了)""AA里(白白里)""数＋量＋头(一斤头)""相"作形容词后缀("不好看相")等，外地人很难接受，当然不可能在自己的作品中使用。由此能推断，如作品里有此类特征，作者当是吴语地区的人，其作品也就能进入资料范围了。

由上可见，"V快了(到快了)"虽主要运用于吴语，但并非全部运用于吴语，其他方言也偶尔运用。同时，"数＋量＋头(一斤头)"的用法也并非吴语独有，曹志耘(2008：49)调查名词后缀"头"，用于数量后表钱币，以"十块头""五角头"的说法为依据，除吴语(113个点)外，尚有其他方言，如江淮官话(14个点)、徽语(12个点)、闽语(22个点)、中原官话(14个点)、赣语(6个点)、西南官话(1个点)、粤语(1个点)、平话(1个点)、畲话(2个点)、乡话(1个点)。所以，冯力(2007)单是以靖江话为例来说明，似乎论据不够全面，论证不够有力。

王洪钟(2011：58)说，海门话的"V快"与"快煞V"并用有两大特点：一是句法层面呈现向普通话靠拢的趋势，即谓词的即将义修饰成分由通常的后置变为也可前置；二是词汇层面依然固守吴语本色，即"快"并未直接前置，前置的即将义副词"快煞"是由"快"与"煞"构成的有吴语特色的正偏式合成词。在吴语的"V快"和普通话的"快V"两种语序之间，海门话的"快煞V"相对更近于"V快"一极，而"快要V"相对更近于"快V"一极。王洪钟(2011：58)还列出了"V快"向"快V"过渡的序列形式：

V快→V快＋要V→V快＋快煞V→V快＋快要V→V快＋快V→快V

如这是真的话，那么，也就否定冯力(2007)所说的"V快"中的"快""是从处于中心谓语位置的第二个谓词虚化而来的体助词"的观点。

冯力(2007：250)说江苏靖江话有"VP快了勾"，"勾"应为"个哦"的合音，"VP快了勾"里的"快了"应仍是谓语结构。我们以为，靖江话的"VP快了勾"与其他方言"V快"一样，只是在"了"后多了个"勾"。因各地的语气词不同，一般写作"了"，苏州话更多的是"哉"，崇明话用"哧"，海门话用"特"，也有的没用语气词，再说靖江话是因移民大量迁入和周边强势方言的影响而形成的特殊现象,所以,靖江话在"V 快了"后再加语气词"勾"也是有可能的。因此,"'VP 快了勾'里的'快了'"应仍是谓语结构的说法是不对的,"快"应是补语才是,"到上海快了勾"应是苏州话的"到上海快哉",也就是普通话所说的"快到上海了"。

冯力(2007:251)说,能用在"快了勾"前的谓词短语的范畴非常有限,一般是固定的带有时间性的短语,如"到苏州快了勾,过年快了勾,下班快了勾,退休快了勾"。或者是体词性谓语,也有时间性,如"伊八十岁快了勾,八月份快了勾"。大部分近将来体的句式还是用动词前的"要""就要"来表示。

我们以为,上面所举的例子没有跳出"V 快了"的范围,这些例子如去掉"勾"就是上面所说的"V 快了",所以,加上一个语气词"勾"就使"V 快"由补语变成了谓语结构,这个"勾"大概没有这么大的能量吧。

3. 汉语方言中的其他后置状语

冯力(2007:249)说,其试图论证这个谓词后的"快"并非如游汝杰等所说的,是因受古越语底层状语后置的语序影响而被后置的副词,而是从处于中心谓语位置的第二个谓词虚化而来的体助词。

我们以为,冯力的说法值得商榷。

太田辰夫(1991:247)有《〈儿女英雄传〉的副词》一节,其中说到了"快"字:作为状语使用的"快",早期是"迅速……"义,还没有"一会儿""很快就……"义。像后者那样表很近的未来用法,《红楼梦》极少见,《儿女英雄传》则时时可见。如:

(1) **快**三更了,该睡了。(红楼梦八十回校本世纪 9.195 页)
(2) 姑爷留神,**快**到了。(儿 11.14)
(3) 这天也**快**亮了。(儿 11.20)

《儿女英雄传》也有几例,如:

(4) 白脸儿狼气喘吁吁的说:"不值甚么,咱们再绕上岗上去,一下岗子就**快到**了。"(第 5 回)
(5) 一路走着,只听那推车的道:"好了,**快到**了。"(第 14 回)
(6) 不一时,晋升进来回说:"何老太太的灵已**快到**了码头了。"(第 22 回)

(7) 老爷吩咐道:“天也快亮了,你们把那正房的门开开,再打扫一遍。”(第24回)
(8) 安老爷道:“既如此,叫人看着些,快到了先进来回我一句。”(第24回)
(9) 迟了一刻,便见随缘儿先赶回来,回说:“老爷快到了。”(第40回)

孔尚任的戏剧《小忽雷》也有“快V了”,如:

(10) [顾贴介]朕著你去宣他,如何把他锁扭,快放了。(第39出)

《儿女英雄传》“V快了”的说法和“快V了”的说法数量比例为1∶8。唯一不同的是,“V快了”的“V”是双音节动词,而“快V了”的“V”是单音节动词。如果说“V快”的“快”“是从处于中心谓语位置的第二个谓词虚化而来的体助词”,那么,“快V”的“快”作如何解释呢?

我们怀疑“V快”等的用法“是从处于中心谓语位置的第二个谓词虚化而来的体助词”。古代汉语不少处于谓语后面的补语位置的成分,在后来渐渐前置于谓语前,充当状语了。我们支持“V快”“是因受古越语底层状语后置的语序影响而被后置的副词”。

张振兴(2003:115)说:

汉语里作为动词、形容词修饰成分的状语,一般放在中心语的前面。但是很多方言的一些修饰成分却是后置的。

在这方面,广州方言很突出。据黄家教、詹伯慧(1983),白宛如(1998),郑定欧(1997),广州话至少有六个很常用的修饰性成分是经常后置或总是后置的;……

这6个修饰性成分是:晒、先、自、多、少、翻。“先”的例子如:

(11) 你行先喇你先走吧!
(12) 攞来顶下档先拿来凑合着用再说。
(13) 等一阵先食先等一会儿再吃。
(14) 你哋坐住先,我马上就返来你先坐一会儿,我马上就回来。

刘村汉(1995)描写的广西柳州话的情况与广州话十分相似,表动作次序的“先”“后”也后置于动词后:“你走先,他走后|小王排先,老王排后|各个要守先,哪个守后呢?”

鲍厚星等(1998)描写了湖南长沙方言动词修饰成分后置的现象,表动作先后顺序的修饰性成分,常置于动词中心语后,跟广州话也非常相似。如:

(15) 你走头,我走后你先走,我后走。

(16) 我看头,你看二,他看末我第一个看,你第二个看,他最后看。

颜清徽等(1998)描写的湖南娄底话几乎跟长沙话完全一样,娄底话也说“你行头,我行背|你讲头,我讲二,他讲背”。

曹志耘(1996)说,相当于北京话表程度的“很”,金华话说做“猛”,常后置于动词和形容词后,如:

(17) 生活做得吃力猛吃力猛这个活儿做得非常吃力。

(18) 个样东西我喜欢猛喜欢猛这一样东西我非常非常喜欢。

(19) 打扮得好望猛打扮得很好看。

(20) 格碗菜鲜猛个这碗菜很新鲜。

这种“猛”的用法在浙江吴语还有不少地方在用,崔山佳(2006a:44)说到奉化就有“这人坏猛”“下饭好猛”。台州仙居话更多见,如:“好猛、坏猛、冷猛、热猛、高猛、矮猛、瘦猛、壮猛、好吃猛、好看猛”。朱彰年等(1996)收这种用法的“猛”,是副词:“用在形容词后面表示程度深,有‘得很’的意思:快～|笨～|大～|人多～|下饭好～。”汤珍珠等(1997)也收“猛”,义项有二,其二是:“形容词后缀,相当于普通话‘…得很’:路远～|小鬼加气让人生气～……”鄞州话也有,“猛”用在形容词后表程度深,相当于“很”或“得很”,如:火气重猛、心烦猛、冰结勒厚猛(肖萍等,2014:17)。嵊州话更常用,钱曾怡(1999)说,“猛”可放在单音形容词后,也可放在双音节形容词后,还可放在词组后。

温州话是用“显”字来表北京话的“很”。温端政(1957)认为浙南闽语表形容词的程度有在形容词后加“显”的情况,如:大显、高显、老显、好看显、听讲显听话得很。

颜逸明(2000:142—143)说到语序时,第1点讲到副词“先、添、罢”通常用在谓语中心词后,如:

(21) 你走先,我就来你先走,我就来。
(22) 车未来,茶喝碗先车子还没来,先喝一杯茶。
(23) 菜等下切,洗洗光生先菜等会儿切,先把它洗干净。
(24) 打个电话问问先先打个电话问问。

以上是“先”。

(25) 饭多险,吃碗添饭多得很,再吃一碗。
(26) 该日星期日,睏下添今天星期天,再睡一会儿。
(27) 米八罢,高来添就难背吧已经一米八了,再高就难看了。
(28) 工资低罢,大手大脚添,肯定弗够用工资已经很低,再大手大脚,肯定不够用。

以上是“添”。

(29) 衣裳晒燥罢,被单还未燥衣服已经干了,被单还没干。
(30) 饭煮熟罢,就吃饭已经熟了,就吃。
(31) 上海去过罢,北京未去上海已经去过了,北京还没去过。
(32) 昨日报纸哈你还罢昨天的报纸已经还给你了。

以上是“罢”。

游汝杰(2018:259)说,南部吴语可用“添、凑、先、起、道、快”等后置于动词。如温州话:

(33) 饭吃碗添饭再吃一碗。
(34) 买本凑再买一本凑数。
(35) 你走去先你先去。
(36) 你写起,我接落写从你开始写,我接着写。
(37) 你走来道你马上来。
(38) 衣裳着起快快把衣服穿上。

黄伯荣(1996:793—800)在“拾壹　语序”中专门列有“状语语序”,其中绝大多数是“状语后置”,如:

11·2·1 河北话的状语后置
11·2·2 内蒙古呼和浩特状语后置
11·2·4 青海话的状语后置
11·2·5 陕西扶风话的状语后置
11·2·6 新疆乌鲁木齐回族汉话的状语后置
11·2·7 吴语的状语后置
11·2·8 上海话状语后置
11·2·9 宁波话的状语后置
11·2·10 湖南长沙话的状语后置
11·2·11 湖南衡阳话的状语后置
11·2·13 广东梅县客家话的状语后置
11·2·14 湖南酃县客家话状语后置
11·2·15 湖南汝城话的状语后置
11·2·16 广东潮州话形容词的后置状语
11·2·17 广东海康话的状语后置
11·2·19 广东广州话的状语后置
11·2·20 广东信宜话的状语后置
11·2·21 广西话的状语后置

上面只有河北、内蒙古呼和浩特、青海、陕西扶风、新疆乌鲁木齐是北方方言,其余13个方言都是南方方言。

黄伯荣(1996:798)在说到“11·2·18广东汕头话的状语语序”时说:1.动词谓语的状语。动词谓语状语的位置在汕头方言中较为灵活,既可置于动词前,也可置于动词后。如:

(39) 你先行。——你行头先你先走。
(40) 猛行!——行猛快走!

曹志耘(2008:84)调查说“你去先”的方言点有135个;调查既说“你去先”,也说“你先去”的方言点有66个;调查既说“你去先”,又说“你先去先”的方言点有38个;调查既说“你去先”,又说“你先去先”,还说“你先去”的方言点有43个;调查既说“你先去先”,也说“你先去”的方言点有5个。曹志耘

(2008:85)调查"你去先"的"先",南部方言中,与"先"同义的方言用字很多,有13种说法,全是状语后置,其中说"你去先"的方言点有141个,说"你去起"的方言点有95个。以上是表动作领先或优先。

曹志耘(2008:87)调查,说"吃一碗添"的方言点有67个;既说"吃一碗添",也说"再吃一碗"的方言点有8个;说"吃一碗添",也说"再吃一碗添"的方言点有86个;既有"吃一碗添",也有"再吃一碗添",还有"再吃一碗"的方言点有42个;说"吃一碗添",又说"吃多一碗添"的方言点有2个;既说"吃一碗添",又说"吃多一碗添",还说"吃多一碗"的方言点有1个;既说"吃一碗添",又说"吃添一碗"的方言点有1个;既说"吃一碗添",又说"吃多一碗"的方言点有1个。以上是表动作继续进行或动作行为的重复。

据曹志耘(2008:21),说"热很"的方言点:山西省有平定、万荣、平陆;陕西省有宝鸡;江苏省有南通;安徽省有当涂、绩溪、歙县;浙江省有龙泉;湖南省有保靖;广西省有龙胜、三江、河池。其实分布区域还要广。

张振兴(2003:119)说,考察还显示,作为状语的修饰成分的位置,双宾语的位置,补语宾语的位置,成为南北方言的重大差别之一。状语修饰成分在动词形容词后,指物宾语在前,指人宾语在后,VOC的补语宾语顺序,几乎是南方方言普遍存在的现象,很少有无之分,只有多少的差别,或两者并用,而北方方言这种语序现象不多见。这在黄伯荣(1996)也有介绍。

邢福义(2000)也认为广州话的"多、少、先、晒"等是状语向补语转化。他认为温州话中"最、艾、倒、死、甚"等表程度加深的副词,用在形容词的后边做补语,如:"甜最、苦艾、臭倒、咸死、软甚"。

以上可见,汉语方言的状语后置现象丰富多彩,分布范围较广,且学界是认同的。

4. 民族语言中的状语后置

有些少数民族语言也有状语后置现象。张振兴(2003:121)说,南部汉语,特别是闽语、粤语、吴语、平话等方言在形成和发展过程中,与我国南方少数民族语言在漫长的时间里有千丝万缕关系。

据李方桂(1953),武鸣壮语土语里有三种语序现象值得注意,其中第三点是:"有些限制谓语的词,要放在谓语的后面。"如:

(1) 等我放东西<u>先</u>等我先放东西。

(2) 使你去**前面**让你在前面走。
(3) 这来呢就给他取**先**这回就让他先拿。
(4) 岳父他拿只马回来呢也没有出屎银**任何次**任何一次也没有位出银子来。

范中树(1994)专门讨论黎语语法,其中有"状语的位置可以在动词或形容词的前面,也可以在动词或形容词的后面"。如:

(5) 东西这好**真**这东西真好。
(6) 一个人这好**那样**这个人那么好。
(7) 地方这宽**那样**这地方那么宽。

喻翠容等(2009)认为,傣语里的副词总是用来修饰动词和形容词的,其中表程度的副词,范围或条件的副词,还有表时间顺序的副词有的可放在中心词前,有的可放在中心词后,但有的习惯上常放在中心词后。如:

(8) 你别懒**太**你别太懒!
(9) 他来玩**常常**常常来玩。
(10) 你去**先**吧你先去吧!

毛宗武等(1982)认为,布努语和拉珈语表"先""后""很"等副词,做状语时一般都放在动词或形容词后。如:

(11) 你去**先**你先去。
(12) 个花这红**很**这朵花很红。
(13) 我吃一碗**还**我还吃一碗。
(14) 我去**马上**我马上去。

以上是布努语。

(15) 他去**先**,我来**后**你先去,我后来。
(16) 根树这高**很**这株树很高。

以上是拉珈语。

以上我们从历史考察、方言调查、少数民族语言调查等角度,充分证明"V快"应是状语后置现象。

5. 结语

总之,汉语方言特别是南部方言中,状语后置并非个别现象、孤立现象,而是普遍现象,吴语有,粤语有,闽语有,客家话有,甚至有的北方方言也有。各方言有相同之处,也有不同之处,那是历史的遗留,是古代汉语、近代汉语语法现象在不同的方言点留下了不同的遗迹。而且,这些方言"与我国南部地区的少数民族语言在漫长的时间里有着千丝万缕的关系"。所以,难道这些方言和少数民族语言中的众多状语后置现象都"是从处于中心谓语位置的第二个谓词虚化而来的体助词"吗? 显然是不可信的,是经不起推敲的。我们以为,游汝杰等先生所说的"V快"是因受古越语底层状语后置的语序影响而被后置的副词的说法,是符合汉语事实的。

南方方言有特殊之处。邓晓华等(2009:142)说:"南方汉语的形成既非完全是'土生土长',也绝非完全是'北方迁入'。这是一个多元结构体,是南北族群经过长期的语言文化的互动过程的结果,它的来源是多样、多层次的。"我们十分赞同这种说法。从语言类型学视角看,状语后置是南方方言区别于北方方言的一个十分突出的语法现象。

参考文献

鲍厚星、崔振华、沈云姬 1998《长沙方言词典》,江苏教育出版社。

贝罗贝、徐　丹 2009《汉语历史语法与类型学》,《历史语言学研究》第二辑,商务印书馆。

曹志耘 1996《金华方言词典》,江苏教育出版社。

曹志耘主编 2008《汉语方言地图集》(语法卷),商务印书馆。

崔山佳 2004《近代汉语语法历史考察》,崇文书局。

崔山佳 2006《方言中几个比较特殊的形容词重叠形式》,《台州学院学报》第1期。

崔山佳 2018《吴语语法共时与历时研究》,浙江大学出版社。

[日]大西博子 2016《〈土话指南〉中的指示词——与〈官话指南〉的对应关系》,《吴语研究》第八辑,陈忠敏主编,上海教育出版社。

邓晓华、王士元 2009《中国的语言及方言的分类》,中华书局。

范中树 1994《黎语语法纲要》,中央民族大学出版社。

方松熹 1993《舟山方言研究》,社会科学文献出版社。

冯　力 2007《从北部吴语的“V快”看中心谓语成分虚化为助词的现象》,《中国语文》第3期。

傅国通 2007/2010《浙江吴语共时特征》,《方言丛稿》,中华书局。原载《汉语史研究学报》2007。

黄伯荣主编 1996《汉语方言语法类编》,青岛出版社。

李方桂 1953《武鸣壮语》,中国科学院出版。

林素娥 2015《一百多年来吴语句法类型演变研究——基于西儒吴方言文献的考察》,中国社会科学出版社。

刘村汉 1995《柳州方言词典》,江苏教育出版社。

毛宗武、蒙朝吉、郑宗泽 1982《瑶族语言简志》,民族出版社。

[美]睦礼逊(William T. Morrison)编著,朱音尔、姚喜明、杨文波校注,游汝杰审订 2016《宁波方言字语汇解》,上海大学出版社。

钱乃荣 1992《当代吴语研究》,上海教育出版社。

钱曾怡 1999《嵊县长乐话的特殊语序》,[日本]《语篇》第18期。

石汝杰 1995《明清小说和吴语的历史语法》,《语言研究》第2期。

石汝杰、[日]宫田一郎主编 2005《明清吴语词典》,上海辞书出版社。

苏晓青、吕永卫 1996《徐州方言词典》,江苏教育出版社。

[日]太田辰夫 2003《中国语历史文法》,修订译本,蒋绍愚、徐昌华翻译,北京大学出版社。

汤珍珠、陈忠敏、吴新贤编纂 1997《宁波方言词典》,江苏教育出版社。

汪　平 1984《苏州方言的“仔、哉、勒”》,《语言研究》第2期。

汪如东 2017《江淮方言泰如片与吴语的语法比较研究》,中国社会科学出版社。

王福堂 2015《绍兴方言研究》,语文出版社。

王洪钟 2011《吴语海门方言“快”的两个特殊用法》,《中国语文》第1期。

温端政 1957《浙南闽语里形容词程度的表示方法》,《中国语文》第12期。

肖　萍、郑晓芳 2014《鄞州方言研究》,浙江大学出版社。

邢福义 2000《小句中枢说的方言佐证》,《方言》第4期。

颜清徽、刘丽华 1998《娄底方言词典》,江苏教育出版社。

颜逸明 2000《浙南瓯语》,华东师范大学出版社。

叶蜚声、徐通锵 2008《语言学纲要》,北京大学出版社。

游汝杰 2018《吴语方言学》,上海教育出版社。

喻翠容、罗美珍编著 2009《傣语简志》,《中国少数民族语言简志丛书》修订本·卷叁,民族出版社。

张惠英 1998《崇明方言词典》,江苏教育出版社。

张振兴 2003《现代汉语方言语序问题的考察》,《方言》第2期。

周志锋 2012《周志锋解说宁波话》,语文出版社。

朱彰年、薛恭穆、汪维辉、周志锋 1996《宁波方言词典》,汉语大词典出版社。

(崔山佳　浙江财经大学　杭州　fhddcsj@sina.com)

北京普通话一级元音的大样本统计分析①

胡会娟

提　要：本文根据石锋(2002)提出的“元音格局”的概念，对50位北京青年人所发单字组的一级元音进行了声学实验和总体统计分析，并在此基础上，进行了不同性别、不同家庭语言环境(新北京人、老北京人)的分组统计分析。实验结果表明：各元音音位之间的相对位置高低维度、前后维度呈现出一种有序的平衡分布状态。外缘性元音/a、i、u/位于三个顶点位置，分布集中；非外缘性元音/y、ɿ、ʅ、ɤ/位于元音框架的内部，分布较为分散。不同性别的青年人所发一级元音的差异度和主体分布面积不同。不同家庭语言环境的北京青年人所发元音的位置不同，老北京青年人元音的整体声学空间略大于新北京青年人；不同家庭语言环境的北京青年人所发元音主体分布面积不同；与21世纪初期老北京青年人所发元音不同，表明老北京人所讲的普通话是个动态的发展过程。

关键词：北京普通话　一级元音　声学实验　统计分析

1. 引言

元音是构成一种语言语音系统的重要组成部分，基础元音是整个元音系统的基础，反映了元音的基本特性。普通话的单元音研究历来受到学界的重视，国内外多位学者曾经从不同角度进行过深入探索。鲍怀翘(1984)分别对两位成年女性和男性普通话9个单元音的生理特性进行研究，得出9个单元音的调音器官X光矢面图和腭位图。周殿福、吴宗济(1963)出版了《普通话发音图谱》，它是关于元音产生生理研究中的一项基础性研究。吴宗济(1964)对普通话元音的频谱和共振峰进行了分析和测算，得到男、女成人和儿童组发音

---

① 本文语料来自国家社会科学重大项目“普通话语音标准和感知参数数据库建设”(13&ZD134)，并受其资金资助。

人(每组各 4 人)的普通话各个单元音的共振峰平均值。徐云扬(2001)用声学实验的方法分析了北京发音人男女普通话的单元音、复合元音的频谱性质。石锋(2002)从元音格局的角度对普通话的单元音的声学元音图进行再分析,考察普通话元音的定位特征、内部变体的表现以及整体的分布关系。以上研究成果均选择数量较少的发音人进行实验分析,但是对于认识汉语普通话元音的生理和声学特点都提供了重要的依据和参考。Peterson and Barney (1952: 175—184)曾经选取 76 位发音人对英语单元音的共振峰数据进行了测量和统计,这是经典的元音统计性研究实例。王萍(2009)选取 52 位北京人对北京话一级元音进行了声学实验和统计分析,王萍、石锋(2014)利用调整后的"V"值算法又对 52 位北京人的汉语普通话基础元音进行了较大样本的声学实验和统计分析,进而充分准确地表现各个元音的声学空间分布和特点。

石锋(2002)认为,每一种语言和方言的语音都是成系统的,表现为各自的语音格局(sound pattern)。元音格局是元音系统性的表现,包括元音的定位特征、内部变体的分布、整体的配列关系等。石锋根据主要元音跟韵母中的位次关系,把元音分成四级。在汉语中,能够出现在单韵母中的元音是一级元音。一级元音的格局是全部元音格局的基础,具有典型的代表性。"元音格局"的概念打破了以往将语音学和音系学分隔两家的局面,使两者很好的结合起来,这无疑是对元音研究的又一次进步。

该研究采用实验语音学和元音格局的研究方法,对 50 位北京青年人所发单字组的一级元音进行了声学实验和总体统计分析,以期发现北京普通话元音成系统的发音特点。另鉴于语音形式的表现受到年龄、性别、家庭语言环境的影响,在此基础上,进行了不同性别、不同家庭语言环境(新北京人、老北京人)[①]的分组统计分析。通过声学分析,可以拟测出更接近语音实际的音值,对方言区的人更好地学习普通话,外国人更准确地学习汉语等方面起着举足轻重的作用。

2. 实验说明

2.1 实验材料

发音表共包含/a、i、u、ɤ、y、ɿ、ʅ/7 个一级元音在内的 43 个汉语普通话单字,每个单字读 3 遍。除了舌尖前元音/ɿ/收集三个数据外,每个一级元音

① 胡明扬在《北京话社会调查(1981)》首次提出老北京人和新北京人的区分:"老北京人"指的是父母双方都是北京人,本人在北京出生和长大的人;"新北京人"指的是父母双方或一方不是北京人,但本人在北京出生和长大的人。

均选取了 10 个数据,并且分别测量了/ɤ/元音的起点、中点和终点。本次实验包含 50 名发音人,共得到(8×10+1×3)×50=4 150 个有效数据。

本实验在安静的房间中进行录音,采用的是专业语音分析软件 praat,单声道,采样率为 11 025 Hz,使用电容式话筒直接将语音信息录入电脑。

2.2 实验发音人

本次实验共有 50 名来自北京不同区县的发音人(25 名男性和 25 名女性、21 名老北京人和 29 名新北京人),家庭背景语言均为普通话。本实验的 50 名发音人均为北京青年人,平均年龄为 21,均为在校学生。

2.3 实验方法

本实验采用专业语音分析软件 praat 进行语音分析,观察语图和波形图,我们提取 F1、F2 两种数据。具体的做法说明如下:

首先,利用 praat4.0 测量得出 50 个发音人所发的每个元音的第一共振峰数据(F1)和第二共振峰(F2)的全部频率值。

其次,为了使声学元音图的表现与人的听感更加接近,利用计算公式 Bark =7ln{(f/650)+[(f/650)^2+1]^1/2},把全部的 F1、F2 的数据从赫兹单位转化为巴克(Bark)单位,其中 f 为共振峰频率(Schroeder, 1979)。

最后,利用以下公式进行 V 值的归一化计算。具体公式如下(孙雪、石锋,2009):

$$V1=\frac{B1x-(B1\min-StB1\min)}{(B1\max+StB1\max)-(B1\min-StB1\min)}\times 100$$

$$V2=\frac{B2x-(B2\min-StB2\min)}{(B2\max+StB2\max)-(B2\min-StB2\min)}\times 100$$ ①

这个公式得出的每个元音在元音格局图形中的坐标值。其中,B1 代表元音格局中的高低维,B2 代表元音格局中的前后维。B1max、B2max 分别指每个发音人所发 7 个元音的高低维 B1、前后维 B2 全部测量点的平均值的最大值。StB1max、StB1min 分别指每个人所发 7 个元音,高低维 B1 最大值所对应的标准差和最小值所对应的标准差(StB2max、StB2min 同理)。需要注意的是,进入公式的每个数值是在这个测量点上全组样品经过统计整理的平均值。

采用 V 值的优点,在于它有较强的可比性,便于在不同发音人之间,不同方言和语言之间,以及不同作者的测量数据和分析结果之间进行对照比较,得

① 标准差是最重要的统计数据之一,它表示一组数据对于平均值的离散程度。大样本 V 值公式加入标准差这一变量,消除了外缘性元音高低维度、前后维度受抑制的弊端。

出客观可靠的结论(石锋、时秀娟,2007)。

2.4　归一化数据的统计分析

我们以SPSS18.0为统计工具,对声学分析的V值数据进行了统计整理,在此过程中利用茎叶图法剔除个别离群值。本文采用平均值加减三倍标准差为规度,大于平均值加三倍标准差或小于平均值减三倍标准差的数据被剔除,以此保证数据的整体客观性。

3. 语音样本的统计分析

在声学实验中,分别测算50位发音人每个元音稳定段上的一个点,每个点包括两个维度的数据(F1、F2);对于/ɤ/元音,我们测量了它的起点、中点和终点。分别选取包括元音/a/、/i/、/u/、/ɤ/、/ʅ/、/y/的7个例字,得到21个音,取其中10个发音质量好的音记录其频率值,尽量涵盖所选的7个字;对于/ʅ/元音,因其只有1个代表字,得到3个数据,所有数据共计4 150个。然后将声学分析的分析得到的Hz值数据根据公式分别转化为B值和V值两类单位,经过计算得出每位发音人的每一组样品(例如/a/、/i/、/u/、/ɤ/起点、/ɤ/中点、/ɤ/终点、/ʅ/、/ʅ/、/y/)的V1值和V2值。最后得出50个人每一组样品的平均值和标准差。平均值加减各自的标准差得到每个元音的分布区域。

3.1　一级元音的总体统计分析

我们选取元音的V1值为y轴坐标,V2值为x轴坐标,并把坐标的零点设在右上角,这种根据元音V1值和V2值画出来的元音分布就是元音格局标准图。如图所示:

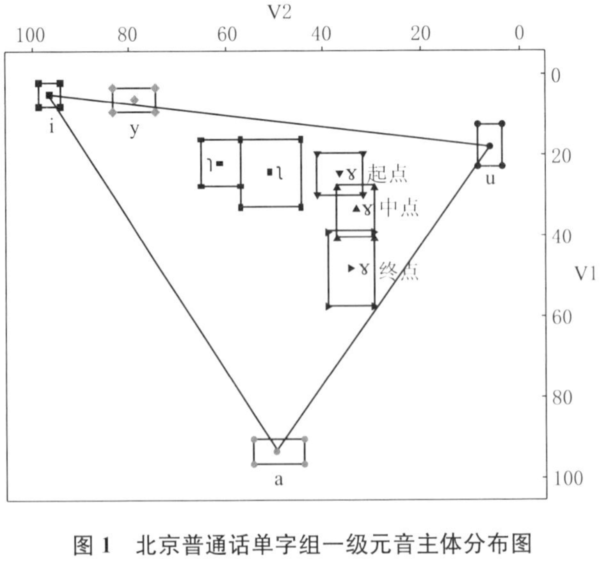

图1　北京普通话单字组一级元音主体分布图

图 1 中每个元音的矩形分布区域都是由 5 个点组成的。其中，平均值确定中间的点；其余的 4 个点分别由平均值加减标准差得到。由图可以看出，不同元音音位之间的相对位置在总体上呈现出一种有序分布的状态。

为了详细说明图中每个元音的定量表现，我们将图拆解为图 2 至图 4。

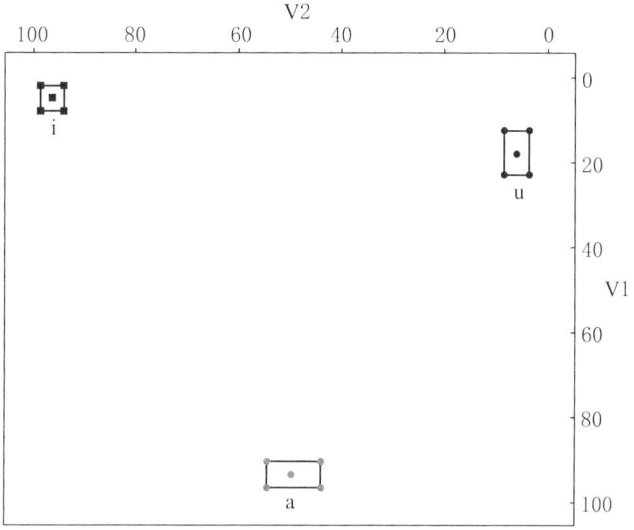

图 2　/a、i、u/主体分布图

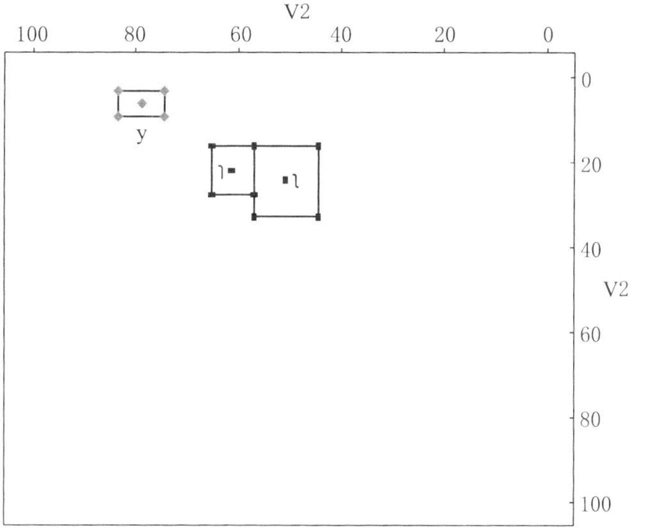

图 3　/y、ɿ、ʅ/主体分布图

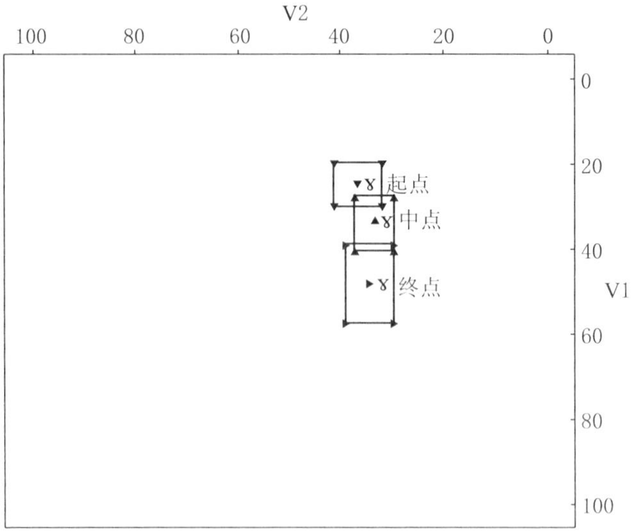

图4 /ɤ/主体分布图

以下,我们对各元音做具体的分析。

元音/i/

元音/i/是元音三角形前上方的一个顶点,它的平均值为 V1=5.24, V2=96.44。它在元音格局中的分布范围:高低维度(V1)的变化(标准差)是 3.21;前后维度(V2)的(标准差)变化是 2.13。高低维变化幅度大于前后维。

元音/u/

元音/u/是元音三角形后上方的一个顶点,它的平均值为 V1=18.06, V2=6.05。它在元音格局中的分布范围:高低维度(V1)的变化(标准差)是 5.22;前后维度(V2)的(标准差)变化是 2.49。高低维变化幅度明显大于前后维。

元音/a/

元音/a/是元音三角形下方的一个顶点,它的平均值为 V1=93.48, V2=49.38。它在元音格局中的分布范围:高低维度(V1)的变化(标准差)是 2.65;前后维度(V2)的(标准差)变化是 5.24。高低维变化幅度明显小于前后维。

元音/y/

元音/y/在元音/i/、/u/之间,靠近/i/,它的平均值为 V1=6.27, V2=78.81。它在元音格局中的分布范围:高低维度(V1)的变化(标准差)是 2.60;前后维度(V2)的(标准差)变化是 4.36。高低维变化幅度明显小于前后维。

舌尖元音/ʅ/

舌尖元音/ʅ/在元音格局内部前上方的位置，它的平均值为 V1＝22.15，V2＝61.11。它在元音格局中的分布范围：高低维度（V1）的变化（标准差）是 5.78；前后维度（V2）的（标准差）变化是 4.01。高低维度变化幅度大于前后维。

舌尖元音/ɿ/

舌尖元音/ɿ/也在元音格局内部前上方的位置，元音/ʅ/的后边。它的平均值为 V1＝24.40，V2＝50.70。它在元音格局中的分布范围：高低维度（V1）的变化（标准差）是 8.30；前后维度（V2）的（标准差）变化是 6.21。高低维度变化幅度大于前后维度。

中元音/ɤ/

中元音/ɤ/在元音格局中部且略靠后的位置。与其他元音相比，它具有特殊性，我们在发/ɤ/的时候，舌头在高低明显有一个动程，体现在元音格局图中，就是从[i]和[ɯ]之间开始，一直到[ʌ]的滑移（石锋，2008：47）。它的起点的平均值为 V1＝25.69，V2＝37.98；中间段的平均值为 V1＝34.42，V2＝33.44；终点段的平均值为 V1＝49.71，V2＝33.87。它在元音格局中的分布范围：起始段、中间段、结尾段高低维度（V1）的变化（标准差）分别是：5.36、6.68、9.49；前后维度（V2）的（标准差）变化分别是：4.73、4.04、4.68。高低维度变化幅度都大于前后维度。

根据王萍的数据设定标准，将各元音音位的标准差进行四舍五入，最终只保留数值的整数位，变化幅度大于 6 表示数据分布的较为分散，反之则表示数据分布得比较集中，可以得出：边缘性元音/a/、/i/、/u/、/y/的高低维度数据和前后维度数据均表现集中；内部元音/ɿ/的高低维度数据和前后维度数据均表现为分散，/ʅ/高低维度数据和前后维度数据均表现集中。

3.2 一级元音的分组统计分析

鉴于语音形式的表现受到年龄、性别、家庭语言环境的影响，我们认为探讨不同社会因素下元音的特点，有着广泛的研究空间和重要的理论与应用背景。本章在北京普通话一级元音总体统计分析的基础上，进行了不同性别、不同家庭语言环境（新北京人、老北京人）的分组统计分析。

3.2.1 男、女分组统计分析

我们对 25 位男性和 25 位女性北京青年人所发的一级元音对了对比分析，具体如下：

元音/i/

男、女所发的/i/都位于其各自元音三角形前上方的顶点位置。男性的平均值：V1＝4.52，V2＝96.68；女性的平均值：V1＝6.29，V2＝96.49。高低维

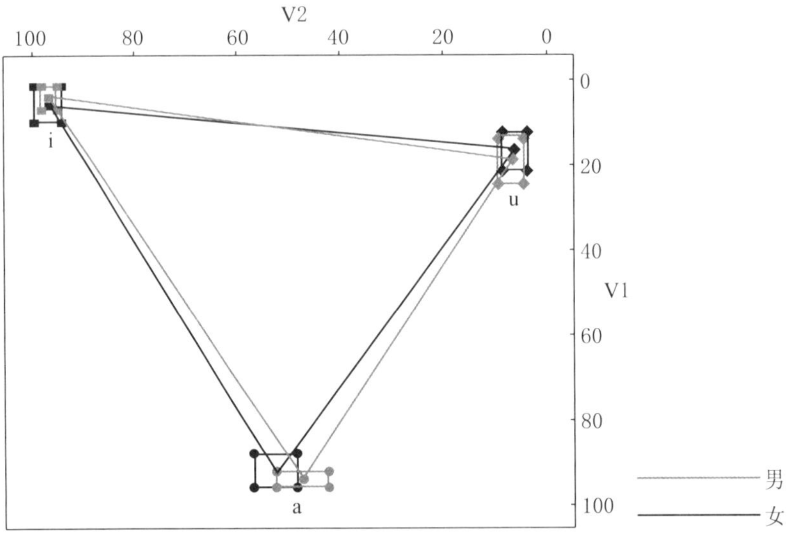

图 5　边缘性元音/a/、/i/、/u/的男、女比较

度(V1)上男性的值小于女性;前后维度(V2)上男性的值大于女性。男、女发音在元音格局中的分布范围:男、女高低维度(V1)的变化分别是 2.53、4.27;前后维度(V2)的变化分别是 1.36、2.47。男性高低维度的变化幅度小于前后维;女性则相反。男、女发音分布面积分别为 2.53×2×1.36×2=13.76、4.27×2×2.47×2=42.19,男性小于女性。统计结果表明,高低维度(V1):男性和女性差异不显著,$p>0.05$;前后维度(V2):男性和女性差异也不显著,$p>0.05$。

元音/u/

男、女所发的/u/都位于其各自元音三角形后上方的顶点位置。并且其/u/的 V1 值都大于/i/的 V1 值,即/i/的舌高点比/u/的舌高点要高,这与总体统计的结果是一致的。男性的平均值:V1=19.15, V2=6.33;女性的平均值:V1=16.96, V2=5.78。高低维度(V1)、前后维度(V2)上男性的值均大于女性。男、女发音在元音格局中的分布范围:男、女高低维度(V1)的变化分别是 5.69、4.54;前后维度(V2)的分别变化是 2.54、2.47。男、女高低维度的变化幅度均大于前后维度。男、女发音分布面积分别为 57.81、44.86,男性大于女性。统计结果表明,高低维度(V1):男性和女性差异不显著,$p>0.05$;前后维度(V2):男性和女性差异也不显著,$p>0.05$。

元音/a/

男、女所发的/a/都位于其各自元音三角形下方的顶点位置。男性的平均值:V1=94.01, V2=46.92;女性的平均值:V1=92.41, V2=52.05。高低维度(V1)上男性的值大于女性;前后维度(V2)上男性的值小于女性。男、女发音在元音格局中的分布范围:男、女高低维度(V1)的变化分别是 1.96、3.67;前后维度(V2)的变化分别是 4.97、4.08。男、女性高低维度的变化幅度均小于前后维度。男、女发音分布面积分别为 38.96、59.89,男性小于女性。统计结果表明,高低维度(V1):男性和女性差异显著,$p < 0.05$;前后维度(V2):男性和女性差异也显著,$p < 0.005$。

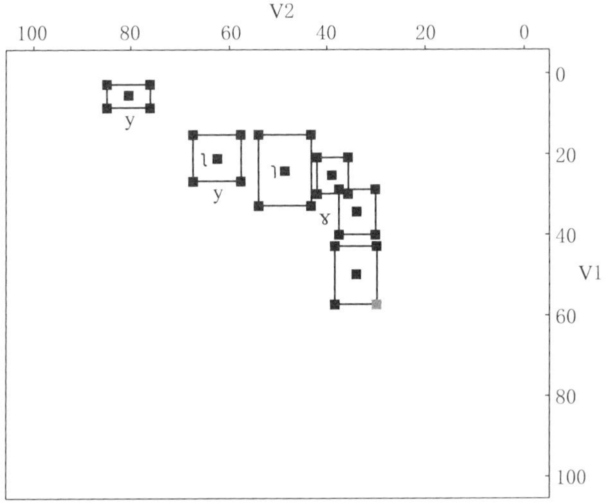

图 6a　男

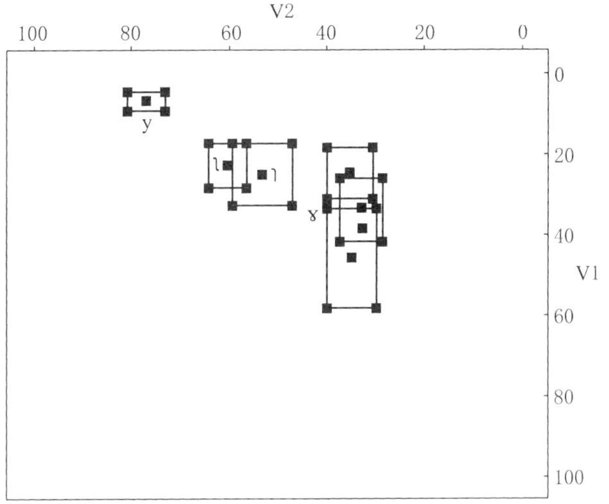

图 6b　女

图 6　内部元音/y/、/ɿ/、/ʅ/、/ɤ/的男、女比较

元音/y/

男、女所发的/y/都处于/i/、/u/之间,且靠近/i/的位置。男性的平均值:V1=5.70, V2=80.38;女性的平均值:V1=6.77, V2=77.13。高低维度(V1)上男性的值小于女性;前后维度(V2)上男性的值大于女性。男、女发音在元音格局中的分布范围:男、女高低维度(V1)的变化分别是2.69、2.46;前后维度(V2)的变化分别是4.49、3.59。男、女高低维度的变化幅度均小于前后维度。男、女发音分布面积分别为48.31、35.33,男性大于女性。统计结果表明,高低维度(V1):男性和女性差异不显著,$p > 0.05$;前后维度(V2):男性和女性差异显著,$p < 0.005$。

元音/ɿ/

男、女所发的/ɿ/都位于其各自元音格局内部前上方的位置。男性的平均值:V1=21.58, V2=62.29;女性的平均值:V1=22.77, V2=60.46。高低维度(V1)上男性的值小于女性;前后维度(V2)上男性的值大于女性。男、女发音在元音格局中的分布范围:男、女高低维度(V1)的变化分别是5.99、5.61;前后维度(V2)的变化分别是5.10、3.80。男、女高低维度的变化幅度均大于前后维度。男、女发音分布面积分别为122.20、85.27,男性大于女性。统计结果表明,高低维度(V1):男性和女性差异不显著,$p > 0.05$;前后维度(V2):男性和女性差异也不显著,$p > 0.05$。

元音/ʅ/

男、女所发的/ʅ/都位于其各自元音格局内部的上方,元音/ɿ/的后面且略微靠下的位置。男性的平均值:V1=23.95, V2=48.44;女性的平均值:V1=25.31, V2=53.05。高低维(V1)、前后维度(V2)上男性的值均小于女性。男、女发音在元音格局中的分布范围:男、女高低维度(V1)的变化分别是9.30、7.23;前后维度(V2)的分别变化是5.33、6.18。男、女高低维度的变化幅度均大于前后维度。男、女发音分布面积分别为205.72、178.73,男性大于女性。统计结果表明,高低维度(V1):男性和女性差异不显著,$p > 0.05$;前后维度(V2):男性和女性差异显著,$p < 0.005$。

中元音/ɤ/

男、女所发的/ɤ/都位于其各自元音格局内部中部且靠后的位置。男性的平均值:/ɤ/起始段、中间段、结尾段的V1的平均值分别是25.58、34.59、50.00。/ɤ/起始段、中间段、结尾段的V2的平均值分别是38.57、33.80、34.00。女性的平均值:/ɤ/起始段、中间段、结尾段的V1的平均值分别是

24.55、33.48、45.37，/ɤ/起始段、中间段、结尾段的V2的平均值分别是35.08、33.01、34.54。高低维度(V1)/ɤ/起始段、中间段、结尾段男性的值均大于女性。前后维度(V2)上/ɤ/起始段、中间段男性的值大于女性，结尾段男性的值小于女性。男、女发音在元音格局中的分布范围：/ɤ/起始段男、女高低维度(V1)的变化分别是4.61、6.05，/ɤ/中间段男、女高低维度(V1)的变化分别是5.55、7.74，/ɤ/结尾段男、女高低维度(V1)的变化分别是7.53、12.57；/ɤ/起始段男、女前后维度(V2)的变化分别是3.47、4.59，/ɤ/中间段男、女前后维度(V2)的变化分别是3.76、4.331，/ɤ/结尾段男、女前后维度(V2)的变化分别是4.43、4.99。/ɤ/起始段、中间段、结尾段男、女高低维度的变化幅度均大于前后维度。/ɤ/起始段男、女发音分布面积分别为63.99、111.08，中间段分别为83.47、134.06，结尾段分别为133.43、250.90。起始段、中间段、结尾段男性均小于女性。统计结果表明，除了/ɤ/起始段的前后维差异显著之外($p < 0.005$)，高低维度(V1)、中间段和结尾段的前后维度(V2)，男性和女性差异均不显著。

3.2.2 新、老北京人分组统计分析

我们对21位老北京人和29位新北京人所发的一级元音做了对比分析，具体如下：

3.2.2.1 新、老北京人元音的均值比较

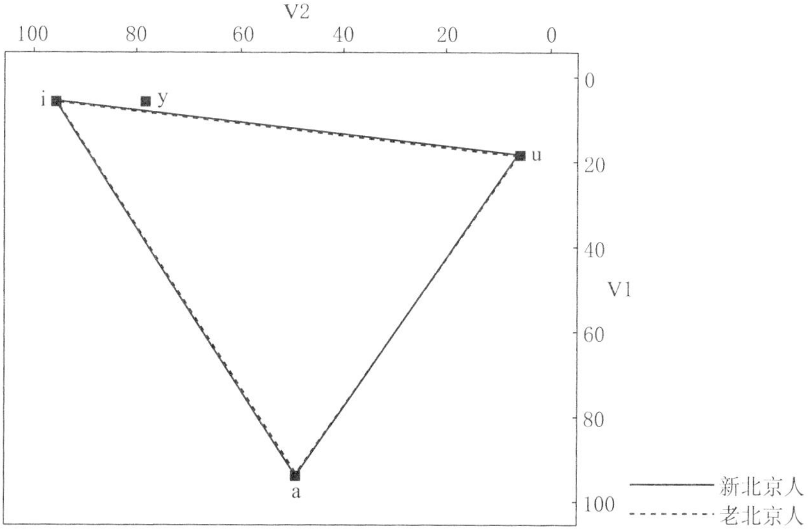

图7 边缘性元音/a/、/i/、/u/、/y/的均值比较

元音/i/

新、老北京青年人所发的/i/都位于其各自元音三角形前上方的顶点位置。新北京人的平均值:V1=6.05, V2=95.35;老北京人的平均值:V1=5.13, V2=96.18。老北京人/i/平均值的位置比新北京人更高,更靠前,即老北京人在新北京人的前上方。统计结果表明,高低维度(V1):新、老北京人差异不显著,$p > 0.05$;前后维度(V2):新、老北京人差异也不显著,$p > 0.05$。

元音/u/

新、老北京人所发的/u/都位于其各自元音三角形后上方的顶点位置。并且其/u/的 V1 值都大于/i/的 V1 值,即/i/的舌高点比/u/的舌高点要高,这与总体统计的结果是一致的。新北京人的平均值:V1=18.15, V2=6.36;老北京人的平均值:V1=18.01, V2=5.43。老北京人/u/平均值的位置比新北京人更高,更靠后,即老北京人在新北京人的后上方。统计结果表明,高低维度(V1):新、老北京人差异不显著,$p > 0.05$;前后维度(V2):新、老北京人差异也不显著,$p > 0.05$。

元音/a/

新、老北京人所发的/a/都位于其各自元音三角形下方的顶点位置。新北京人的平均值:V1=93.36, V2=49.65;老北京人的平均值:V1=93.25, V2=49.16。老北京人/a/平均值的位置比新北京人偏高且靠后,即老北京人在新北京人的后上方。统计结果表明,高低维度(V1):新、老北京人差异不显著,$p > 0.05$;前后维度(V2):新、老北京人差异也不显著,$p > 0.05$。

元音/y/

新、老北京人所发的/y/都处于/i/、/u/之间,且靠近/i/的位置。新北京人的平均值:V1=6.49, V2=79.51;新北京人的平均值:V1=5.91, V2=78.51。老北京人/y/平均值的位置比新北京人更高,更靠后,即老北京人在新北京人的后上方。统计结果表明,高低维度(V1):新、老北京人差异不显著,$p > 0.05$;前后维度(V2):新、老北京人差异也不显著,$p > 0.05$。

元音/ʅ/

新、老北京人所发的/ʅ/都位于其各自元音格局内部前上方的位置。新北京人的平均值:V1=23.81, V2=61.28;老北京人的平均值:V1=20.22, V2=60.82。老北京人在新北京人的后上方。统计结果表明,高低维度(V1):新、老

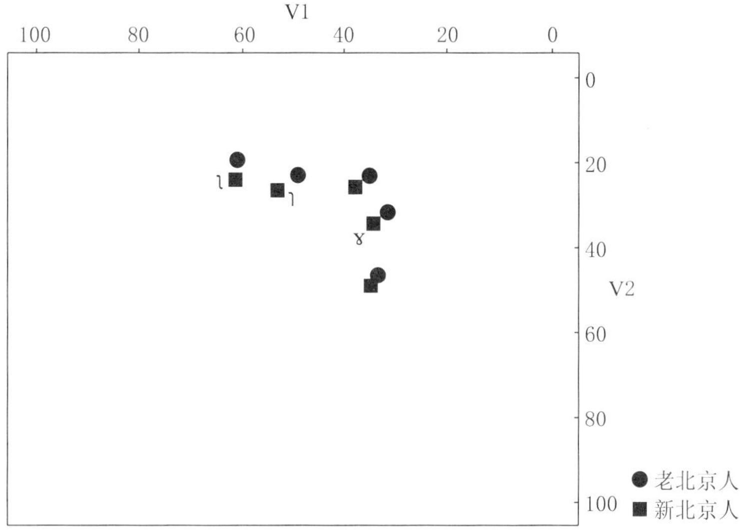

图 8 内部元音/ɿ/、/ʅ/、/ɤ/的均值比较

北京人差异不显著，$p > 0.05$；前后维度(V2)：新、老北京人差异也不显著，$p > 0.05$。

元音/ɿ/

新、老北京人所发的/ɿ/都位于其各自元音格局内部的上方，元音/ʅ/的后面且略微靠下的位置。新北京人的平均值：V1＝25.84，V2＝52.64；老北京人的平均值：V1＝23.10，V2＝49.46。老北京人在新北京人的后上方。统计结果表明，高低维度(V1)：新、老北京人差异不显著，$p > 0.05$；前后维度(V2)：新、老北京人差异也不显著，$p > 0.05$。

中元音/ɤ/

新、老北京人所发的/ɤ/都位于其各自元音格局内部中部且靠后的位置。新北京人的平均值：/ɤ/起始段、中间段、结尾段的 V1 的平均值分别是 25.42、34.64、48.43。/ɤ/起始段、中间段、结尾段的 V2 的平均值分别是 37.01、33.75、34.63。老北京人的平均值：/ɤ/起始段、中间段、结尾段的 V1 的平均值分别是 24.09、32.98、47.04，/ɤ/起始段、中间段、结尾段的 V2 的平均值分别是 35.61、32.31、33.46。老北京人在新北京人的后上方。统计结果表明，高低维度(V1)：新、老北京人差异不显著，$p > 0.05$；前后维度(V2)：新、老北京人差异也不显著，$p > 0.05$。

3.2.2.2　新、老北京人元音主体分布比较

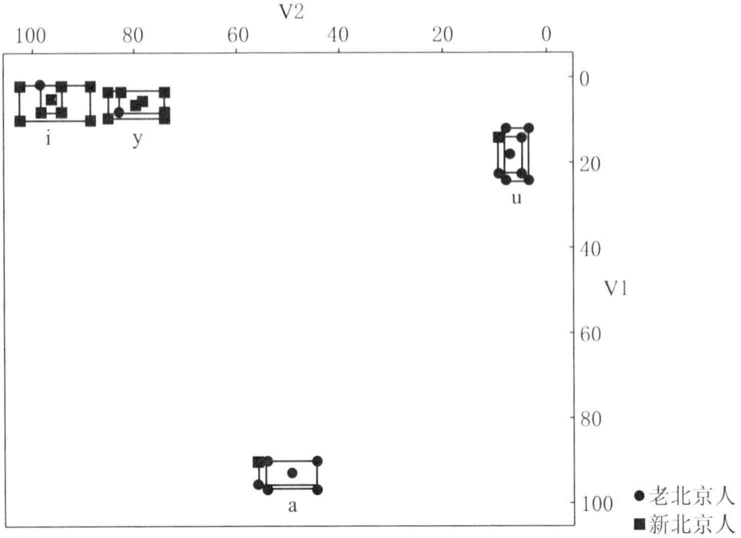

图9　边缘性元音/a/、/i/、/u/、/y/的主体分布比较

元音/i/

新、老北京人所发元音/i/在元音格局中的分布范围：新、老北京人高低维度(V1)的变化分别是4.10、3.07；前后维度的变化是6.85、1.95。新北京人高低维度的变化幅度小于前后维度，老北京人则相反。新、老北京人发音分布面积分别为4.10×2×6.85×2＝112.34、3.07×2×1.95×2＝23.95，新北京人大于老北京人。

元音/u/

新、老北京人所发元音/u/在元音格局中的分布范围：新、老北京人高低维度(V1)的变化分别是4.35、5.92；前后维度的变化是2.46、2.54。新、老北京人高低维度的变化幅度均大于前后维度。新、老北京人发音分布面积分别为42.80、60.15，新北京人小于老北京人。

元音/a/

新、老北京人所发元音/a/在元音格局中的分布范围：新、老北京人高低维度(V1)的变化分别是2.61、3.61；前后维度的变化是5.62、4.78。新、老北京人高低维度的变化幅度均小于前后维度。新、老北京人发音分布面积分别为58.67、69.02，新北京人大于老北京人。

元音/y/

新、老北京人所发元音/y/在元音格局中的分布范围：新、老北京人高低维度(V1)的变化分别是2.90、2.15；前后维度的变化是5.37、4.45。新、老北京人高低维度的变化幅度均小于前后维度。新、老北京人发音分布面积分别为62.29、38.27，新北京人大于老北京人。

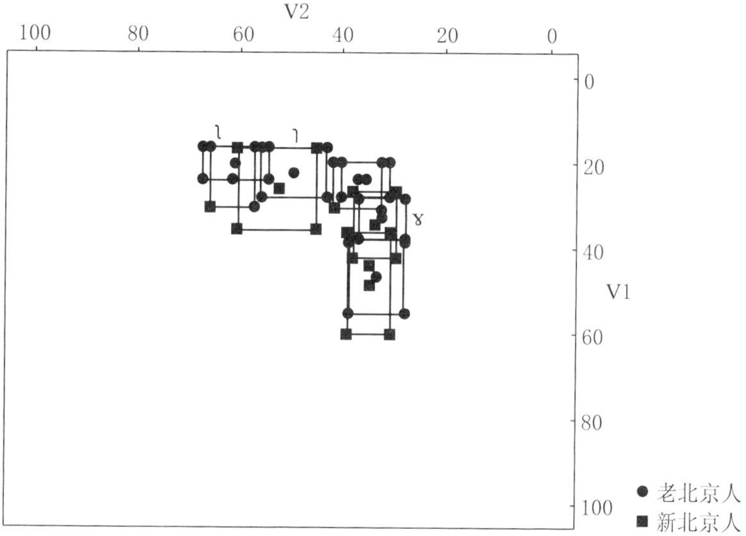

图10　内部元音/ɿ/、/ʅ/、/ɤ/的主体分布比较

元音/ʅ/

新、老北京人所发元音/ʅ/在元音格局中的分布范围：新、老北京人高低维度(V1)的变化分别是6.64、3.92；前后维度的变化是4.07、6.45。新北京人高低维度的变化幅度大于前后维度，老北京人则相反。新、老北京人分布面积分别为108.10、101.14，新北京人大于老北京人。

元音/ɿ/

新、老北京人所发元音/ɿ/在元音格局中的分布范围：新、老北京人高低维度(V1)的变化分别是9.90、5.55；前后维度的变化是7.49、6.04。新北京人高低维度的变化幅度大于前后维度，老北京人则相反。新、老北京人发音分布面积分别为296.60、134.09，新北京人大于老北京人。

元音/ɤ/

新、老北京人所发元音/ɤ/在元音格局中的分布范围：/ɤ/起始段新、老北京人高低维度(V1)的变化分别是5.39、4.18，中间段的变化分别是8.08、

4.73,结尾段的变化分别是 11.85、8.59;/ɤ/起始段新、老北京人前后维度(V2)的变化分别是 4.75、4.78,中间段的变化分别是 3.85、4.36,结尾段的变化分别是 4.49、4.98。/ɤ/起始段、中间段、结尾段新北京人高低维度的变化幅度均大于前后维度,老北京人/ɤ/中间段、结尾段高低维度的变化幅度大于前后维度,而起始段高低维度的变化幅度小于前后维度。/ɤ/起始段新、老北京人分布面积分别为 102.41、79.92,中间段分别为 124.43、82.49,结尾段分别为 212.83、171.11。起始段、中间段、结尾段新北京人均大于老北京人。

3.2.2.3 与前人对比分析①

语言是不断发展演变的,作为语言物质基础的语音也在不断地演化中,为了考察不同时期的老北京人所讲的普通话是否一致,我们与 21 世纪初期的老北京人所发的元音作了对比分析。

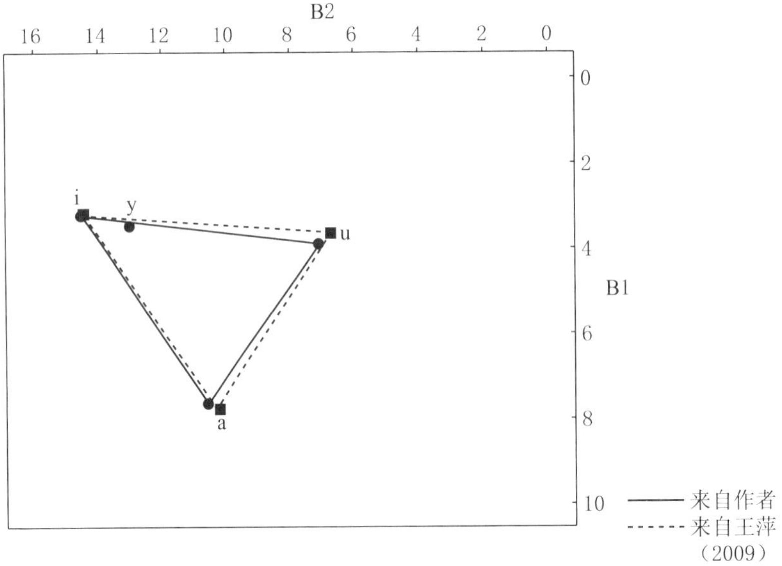

图 11 内部元音/ɿ/、/ʅ/、/ɤ/的比较

统计结果表明:

① 元音/a/,两者在高低、前后维度上的差异均不显著,$p > 0.05$。

② 元音/i/,两者在高低、前后维度上的差异均不显著,$p > 0.05$。

---

① 该语料来自《汉语语音数据库》52 位北京人的发音,《汉语语音数据库》由美国学者 Robert Sanders 和石锋教授合作完成。

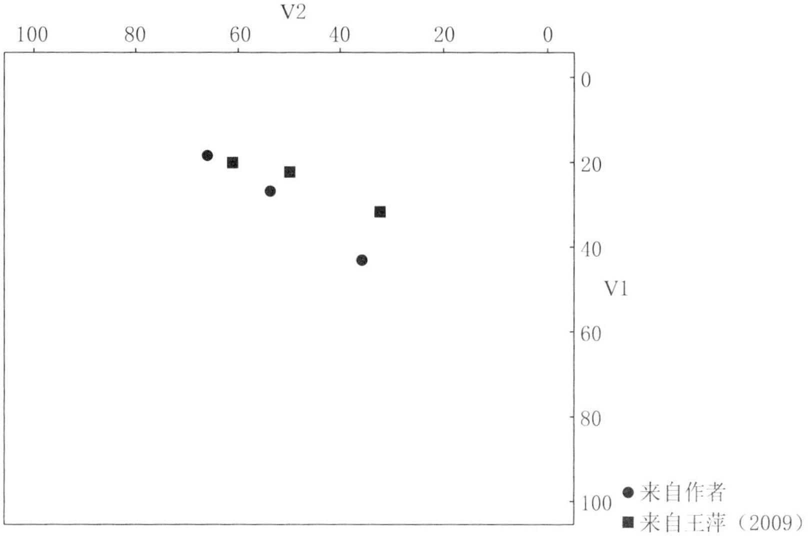

图 12　边缘性元音/a/、/i/、/u/、/y/的比较

③ 元音/u/,两者在高低维度上的差异是显著的，$p < 0.05$；在前后维度上的差异也是显著的，$p < 0.005$。

④ 元音/y/,两者在高低维度上的差异是显著的，$p < 0.05$；在前后维度上的差异是不显著的，$p > 0.05$。

⑤ 元音/ɤ/,本文之比较了中元音/ɤ/中间段的共振峰值,两者在高低、前后维度上的差异均显著，$p < 0.05$。

⑥ 元音/ɿ/,两者在高低、前后维度上的差异均显著，$p < 0.05$。

⑦ 元音/ʅ/,两者在高低维度上的差异是不显著的，$p > 0.05$；在前后维度上的差异是显著的，$p < 0.005$。

4. 结论

以往对北京普通话的研究,测量样本数量少,测量结果缺乏统计意义上的可靠性;即使是大样本声学实验,也很少有对集中于某一年龄段的人群大样本分析,难以反映汉语普通话元音的群体特征。鉴于此,本文对 50 位北京青年人所发的汉语普通话基础元音进行了大样本集中性的统计分析。对于元音的表现,大样本统计性研究能够从语音学的定量角度给出精确的数据,可以说是对音系描写的重要补充(王萍、石锋 2014:14—20)。实验结果表明:

(1) 各元音音位之间的相对位置高低维、前后维呈现出一种有序的平衡

分布状态

外缘性元音/a、i、u/位于三个顶点位置,分布范围较小,集中性强;非外缘性元音/ɿ、ʅ、y、ɤ/位于元音框架的内部,分布范围较大,分散性强;高低维,/i、u、y、ɿ、ʅ/集中在上方,/ɤ/聚集在中间,/a/分布在下方;前后维,/a、i、ʅ、ɿ、y/集中在前方,/ɤ/分布在中间,后元音/u/舌位最靠后。

(2) 不同性别的北京青年人所发的元音具有差异

a. 不同性别青年人所发的元音差异度不同。具体来说,元音/i、u、ʅ/的前后、高低两维,元音/y、ɤ、ɿ/高低维都不具有统计学意义上的差异,而元音/a、y、ɿ/和/ɤ/起始段的前后维在 * 0.005 水平上总体差异显著,元音/a/的高低维在 * 0.05 水平上总体差异显著。

b. 不同性别青年人所发的元音主体分布面积不同。元音/a、i、ɤ、y/女性的分布范围大于男性,而元音/u、ɿ、ʅ/男性的分布范围大于女性。

(3) 不同家庭语言环境的北京青年人所发元音也具有差异

a. 不同家庭语言环境的北京青年人所发元音的位置不同。对于边缘性元音来说,元音/i/老北京人在新北京人的前上方;元音/u/老北京人在新北京人的后上方;元音/a/老北京人略高于新北京人,但这种差异不具有统计学上的意义。老北京人元音的整体声学空间略大于新北京人。格局内部元音/ɿ、ʅ、ɤ/,新、老北京人呈现较为系统的差异,老北京人各元音的分布均在新北京人的后上方,只是它们之间的差异不具有统计学上的意义。

b. 不同家庭语言环境的北京青年人所发元音主体分布面积不同。对新、老北京人元音分布范围的比较表明,边缘性元音/a、i、u、y/,除了元音/u/,新北京人均大于老北京人;格局内部元音/ɿ、ʅ、ɤ/,新北京人均大于老北京人。新北京人,其父母一方或双方均不是北京人,受到家庭语言环境的影响,新北京人大都是双语者,其普通话掺杂方言口音,表现在数据上就是各元音的分布范围比较大。

c. 与 21 世纪初期老北京人所发元音不同。研究表明不同时期的老北京人所发元音是不同的。除了元音/a、i/,其他元音均存在统计学意义上的差异。可以看出,老北京人所讲的普通话是个动态的发展过程,是北京话不断向普通话靠拢。

参考文献

鲍怀翘 1984《普通话单元音分类的生理解释》,《中国语文》第 2 期。

石锋、时秀娟 2007《元音的归一化和相对化》,《语言科学》第 2 期。

石锋 2002《北京话的元音格局》,《南开语言学刊》第1期。
石锋 2008《语音格局:语音学与音系学的交汇点》,商务印书馆。
孙雪、石锋 2009《自然语音与国际音标元音发音比较分析》,《南开语言学刊》第2期。
王萍、石锋 2014《汉语普通话基础元音的统计特性》,《南开语言学刊》第2期。
王萍 2009《北京话声调和元音的实验与统计》,南开大学出版社。
吴宗济 1964《普通话元音和辅音的频谱分析及共振峰的测算》,《声学学报》第1期。
徐云扬 2001 *The phonetic value of the vowels, diphthongs, and triphthongs in Beijing Mandarin*,清华大学出版社。
杨端和 2004《语言研究应用SPSS软件实例大全》,中国社会科学出版社。
周殿福、吴宗济 1963《普通话发音图谱》,商务印书馆。
Peterson, G.E. And H.L.Barney 1952 *Control methods used in a study of the vowels* [J]. Journel of the Acoustical society of America, 175—184.
Schroeder, M.R., Atal, B.S. & Hall, J.L. 1979 *Objective measure of certain speech signal degradations based on masking properties of human auditory perception*. In B. Lindblom, S. Öhman (Eds.): *Frontiers of Speech Communication Research*. Academic Press, London, 217—232.

附录A:20—29岁老北京人一级元音的F值(引自王萍,2009)

元 音	a	i	u	y	ɤ	ɿ	ʅ
高低维	7.81	3.30	3.67	3.52	43.41	27.24	18.89
前后维	10.21	14.44	6.72	13.01	35.46	53.64	65.32

附录B:普通话一级元音实验分析发音字表

/a/:阿 擦 发 哈 他 巴 搭 /i/:基 批 欺 希 衣 逼 低
/u/:初 粗 书 苏 秃 乌 督 /y/:女 驴 区 迂 居 局 举
/ʅ/:吃 日 师 知 直 纸 志 /ɤ/:德 鹅 喝 科 色 歌 革
/ɿ/:私

(胡会娟 北京大学 北京 huhuijuan201509@163.com)

苍南吴语位移事件的句法语义类型*

姜淑珍

提　要：本文在类型学视角下，对苍南吴语位移事件的编码模式进行了刻画。田野调查和诱导性语料定量分析表明，苍南吴语位移表达呈现出以下句法语义特征：位移事件表达呈现出较普通话更显著的卫星框架型语言倾向；位移方式的表达精细度和凸显度均高于普通话；趋向补语往往不能直接介引方所题元；除方向外，题元标记均无须标记介引；目标位移事件不表征为介词后位句；可以但很少使用复合趋向补语等。

关键词：苍南吴语　位移事件　表达格式　类型特征

1. 引言

苍南县地处浙江省的沿海最南端，濒临东海，与福建交界，隶属温州市，县内并存5种以上差异悬殊的方言，瓯语（瓯江片吴语）、闽语（闽南话）、土语（俗称"蛮话"）、金乡语（金乡话）、畲民语（畲话）。目前分布最广、讲的人最多的是闽南话，其次是蛮话和瓯江片吴语，金乡话和畲话使用人口较少（温端政 1991；陶寰等 2018）。本文将苍南县内的瓯江片吴语称为"苍南吴语"。苍南吴语为作者的母方言，本文的方言调查点为苍南县灵江镇王宅村。

首先，介绍几个本文用到的缩略符号。Loc＝方位词（localizer），指由方位名词语法化而来的、以背景为参照、表达主体的空间位置的成分，如轻读的"里"；$D_{指向}$＝补语位置的指向动词（deictic directionals），与说话者所处的位置有参照关系，即补语位置的"来、去"；$D_{非指向}$＝补语位置的非指向动词（non-

---

* 本文系国家社会科学基金项目"汉语东南方言位移事件词化类型研究"（19BYY047）部分成果。主要发音人为金美娟女士（64岁）和姜庆初先生（65岁）。本文写作得到史文磊先生的帮助和指正，匿名审稿专家对原稿给出了中肯的修改意见。对上述人士给予的帮助，作者谨致以诚挚的谢意！

deictic directionals)，和说话者所处的位置没有参照关系，即补语位置的“上、出、过”等；D＝趋向补语，包含 $D_{指向}$ 和 $D_{非指向}$；V＝行为动词作主动词，如“走、跑、搬、抬”等；$V_{趋向}$＝趋向动词用作主动词；F＝主体；G＝背景。

此外，需要对路径动词进行界定。在位移事件类型学中，“路径动词(path verb)”是与“方式动词(manner verb)”“致使动词(causative verb)”等相对的概念。汉语纯粹路径动词(不包含方式义)大体就是趋向动词(directional verb)，是一个相对封闭的类。本文在指涉位移事件中“编码路径要素的动词”时使用“路径动词”这一名称，而在句法分析中，一般用“趋向动词”这一术语，两者在汉语中的所指范围基本相同。

本文语料来源有二。一部分例句来源于主要发音人；另一部分来自以无声影像《梨子的故事》(*The Pear Stories*)为诱导的口述语料。这部电影是1970年代中期由美国 Wallace Chafe 教授设计的。电影时长不到 6 分钟，彩色，有背景音乐，但无对白与字幕。该影片在世界语言的位移事件类型学研究中广泛使用。诱导性口述语料为本文定量研究提供了重要依据。

2. 苍南吴语位移事件表达模式

根据 Chen & Guo(2009)的统计，汉语普通话中动趋式，即“方式＋路径”(如“走出教室”)，占总位移结构的 62.31%；“单独路径”(如“出教室”)占 22.12%；而“单独方式”(如“走西口”)的表达只占 14.81%。换言之，以下为普通话位移事件主要表达格式：

(1) V＋D＋G　(例如：他走出了大门。)

实际上，该格式在很多北方官话和吴语中均不使用(唐正大　2008)，苍南吴语也没有这种格式。这类现实位移事件，苍南吴语需表达为：

(2) V＋G＋$D_{非指向}$　(例如：渠他走大门出罢。)

苍南吴语位移事件表征模式和普通话存在较大的差异。

2.1　路径动词用作主动词

苍南吴语允许但很少将路径动词直接用作主动词来编码位移事件。指向

动词“来”可以不携带背景名词而单独充当谓语。例如:

(3) 阿弟来罢。(弟弟来了。)

但是,“去”则不能不携带背景名词而单独用作主动词,即不说“*阿弟去罢”。指向动词“来”“去”用作主动词可以携带背景名词。例如:

(4) a. 渠昨夜昨天来杭州罢。(他昨天来杭州了。)
b. 渠昨夜昨天去杭州罢。(他昨天去杭州了。)

但是,该格式中背景名词一般为地名或表地理位置的名词,且不加方位后缀,这表明该格式是受限制的,很可能是受到共同语的影响①。在苍南吴语中例(3)和例(4)两种表达虽然均可接受,但是更常见、更自然的表达是“V(+G)+$D_{指向}$”。

(5) a. 阿弟走来罢。(弟弟已经来了。)
b. 阿弟走去罢。(弟弟已经去了。)
(6) a. 渠昨夜昨天走杭州来罢。(他昨天来杭州了。)
b. 渠昨夜昨天走杭州去罢。(他昨天去杭州了。)

苍南吴语也有“上来/去”“落来/去”“出来/去”“底进来/去”的表达,但是一般用于祈使句或者在故事语体中描述当下正在发生的事件。更常用的格式为“V+$D_{非指向}$”(如“走上”“走落”)或者“望+D+V”(如“望上走”“望落走”)。

此外,普通话中,“$V_{趋向}$+G”也为常用格式,如“进了教室、出了房间”;而在苍南吴语中除了一些程式化表达外(如“出门”“下车”),路径动词往往很少用作主动词。请看下面的对比句:

(7) a. 普通话:他出了房间。
苍南吴语:渠屋里走出罢/渠走外转外面出罢。

① 刘丹青(2001)认为大部分吴语中,都没有“来/去+终点”的结构,少数人认可“来北京、去上海”这类说法,应是受到普通话的影响,实际口语中少用。这与我们对苍南吴语的考察是一致的。

b. 普通话：他上楼了。

苍南吴语：渠走楼上爻罢。

苍南吴语也使用一些词汇化的路径动词（如“穿过”“经过”等）直接作谓语动词，但是更自然的表达仍是“走＋$D_{非指向}$”。例如，例(8b)较例(8a)更自然。

(8) a. 穿过该菜园，就眙着看到渠个屋罢。（穿过一个花园，就看到他的房子了。）

b. 走过该菜园，就眙着看到渠个屋罢。（穿过一个花园，就看到他的房子了。）

总而言之，路径动词用作主动词不是苍南吴语表达位移事件的主要形式，我们将在下文通过定量分析进一步证明。我们的调查也发现在温州市区方言和温州瑞安方言中，路径动词用作主动词的表达格式如无特殊的语用环境是不被接受的；相比之下，苍南吴语虽然不常用，但能接受这两类格式表达位移事件。这是否为强势方言浙南闽语的影响，尚需要进一步考证。

2.2 路径动词用作趋向补语

苍南吴语位移事件表达中路径动词主要用作补语。为方便描述，我们从语义上将位移事件分为“起点（Source）、目标（Target）、途径（Route）、终点（Goal）”四类，并逐一描述。

2.2.1 起点位移事件

普通话表达起点位移事件的格式为“F＋P＋G（＋Loc）＋V＋$D_{非指向/指向}$”（如：他从教室里走出来），背景名词往往需要一个标记起点的前置词引介（如：从、打、由、于、自）。上述前置词中，苍南吴语只接受“从”的标引。

表达式一：F＋从＋G（＋Loc）＋V＋D

(9) a. 大个□[p^hia^{44}]柚子从树里遁掉落。（大柚子从树上掉下来。）

b. 我从单位里走来。（我从单位过来。）

但是，以上例句中“从”均可以省略，且发音人指出省略“从”的表达更加自然。事实上，位移起点无须介词标记是吴语的一个共性。刘丹青（2013[2003]：276）曾指出“虽然各地吴语普遍接受‘从’为唯一的源点前置词，但是合作人往往感觉到带'从'的句子比较新而偏于文雅,真正的口语,特别是在更早时,很少有人用'从'"。郑张尚芳(2008:224)则认为温州方言不用方向介词"从、自"等,如"我乡下走来""1950 年起"。

在《梨子的故事》中有"一个果农从梯子爬下来"的情景时,6 位发音人无一人使用起点标记,典型表达如下:

(10) a. (该老老)楼梯慢慢爬,爬落罢。(从梯子上慢慢爬,爬下来了。)

b. 该个摘消梨个老老楼梯上面徣行①落罢。(这个摘梨子的老头从梯子上走下来了。)

而 6 位普通话合作人中,有 4 人用到了起点标记"从"②。

故而,苍南吴语位移起点题元接受"从"的标引,当视为受共同语影响而后起的一个现象。苍南吴语起点位移事件最常见的表达格式是将背景名词直接置于动词前。

表达式二:F+G(+Loc)+V+D

(11) a. 老鼠洞里爬出。(老鼠从洞里爬出来)

b. 阿三外面射跑底。(阿三从外面跑进来。)

c. 阿妈屋里走来。(从妈妈家来。)

上例中,起点题元不是通过介词标记,而是通过整个句子的语序(时空像似),以及方位词和趋向补语(如:出、底、来)等语义共同帮助实现的。

表达式三:F+宿+G(+Loc)+V+D

苍南吴语处所动词/介词"宿"可用作起点题元标记。例(9)可表达为:

(12) a. 大个□[p^hia^{44}]宿树里遁掉落。(大柚子从树上掉下来。)

b. 我宿单位里走来。(我从单位过来。)

① 复旦大学陶寰先生惠告,苍南吴语表示"行走"的[dye^{31}]本字应为"跳"。但是为了和表示"跳跃"的[t^hye^{42}]相区分,我们将[dye^{31}]行记为"徣",而将[t^hye^{42}]跳跃记为"跳"。

② 另两位分别描述为终点位移事件"下到地面上"和位移起点后置的表达"爬下树"。

实际上,“在”义动词/介词兼标引起点是吴语常见的表达手段(刘丹青 2003[2013]:271)。但是“宿”不能和“望”或“到”连用,以下句子不合法:

(13) a. *渠宿楼上望落走。(他从楼上往下走)

b. *宿王宅走到金龙着需要半个钟头。(从王宅走到金龙要半个小时。)

以上两句只能用表达式一或二,即将“宿”省略或替换为“从”。例(13)不合法是因为“宿”的静态处所义滞留,和“望”“到”表达的语义上难以相容。

2.2.2　目标位移事件

在讨论目标位移事件前,有必要先区分目标和终点位移事件。比较以下一组普通话例句:

(14) a. 物资已运往灾区。

b. 物资已运到灾区。

例(14a)中背景是一个预先设定但是未到达的终点,是位移的目标;而例(14b)的背景是一个已经到达的终点。目标在语用上是可以取消的(cancellable),但是终点是已经达成的(achieved),是不能取消的。譬如,我们可以说“物资已经运往灾区,但途中遇到了意外,最终没能到达。”

Filipović(2007)按照空间属性将位移事件分为逾界(boundary crossing)、抵界(boundary reaching)和非逾界(non-boundary crossing)。该分类对区分目标 vs.终点位移事件也是有借鉴意义的。目标位移属于非逾界位移,而终点位移属于抵界或逾界位移。

苍南吴语目标位移事件有两种表达格式:

表达式一:F+望+G(+Loc)+V

(15) a. 我望阿妈屋里走。(我往妈妈家走。)

b. 车望瑞安开。(车子往瑞安开。)

普通话引介位移目标的介词有“往、向、朝”,而苍南吴语则只用“望”引介位移目标,且表达式中方式或致使动词后一般不加指向动词。

在这类事件中,背景还可以是纯方向性的,或者直接由路径动词充当背景成分。

(16) a. 我望左走,你望右走。(我往左走,你往右走。)

b. 渠天光早餐阿有吃就望外转外面走罢。(他早餐都没吃,就往外走了。)

(17) a. 车里人就走逮车个窗门敲爻望出逃。(乘客就去把车窗砸了往外逃。)

b. 我能届现在就望来走,你宿我屋里等下先。(我现在就过来,你在我家先等一下。)

路径动词直接加在介词"望"后,显然是范畴的误配,可能是构式对词项压制的结果。该现象较为复杂,我们将另文讨论。

表达式二:F+V+G(+Loc)(+$D_{指向}$)

(18) a. 渠踏部踏脚车走菜场买配菜爻。(他骑了部自行车去菜场买菜了。)

b. 阿山头先开黄岙去罢。(阿山刚刚开(车)去黄岙了。)

在该格式中,最常用的 V 为基本方式动词(basic manner verb)"走",这时"走"已经基本失去"行走"义(如例 18a 中的位移方式为骑车而非步行),而更多的是起标引位移目标的作用。除非言者有意凸出位移方式(如例 18b),否则以基本方式动词"走"为惯常表达。而更值得注意的是,如果凸出位移方式为步行,则须表达为"打路走"。说明,"走"的语义已经泛化,接近英语 go,而非 walk。

从认知角度上看,上述两种表达格式的区别在于注意力视窗开启的不同。表达式一为过程取景,主要关注位移的过程;表达式二则为目标取景,关注位移的目的地。

2.2.3 终点位移事件

按照位移空间是否逾界,终点位移事件还可进一步区分为抵界和逾界终点事件。前者在苍南吴语中用"V(+到/园)+G",后者用"V+G+$D_{非指向}$"格式表达。

（一）抵界终点位移事件

苍南吴语抵界终点位移有三种表达格式：

表达式一：F＋V ＋到＋G

（19）a. 人送到医院里，已经用不①着不行爻罢。（人送到医院，已经不行了。）

b. 我走到超市总用十分钟就有。（我走到超市只要十分钟就够了。）

表达式二：F＋V＋园＋G

（20）a. 行李搬园屋里。（行李搬到家里。）

b. 花□[k^hei^{334}]捡园篮里。（把花捡到篮子里。）

"到"和"园"表达位移终点受到了源动词语义的影响和制约。"到"只表示主体的"到达"，而"园"除了"位移至终点"外还保留了"存放、置放"的语义（姜淑珍、池昌海 2018）。例如：

（21）a. 物事东西沃都运到仓库里罢。（东西都运到仓库了。）

b. 物事东西沃都运园仓库里罢。（东西都运到仓库了。）

例（21a）仅表示"位移至仓库"，而例（21b）还有"存放"的附加义。

表达式三：F＋V＋G

苍南吴语抵界终点位移事件也可不用标记，终点处所名词直接加在行为动词之后。例如：

（22）a. 蓑衣、箬笠沃都挂墙头。（蓑衣、斗笠都挂在墙上。）

b. 消梨沃都遁掉地下爻。（梨子都掉在了地上。）

该句式中，行为动词自身带有[＋附着]的语义，主要包含置放类（如"顿竖

① 潘悟云（2002）指出温州方言中否定词[fu^{35}]，本字为"不"（方久切），而非"弗""勿""否"等。本文从潘悟云先生，将苍南吴语中否定词[ϕu^{35}]记为"不"。

放”“停”)、握持类(如“担取”“搦握”)、姿势改变类(如“徛站”“坐”)以及其他能够产生“使……附着”结果的行为动词(如“写”“背”等)。

(二)逾界终点位移事件

苍南吴语逾界终点位移事件的表达格式也有两种:

表达式一:F+V+$D_{非指向}$

V不携带背景,[路径]由趋向补语独立编码。

(23) a. 老鼠爬底爻罢。(老鼠已经爬进去了。)
　　b. 行李搬底罢。(行李搬进去了。)

表达式二:F+V+G(+Loc)+$D_{非指向}$

逾界终点位移事件中如果需要携带背景,背景必须置于方式或致使动词和路径动词之间,且多数情况下终点背景名词后要加方位词。

(24) a. 老鼠爬洞里底爻罢。(老鼠爬进洞里了。)
　　b. 行李搬房间底罢。(行李搬进房间了。)

普通话中背景是由路径动词携带的(如“爬进洞里”),但是苍南吴语的背景却直接加在副事件动词后。

2.2.4　途径位移事件

苍南吴语途径位移事件也有两种表达格式,趋向补语为“过”。

表达式一:F+V+G(+Loc)+$D_{非指向}$

(25) a. 老鼠爬桌头过。(老鼠从桌子上爬过去。)
　　b. 我昨日夜昨天有打阿妈𤞞那儿过。(我昨天经过妈妈家了。)

表达式二:F+V+$D_{非指向}$+G(+Loc)

(26) a. 走过该爿空地,就是河头罢。(穿过这片空地,就到河的尽头了。)
　　b. 该□[kɔ^{42}]□[taŋ^{53}]河塘衏深,你步过去就是。(这个河塘不深,你可以涉水过去。)

这两个表达格式中,前者背景置于路径动词之前,而后者背景置于路径动词之后。我们认为两者在认知上是有区别的，前者将位移背景看成一个面，凸显位移的过程，而后者则将背景当成一个整体看待，凸显位移的结果。也就是格式(一)观察者采用的是顺序扫描(sequential scanning)，而格式(二)采用的是总括扫描(summary scanning)。

3. 苍南吴语位移事件表达的特征

苍南吴语位移事件展现出了以下五个方面主要特征：

3.1 显著的卫星框架语倾向

苍南吴语呈现出显著的卫星框架语(以下简称S型语)倾向，主要体现为上文所描述的路径动词基本不用作主动词。根据Yiu(2014)的研究，汉语各方言均经历了从动词框架型语(以下简称V型语)到S型语的演变，吴语比普通话以及其他汉语方言的类型演变速率更快，已经基本接近于S型语。这个发现是非常有价值的。下文通过口述语料的定量分析，对比苍南吴语和普通话位移事件表达模式的差异。

我们主要统计自主位移和致使位移事件表达中路径动词用作趋向补语(S型结构)和主动词(V型结构)的数量，以及副事件动词(co-event verb含方式和致使动词)的数量。统计的语篇数量为苍南吴语和普通话各6篇，字数分别为5 141和5 853，位移事件的总数分别为213和222。6位苍南吴语发音人均世居苍南，并以苍南吴语为家庭语言。

表1 苍南吴语《梨子的故事》语篇位移事件编码模式统计

序号	自主位移		致使位移	
	S型结构	V型结构	S型结构	V型结构
1	22	2	19	0
2	24	0	18	0
3	15	3	9	0
4	12	4	22	0
5	12	1	14	0
6	24	1	20	0
总	109	11	102	0

从表 1 可知,苍南吴语《梨子的故事》语篇中 S 型结构和 V 型结构的比例是 211∶11。这意味着,苍南吴语位移事件表达绝大部分采取 S 型表达策略。

实际上,在以上 11 例 V 型结构表达中,有 6 例是以"走 2"(离开义)作为句子的主动词。"走 2"只包含"离开"的路径要素,并不包含方式要素,所以可将"走 2"作为主动词的表达结构归为 V 型结构。另 5 例 V 型结构中,两例的主动词"经过"是词汇化的程式表达;另三例主动词分别为"落来""上去",这个结构在苍南吴语中也可表达为"走落(来)""走上(去)"。由于苍南吴语已有复合趋向补语结构(虽然少用),现代汉语强烈的双音节趋势可能会使得说话者丢掉前面语义较虚化的"走"而选取了后两个成分的组合。为验证该推测,我们查询了温州口语语言资料库,整个语料库中没有以路径动词"落"和"上"作为主动词的用例。在没有复合趋向补语的温州市区方言中"落""上"只能在行为动词后充当趋向补语。我们推测,苍南吴语的"落来""上去"是后起的用法。

从以上统计可知,苍南吴语 V 型表达数量极少,格式也非常简单。综上,从句法结构看,苍南吴语位移事件表达呈现出显著的 S 型语特征。

我们再来考察普通话《梨子的故事》叙述语篇中 V 型结构和 S 型结构的比例,并与苍南吴语的语篇进行比较。下表为 6 篇普通话《梨子的故事》语料统计:

表 2 普通话《梨子的故事》语篇位移事件编码模式统计

序号	自主位移		致使位移	
	S 型结构	V 型结构	S 型结构	V 型结构
1	5	7	13	0
2	24	6	25	0
3	11	3	24	0
4	8	7	10	0
5	10	4	25	0
6	6	11	14	0
总	64	38	111	0

我们再将表 1 和表 2 进行对比,结果如表 3 所示:

表 3 苍南吴语和普通话位移事件编码模式比较统计

		苍南吴语	普通话
总字数		5 141	5 853
事件数量		213	222
自主位移	S 型结构	109	64
	V 型结构	11	38
致使位移	S 型结构	102	111
	V 型结构	0	0

从表 3 可以看出,苍南吴语和普通话位移事件的主要差别在于自主位移事件的编码模式。普通话自主位移事件中 S 型和 V 型结构的比例为 64 ∶ 38;而苍南吴语中对应项的比例则为 109 ∶ 11;而且通过上文分析,苍南吴语 V 型结构多为非典型或者程式化的表达。所以,苍南吴语位移事件表达在句法结构上表现出更典型的 S 型语特征。

值得一提的是,苍南吴语和普通话的致使位移事件均没有出现 V 型结构。以该结构编码致使位移事件在法语、日语(Lamarre 2008:76)以及古汉语(如"我出我车……(《诗经》)均常见(史文磊 2014),现代粤语(佢入咗封信他放进了一封信)也有此类表达。

至此可知,苍南吴语位移事件表达中绝大部分的路径动词用作趋向补语。

3.2 较高的方式凸显度

Slobin(2004, 2006)根据位移事件中方式表达颗粒度(degree of granularity)和方式动词的语言库存差异提出了方式凸显斜坡(cline of manner salience)的概念。方式凸显度的制约因素可由下图展示:

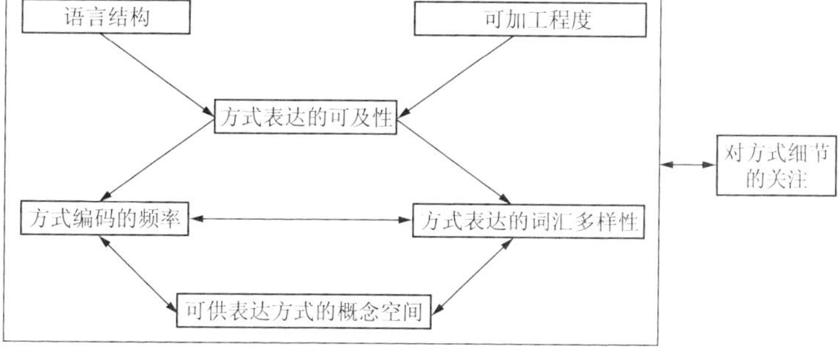

图 1 影响方式凸显的因素(根据 Slobin 2004)

通过和普通话的比较，可以发现苍南吴语位移方式的可及性(accessibility)较高，在语言表达中倾向于显性的语言成分提述；方式表达类型更加丰富、颗粒度(granularity)精细。换言之，苍南吴语对位移方式细节的关注较多，方式凸显度较高(high manner salience)。

在6个苍南吴语《梨子的故事》语篇中共出现13类方式动词和35类致使动词[①]，共计48类。而6个普通话语篇中共出现10类方式动词和29类致使动词，共计39类。

表4　苍南吴语和普通话方式和致使动词使用情况统计

类数			词项
苍南吴语	方式动词	13	爬、走、徸行、踏₁骑、遁掉、蹝跨、射跑、停、翻、趎摔、躄一瘸一拐地走、拧竖的东西侧倒、倒₁
	致使动词	35	园、牵、摘、□[$d\varepsilon^{31}$]推、□[$k^{h}ei^{334}$]捡、掇、抬、担、偷、扳、拔、掏、倒₂、□[βo^{213}]绑、系、扳、□[$p^{h}ia^{42}$]扔、戴、牵、推、送、顿竖放、踏₂、碰、搬、撞、丐、接、背、扶、劘扯、放、递、飭用力拉、掼甩、叫
汉语普通话	方式动词	10	爬、走、轧、摔、钻、跨、骑、撒、掉、徘徊
	致使动词	29	带、摘、放、停、搬、抬、捡、送、还、倒₂、围、掏、扯、扶、挽、卷、戴、拿、提、给、扔、偷、揣、撞、系、盛、叫、甩、拉

从以上数据看，仅在6个语篇中，苍南吴语的副事件动词类型就比汉语普通话多9类。而且，普通话合作人的学历高于苍南吴语，且合作人来自不同地区，这些因素均可能使方式表达类型更加丰富。基于以上理由，我们认为苍南吴语和普通话的方式、致使动词使用的差异是有意义的，苍南吴语的方式凸显度(manner salience)高于普通话。

就整体而言，温州方言有丰富的同义词，郑张尚芳(2008:213)曾将这一条作为温州方言词汇的特征之一。方式表达颗粒度精细，区分度细致这一特征在苍南吴语中有明显的表现。譬如苍南吴语"手部持拿"义动词就有"朵拿、担取、掇双手拿、捼紧紧地抓住、搦握持、撮用手指拈取、揪抓、□[$u\o\eta^{44}$]快速而用力地抓、摲伸展五指抓取东西、掳抢取、挈拎、提"等。这些均为日常生活的常用词。再如，置放义动词有语义泛性较高的"园放"，还有包含更多动作细节的"顿竖放、□[$t^{h}ei^{42}$]

① 方式动词为出现在自主位移事件中的副事件行为动词，而致使动词为出现在致使位移事件中的副事件行为动词。

底朝上放置、□[kɔ⁴⁴]将一物交叉搁在另一物上面、隑斜放、斜靠、□[teŋ⁴²]随手丢弃、□[guɔ²²]重重地放、□[go²²]搁置(使物体不落地)、重码(音[dʑyo²²])、叠叠放、□[dei²¹³]放在一起,混合"等。

综上,苍南吴语在语篇叙述风格上较普通话展示出更高的方式凸显度。

3.3 趋向补语不引介方所题元

刘丹青(2013[2003]:177)曾指出"(普通话)所谓趋向补语'上、下、进、入、出、过',当它用在方所题元前时(滑下山坡、走进教室、写入名单、搬出仓库、摇过大河),就有介引系联作用",为核心标注。

在苍南吴语中,路径动词很少携带方所题元,如"＊出教室""＊底进教室""＊过杭州"均不合法。苍南吴语路径动词可用作趋向补语,如"走底""逃出""冲落"等,但与普通话趋向补语可介引方所题元(如"走进教室、逃出房间、冲下楼")不同,苍南吴语路径动词作趋向补语没有赋元能力,例(27a)不合格。

(27) a. ＊走底教室/＊飞来杭州＊/开去上海/＊榷行出屋里/＊冲落楼
b. 走教室(里)底/飞杭州来/开上海去/屋里榷行走出/楼上冲落

路径动词用作趋向补语不引介方所题元是整个吴语的共性。吴语的方所题元(除方向、目标题元外)实际上或者靠方所后置词和动词词义的帮助来显示,或用"在"义前置词兼表源点或终点等题元(刘丹青 2013[2003]:227)。刘先生还进一步指出,温州方言中题元标记省略非常常见,除了源点标记、终点标记倾向于省略,连整个吴语中高度语法化、使用强制性很高的方所类题元前置词("在"义介词)在温州方言中也可以省略(刘丹青 2013[2003]:276)。

与闽南语比较,可以更加突出吴语的这一特点。闽语有如下表达:

(28) a. 批怀通寄来上海。(信别寄上海来。)
b. 行入来厝里现恰獪寒。(走进屋里来立刻就不那么冷了。)
c. 嫁去乡下。(嫁到乡下。)
d. 飞起去天顶。(飞到天上。)

[a.b 两句转引自蔡瑱(2014:10), c.d 两句引自李如龙(1997:135)]

李如龙(1997:135)认为闽语该结构是"趋向补语带处所补语"。以上例句苍南吴语只能表达为:

(29) a. 信覅搭上海来。(信别寄上海来。)
b. 走屋里底马上就忥冷。(走进屋里来立刻就不那么冷了。)
c. 丏乡下去。(嫁到乡下。)
d. 飞天里上。(飞到天上。)

如果趋向补语不介引方所题元,那么,吴语苍南的方所题元由谁来介引?从语义上,路径表征主体和背景的相对位置关系,只有路径动词或介词才能直接携带背景论元。方式或致使动词携带背景论元可能的操作有三种:

第一,在整体构式层面上进行操作,如北方话"走西口""飞北京""逛商店""跑码头"等,路径信息(终点指向)在[V+背景]构式中编码。正如史有为(1997:98)所言,动词和不带方位词的宾语构成的动宾格式,往往容易熟语化,信息倾向于整体。

第二,在动词层面上进行形态操作,如上古汉语"走山林"之"走"读去声,其路径信息可以看作是由形态来标记。在形态上操作还有一种情况,如,北方方言中,终点标记失去独立音节的身份,但在动词音节上留下了某种痕迹,如变调、变韵、儿化、韵母拉长等音变形式(柯理思 2009:146)。

第三,在动词层面进行词汇语义操作,方式动词自身携带路径义。正如上文所言,自身有[+附着]义素的动词后可以直接携带终点背景,避免了语义羡余。

苍南吴语背景名词直接加在方式动词后大体上属于第三种情况。例如:

(30) a. 渠走北京爻罢。(他去北京了。)
b. 过爻年一帮人做阵一起开杭州嬉。(过了年一帮人一起开车去杭州玩。)

以上两句均未出现路径动词,方所题元直接跟在方式动词"走""开"之后。方式动词直接携带方所题元是一个比较复杂的论题,仍需进一步探讨。

3.4　题元标记的缺省

上节已论述,苍南吴语除目标外,起点、经由、终点等题元均可不通过标记的引介而直接出现在位移表达中。例如:

(31) a. 渠树里爬落。(他从树上爬下来。)(起点)
b. 渠楼梯里爬落来罢。(他从楼梯上爬下来了。)(经由)

c. 掇一篮园车里走就好！（端一篮放在车上走掉就好！）（终点）
d. 亦又爬树里摘消梨。（又爬到树上摘梨子。）（目标）
e. 望面儿厢前面走、走、走。（往前面走、走、走。）（目标）

以上《梨子的故事》口述中的5个例句，只有纯方向性的目标题元前加上了介词“望”(31e)。题元标记缺省使得苍南吴语位移表达对语序要求更加严格，其句子成分的线性排列次序在更大程度上受到时序象似性原则的限制，体现了客观世界概念组织模式对语言组织模式的制约和影响（参看 Fauconnier 1997，戴浩一 2002）。例如，以下一组最小对比对展示了位移表达对现实事件时间顺序的临摹。

(32) a. ——狃哪里走来啊？（从哪儿来啊？）
——阿妈屋里走来。（从妈妈家来。）
b. ——走狃哪里去啊？（到哪儿去？）
——走阿妈屋里去。（到妈妈家去。）

起点位于行为动词之前，目标/终点则置于行为动词之后，这种概念要素的句法安排，和现实事件发生的时间顺序一致，即位移主体随事件时间的推移，占据了空间中的不同位置。

3.5 目标位移事件不表征为介词后位句

在普通话中目标位移事件可以编码为两种格式。

（一）F+P+G+V （例如：他向终点跑去|火车往北京开）

（二）F+V+P+G （例如：他跑向终点|火车开往北京）

格式（一）介词在动词之前，为介词前位词；格式（二）介词在动词之后，为介词后位句。两种格式反映了观测者的不同视角，格式（一）将取景窗口对准位移过程的中间阶段，而格式（二）将取景窗口对准位移过程的结束阶段，前者是过程取景（process windowing），后者是目标取景（objective windowing）（崔希亮 2004）。

苍南吴语只有格式（一），没有格式（二）。

(33) a. 大家人尽命望地宕下屋前空地射跑。（大家拼命往门外空地跑。）
b. 该部是望杭州开个快客。（这辆是往杭州开的快客。）

首先,吴语苍南话没有介词后位句符合汉语方言的共性。根据柯理思(2009:166),大部分汉语方言中“往/望”都不能放在动词后,这是因为“往/望”引进无界的路径,与结果构式的有界性相抵触,而普通话格式(一)是从文言来的成分,是书面语体中的存古现象。

其次,汉语史上,“看视义”动词“望”是在“V1+望+NP+V2”的结构中,逐步发展出方向介词的功能(姜淑珍、池昌海 2019);而“于”“往”等介词则不同,它们在语法化过程中经历了从 VP 后向 VP 前移位的过程(张赪 2001)。“望”的语法化过程决定了它只能用于凸显位移方向的前位句,不能用于凸显位移终点的后位句。

3.6 可以但很少使用复合趋向补语

温州市区方言趋向补语均为单音节的(游汝杰、杨乾明 1998:20,郑张尚芳 2008),而不用复合趋向补语。而苍南吴语则有复合趋向补语。以下例子摘自《梨子的故事》。

(34) a. 该老人家亦又爬楼梯上去。(这老人家又爬楼梯上去了。)

b. 爬落来罢。(爬下来了。)

c. 眙着看到三个孆儿孩子走过来。(看到三个孩子走过来。)

但语料中有更多用简单趋向补语,而翻译为普通话必须用复合趋向补语的例子,举两例:

(35) a. 该奶儿逮渠自行车扳起扶起。(这女孩子将他的自行车扶起来。)

b. 摘消梨个老老楼梯上面徲行落罢。(摘梨的老头从楼梯上走下来了。)

下面举例说明普通话、温州话和苍南吴语复合趋向补语使用的不同。

(36) 普通话:走下来/去;跑上来/去;走过来/去;拿过来/去;背起来;搬回来/去;抬出来/去;爬进来/去

温州话:走(拉)落;射(拉)上;走(拉)来;担(拉)来;背(拉)起;搬(拉)归;抬(拉)出;爬(拉)底

苍南吴语:走落(来/去);射跑上(来/去);走来、走过来/去;担来、担

过来/去;背起(来);抬出(来/去);爬底(来/去)

苍南吴语以使用简单趋向补语为主,也不完全排斥复合趋向补语。温州市区、瑞安、永嘉等地常用的"V+拉+D"①格式,在苍南吴语中却很少用,如果使用该格式,一般后面还要加"就……"的小句。例如:

(37) a. 书包□[p^hia^{42}]扔拉落,就望出射跑。(书包一放下就往外跑。)

b. 走拉到屋里,就嗅着一股味道。(一到家就闻到一股味道。)

温州市区方言则不然。例(38)引自温州方言口语资料库。

(38) 昨夜天光八点钟恁光景,董先生宿南白象车站里等车。有个外地个男个走拉面儿前过,□[$tɕ^hyoŋ$]兜兜里摸手机能届,逮有一捆单百头个钞票遁拉渠面儿前。后半来有个男个跟拉来逮该钞票担拉起,叫董先生□[fai]吵,渠呢逮个钞票呢分倈匄董先生。走□[ta]近便有个山边。两下儿呢许个遁钞票个男个走拉来,讲董先生逮个钞票担去爻,钞票遁爻是一万两千番钱,叫董先生呢匄还渠。

例(38)中画线部分,翻译成普通话分别为:"从前面(走)过去""跟过来""捡起来""走过来";而苍南吴语则表达为:"走面儿前过""跟过来/跟来""□[k^hei^{334}]起(来)""走来/走过来"。潘悟云(1996:276)指出"拉"是复变体标记,"V拉"表示瞬间动作V发生后,施事产生状态变化的短暂过程。

温州方言基本上不使用复合趋向补语,而苍南吴语作为一种温州次方言则可以使用该格式。其中缘由,我们推测如下:第一,苍南吴语复合趋向补语的使用是受到苍南县内强势方言浙南闽话的影响②;第二,苍南吴语以复合补语的格式替代了温州市区方言的"V+拉+D"的格式,这是语言演变中的格式替换。

温州市区方言至今没有复合趋向补语,而其次方言苍南吴语则使用复合趋向补语,这是研究汉语趋向表达、复合趋向补语产生过程和机制的活语料。当

① 该结构较多用在叙事语篇(narrative discourse)中,在会话语篇(conversational discourse)中较少使用。

② 浙南闽语可以使用复合趋向补语。例如:留心跋落去爬也爬不起来(小心跌下去爬都爬不上来)(温端政 1991:153)。

然,复合趋向补语的产生是个复杂的问题,本文所提假设尚需进一步考察和验证。

参考文献

蔡　瑱 2014《类型学视野下汉语趋向范畴的跨方言比较:基于"起"组趋向词的专题研究》,学林出版社。

崔希亮 2004《汉语介词与位移事件》,北京大学博士学位论文。

戴浩一 2002《概念结构与非自主性语法:汉语语法概念系统初探》,《当代语言学》第1期。

姜淑珍、池昌海 2018《吴语"园"的多功能模式和语法化》,《中国语文》第2期。

姜淑珍、池昌海 2019《从视觉动词到处置标记——温州方言"望"的语法化和语义地图》,《汉语史学报》第20辑。

柯理思 2009《论北方方言中位移终点标记的语法化和句位义的作用》,《语法与语法化研究》(四),商务印书馆。

李如龙 1997《闽南方言的介词》,李如龙、张双庆主编《中国东南部方言的比较研究丛书》第4辑,暨南大学出版社。

刘丹青 2001《吴语的句法类型特点》,《方言》第4期。

刘丹青 2013[2003]《语序类型学与介词理论》,商务印书馆。

潘悟云 1996《温州方言的体和貌》,张双庆主编《动词的体》(中国东南部方言的比较研究丛书第2辑),香港中文大学中国文化研究所、吴多泰中国语文研究中心出版。

史文磊 2014《汉语运动事件词化类型的历时考察》,商务印书馆。

史有为 1997 处所宾语初步考察,大河内康宪教授退官纪念论文集刊行会编《中国语学会论文集》,东方书店。

唐正大 2008《关中方言趋向表达的句法语义类型》,《语言科学》第2期。

陶　寰、朱子璇、姜淑珍 2018《浙江苍南灵江话声调实验》,《方言》第4期。

游汝杰、杨乾明 1998《温州方言词典》,江苏教育出版社。

张　赪 2001《现代汉语介词词组"在L"与动词宾语的词序规律的形成》,《中国语文》第2期。

郑张尚芳 2008《温州方言志》,中华书局。

Chen, L. & J. Guo 2009 Motion events in Chinese novels: Evidence for an equipollently-framed language. *Journal of Pragmatics*. 41 (9):1749—1766.

Fauconnier, G. 1997 *Mappings in Thought and Language*. Cambridge: Cambridge University Press.

Lamarre, C. 2008 The linguistic categorization of deictic direction in Chinese: with reference to Japanese. In Xu D.(ed.) *Space in Language of China: Cross-linguistic, Synchronic and Diachronic Perspectives*. Paris: Springer, 69—98.

Slobin, D. 2004 The Many Ways to Search for a Frog: Linguistic Typology and the Expression of Motion Events. In S. Strömqvist & L. Verhoeven (eds.) *Relating Events in a*

Narrative Typological and Contextual Perspectives. Mahwah, NJ: Lawrence Erlbaum Associates, 219—257.

Slobin, D. 2006 What makes manner of motion salient: Explorations in linguistic typology, discourse, and cognition. In Maya Hickmann and Stéphane Robert (eds.), *Space in languages: Linguistic systems and cognitive categories*. Philadelphia: John Benjamins, 59—81.

Yiu, C. Y. 2014 *The Typology of Motion event: An Empirical Study of Chinese Dialects*. Berlin/Boston: De Gruyter Mouton.

（姜淑珍　浙江财经大学　杭州　susanjsz@126.com）

词形构造、语素库藏与语义关联：汉语方言疑问代词编码方式的类型学研究*

盛益民

提　要：本文基于特定的取样原则，得到63种汉语方言的样本材料，在此基础上考察了汉语方言疑问代词的构词特点、疑问语素库藏及本体成分的语义关联度。首先，文章发现汉语方言疑问代词的构词方式可以归纳为三大类八小类；其次，在词形分析的基础上发现，汉语方言疑问语素库藏最少有3个，最多有7个，同时存在北多南少的地理分布特点；最后，文章考察了不同本体意义的语义关联度，并得到三对必然关联对：处所—选择、事物—类别、数量—程度。

关键词：疑问代词　构词法　疑问语素库藏　本体意义　语义关联度

1. 引言

1.1　研究背景

疑问代词(interrogative pronouns)又叫WH词，指的是在特指问中代替疑问点的词。本文根据Haspelmath(1997)、Bhat(2004)等文献的处理方式，用代词(pronoun)作为上位概念，包括代名词(pro-nouns)、代形容词(pro-adjectives)、代副词(pro-adverbs)、代动词(pro-verbs)、代数词(pro-numerals)等。

除了疑问代词，还需要引入疑问语素和疑问短语这两个概念。疑问语素是指疑问代词中承担疑问功能的语素，可以是自由的语素(如“谁”)，也可以是粘着的语素(如“嘛$_{干\sim}$”)。疑问短语则是由疑问代词构成的短语形式，如“什

* 本文发表于《常熟理工学院学报》2019年第1期，收入本文集略有修改。

么人”“多久”等。不少疑问代词常由疑问短语词汇化而来,如汉语史中的“如何、何等、何物”等均由疑问短语词汇化而来,因此两者之间的界限往往比较模糊。

疑问代词针对一定的本体意义(ontological meaning)或疑问点进行询问。结合 Jakendoff(1983:51)、吕叔湘(1985)、Heine et al.(1991:56)、Haspelmath(1997)、Cysouw(2004a)、野田宽达(2014)等的研究,本文将考察的本体意义限定在以下 12 种:选择/指别(selection)、处所(place)、人(person)、事物(thing)、类别(class)、性状(quality)、方式(manner)、时间(time)、数量(amount)、程度(degree)、行为(activity)、原因(cause)。例如北京话用“哪”问选择/指别,“哪里、哪儿”问处所,“谁”问人,“什么”问事物和类别①,“什么样”“怎么样”问性状,“怎么”问方式,“多会儿”问时间,“几、多少”问数量,“多”问程度,“干嘛”问行为,“为什么”问原因②。

疑问代词是一个跨语言普遍入库的词类范畴,Ultan(1978)、Payne(1997:300)、Siemund(2001)、Cysouw(2004b)、Schachter & Shopen(2007)、Idiatov(2007)、Velupillai(2012:358)等认为人类语言都有疑问代词③。那么,人类语言如何来编码疑问代词系统这个饶有趣味且富有意义的话题,就成了包括词汇类型学和库藏类型学(刘丹青 2011)在内的诸多语言学学科所共同关心的课题。

国际类型学界,对于疑问代词构词规则等方面的研究并不算太多。Heine et al.(1991:55—59)基于 14 种语言,考察了疑问代词中 8 类语义词形复杂度的等级序列;Mackenzie(2009)以全世界 50 种语言作为样本语言,从词形复杂度等方面,对疑问代词的编码方式做了深入探究;Hölzl(2018)从语义范围、词类关系、历史来源等方面,对东北亚地区的疑问代词做了非常深入的探讨;而 Haspelmath(2013)考察了克里奥尔语和皮钦语中疑问代词的一些构词规则。在汉语学界,也已经进行了一些工作,如汪化云(2008:§4)、丁崇明、荣晶(2015)初步统计了汉语方言疑问代词的编码方式和数量;野田宽达(2014)基于语义地图理论来比较汉语方言的疑问代词,但是其研究并没有区分 Cysouw

① 表类别的疑问代词一般做修饰语,如“什么人、什么地方、什么颜色”等,也有一些非修饰语的环境,如“他是你什么?”“爸爸当了什么?”(刘丹青 1984)等。

② 一般认为“怎么”也可以问原因。不过李湘(2019)已经指出,询问原因并非“怎么”的规约化意义,普通话并没有真正意义上的原因疑问代词“怎么”。我们接受这种观点,不将其算作原因疑问代词。

③ Everett & Kern(2007)认为南美亚马逊丛林中的一种语言 Wari' 没有疑问代词。此外,一般认为汉语甲骨文中没有疑问代词,当然这与其体现的是占卜活动有关,而并非表明当时语言中不存在疑问代词。

(2004a)提出的同一个疑问代词表达不同本体意义和基于同一个疑问语素构造不同本体语义疑问代词这两种不同的情况，因此所得结论并不十分可靠。此外，王健、曹茜蕾(2015)和王健(2017)分别对汉语方言问人疑问代词和选择疑问代词的编码方式做了极其深入且富有启发的研究。

本文打算在已有类型学研究基础上，根据笔者建立的样本库，对汉语方言疑问代词的词形构造、语素库藏及本体意义的语义关联做一番类型学的探究，以期回答以下几个问题：汉语方言的疑问代词主要通过哪些方式构成？汉语方言的疑问代词库藏中需要有几个疑问语素？从疑问语素和本体意义的关系中，反映了不同本体意义之间存在什么样的语义关联？

1.2　样本方言

本文提出一套基于方言分区的取样原则。根据《中国语言地图集》对汉语方言的分区，设立7个一级方言区，以二级方言区为基础进行取样，每个二级方言区至少取1个点；若二级方言区还分成了若干三级方言区，则以下面的方式取样：1～3个三级方言区取1，4～6个三级方言区取2，7～9个三级方言区取3，依此类推。

根据这个取样原则，一共得到63个样本方言[①]，请看表1：

表1　样本方言表

一级方言区	二级方言区：样本方言(出处)
官话、晋语(17)	东北官话(1/3)：哈尔滨(尹世超 1997)；北京官话：北京(周一民 1998)；冀鲁官话(1/3)：济南(钱曾怡 1997)；胶辽官话(1/3)：莱州(李佳怡 2012)；中原官话(3/9)：徐州(苏晓青、吕永卫 1996)、固始(刘娅琼 2017)、西安(王军虎 1996)；兰银官话(2/4)：兰州(张文轩、莫超 2009)、银川(李树俨、张安生 1996)；西南官话(4/12)：成都(梁德曼、黄尚军 1998)、遵义(叶婧婷 2017)、武汉(赵葵欣 2012)、常德(易亚新 2007)；江淮官话(1/3)：南京(刘丹青 1999)；晋语(3/8)：太原(沈明 1994)、山阴(郭利霞 2017)、绥德(黑维强 2016)
吴语、徽语(9)	吴语太湖片(2/6)：苏州(石汝杰 1999)、绍兴柯桥(盛益民 2013)；台州片：天台(戴昭铭 2003)；瓯江片：温州(游汝杰、杨乾明 1998)；婺州片：金华(曹志耘 1996)；处衢片(1/2)：常山(王丹丹 2018)；宣州片(1/3)：泾县(伍巍 1999)；徽语(2/5)：绩溪(赵日新 2003)、淳安(调查)

① 北京官话分4个片，本文只取北京1个方言点；赣语洞绥片、客家话铜鼓片、闽语邵将区由于材料所限，未取点。

续表

一级方言区	二级方言区:样本方言(出处)
湘语、湘南土话 (4)	湘语长益片:长沙(鲍厚星等 1998);娄邵片:邵东(莫艳萍 2009);吉溆片:吉首(李启群 2002);湘南土话:桂阳(邓永红 2007)
赣语 (8)	昌靖片:南昌(张燕娣 2007);宜浏片:萍乡(魏刚强 1998);吉茶片:泰和(戴耀晶 1999);抚广片:黎川(颜森);鹰弋片:铅山(胡、林 2008);大通片:阳新(黄群建 2016);耒资片:安仁(周洪学 2015);怀岳片:宿松(黄晓雪 2014)
客家话 (8)	粤台(2/5):梅州(黄雪贞 1997、林立芳 1999)、丰顺(调查);粤中片:龙川(邬明燕 2007);粤北片:南雄珠玑(林、庄 1995);惠州片:惠州惠城(调查);汀州片:连城(项梦冰 1997);宁龙片:石城(温昌衍 2017);于桂片:于都(谢留文 1998)
闽语 (8)	闽南(1/3):汕头(施其生 1999);莆仙:莆田东海(蔡国妹 2006);闽东(1/2):福州(冯爱珍 1998);闽北:建瓯(李如龙、潘渭水 1998);闽中:沙县盖竹(调查);琼文(2/5):海口(陈鸿迈 1996)、琼海(调查);雷州:雷州(张、蔡 1998,林伦伦 2006)
粤语、平话 (9)	粤语广府片:广州(白宛如 1998);邕浔片:南宁(林亦、覃凤余 2008);高阳片:廉江(调查);四邑片:台山(甘于恩 2010);勾漏片:玉林(钟武媚 2011,调查);吴化片:化州(李健 1996);钦廉片:北海(陈晓锦、陈滔 2005);桂南平话:宾阳(覃东生 2017);桂北平话:永福塘堡(肖万萍 2005)

2. 疑问代词的词形分析和构词规律

我们首先通过考察疑问代词的内部结构来对其词形进行分析。我们发现,汉语方言的疑问代词,可以是单纯词、复合词和派生词。下面逐一讨论。

2.1　单纯词

第一大类是单纯词,又可以分成两个次类:

1)单音节的单纯词,如北京话的"谁""几""哪""多"等。

有些单音节单纯词是从上古汉语继承而来的,如北京话的"谁""几"。有些单音节疑问代词是合音的结果①,如西安话的 tsuɑ^{44}干什么是"做啥"tsu^{44} sɑ^{44}的合音,黎川话的 ɕiɛ^{53}什么是"什仔"[ɕip·ɛ]的合音。而另一些单音节疑问代

① 关于合音词是一个语素还是多个语素,学界有不同意见。讨论方便起见,本文暂时将其处理为单纯词。

词是脱落的结果,其中脱落疑问语素是颇有特色的一种情况①,如雷州方言的"带"tɛ[31]只能问处所,周边的海口方言处所疑问代词为"乜带"和"底带",通过比较可知"带"来自疑问语素的脱落。

2) 内部无法分析的多音节单纯词,如北京话的"什么""怎么",吉首话的"什蒙"等。

北京话的"什么"(包括吉首话的"什蒙")历史上来源于"是(何)物"(吕叔湘 1985),但是共时层面来看,其内部结构已经模糊,可以看成是单纯词。

2.2 复合词

第二大类是复合词,是疑问代词最主要的构词方式。可以分为五个小类:

1) (动/介词性成分)+疑问语素+(本体成分)。

这一类是疑问代词最重要的构造方式,其中包括三种情况:一种是"动/介词性成分+疑问语素",如北京话的"干嘛"、绍兴话的"作啥"、汕头话的"做呢干嘛"等;第二种是"疑问语素+本体成分",如北京话的"哪里""怎么样""多会儿"等;第三种是"动/介词性成分+疑问语素+本体成分",其中的层次往往是"动/介词性成分+[疑问语素+本体成分]",例如遵义话的"做/干哪样干什么"、温州话的"妆何乜干什么"、宾阳话的"同哪样怎么"等。

Heine & Kuteva(2007:183)指出,在疑问语素上加上表示本体意义的名词,是跨语言普遍可见的构成新的疑问代词的构词方式。在汉语方言中,"疑问语素+本体成分"类偏正复合词也是非常常见且构造能力很强的构词手段。根据其中疑问语素的语义内容,主要有三种情况②:①基于类别,可以构造问人(苏州话的"啥人谁")、性状(北京话的"什么样")、方式(武汉话的"么样怎么样")、时间(绍兴话的"啥介光多会儿")、原因(如苏州话的"啥体为什么")等意义的疑问代词;②基于选择/指别,可以构造出问人(南京话的"哪个谁")、事物(遵义话的"哪样")、性状(成都话的"哪样")、时间(泰和话的"哪久")等多种语义,但是不能构造原因等;③基于数量或者程度,可以构造时间(如哈尔滨的"多晚

---

① 关于合音与脱落的异同,请参盛益民等(2015)的讨论。Lehmann(2002:44)、Cysouw(2005)和 Haspelmath(2013)认为脱落疑问语素是新的疑问代词来源的一个可能途径,如意大利语的事物疑问代词原本为 *che*,后来加了表示事物的本体成分 *cosa*(东西,物品)构成复合的 *che cosa*,之后 *che cosa* 脱落 *che*,于是 *cosa* 成了新的事物疑问代词。汉语方言中也存在不少疑问代词通过脱落造成的更新,这个问题容另文讨论。

② Cysouw(2005)、Hölzl(2018:83)等指出,跨语言来看,基于事物/类别和选择构造疑问代词是非常普遍的现象。

(儿)”、成都话的“好久多会儿”)、方式(台山话的“儿□[hau]怎么”)等。而“动/介词性成分＋疑问语素＋(名词性成分)”这类动/介复合词，主要是构成原因、行为、方式(宾阳话的“同哪样”)等类。其中涉及不同本体意义之间的语义关联性问题，具体请参第三节的讨论。

2) 正反语素构成的复合词，如大部分北方方言和部分南方方言中的“多少”、徐州方言的“早晚什么时候”等都属于这一类。

这一类疑问代词是中古以后的词汇创新，详细请参吕叔湘(1985)、董淑慧(2010)等的讨论。并列复合构词法是跨语言并不常见的构词法(张敏、李予湘 2009、董秀芳 2011：102)，而汉语自古以来就是一种“并列复合”(co-compounding)型语言(张敏、李予湘 2009)，并列复合构词法比较发达。汪维辉(2010)考察了其他多种语言后发现，也多不存在正反语素构成的复合词。由此可见，用正反语素构成疑问代词，是一种非常具有汉语特色的构词特点。

3) 不同疑问语素的复合。例如广州话问人的疑问代词“乜谁”就由“乜什么”和“谁”复合而成。样本之外，还有绍兴市区方言的“何谁谁”(王福堂 2015：323)等。我们现今只在问人疑问代词中发现有不同疑问语素的复合现象，而且都与疑问代词“谁”有关，其形成是否与语言接触有关，还有待于进一步研究。

4) 加强调性成分。疑问代词本身是唯焦点成分，常常可以加系动词等成分来进行强化(刘丹青 2001)。吕叔湘(1985)、江蓝生(1995)、刘丹青(2001)等已经指出，“什么”的前身“是(何)物”就由疑问语素加上强调标记所构成。在本文的样本中，武汉话的“(是)哪个谁”、阳新话的“(是)何怎么”等，也均是这种情况。

5) 加指示语素、量词等成分。如近代汉语的“兀谁”就是在“谁”的基础上加上了指示词“兀”(汪化云 2007)。本文样本中，海口话的问事物的疑问代词“乜”之前可以加量词“个”，属于这一种情况。在样本之外，再如永新方言(龙安隆 2013)问事物的“固哪什么”，就是在疑问语素“哪”上加上指示代词“固”构成的。

2.3 派生词

第三大类是派生词，主要就是加词缀的附加构词法这一种。

疑问代词可以加词缀，在汉语史中就有，比如“阿谁”“阿那个”“阿没、阿莽什么”都是在疑问词基础上加前缀“阿”所形成的。在本文的样本中,既有可加前缀的,如台山话的问人疑问代词“谁”之前可以加前缀“阿”、莆田话问方式的“甚生怎么”之前也可以加前缀“阿”;也有可加后缀的,如长沙话的事物疑问代词“么子什么”、成都话的事物疑问代词“啥子什么”、萍乡话的时间疑问代词“几时(仔)什么时候”等。样本之外,根据许宝华、宫田一郎主编(1999:724)提到,江淮官话的江苏涟水和西南官话的云南昭通、腾冲、龙陵等地,问事物的疑问代词可以说“什么子”,也属于这一类的构词法。

在本文的样本中,暂时未发现通过重叠、内部语音交替等手段构成的疑问代词。

2.4 小结

本节的讨论可知,汉语方言疑问代词的构词手段可以分为三大类八小类。这么多构词手段的存在,使得汉语方言疑问代词的构成异常复杂。

本文的样本库中,汉语方言中只有问人(如“谁”)、问事物(如“什么、啥”)、问选择或处所(如“哪”)、问数量(如“几”)、问程度(如“多、好、偌”)、问方式(如“怎么、咋”)可以使用单纯词。Heine *et al*.(1991:55—59)和 Mackenzie(2009)认为疑问代词的词形复杂度与本体意义的认知复杂度具有密切的关系。从后文的讨论中我们也可以看出,这几类可以使用单纯词的本体意义,恰好也是更为基本的几种语义类别。

3. 疑问语素库藏:几个疑问语素?

不同汉语方言疑问代词系统中,最多和最少有几个疑问语素库藏,这是本节打算着重探讨的问题。

3.1 疑问语素的确定程序

在讨论之前,要先交代本文确定疑问语素的几条操作性程序:

第一,本文所谓的疑问语素,指的是第一节讨论的单纯词以及复合词、派生词中表疑问的语素。由于正反语素构成的复合词只整体表达疑问,因此整体算作一个疑问语素,这一点需要特别地声明。广州话“乜谁谁”这样的合璧形式,则算两个疑问语素。

第二,如果是语音的自由变体,那么算同一个语素。如萍乡方言问性状方式可说“罗[lɔ]力/弟怎么”或“哟[iɔ]力/弟怎么”,其中“罗[lɔ]”与“哟[iɔ]”是自由变体,我们算作一个疑问语素。

第三，同源疑问语素，根据是否发生了库藏裂变（split in inventory，刘丹青 2015、2017）来确定语素数量进行统计。其中主要涉及三个方面的问题：

一是语流音变问题。如果该方言还存在对应的原初形式，且母语者能明确两者的同一性，则不算独立的语素；否则算不同的语素。例如梅州话问人用“瞒⁼人谁”[man³¹ n̩in²²]、问物用“脉⁼个什么”[mak¹ ke⁵²]，需要专家通过深入研究（张惠英 1990，江蓝生 1995，赖文英 2012，连金发 Lien 2016，江敏华 2018）才发现“瞒⁼”和“脉⁼”分别是疑问语素“物”[mat]受“人”鼻音声母和“个”舌根音声母同化的结果，一般的母语者已经很难发现两者之间的关联，所以我们把“瞒⁼”和“脉⁼”算成两个不同的疑问语素；再如绍兴柯桥话的“海⁼家”，本字可能是“何家”，不过这也是研究者考证的结果，母语者并不能发现其与问处所的“何里”之间的关系，本文也算成两个不同的疑问语素。

二是合音问题。Bhat（2004：171）等指出，疑问代词较为容易发生合音而融合成一个新词。本文的处理原则为：如果该方言还存在对应的非合音形式，且母语者仍能感知其关联，表明其并未发生裂变，不算新的疑问语素；否则，算作两个不同的疑问语素。例如西安既能说“做啥”，又能说合音的 tsuɑ⁴⁴，其间的关系较为显豁，所以我们不把 tsuɑ⁴⁴ 当成新的语素。

三是脱落/省缩的问题，其处理原则与合音一致。比如北京话的“干嘛”来源于“干什么”的省缩，不过“嘛”与“什么”的联系已经较为疏远，读音也发生了分化，本文处理成不同的疑问语素。而关于官话地区问程度的“多”和问数量的“多少”之间的关系，吕叔湘（1985：350—1）、太田辰夫（2003[1987]：281）等都认为“多”来源于“多少”的省略，且母语者多认为两者有关，本文仍将其处理为同一个疑问语素来进行统计。

3.2 汉语方言的疑问语素库藏

根据上一节确定疑问语素的操作性程序，我们对样本方言的疑问语素数量进行了统计。

我们发现汉语方言的疑问语素最少有 3 个，如武汉话的“哪、么、几”；最多有 7 个，如北京话的“哪、谁、什么、怎么、多少、几、嘛”、徐州话的“哪、谁、什么、怎么、多少、几、早晚”。

不同方言的情况可列表 2 如下：

表 2 汉语方言疑问语素数量表(表中‖之前为北方,‖之后为南方①)

数量	样本方言	所占本例
7	北京、徐州‖	3.2%(2/63)
6	哈尔滨、济南、莱州、西安、兰州、银川、太原、山阴、绥德‖固始、成都、吉首、绍兴、天台、雷州、琼海	25.4%(16/63)
5	‖南京、常山、泾县、绩溪、淳安、长沙、邵东、萍乡、安仁、梅州、石城、于都、福州、莆田、汕头、海口、广州、化州、桂阳	30.1%(19/63)
4	‖遵义、常德、苏州、金华、温州、南昌、铅山、泰和、黎川、阳新、宿松、惠州、龙川、南雄、建瓯、沙县、丰顺、连城、南宁、廉江、台山、北海、永福	36.5%(23/63)
3	‖武汉、玉林、宾阳	4.8%(3/63)

从上表可以很明显地看出,汉语方言疑问语素的库藏数量与地理分布具有密切的关联:北方地区至少需要有 6—7 个;而南方地区变异范围较大,可以是 3—6 个,但是以 4 个或 5 个为主。

南、北方疑问语素系统性差异的原因主要在于:北方方言问人疑问代词有专门的疑问形式"谁",而南方方言较少有专门的疑问形式(具体请参王健、曹茜蕾 2015)。而南方地区的疑问语素数量以 4—5 个为主,当然也存在疑问语素有 6 个的方言,其数量不一的主要原因有:同源疑问语素的库藏裂变,语言接触的影响[如吴语的"多少"是宋室南渡之后汴洛官话影响吴语的结果,盛益民(2018)对此有详细的讨论],旧形式的语义专门化(如部分湘语中疑问语素"何"只保留在"何解为什么"等词中),等。

4. 本体意义的语义关联度分析

4.1 语义关联度

第二节的讨论已经指出,在本文的 63 种样本方言中,汉语方言最多拥有 7 个疑问语素,最少只需要 3 个,而本文考察的本体意义有 12 种(选择/指别、处所、人、事物、类别、性状、方式、时间、数量、程度、行为、原因),远超过这个数目。因此,必然存在用同一个疑问语素构成不同类本体意义疑问代词的情况,这也是人类语言疑问代词系统的常态。因此,考察不同类别的本体意义是否由同一个疑问语素构成,也能帮助我们理解不同本体意义之间的语义关联。

① 本文根据秦岭—淮河线作为区分中国南、北方的依据。

本文利用永新语言学网站(http://www.newlinguistics.org/)提供的程序,根据是否拥有共同的疑问语素,来考察本文 63 种样本方言不同本体意义两两之间的语义关联度。本文样本中不同本体意义之间的关联,最终结果得到如下的图 1:

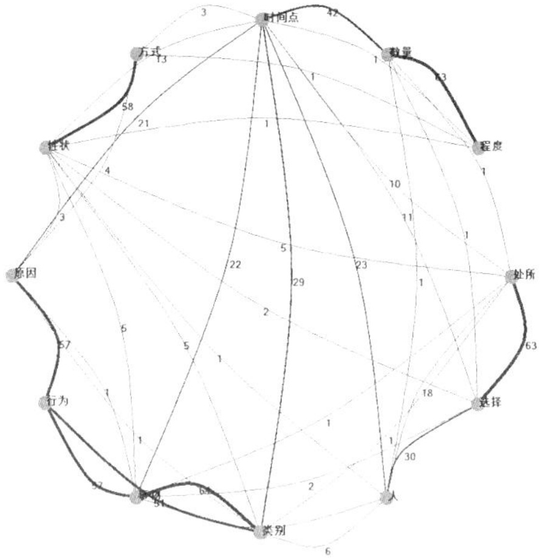

图 1　不同本体意义的语义关联度

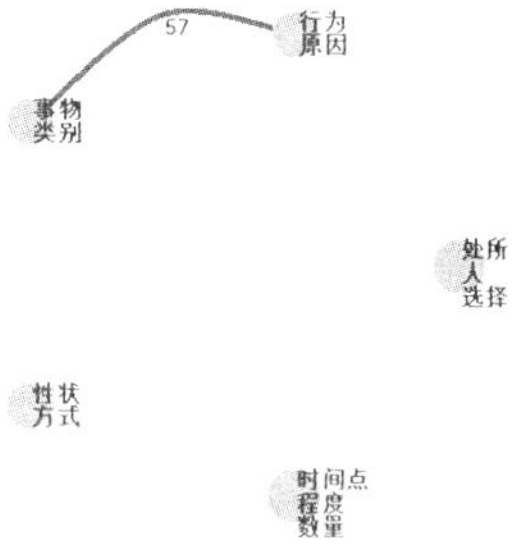

图 2　最大简图

对于图 1,可以从两个方面来认识:

一方面,从聚类上来说,主要是四大块:人—选择—处所、原因—行为—事物—类别、性状—方式、时间点—数量—程度。图 2 为图 1 的最大简图。

这个结果也可以与 2.2 节相互对照。表 2 有 4 个疑问语素的,基本上主要就是区分这四类;而有 5 个疑问语素的,是在此基础上,或者是问人疑问代词有独立的编码形式,或者是程度疑问代词有独立的编码形式;而有 6 个疑问语素的,主要是在 5 个的基础上,数量疑问代词有两个疑问语素等。

另一方面,是不同本体意义之间的关联是否密切的问题。从图 1 中可以得到三组必然关联的本体意义对:处所—选择、事物—类别、数量—程度。而"性状—方式"之间的关联高达 58,"行为—原因"之间的关联高达 57。另一些本体语义之间,则是没有关联或者关联度非常低,比如程度与处所、原因与人等的关联度为 0,人和数量、性状与程度、数量与选择等的关联度为 1。

接下来讨论三组必然关联对。

4.2　必然关联对

4.2.1　处所与选择

在本文的 63 种方言样本中,"处所—选择"呈现无标记关联,所有方言的处所和选择均使用相同的疑问语素。①此外,雷州方言另有一个疑问代词“带”只能问处所,不能问选择。在 1.1 节中,我们已经指出“带”是复杂疑问代词经由脱落疑问语素而得到的形式,这也是其表现特殊的原因。

处所疑问代词和选择疑问代词虽然都有相同的疑问语素,不过根据是否同形,仍有两个次类:

一种是完全同形。在我们的样本中,只有绍兴、萍乡、莆田、琼海、广州等 5 处方言是这种情况,例如:②

表 3 处所—选择疑问词同形表

	绍兴	萍乡	莆田	琼海	广州
选择	何里	哪(里)	底	处	边
处所	何里	哪里	底、底厝	处	边、边处

另一种是不完全同形。剩下的 58 种方言都是如此,其中的规律是处所疑问代词都是在选择疑问代词加上方位词、处所词等名词性成分构成。

由于处所疑问代词多基于选择疑问词构造,所以学界一般认为处所疑问代词由选择疑问代词发展而来(如吕叔湘 1985、王健 2017 等)。不过,我们认为更可能的演变方向应该是从处所疑问代词发展为选择/指别疑问代词,证据有以下几个方面:

第一,绍兴话的“何里”、琼海话的“处”等,其最基本的含义是处所疑问词,这是选择疑问词由其发展而来的最好证明。

第二,文献中出现时间的早晚。吕叔湘(1985)就认为汉语史中问处所的“那”来源于选择疑问词。不过俞理明(1993:168)已经从文献的角度证明,“那”表示处所早于选择,也支持处所>选择的演变。

第三,选择疑问代词语义上更加抽象,这种演变符合语义演变的单向性。平行的例证是处所指示词(相当于“这里”)发展为限定性的基本指示词(相当于“这”),具体请参 Heine & Kuteva(2002:172&294)、Heine & Kuteva

① 样本之外,还有些方言表现出了不一致,如王健(2017)指出,闽东罗源话选择疑问词是 nø^{21},nø^{21} 不用于询问地点,询问地点用“底喇”ta^{21}la^{53}。而黄涛(2016:186)则认为 nø^{21} 可能是“底”的语音讹变形式或者是受普通话影响的结果。

② 《常熟理工学院学报》匿名审稿专家指出:“其实很多官话方言既可以用‘哪’,又可以用‘哪+体词性语素’来问处所。比如睢宁话‘哪’和‘哪点儿’都可以用来问处所;‘哪’也是选择疑问词。但是很多描写者,包括词典编写者只注意到‘哪+体词性语素’这一类。实际上选择和处所同形的方言应该更多。”感谢匿名审稿专家的意见。

(2007:84—86)、盛益民(2015)等的讨论。

那么该如何解释像普通话简单形式“哪”问选择、复杂形式“哪里”问处所的情况?我们认为最初也是从处所发展为选择,处所比选择具有更复杂的形式可以从用具体强化(刘丹青 2001)来区分不同语义的角度得到较好的解释。选择疑问词是限定词,为了区分处所疑问词与选择疑问词,最方便的方式就是在对应同形的处所疑问词上加上表示处所的本体语素。表中莆田、广州除了用单音节形式之外,还可以加上处所后置词,可以为这种观点提供支持。广州话的“边”既可以问选择,又可以问处所,而处所还可以用“边处”,是用具体强化的方式来区分选择与处所;再如绍兴柯桥话用“何里”问处所和问选择,而在绍兴市区话中,问选择用“何里”,问处所出现了“何里里”“何里头”的形式,来分化两种语义。

处所与选择/指别的无标记关联,在东亚地区非常普遍。不过根据贝罗贝、吴福祥(2000),上古中期产生了专职的选择疑问代词“孰”,与处所疑问代词“安、焉”等并不同形。因此,从历时的角度来看,汉语经历了一个处所疑问词与选择疑问词用不同语素到使用同一个语素的转变。

4.2.2 事物与类别

在本文的统计样本中,所有的方言事物疑问代词与类别疑问代词都有共同的疑问语素词根。事物与类别的这种无标记关联,在人类语言中具有普遍性的。

事物疑问代词和类别疑问代词虽然都有相同的疑问语素,不过根据是否同形,仍有两种次类:

一种情况是两者完全同形。在本文的 63 个方言点中,有 54 个方言点都属于这种情况,如北京话的“什么”、哈尔滨话的“啥”、遵义话的“啷个”、梅州话的“脉个”等。类似的现象跨语言也常见,如英语的 what、日语的 nani、泰语的 arai(野田宽达 2014:31)等都是如此。

另一种情况是事物和类别疑问代词并不相同。在本文的样本中,有 9 种方言属于这种情况,请看表 4:

表 4 事物—类别疑问代词不同形表

	武汉	苏州	绍兴	金华	铅山	汕头	广州	台山	化州
事物	么事	啥,啥物	啥西	淡/待西	么哩	(什)乜	乜嘢	物嘢	乜物
类别	么	啥个	啥个	淡/待	么	(什)乜个	乜	物	乜个

其他语言也有类似的区分,如韩语用 mwo 问事物,用 mueun 问类别;斯瓦西里语是用 nini 问事物,gani 问类别。例如(引自野田宽达 2014:31):

韩国语

(1) 定语:dangsin-eun **museun** gwa-il-eul joh-ahabnikka? (你喜欢什么水果?)
　　你—话题 什么 水果 喜欢

(2) 宾语:igeos-eun **mwo** jyo? (这是什么?)
　　这—话题标记 什么 是

斯瓦西里语

(1) 定语:Unasoma kitabu **gani**? (你在看什么书?)
　　你看 书 什么

(2) 宾语:Unasoma **nini**? (你在看什么?)
　　你看 什么

我们认为类别疑问代词可能是从事物疑问代词发展而来的,符合从具体到抽象的语义演变原则。苏州、汕头等地类别疑问代词比事物疑问词更加有标记,可以作为证据;当然武汉等方言,事物比类别更加复杂,我们认为早期也属于事物和类别完全同形,而事物疑问词之所以复杂,也是后来具体强化(刘丹青 2001)的结果。

4.2.3 数量与程度

数量与程度拥有相同的疑问语素或者使用同一个疑问代词,也具有跨语言普遍性。如英语用 how 问程度,用 how many、how much 问数量;日语的 donokurai 既可以问数量,也可以问程度,等等。

汉语方言问数量的疑问代词比较复杂,几乎所有方言都可以分为两大类:一类是专用于修饰限定量词的疑问代词,多为粘着的形式,这一类汉语方言多用源自古汉语的"几";另一类是代替整个数量结构的疑问代词,多为自由的形式,可以称为"多少"类。关于汉语方言后一类的构造,作者将专文讨论。

由于或者程度疑问代词来源于"几""多少"类,如北京话问程度的"多"、广州话问程度的"几"等;或者"多少"类的构造基于程度疑问代词,如西南官话的

“好多”、闽语的“若夥”等。因此，在所有的汉语方言中，数量疑问代词和程度疑问代词也就必然使用相同的疑问语素了。

5. 总结

本文通过63个样本方言的材料，初步考察了汉语方言疑问代词的编码方式问题：

第一，考察了汉语方言疑问代词的构词方式。文章发现汉语方言疑问代词的构词可以分为三大类八小类。其中用正反语素复合构成疑问代词，是跨语言比较罕见的现象，与汉语是一种并列复合构词法发达的语言有密切的关系。

第二，统计了汉语方言疑问语素的库藏数量。文章发现汉语方言一般有3～7个不等的疑问语素。疑问语素库藏数量与地理分布具有密切的关联：北方方言至少有6～7个；而南方有3～6个，但是以4～5个为主。疑问语素数量南北类型差异的成因问题，还需要结合中国境内其他语言，从更大的语言背景做进一步研究。

第三，文章通过分析同一个疑问语素可构成疑问代词的情况，来考察不同本体意义之间的语义关联度问题。文章发现，疑问代词各类本体意义主要可以分为四大块：人—选择—处所、原因—行为—事物—类别、性状—方式、时间点—数量—程度；又发现了三组必然关联对：处所—选择、事物—类别、数量—程度。

鹿钦佞(2008:15)梳理了上古汉语到现代汉语普通话疑问代词的巨大变化。Hölzl(2018:410)在考察东北亚地区语言疑问代词时也指出，像汉语普通话这样只有两个疑问代词(“谁”和“儿”)继承自古代的，在这一带非常罕见。而如果看汉语方言，疑问代词库藏发生的演变则更为显著。古今比较方面的研究，有待深化。

参考文献

白宛如 1998《广州方言词典》，江苏教育出版社。

鲍厚星等 1998《长沙方言词典》，江苏教育出版社。

贝罗贝、吴福祥 2000《上古汉语疑问代词的发展与演变》，《中国语文》第4期。

蔡国妹 2006《莆仙方言研究》，福建师范大学博士学位论文。

蔡维天 2000《为甚么问怎么样，怎么样问为甚么》，台湾《汉学研究》第1期。

蔡维天 2007《重温“为甚么问怎么样，怎么样问为甚么”》，《中国语文》第3期。

曹志耘 1996《金华方言词典》,江苏教育出版社。
曹志耘主编 2008《汉语方言地图集·语法卷》,商务出版社。
陈鸿迈 1996《海口方言词典》,江苏教育出版社。
陈晓锦、陈 滔 2005《广西北海市粤方言调查研究》,中国社科出版社。
戴耀晶 1999《赣语泰和方言的代词(稿)》,载李如龙、张双庆主编《代词》,暨南大学出版社。
戴昭铭 2003《浙江天台方言的代词》,《方言》第4期。
邓永红 2007《桂阳土话语法研究》,湖南师范大学博士学位论文。
董淑慧 2010《反义语素合成疑问代词在中古近代汉语中的用法及其影响》,《汉语史学报》第9辑,上海教育出版社。
冯爱珍 1998《福州方言词典》,江苏教育出版社。
甘于恩 2010《广东四邑方言语法研究》,暨南大学出版社。
郭利霞 2015《汉语方言疑问句比较研究——以晋陕蒙三地为例》,南开大学出版社。
郭利霞 2017《山阴方言的疑问句》,载陶寰、陈振宇、盛益民主编《汉语方言的疑问范畴研究》,中西书局。
郭继懋 2005《"怎么"的语法意义及"方式""原因"和"情状"的关系》,载徐杰主编《汉语研究的类型学视野》,北京语言大学出版社。
黑维强 2016《绥德方言调查研究》,北京师范大学出版社。
胡松柏、林芝雅 2008《铅山方言研究》,文化艺术出版社。
黄群建 2016《阳新方言研究》,华中师范大学出版社。
黄 涛 2016《闽东罗源方言描写语法》,福建师范大学博士学位论文。
黄晓雪 2014《宿松方言语法研究》,中国社会科学出版社。
赖文英 2012 《客语疑问代词"麼"的来源与演变》,*Language and Linguistics* 13.5。
李佳怡 2012《莱州方言语法专题研究》,广西师大硕士学位论文。
李 健 1996《化州粤语概说》,天津古籍出版社。
李启群 2002《吉首方言研究》,民族出版社。
李如龙、潘渭水 1998《建瓯方言词典》,江苏教育出版社。
李树俨、张安生 1996《银川方言词典》,江苏教育出版社。
李 湘 2019《状语"左缘提升"还是小句"右向并入"? ——论"怎么"问句质询意图的共时推导与历时变化》,《中国语文》第5期。
梁德曼、黄尚军 1998《成都方言词典》,江苏教育出版社。
林立芳 1999 梅县方言的代词,载李如龙、张双庆主编《代词》,暨南大学出版社。
林立芳、庄初升 1995《南雄珠玑方言志》,暨南大学出版社。
林伦伦 2006《粤西闽语雷州话研究》,中华书局。
林 亦、覃凤余 2008《广西南宁白话研究》,广西师大出版社。
刘丹青 1995《南京方言词典》,江苏教育出版社。
刘丹青 2001《语法化中的更新、强化与叠加》,《语言研究》第2期。
刘丹青 2012《汉语的若干显赫范畴:语言库藏类型学视角》,《世界汉语教学》第2期。

刘丹青 2015《语言库藏的裂变：吴语“许”的音义语法分化》,《语言学论丛》第51辑，商务印书馆。

刘丹青 2017《汉语动补式和连动式的库藏裂变》,《语言教学与研究》(2)。

刘丹青编著 2008《语法调查研究手册》,上海教育出版社。

陆宗达、俞敏 2016[1954]《现代汉语语法》,中华书局。

鹿钦佞 2008《汉语疑问代词非疑问用法的历史考察》,南开大学博士学位论文。

龙安隆 2013《永新方言研究》,中国社会科学出版社。

吕叔湘 1985《近代汉语指代词》,江蓝生补,学林出版社。

钱曾怡 1997《济南方言词典》,江苏教育出版社。

莫艳萍 2009《湖南邵东方言代词研究》,湖南师范大学硕士学位论文。

木村英樹 2008 中国語疑問詞の意味機能——属性記述と個体指定,《日中言語研究と日本語教育》創刊号。

施其生 1999《汕头方言的代词》,载李如龙、张双庆主编《代词》,暨南大学出版社。

石汝杰 1999《苏州方言的代词系统研究》,载李如龙、张双庆主编《代词》,暨南大学出版社。

沈 明 1994《太原方言词典》,江苏教育出版社。

盛益民 2013《绍兴柯桥话疑问词研究》,载刘丹青主编《汉语方言语法研究的新视角》,上海教育出版社。

盛益民 2015《汉语吴方言的“处所成分—指示词”演化圈——兼从语言类型学看指示词的词汇更新》,*International Journal of Chinese Linguistics* 3：121—148. Amsterdam / Philadephia：John Benjamins Publishing Company。

盛益民 2018《宋室南渡和临安官话对吴语的影响——若干词汇、语法的例证》,*Language and Linguistics* 19(3)：439—472. Amsterdam / Philadephia：John Benjamins Publishing Company。

盛益民、陶 寰、金春华 2015《脱落否定成分：复杂否定词的一种演变方式》,《中国语文》第3期。

苏晓青、吕永卫 1996《徐州方言词典》,江苏教育出版社。

王丹丹 2018《常山话中的疑问代词》,《吴语研究》第九辑,上海教育出版社。

王 健、曹茜蕾 2015《没有“谁”的方言如何问“谁”？——汉语疑问代词的类型学研究(一)》,语言类型学国际研讨会参会论文。

王 健 2017《汉语方言中的选择疑问词：共时类型与历时演变》,第三届语言类型学国际研讨会(2017年7月,上海外国语大学)。

王军虎 1996《西安方言词典》,江苏教育出版社。

汪化云 2008《汉语方言代词论略》,巴蜀书社。

魏培泉 2004《汉魏六朝称代词研究》,中央研究院语言研究所。

温昌衍 2017《石城(高田)客家话的疑问句和疑问语气词》,载陶寰、陈振宇、盛益民主编《汉语方言的疑问范畴研究》,中西书局。

邬明燕 2007《龙川方言的代词系统》,华南师范大学硕士学位论文。

伍　巍 1999《泾县方言代词》,载李如龙、张双庆主编《代词》,暨南大学出版社。

项梦冰 1997《连城客家话语法研究》,语文出版社。

肖万萍 2005《永福塘堡平话研究》,广西民族出版社。

谢留文 1998《于都方言词典》,江苏教育出版社。

野田宽达 2014《汉语疑问代词的类型学视角——基于语义地图理论》,北京大学博士学位论文。

叶婧婷 2017《遵义方言疑问范畴研究》,载陶寰、陈振宇、盛益民主编《汉语方言的疑问范畴研究》,中西书局。

易亚新 2007《常德方言语法研究》,学苑出版社。

尹世超 1997《哈尔滨方言词典》,江苏教育出版社。

游汝杰、杨乾明 1998《温州方言词典》,江苏教育出版社。

俞理明 1993《佛经文献语言》,巴蜀书社。

张文轩、莫　超 2009《兰州方言词典》,中国社科出版社。

张燕娣 2007《南昌方言研究》,中国社会科学出版社。

张玉金 2006《西周汉语代词研究》,中华书局。

张振兴、蔡叶青 1998《雷州方言词典》,江苏教育出版社。

钟武媚 2011《粤语玉林话语法研究》,广西大学硕士学位论文。

赵葵欣 2012《武汉方言语法研究》,武汉大学出版社。

赵日新 2003《绩溪方言词典》,江苏教育出版社。

朱德熙 1982《语法讲义》,商务印书馆。

周长楫 1993《厦门方言词典》,南京:江苏教育出版社。

周洪学 2015《安仁方言语法研究》,社会科学文献出版社。

周一民 1998《北京口语语法(词法卷)》,语文出版社。

Bhat, D. N. S. 2004 *Pronouns: A cross-linguistic study*. Oxford University Press, Oxford.

Chisholm, William S., Jr. (ed.) 1984 *Interrogativity: A Colloquium on the Grammar, Typology and Pragmatics of Questions in Seven Diverse Languages*. Amsterdam: Benjamins.

Cysouw, Michael 2004a Interrogative words: an exercise in lexical typology. Workshop on Bantu grammar, Max Planck Institute for Evolutionary Anthropology. http://cysouw.de/home/manuscripts_files/cysouwQUESTION_handout.pdf.

Cysouw, Michael 2004b Minimal systems of interrogative words. Workshop on questions, Max Planck Institute for Evolutionary Anthropology. http://cysouw.de/home/presentations_files/cysouwMINIMALQ_handout.pdf.

Cysouw, Michael 2005 The typology of content interrogatives. Paper presented at The 6th Meeting of the Association for Linguistic Typology, 24 July, Padang, Indonesia. http://10.6.0.124/files/201100000039F32F/cysouw.de/home/presentations_files/cysouwALTINTER_handout.pdf.

Cysouw, Michael 2007 Content interrogatives in Pichis Ashe'ninca: corpus study and typological comparison. *International Journal of American Linguistics* 73 (2), 133—164.

Everett, D.L. & B. Kern 2007 *Wari': The PacaasNovos language of western Brazil* (*Rescriptive Grammars*). London: Routledge.

Hagège, Claude 2003 A paradox in linguistic typology: Rogoverbs, or WHATed we to interrogative verbs? Paper presented at Cagliari: ALT V (18 august 2003).

Hagège, Claude 2008 Towards a typology of interrogative verbs. *Linguistic Typology*, 12:1—44.

Hölzl, Andreas 2018 *A typology of questions in Northeast Asia and beyond: An ecological perspective*. Berlin: Language Science Press.

Haspelmath, Martin 1997 *Indefinite Pronouns*. Oxford: Clarendon Press.

Haspelmath, Martin 2013 Interrogative Pronouns. In Susanne Michaelis, Philippe Maurer, Martin Haspelmath, Magnus Huber(eds.) *The Atlas of Pidgin and Creole Language Structures*, Oxford University Press.

Heine, Bernd, Ulrike Claudi & Friederike Hünnemeyer 1991 *Grammaticalization: A conceptual framework*. Chicago: University of Chicago Press.

Heine, Bernd & Tania Kuteva 2007 *The Genesis of Grammar: A Reconstruction*, Oxford: Oxford University Press.

Hengeveld, Kees, Maria Luiza Braga, Elisiene de Melo Barbosa, Jaqueline Silveira Coriolano, Juliana Jezuino da Costa, Mariana de Souza Martins, Diego Leite de Oliveira, Vinicius Maciel de Oliveira, Luana Gomes Pereira, Liliane Santana, Cassiano Luiz do Carmo Santos, Viviane dos Ramos Soares 2012 Semantic categories in the indigenous languages of Brazil. *Functions of Language* 19(1). 38—57. (doi:10.1075/fol.19.1.02hen)

Idiatov, Dmitry 2007 *A Typology of Non-Selective Interrogative Pronominals*. Doctoral dissertation, University of Antwerp.

Idiatov, Dmitry & Johan van der Auwera 2004 On interrogative pro-verbs. *Proceedings of the Workshop on the Syntax, Semantics and Pragmatics of Questions*, 17—23. ESSLLI 16, Nancy, France.

Lehmann, Christian 2002 *Thoughts on grammaticalization* (2nd). Erfurt: Seminar für Sprachwissenschaft der Universität.

Lien, Chinfa(连金发) 2016 *Mak5 kɛ4* 乜个 and *Man3 ɲin2* 瞒人 in Hakka: A historical and typological perspective. *JCL* 44: 86—108.

Lindström, Eva 1995 Animacy in interrogative pronouns. In: Inger Moen, Hanne Gram Simonsen & Helge Lødrup (eds.) *Papers from the 15th Scandinavian Conference of Linguistics*, pp.307—315. Oslo: University of Oslo.

Jackendoff, Ray 1983 *Semantics and Cognition*. Cambridge: MIT Press.

Mackenzie, J. Lachlan 2009 Content interrogatives in a sample of 50 languages. *Lingua* 119(8): 1131—1163.

Payne, Thomas E. 1997 *Describing Morphosyntax*. Cambridge University Press.

Schachter, Paul & Timothy Shopen 2007 Parts-of-speech systems. In Timothy Shopen (ed.) *Language Typology and Syntactic Description*. Vol.1. Cambridge University Press.

Ratliff, Martha 2010 *Hmong-Mien language history*. Canberra, Australia: Pacific Linguistics.

Siemund, P. 2001 Interrogative constructions. In M. Haspelmath, E. König, W. Oesterreicher & W. Raible (eds.), *Language Typology and Language Universals*, 1010—1028. Berlin: de Gruyter.

Ultan, Russell 1978 Some general characteristics of interrogative systems. In: Joseph H. Greenberg (ed.) *Universals of Human Language*. Vol. 4: *Syntax*, pp. 211—248. Stanford: Stanford University Press.

Velupillai, V. 2012 *An Introduction to Linguistic Typology*, Amsterdam: John Benjamins.

Zaefferer, Dietmar 1990 On the encoding of sentential modality. In Johannes Bechert, Giuliano Bernini, & Claude Buridant (eds.), *Toward a Typology of European Languages*, 215—237. Berlin: Mouton de Gruyter.

补注:

1. 合成词的内部词形分析可以进一步进行归纳为三类:疑问成分,本体成分(名词性、动词性)、附加成分(强调语素、词缀语素)。属于第二类还是第三类要看是否对本体意义有贡献,比如“如何”中的“如”是本体成分,而“像哪样”中的“像”则是附加成分。[2020-01-27]

(盛益民 复旦大学 上海 nkshengym@163.com)

从方位成分的使用看汉日英“存在”范畴原型表达的语义类型

吴芝蒸

提　要：本文围绕汉日英三语在表达“原型存在事件”时方位成分使用频率不同的问题，考察其背后所隐藏的语义动因及制约机制。本文论证汉日英三语在原型存在事件的表达中方位成分的使用频率不同是由汉语动词“在”、日语动词“ある”以及英语前置词的不同语义制约作用造成的，三语原型存在事件在前景义中凸显的语义各不相同。由此揭示即使是最基础的“存在”概念的表达，各种语言之间也未必具有相同的语义结构。

关键词：存在事件　方位成分　语义制约　前景义

1. 汉日英“存在”范畴原型表达在句法表现上的差异

在人类认知和语言表达中，“存在”是最基础、最重要的一类语义范畴。如例(1)这样只涉及“存在主体”(figure)和“参照背景”[①](ground)语义要素的、表达“某物在某处”语义的事件，本文称之为“原型存在事件”。汉日英三语在原型存在事件的表达上，分别使用“～在～”“～は～にある(いる)”[②]“～be prep～”这三种构式，这种最基本的“所在句”可被看作“存在”范畴的原型表达[③]。

---

① 本文中“参照背景”作为上位概念，包含“参照物”和“参照空间”两个下位概念。

② 在存在事件的表达中，日语使用“ある”和“いる”来区分存在主体是无生物还是有生物，这种区分未见于汉语和英语的存在表达中。由于本文的着眼点不在于此，因此不对日语的“ある”和“いる”的区分进行深入讨论。

③ 存在事件的表达往往还会涉及“方式”(如“画挂在墙上”中的“挂”)或“原因”(如“箭射在靶子上”中的“射”)，为了尽量减少比较参数，本文暂不考察包括“方式”或“原因”等语义要素的存在事件。此外，表达“某处有某物”的“存现句”虽然也是“存在”范畴表达的一类重要句式，但众多研究(任鹰，2009 等)已指出，“存现句”的语义已逐渐从“存在”概念偏向于“拥有”概念，因此本文将考察范围限定在最基本的“所在句”上，而不包括“存现句”。

(1) a. He is in Paris.
　　b. 彼はパリにいる。
　　c. 他在巴黎。[①]

例(1)中的参照背景"巴黎"是以地名来直接指称一个空间区域,然而,由于人类的认知和语言表达的经济性要求,大量的空间区域并不具有直接指称性的名称,而需要使用方位成分[②]来间接指称(如下述例2～例6所示)。围绕是否需要方位成分共现这一问题,汉日英三语的原型存在事件表达之间可观察到以下句法差异:首先,当存在主体位于某方位基准点的"东、西、南、北"和"左、右"这几个方位时,三语的参照背景表达都需要使用方位成分(如例2);其次,当存在主体位于某方位基准点的"前、后、旁(边、侧)、间、中、内、周围、对面"这些方位时,英语既可以继续使用带有方位成分的表达,也可以使用不出现方位成分的表达,且后者更为常见,而日语和汉语则依然必须使用方位成分(如例3);再次,当存在主体位于某方位基准点的"上(方)、下、里、外"这些方位时,英语基本不使用方位成分,而日语和汉语依然需要方位成分强制共现(如例4);最后,当存在主体位于某物的"表面"时,英语使用前置词 on 而不需要出现方位成分,汉语依然必须使用方位成分"上",而此时日语反而倾向于不使用方位成分(如例5、6)[③]。

(2) a. The church is in the east/west/south/north of the village.
　　b. 教会は村の東・西・南・北にある。
　　c. 教堂在村子的东边/西边/南边/北边。

---

① 本文中未标注出处的例句均为自拟例句。

② 本文中的"方位成分"主要是指表示方向和位置关系的、汉语中的"上、里、前、旁、之～、以～"等单纯方位词以及"里头、上面、背后"等复合方位词、日语中的"上、中、前、傍、東、背後"等、英语中的"side、left、bottom、ront、east、periphery"等关系名词。汉语中的"处、地方"、(后附于名词的)"这里(这儿)、那里(那儿)"、日语中的"ところ"、英语中的"place、location、space"等抽象名词在本研究中被看作广义的方位成分,这一观点参考了赵元任(1968/1979:280)。

③ 当存在主体位于某物的表面时,与使用存在动词"ある(いる)"的表达(例5、6)相比,日语更习惯使用具有具体语义的动词如"置く"(类似于"放到……上"的语义)、"付ける"(类似于"贴到……上"的语义)来表达。但是本文限于篇幅,同时为了和表达其他方位语义时的原型存在事件进行比较,只考察以"ある(いる)"为主动词的情况。

(3) a′. The church is in front of/in back of [①]/by the side of the house.

a″. The church is before/behind/beside the house.

b. 教会は家の前・後・傍にある。

c. 教堂在房子的前边/后边/旁边。

(4) a. The lamp is over/above the table.

b. ランプは机の上にある。

c. 灯在桌子上方。

(5) a. The cordless phone is on the table.

b. コードレス電話はテーブル(テーブルの上)にある。

c. 无线电话在桌子上(*在桌子)[②]。

(6) a. The phone is over there on the wall.

b. 電話はあそこの壁にある(♯あそこの壁の上にある)。

c. 电话在那边的墙上(*在那边的墙)。

面对上述原型存在事件表达中的句法差异,人们必然会有以下疑问:

一是,为何汉语和日语多数情况下需要使用方位成分而英语却无需使用?当存在主体位于物体的表面时,为何日语又反而倾向于不使用方位成分?三语之间方位成分使用情况不同的原因何在?

二是,在存在上述句法表现差异的情况下,三语的"存在"范畴原型表达是否具有相同的语义?如果不同,有何不同?

本文将通过对上述两个问题的分析考察,来揭示汉日英三语表达"存在"概念时所采取的不同编码策略,对"存在"范畴的概念化类型作出尝试性的探讨。

2. 文献综述

"存在"范畴相关的文献数量众多,本文仅限于讨论和本文主题密切相关的研究。关于空间关系表达中方位成分在汉日英三语之间使用频率不同这一问题,主要可见三种解释意见——名词性质不同说、前置词包含方位词语义

---

① in front of 和 in back of 虽然多被分析为复合介词,但是由于在形式上方位成分 front 和 back 还处于可分析的状态,因此在本文中被划分为使用方位成分的表达。

② 本论文用 * 号表示句子不成立;用♯号表示句子成立但是意思和原文不同。

说、方位词语法化程度不同说。

2.1 名词性质不同说

这种解释可见于寺村(1968)、田窪(1984)、池上(2000)、储泽祥(2010)等研究中。如储泽祥(2010:30—31)认为,从充当空间前置词宾语的能力等句法表现上来看,英语的名词不同于汉语的体词(包括普通名词和处所词等),因此应将是否具有处所词作为一个语言类型参项来看待。

"名词性质不同说"恐怕需要面对两个问题。一是,各种语言中与名词共现的空间前置词(或后置词、动词等)语义功能是否相同?如,汉语中的动词"在"、英语中的空间前置词,以及日语中的"ある"的语义功能是否相同?如果不同,那么在此前提上推论出的各语言之间名词性质不同的结论则需要重新审视。二是,这种解释难免陷入循环论证之中,如"在"和处所名词的相互论证等问题。

2.2 前置词包含方位词语义说

众多文献提出,英语"前置词+名词"往往等于汉语"前置词+名词+方位词",汉语方位词表达的语义包含在英语前置词之中(沈家煊,1985、Heine et al., 1991 等),或者说,英语前置词的语义在汉语中是使用"在……里(上)"等框式介词来对应表达的(Ernst, 1988、刘丹青,2003 等),如"The ball is in the box ——球在箱子里"所示。但是,如果说英语前置词 in 包含了汉语动词(或前置词)"在"以及方位词"里"的意思,那么反过来则需要解释为什么"He is in Paris—— *他在巴黎里"不相对应的原因[①]。此外,英语中存在这样的表达"Parcels of bank notes are found crammed in the inside of an old teapot"(COCA),即 in 和 inside 共现的情况,但是汉语是无法表达成" *在一个旧茶壶里里"的。因此,"前置词包含方位词语义说"或者说"汉语使用框式介词说"还有待进一步的阐释。

2.3 方位词语法化程度不同说

这一解释主要涉及汉语和日语之间的比较。荒川(1992)、李,張(2003)、王(2009)等研究都提到,日语中的"上"因语法化程度较低,无法像汉语中的"上"那样表达"表面"的含义。但是,这种观点并没有进一步解释为什么日语中可以用光杆名词"あそこの壁"来对应表达汉语中的"那边的墙上"的意思。此外,日语中是存在"表面"这一关系名词的,如"玻璃灯柱放出了亮光,灯罩上

① 对于此观点已有不少学者提出质疑,如储泽祥(2010:30)。

清楚地写着"常明灯"三个字——硝子燈は光を放って、その表面の常夜燈という三字がはっきり見える(中日对译语料库),但是例(6b)却不能表达成"*電話はあそこの壁の表面にある"。由此可见,虽然汉语和日语中的方位成分的语法化程度的确不同,但是这也并不是汉日语之间方位成分句法表现存在差异的根本原因。

综上,前贤的研究虽然对本文所关心的方位成分的句法表现差异问题有所涉及,但是目前为止并未能进行充分解释。本文认为,这种句法层面上的差异实则反映了汉日英三语在编码存在事件时在语义及认知层面上存在差异,对这一问题的考察具有重要的类型学价值。

3. 参照背景选择的制约要素

由于方位成分具有将普通名词转化为空间名词(短语)的语义功能,汉日英三语的原型存在事件表达中方位成分出现与否的问题,可以换言之而描述为,在空间关系表达中是选择以物体作为参照背景还是以空间作为参照背景的问题。通过例(1)～(6)的对比,可以得出初步结论:参照背景的选择问题取决于某种语义层面上的制约因素,而非句法层面上的。由于"～在～""～は～にある(いる)""～be prep～"这三个构式只涉及名词(短语)、动词(或系词)、前(后)置词这三类词,且表达存在主体的名词在三语之间并无认知上或语义上的差别,那么可以推论出,相关的制约来自动词或者前(后)置词。汉语中,这种制约显然来自存在动词"在";英语中,由于系动词"be"并不与介词宾语直接发生联系,可以判断这种制约来自于前置词;日语中,虽然动词和名词之间需要由后置词来介引,但是,由于日语后置词"に"的语义高度抽象,除方所语义角色之外,还承担着"对象""目的"等其他众多语义角色的介引功能,属于表示抽象关系的基本介词(primary adposition)而非表示具体关系的次级介词(secondary adposition)①,并且,在介引"终点"等其他方所语义角色时,"に"格名词可以出现非空间的物体,如"彼は手紙をあの箱に入れた"("他把信放进了那个箱子"),因此,对于日语原型存在事件表达不同方位语义时的参照背景是选择物体还是选择空间这种具体语义上的制约,可以判断不是来自于后置词"に",而是来自于动词"ある",这样的判断也符合 Talmy(2000 Vol.II:222)将日语划分为动词框架语言(verb-framed language)的观点。动词"在"和系词

---

① 关于基本介词和次级介词的定义参见 Lehmann(1985:304)。

be的差异非常显著,无需重复讨论。问题在于,目前为止的研究普遍认为,日语"ある"和汉语"在"的语义功能是相同的,国内日语教学领域的主流教材也都将"ある"解释为"有、在",本文认为这种观点有待商榷。

表1

概念	汉语	英　语	日　语
"判断"	～是～	～be～	～は～である
"所在"	～在～	～be＋prep＋～	～は(が)～にある
"存在"	～有～	There　be构式①	～に(は)～がある
"拥有"		～have～	

通过表1中的对比②,可以清楚地看到,在"判断""所在""存在""拥有"这四个基本概念的表达上,汉语是通过"是""在""有"这三个动词,英语主要是通过be和have两个动词,而日语则是由"ある"一个动词来参与表达③的。因此本文认为,日语"ある"和汉语"在"的语义功能是不同的,和英语系词be的语义功能也是不同的。"在""ある"和系词be三者之间并不是一种简单的互译关系,它们分别编码了不同的语义。如表2所示,汉语"在"编码的原型语义可总结为:存在主体和参照空间之间的存在关系。汉语"在"的特殊之处在于对其宾语名词的性质有特殊要求,即,必须是指称某一空间区域的名词,而不能是指称事物的名词④。系词be编码的是抽象的"同一"关系,联结主体和谓词,起到逻辑判断或者断言的功能(李洪儒,2006)。而关于日语存在动词"ある",本文认为,其编码的是"附着"关系,这种"附着"关系既可以存在于物与物之

---

① 英语"存在"表达中还有一种被称为"方位语倒装句"的句型,如"Under the roof stood an old woman."。由于"方位语倒装句"在英语中不属于典型的存现句表达形式(Langacker,1999:54),因此本文不对"方位语倒装句"展开讨论。

② 本文表1的分析不同于沈家煊(2011)和孙文访(2015)等研究之处在于,沈家煊(2011)的比较分析只涉及汉英二语,本文则涉及汉日英三语对比;沈家煊(2011)比较了"是""存在""拥有"三个概念,本文增加了"所在"概念的比较;孙文访(2015)比较了三语之间表达这四个概念的动词语义,而本文则不止于动词的语义对比,而是进一步涉及构式的语义对比,且本文对于日语动词"ある"的语义分析结论完全不同于孙文访(2015)。

③ 之所以说动词只是"参与表达",是因为本文并不认为这些概念的语义实现完全是由动词决定的,还需要考虑到前置词(后置词)、名词(或方位短语)、语序和构式所起到的作用。

④ "在"的宾语名词(短语)往往需要是多音节的(Sun Chaofen,2008),这种韵律层面上的制约有时会和语义层面上的制约形成竞争关系,使得一些通常情况下不表示空间的名词(短语)也可能出现在"在"的后面,限于篇幅,本文对此问题不再深入讨论。

间，也可以存在于物与空间之间。这一结论可以解释以下三个问题：1）之所以日语能用“ある”来对应表达汉语中“在”和“有”两个概念（表1），是因为“拥有”概念完全可以理解为一种抽象的“附着”，而汉语“在”不具备这种“附着”义，因此难以扩展到“拥有”概念的表达领域；2）日语中的方位成分“上”之所以没能发展出汉语的“上”所能表达的“表面空间”的意思，其原因很可能就在于日语中包括“ある”在内的很多动词（如“貼る”“付ける”等）本身编码“附着”义，而不是汉语“在”的“空间存在”义；3）日语例（6b）中，“電話はあそこの壁にある”虽然可以添加方位成分“上”，变为“電話はあそこの壁の上にある”，但是句意会发生变化，由原来的“在墙面上”变为“在墙上的高处”的意思，此时的“上”并没有起到使“あそこの壁”（“那边的墙”）空间化的作用，而只是指称“那边的墙”的“上部”。

表 2

	汉语“在”	英语“be”	日语“ある”
核心语义编码	“存在”关系，对共现宾语有语义制约，要求空间指称名词（短语）	抽象的“同一”关系，联结主体和谓词，起到逻辑判断或者断言的功能	存在主体与参照物或参照空间之间的“附着”关系

英语空间前置词数量众多，语义也各不相同，英语中常用来表达空间语义的10个前置词的典型语义可用汉语表达如下（参看Tyler & Evans，2003等）①。

（7）on：接触并附着于　　in：内在于
at：重合于（某一点）　　out of：外在于
above：高于　　below：低于
before：前于　　behind：后于
by：临近于　　around：围绕于

英语中的这些前置词直接编码拓扑性空间关系（参看Levinson，2003），多是对参照背景的几何性质有语义制约，如on要求参照背景具有“表面”，in和out of要求参照背景具有“边界”，但是并不要求参照背景必须是指称空间

① （7）中的汉语解释并不完全等同于英语原义，原因在于英语前置词编码的是非时间性关系，而汉语只能用表示时间性过程的动词或表示非时间性关系的形容词和前置词“于”组合来对应解释。关于“非时间性关系”和“过程”的定义及区别，参看Langacker（1987：210—242）。

的名词。正因如此,英语前置词的宾语既可以是物体(如 in an old teapot),也可以是空间(如 in the inside of an old teapot)。同时,即使面对同样的客观场景,英语有时可以在以下两种方式之间进行选择:表达存在主体与某个物体之间直接具有某种关系(如 The church is before the house.),或者表达存在主体与以某个物体为方位基准点而形成的参照空间之间具有某种关系(如 The church is in front of the house.)。从语言经济性的角度考虑,前一种表达方式要比后一种简洁,因此,除没有相应的前置词表达的"东、西、南、北"和"左、右"这几个方位的语义、或者是出于对比的语用动因而不得不使用方位成分的情况之外,英语中并不需要使用方位成分。

4. 方位成分的使用动因及事件前景义

由此,汉日英原型存在事件表达之间、方位成分使用频率不同的问题已经找到答案,即,这是由汉语动词"在"、日语动词"ある"以及英语 on/in/at 等前置词的不同语义要求所造成的:汉语的"在"要求共现宾语是表达空间语义的名词(短语),因此当参照背景是物体时需要添加方位成分形成方位短语来表达空间语义;日语动词"ある"编码"附着"语义,既可以"附着于"某物、也可以"附着于某空间",因此当表达存在主体附着于某物体表面空间时,往往不需要使用方位成分,而在表达其他方位语义时则需要添加相应的方位成分;英语使用前置词编码"接触并附着于""内在于""重合于(某一点)"等众多拓扑性空间关系,对共现宾语是否是空间名词(短语)并无强制要求,因此造成英语中方位成分的使用最少。

上述三语中的相关关系性成分对参照背景具有不同的语义要求,自然也意味着"~在~""~は~にある(いる)""~be prep~"这三个构式在前景义中凸显不同的概念结构。汉语"~在~"构式在前景义中凸显的是"存在主体"和"参照空间"之间的"存在关系";日语"~は~にある(いる)"在前景义中凸显的是"存在主体"和"参照背景"(具有表面的物体或某个空间区域)之间的"附着关系";英语"~be prep~"在前景义中凸显的是以(7)为代表的前置词所编码的多种关系,如"接触并附着于"或"内在于"等,而在背景义中才暗含有存在主体位于以某个参照点所确定的具体方位的语义(吴,2017)。

5. 结论

目前为止的众多研究倾向于认为,表面形式各不相同的各语言之间实则具有基本相同的语义概念结构，如Jackendoff(1983:11)①。然而，通过对汉日英三语中“存在”范畴原型表达进行分析可以发现，即使是最基础的“存在”概念，各种语言之间也未必具有相同的语义结构。本文的考察结果支持Langacker(1987:2)提出的认知语法的理论主张：不同语言之间往往拥有不同的语义结构，语法在本质上是对语义结构的约定俗成的象征化。在汉日英三语“存在”范畴的原型表达中，由于汉语动词“在”、日语动词“ある”以及英语on/in/at等前置词的不同的语义编码，带来了对于共现宾语的不同的语义制约作用，在句法层面上表现为方位成分的使用频率及使用情况各异，在语义层面上形成了三种不同的语义概念结构。我们相信世界上还有其他语言分别采取了和汉语、日语或英语类似的概念编码策略，同时也存在更多的“存在”范畴表达模式，这些问题有待于今后进一步考察。

参考文献

储泽祥 2010《汉语空间短语研究》，北京大学出版社。

李洪儒 2006《系词——人在语句中的存在家园——语言哲学系列探索之二》，《外语学刊》第2期。

刘丹青 2003《语言类型学与前置词理论》，商务印书馆。

任 鹰 2009《“领属”与“存现”：从概念的关联到构式的关联——也从“王冕死了父亲”的生成方式说起》，《世界汉语教学》第3期。

沈家煊 1985《英汉空间概念的表达形式》，《外国语文教学》第4期。

沈家煊 2011《语法六讲》，商务印书馆。

孙文访 2015《基于“有、是、在”的语言共性与类型》，《中国语文》第1期。

赵元任 1968/1979 吕叔湘译《汉语口语语法》，商务印书馆。

荒川清秀 1992“日本語名詞のトコロ(空間)性—中国語との関連で—”，大河内康憲編『日本語と中国語の対照研究論文集(上)』，くろしお出版。

池上嘉彦 2000『“日本語論”への招待』，講談社。

王 軼群 2009『空間表現の日中対照研究』，くろしお出版。

吴 芝蒸 2017“『どこ』“哪里”whereから見る日中英の三言語における『場所』のあり方”，北研學刊第13号。

田窪行則 1984“現代日本語の場所を表す名詞類について”，『日本語・日本文化』第12号，大阪外国語大学研究留学生別科。

① “Universality: In order to account for the fact that Languages are (largely) intertranslatable, the stock of semantic structures available to be used by particular languages must be universal. Where literal translation of a sentence of one language into another is possible, the two sentences must share a semantic structure.” (Jackendoff, 1983:11)

寺村秀夫 1968 “日本語名詞の下位分類”,『日本語教育』第12号。

李活雄 張麟声 2001 “日本語の『(の)上』と中国語の『上』をめぐって”,『日本語学』20(1)。

Ernst, Thomas 1988 Chinese postpositions? -again, *Journal of Chinese Linguistics* 16(2).

Heine, Bernd Claudi, Ulrike and Hünnemeyer, Friederike 1991 *Grammaticalization: A Conceptual Framework*. Chicago: The University of Chicago Press.

Jackendoff, Ray 1983 *Semantics and Cognition*. Cambridge, MA: MIT Press.

Langacker, Ronald W 1987 *Foundations of Cognitive Grammar, Vol. I*. Stanford: Stanford University Press.

Langacker, Ronald W 1999 *Grammar and Conceptualization*, Berlin: Mouton de Gruyter.

Lehmann, Christian 1985 Grammaticalization: synchronic variation and diachronic change, *Lingua e Stile* 20.

Levinson, Stephen C 2003 *Space in Language and Cognition: Explorations in Cognitive Diversity*. Cambridge: Cambridge University Press.

Sun, Chaofen 2008 Two Conditions and Grammaticalization of the Chinese Locative. In Dan, Xu (ed.), *Space in Languages of China*, 199—227. Dordrecht: Springer.

Talmy, Leonard 2000 *Toward a cognitive semantics: Vol. II*. Cambridge, MA: MIT Press.

Tyler, Andrea and Evans, Vyvyan 2003 *The Semantics of English Prepositions: spatial scenes, embodied meaning and cognition*. Cambridge: Cambridge University Press.

(吴芝蒸 关西学院大学 日本 wuzhizheng1019@gmail.com)

汉语方言名词性领属结构的语义地图研究

叶婧婷

提　要：文章考察了 20 种汉语方言中的名词性领属结构，根据新型语义地图计算方式绘制了名词性领属结构的语义地图，并在此基础上提出了领属结构的“双核”假设：名词性领属结构由“人际性”和“控制性”两大语义内核构成。在汉语方言中，最显赫的是“人际性”这一内核。领属语义的双核性主导和限制了其对形式的选择。汉语方言名词性领属结构分为 A 类结构和 B 类结构。汉语方言中存在以下共性：人际类语义与 A 类结构无标记关联；控制类语义与 B 类结构无标记关联。

关键词：语义地图　双核假设　人际性　控制性　语言共性

1. 名词性领属结构的界定

领属范畴是人类语言中广泛存在的范畴，世界上大部分语言中都有领属结构。名词性领属结构，指的是用名词短语来表达领属关系的结构，这类结构一般由领有者（PR）、被领有者（PM）和领属标记（M）构成。在汉语方言中，名词性领属结构有多种表现形式，其语义亦具备多样性。名词性领属结构分为静态领属结构和动态领属结构。静态领属结构，指的是在短语层面成立的领属结构；动态领属结构，指的是在句子层面成立的领属结构。有一些结构作为动态领属结构是成立的，但作为静态领属结构就不成立了。例如，“他机票买好了”成立，但是“他机票”就不成立。本文仅考察静态领属结构。刘丹青（2013）从库藏类型学的角度分析了汉语方言的领属结构，在此基础上，本文将汉语方言中领属结构分为以下九类。

第一类是从属词标记型结构，领属标记附属在从属词（即领有者）上。在不同方言中，领属标记的形式有差异，主要有三个来源不同的领属标记，下面分别记作“的”“个”“里”。关于领属标记的历时来源，可参见江蓝生（1999）、陈玉洁(2007)、赵日新(1999)。从共时角度看,这些结构中的领属标记虚化程度都比较高,使用范围也较广,这里都归为从属词标记型结构。

(1) 我的书(武汉话)
(2) 刘家个后生刘家的小伙子(泰和话,戴耀晶　2013)
(3) 我哩书包我的书包(安徽宿松方言,唐爱华、张雪涛　2004)

第二类是代词领格型,在汉语方言中较为少见。代词领格有不同的形式表现,下面两个例子是晋北方言和连城客家话中使用代词领格构成领属结构的情况。

(4) 我[vo^{54}]我[vəʔ^{32}]老妈我的伯母(晋北方言,范晓林　2012)
(5) 其[tɹua^{55}]手帕他的手帕(连城客家话,项梦冰　1997)

第三类为无标记并置型,即直接将光杆的领有者和被领有者并置来表达领属关系的结构。例如:

(6) 我妈妈/我哋妈妈我妈妈/我们的妈妈(粤语,单韵鸣　2013)

第四类是代词连接型,在领有者和被领有者之间加入单数或复数第三人称代词来表达领有关系。

(7) 张三渠哥张三的哥哥(光山方言,王芳　2013)
(8) 明仔佢哋国家小明他们国家(单韵鸣　2013)

第五类是复数型,使用领有者的复数形式来表达领属关系。

(9) 张三笃们公司张三的公司(苏州话,史濛辉)
(10) 阿兴拉们爹阿兴的爸爸(阿兴的爸爸)(盛益民　2013)

第六类是"家类结构","家"在不同方言中的形式有差异,主要包括"家""连""屋"三类,如下例所示。

(11) 你连家爷你爸爸(泰和方言,戴耀晶 2013)
(12) 哥哥家外母哥哥的岳母(宿松方言,黄晓雪 2013)
(13) 渠屋媳妇他的儿媳妇(光山方言,王芳 2013)

第七类是“量词型”,即使用量词来表达领属关系。

(14) 明仔条头发小明的头发(粤语,单韵鸣 2013)

第八类是“指示词型”,使用指示词来表达领属关系的结构类型。

(15) 伊奚观念他那观念(闽南惠安方言,陈伟蓉 2013)
(16) 恁这张厝您这栋屋(莆仙方言,吴建明 2013)
(17) 你这书你的书(光山方言,王芳 2013)

第九类是“冠词型”,这类结构极为罕见,下面的例子取自湖南益阳话,“阿”为益阳话中的定冠词。

(18) 我阿妈妈我的妈妈(湖南益阳话,夏俐萍 2013)

以上这些领属结构的形式在不同方言中能够表达的语义类型是有差异的。总体来说,与领属相关的语义主要有亲属关系、身体部位、整体部分、财产领有、社会关系、空间领有等。本文将通过考察不同的语义类型在形式选择上的跨方言差异,绘制名词性领属结构的语义地图,以探究领属范畴在汉语方言中的表现。

2. 汉语方言名词性领属结构的语义地图

2.1 语义地图模型

语义地图模型(semantic map model)是语言类型学中很重要的一种研究工具,旨在分析语言中不同功能之间的连接方式。语言中的多功能连接模式,反映了概念空间中的连续区域。

该理论假设概念空间具有“连续性”(connectivity),理论上说,如果可以将语言中不同范畴的语义地图绘制出来,就好比绘制了无数的拼图,而这些拼图最终拼接在一起,就可以揭示人类概念空间的全貌。正因如此,Croft(2001:105,364)将概念空间称为"人类心智的地理"(geography of human mind),是人类共有的"认知遗产"(cognitive heritage),是"人类交际所使用的普遍的概念性知识结构"。

根据 de Haan (2004)提出的选择基元的准则,绘制语义地图所使用的基元的选择需要遵从以下两个原则:第一,在任一语言中,此基元不能继续细分为更小的单位;第二,至少有一种语言中此基元与其他基元有形式上的区分。据此,如果将 A、B、C 看作三个基元,语义地图为"A—B—C",那么,可以预测出如下图所示的四种可能的语言类型:每种基元都使用不同的形式来表达(类型 a);A 和 B 使用同一种形式,而 C 使用另一种形式(类型 b);B 和 C 的形式重合(类型 c);三个基元的形式均重合(类型 d)。

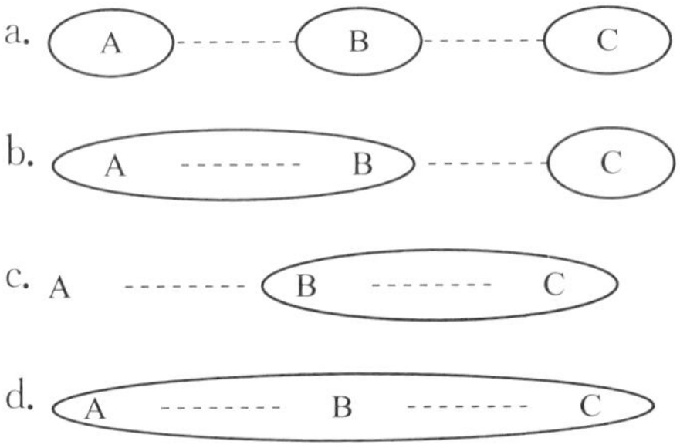

图 1 理想的基元关系图(de Haan 2004)

语义地图主要可以分为经典语义地图和现代语义地图:前者以 Haspelmath(1997, 2003)为代表,其优势在于可以通过不同语义之间的连线和箭头来标注出语义之间的关系和可能的历时发展方向,Cysouw(2007a)对其进行改进,用连线的粗细来表现不同语义之间关系的紧密程度;后者以 Croft & Poole(2008)为代表的多维尺度分析法(MDS)为代表,其优势在于方便对大规模数据统计分析,其缺陷在于不够直观、难以表现历时变化的方向。

陈振宇、陈振宁(2015)设计了一种新的现代语义地图计算方式,通过计算不同语义的共现次数,来展现语义之间的关系。这种新型的语义地图具备两方面的优势。首先,可以用于处理大规模的数据;其次,新型语义地图可以表现不同语义之间相关性的深浅。但与 MDS 语义地图一样,新型语义地图无法直接预测历时变化的方向。

2.2 绘图方法及语料来源

领属结构语义内涵丰富，包含了一系列不同的语义（Mcgregor 2002：2）。在类型学研究中，一般将领属结构的基本语义分为以下三种（Koptjevskaja-Tamm 2002）：亲属关系，身体部位领有，财产领有。名词性领属结构，是可以用于表达一种或多种基本领属语义的名词性结构。

大部分汉语方言中都有多个领属结构，每个领属结构所覆盖的语义不尽相同。首先记录每个方言中涉及以上三种基本领属语义的结构，然后记录每个结构所能表达的所有语义，就得到了以下 11 种语义：1）亲属关系（“我妈妈”）；2）身体部位（“我的手”）；3）财产领有（“他的书”）；4）整体部分（“钢琴的琴键”）；5）社会关系（“小明的老师”）；6）作者—作品（“张爱玲的书”）；7）单位—成员（“电台的主播”）；8）空间领有（“上海的东方明珠”）；9）方位（“桌子上面”）；10）成员—单位（“员工的企业”）；11）本体—属性（“小明的脾气”）。

本文的语料来源如表 1 所示，其中一部分方言来源于已有文献，另一部分方言来源于笔者调查，所考察的方言覆盖了汉语主要的方言区。取样的覆盖面较广，但内部有不平衡的缺陷。在我们的样本中，官话区和吴语区的方言相对较多，客、闽、赣、湘四个方言区的方言较少。虽然如此，但根据以上的样本通过计算和分析，依然可以得出汉语方言中领属结构的基本面貌。

表 1 方言点及语料来源

序号	方言区	方言点	来 源
1	西南官话	四川成都话	陈振宇 2013
2	西南官话	贵州遵义话	笔者自省
3	西南官话	湖南怀化话	李枝梅
4	西南官话	广西融水桂柳话	滚碧月
5	西南官话	湖北武汉话	陆中玏
6	冀鲁官话	山东寿光话	张莹
7	冀鲁官话	山东潍坊话	甄成
8	中原官话	河北盐山话	刘林
9	中原官话	河南周口话	姜毅宁
10	江淮官话	芜湖话	陈卓 2013
11	吴语	江苏苏州话	史濛辉

续表

序号	方言区	方言点	来　源
12	吴语	浙江绍兴话	盛益民等 2013
13	吴语	浙江台州话	丁健
14	吴语	浙江杭州话	辜正略
15	闽语	莆田仙游话	吴建明 2013;郑伟莉
16	闽语	闽南惠安方言	陈伟蓉 2013
17	客家话	梅县客家话	叶文山
18	粤语	广州话	彭小川 2006、单韵鸣 2013
19	赣语	宿松话	黄晓雪 2013
20	湘语	湖南益阳话	夏俐萍 2013

2.3 领属结构的语义地图

本节主要展示基于上述方言材料得出的语义地图。如前所述,语义地图基于 20 种方言名词性领属结构的考察,绘制地图的算法参考陈振宇、陈振宁(2015)。领属语义的数据库构成如下图所示。横轴代表的是不同的领属语义,纵轴代表的是不同的结构。

根据不同的结构形式在各方言中的语义分布,构建出如下图所示的数据库。此数据库是绘制语义地图的基础。记录数字的标准为:若某方言中的特定形式可以用于表达一种语义,则记为“1”,如果不能用于表达该语义,则记为“0”。例如,“我父亲”可以记作“代 PM”,该结构在普通话中可以用于表达“亲属关系”,所以“亲属关系”记为“1”;但该结构不能用于表达“财产领有”(例如,“我书”不成立),所以“财产领有记为“0”。

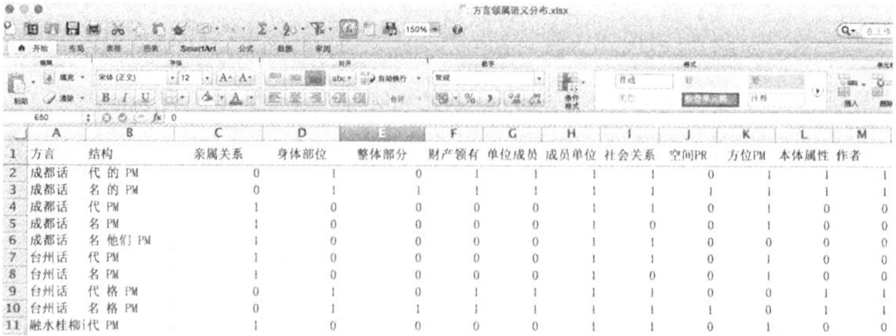

方言	结构	亲属关系	身体部位	整体部分	财产领有	单位成员	成员单位	社会关系	空间PR	方位PM	本体属性	作者
成都话	代 的 PM	0	1	0	1	1	1	1	0	1	1	1
成都话	名 的 PM	0	1	1	1	1	1	1	1	1	1	1
成都话	代 PM	1	0	0	0	0	1	1	0	1	0	0
成都话	名 PM	1	0	0	0	0	1	0	0	1	0	0
成都话	名 他们 PM	1	0	0	0	0	1	1	0	0	0	0
台州话	代 PM	1	0	0	0	0	1	1	0	1	0	0
台州话	名 PM	1	0	0	0	0	1	0	0	1	0	0
台州话	代 格 PM	0	1	0	1	1	1	1	0	0	1	1
台州话	名 格 PM	0	1	1	1	1	1	1	1	0	1	1
融水桂柳i	代 PM	1	0	0	0	0	1	1	0	1	0	0

图 2 领属语义数据库

本节的语义地图都是通过“永新语言学”网站上的计算方法得出的①(详见陈振宇、陈振宁 2015)。这类算法的优势在于,可以用连线粗细来表现不同语义共现的频率。

根据此方式绘制的语义地图主要由“节点”“边(及其粗细)”“数字”构成。语义地图上的节点代表的是语义功能,是根据对不同方言中领属形式的考察总结出来的。节点之间的连线为边,边上的数字代表了不同语义共现的次数。换言之,这代表了两种语义共用同一个形式的次数。可以这样理解,边的粗细代表了不同语义之间的联系程度的深浅。边越粗,说明两种语义之间的概念距离越近,越容易使用同一语言形式来表达;相反,边越细,说明两种语义之间的概念距离越远,越不容易使用相同的语言形式来表达。

领属语义地图②如图 3(a/b)所示,图中有 11 个节点,分别代表了 11 种不同的语义。不同的语义之间都由粗细不同的边相连,边上的数字相差很大。最大的数字为 77,是“亲属关系”和“社会关系”之间的连线上的数字,说明这两种语义功能使用相同形式的次数为 77;最小的数字为 2,是身体部位和社会关系之间的连线上的数字,这说明同一结构可以同时用于这两种语义的可能性最小。

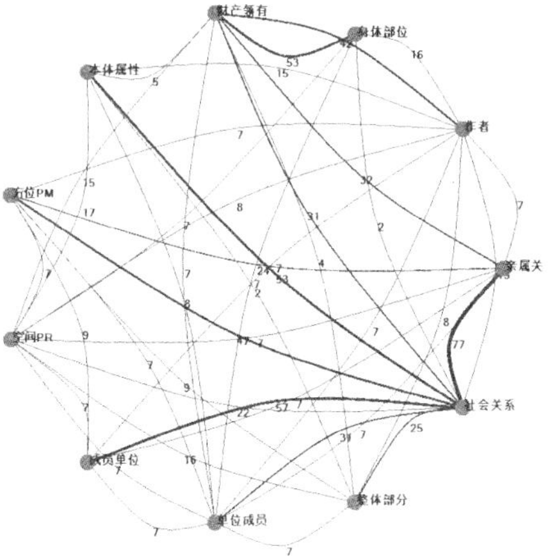

图 3a　名词性领属结构跨方言语义地图全图

---

① 在该网站上有四种不同的算法,下文的语义地图是“赢多输少”算法得出的结果。

② 语义地图中,比较奇怪的一环是“本体属性”。按照语感,该语义应当与“控制类”语义的关系更紧密,但在语义地图上,它却显示为与“社会关系”的联系更紧密。这大概是源于两方面的原因。首先是因为“社会关系”对形式的限制比较小,大部分的形式都可以用来表达这类关系,因此,它与“本体属性”的共现次数很多。另一方面,这可能是由于在一些方言中,“财产领有”和“本体属性”有形式上的差异。例如,在许多方言中“家类”结构可以用来表达“财产领有”,但是不能用于表达“本体属性”。

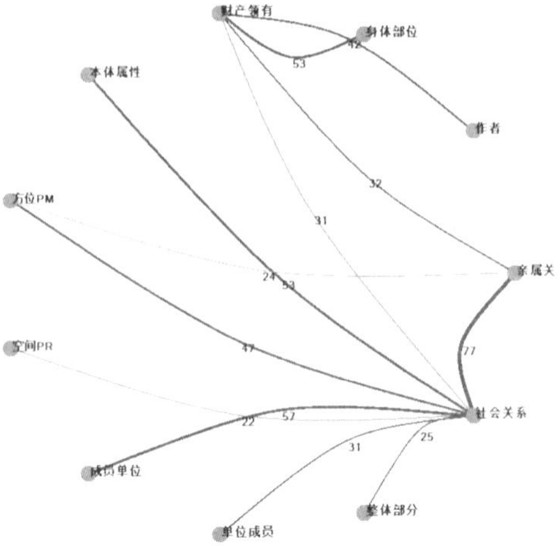

图 3b 名词性领属结构跨方言语义地图最大简图

图 3a 完整地反映了领属语义之间的关联模式。如果去掉图 3a 中数字较小的连线,则可以得到图 3b——“最大简图”。虽然反映的是同一组数据的计算结果,但“最大简图”可以更加清晰地看出不同语义之间的关联模式。

如图 3b 所示,大部分的语义都汇集到了“社会关系”这个节点上,这说明社会关系在整个领属语义的格局中占据着十分重要的位置。此外,“社会关系”与“亲属关系”之间的连线的权重最大,说明这两种语义的概念距离非常近。这一点不难理解,因为“社会关系”和“亲属关系”都是“人际关系”。可以认为,“社会关系”和“亲属关系”所代表的“人际关系”类语义构成了领属语义的核心语义。

语义地图全图中,有两种语义与“社会关系”的距离较远:“身体部位”和“作者—作品”。这两种语义都与“财产领有”相连,构成了与“人际关系”类语义相对的“控制性”语义核心。从语义上看,这三种语义都表现出了比较显著的领有者对被领有者的“支配”与“控制”。例如,财产的领有者对财产有支配和控制的权利;人对自己的身体部位有支配和控制的权利;作家对自己的作品也有支配和控制的权利。

综上所述,语义地图显示出以下趋势:领属语义汇聚到两类语义上——“人际类”语义和“控制类”语义。可以认为,这两类语义是领属语义的两大核心,限制了名词性领属结构的形式选择。

3. 领属结构的双核假设:“人际性”和“控制性”

汉语方言领属结构的语义地图显示,领属语义汇聚为“人际类”和“控制类”两类。据此,我们提出名词性领属结构的“双核假设”,这一假设主要观点如下:

[1] 领属语义可以分为两大核心:“人际性”和“控制性”。典型的人际类语义包括“亲属关系”和“社会关系”;典型的控制类语义包括“财产领有”和“身体部位”。

[2] 名词性领属结构的形式可以分为A类结构和B类结构①,A类结构包括“直接并置型”“复数结构”“代词连接型”“家类结构”;B类结构包括“从属词标记型”“量词型”“指示词型”。

[3] 跨方言共性:人际类语义与A类结构无标记关联;控制类语义与B类结构无标记关联。

在上述假设中,仅仅考虑了领属的核心语义。前文已经提到,领属最核心的三种语义是“亲属关系”“身体部位”和“财产领有”。语义地图计算发现,在汉语方言中,有另一种不容忽视的领属关系,即“社会关系”。虽然在大多数语言中,“社会关系”并不一定是典型的领属关系,但它在汉语方言中的地位却不容忽视。因此,我认为可以将“社会关系”也纳入领属语义的基本语义类型。

下面,举例说明两大语义内核在形式选择上的限制。

“人际类”语义通常既可以使用A类结构,又可以使用B类结构。使用A类结构表达“人际类”语义是无标记的表达,请看以下方言中的例子。

(19) 融水桂柳话(并置类/代词连接型结构)

a. 他妹/他们妹/小明他妹/小明他们妹(亲属关系)

b. 他们公司/小黄他们公司(成员—单位)

c. 他老板/他们老板/张三他们老板(社会关系)

(20) 关中方言(代词连接型)

a. 王宁他们朋友王宁的朋友

b. 王宁他们单位王宁的单位(唐正大 2014)

① 这里没有考虑以下两类结构:代词领格结构(如客家话)和冠词型结构(如益阳话)。原因是这两类结构既没有明确的语义限制,在方言中也不常见。

(21) 绍兴话(复数并置)

伢[$ŋa^4$]爹我们爸(我爸)(盛益民、陶寰、金春华 2013)

(22) 莆仙话(并置型)

我娘体[kua^{21} niu^{453}-$nieʔ^1$](吴建明 2013)

(23) 粤语(并置型,复数类结构)

a. 我妈妈/我哋妈妈我妈妈/我们的妈妈

b. 我屋企我们公司

c. 你哋公司你们公司(单韵鸣 2013)

(24) 潍坊话(代词连接型)

a. 张三他爸/张三他同事

b. 张三他们学校

(25) 赣语泰和方言(家类结构)

a. 你连家爷你爸爸

b. 福兵叔叔连家个细崽福兵叔叔的小儿子(戴耀晶 2013)

(26) 赣语宿松方言(家类结构)

哥哥家外母哥哥的岳母(黄晓雪 2013)

A类结构中,除了语义特殊的"家"类结构之外,从本质上来说,都是并置结构。"家"类结构具有很强的语义限制,在大部分方言中只能用于与家庭相关的语义。无标记并置结构只能用于表达"人际类"语义,而不能用于表达"控制类"语义。例如,在下面台州话的例子中,(27a)成立,(27b)不成立。

(27) 台州话(丁健)

a. 小黄个脚;李帆个头;小莉个钉镶

b. *小黄脚;李帆头;小莉钉镶

B类结构一般也可以用于表达"人际类"语义,但是用于表达人际类语义时,通常包含了非常规意义。其中,一些非常规意义是显性的,另一些是隐性的。

例如,在冀州方言中"这/那/聂"均可用于领属结构。无论使用哪个指示代词,指示意义都仍然存在。如果指称亲属的话,使用"这/聂"意味着不是真正的亲属。例如:

(28) 冀州方言(指示词结构)

a. 俺聂妈我的后妈(白鸽 2013)

b. 俺这哥哥我的后哥哥(白鸽 2013)

又如,在遵义方言中,一般不能使用从属词标记型结构(B类结构)来表达亲属关系,例(29a)很自然,例(29b)却不自然。一般,只有用于对比和强调的时候,才会使用从属词标记型结构。而对比和强调,实际上就是突出领有者对被领有者的某种控制关系,强调领有者的排他性。

(29) 遵义话

a. 他妹妹;他们妹;小明们妹

b. ? 他的妹妹;小明的妹妹

在同一种方言中,也可能表现出不同语义对结构的不同选择。例如,在下面苏州话的例子中,例(30a)是从属词标记型结构和量词结构,指的是"拥有的公司",所表达的语义侧重"控制性";而例(30b)是复数类并置结构,指的是"工作的公司",表达的语义侧重"社会人际性"。

(30) 苏州话(史濛辉)

a. 张三个公司/张三只公司(拥有的公司—"控制支配性")

b. 张三笃们公司(复数结构:工作的公司—"社会人际性")

综上所述,汉语方言的领属结构具有"双核性",即"人际性"和"控制性",这两大内核代表了名词性领属结构的两大典型语义类型。"语义双核"限制了对结构的选择,"人际类"语义选择的是A类结构,"控制类"语义选择B类结构。A类结构是并置结构,B类结构是显性标记结构。"人际类"语义在结构选择上限制较小,通常可以自由出现在A类结构(常规用法)和B类结构(特殊语义)中。"控制类"语义在结构选择上限制较大,通常只能使用B类结构来表达,但在极少数情况下也可以使用A类结构表达特殊的语义。

4. 小结

本文从类型学角度考察了汉语方言的名词性领属结构,通过调查20种方言中名词性领属结构的语义分布,绘制了语义地图。语义地图显示,汉语方言的名词性领属结构的语义可以分为“控制类”和“人际类”两大语义类型,其中,“人际类”语义在整个语义范畴中占据更核心的地位。

在语义地图的基础上,提出了“双核”假设和跨方言共性。“人际性”和“控制性”是名词性领属结构的两大语义内核,决定了方言中领属结构的形式选择。根据领属语义的“双核”假设,本文发现了以下跨方言共性:人际类语义与A类结构无标记关联;控制类语义与B类结构无标记关联。

既往研究中,通常认为领属语义的基础是空间关系(Lyons 1967, Seiler 1981, Langacker 1995),甚至有一些学者认为领属关系的本质就是空间关系(Clark 1978)。但从共时层面看,在汉语方言中,社会人际关系的作用更为显著,其中最凸显的两种语义是“社会关系”和“亲属关系”。领属结构的“人际性”还可以进一步扩展出“立场范畴”(陈振宇、叶婧婷 2014),这也显示了社会人际关系在领属范畴内的显赫性。

参考文献

白 鸽 2013《冀州方言的领属范畴》,《语言研究集刊(第十辑)》,上海辞书出版社。

陈玉洁 2007《联系项原则与“里”的定语标记作用》,《语言研究》第3期。

陈振宇、陈振宁 2015《通过地图分析揭示语法学中的隐性规律——“加权最少边地图”》,《中国语文》第5期。

陈振宇、叶婧婷 2014《从“领属”到“立场”——汉语中以人称代词为所有者的直接组合结构》,《语言科学》第2期。

陈振宇 2013《四川成都方言中的领属结构》,《语言研究集刊(第十辑)》,上海辞书出版社。

陈卓 2013《安徽芜湖话的定语领属范畴》,《语言研究集刊(第十辑)》,上海辞书出版社。

储泽祥 2002《“底”由方位词向结构助词的转化》,《语言教学与研究》第1期。

戴耀晶 2013《江西泰和方言的领属结构》,《语言研究集刊(第十辑)》,上海辞书出版社。

单韵鸣 2013《广州话的领属结构》,《语言研究集刊(第十辑)》,上海辞书出版社。

范晓林 2012《晋北方言领属代词的重叠》,《中国语文》第1期。

黄晓雪 2013《安徽宿松方言的定语标记“里”》,《汉语方言语法研究的新视角》,上海教育出版社。

江蓝生 1999《处所词的领格用法与结构助词“底”的由来》,《中国语文》第2期。

刘丹青 2013《汉语方言领属结构的语法库藏类型》,《语言研究集刊(第十辑)》,上海辞书出版社。

彭小川 2006《广州话含复数量意义的结构助词"啲"》,《方言》第2期。

盛益民、陶　寰、金春华 2013《吴语绍兴方言的定语领属》,《语言研究集刊(第十辑)》,上海辞书出版社。

盛益民 2013《吴语复数标记来源的类型学考察》,《语言学论丛》,商务印书馆。

唐爱华、张雪涛 2004《宿松方言的结构助词》,《安庆师范学院学报(社会科学版)》,第6期。

唐正大 2014《认同与拥有——陕西关中方言的亲属领属及社会关系领属的格式语义》,《语言科学》第4期。

王　芳 2013《光山方言中的领属范畴》,《语言研究集刊(第十辑)》,上海辞书出版社。

吴建明 2013《莆仙话的人称领属结构》,《语言研究集刊(第十辑)》,上海辞书出版社。

夏俐萍 2013《益阳方言的领属结构》,《语言研究集刊(第十辑)》,上海辞书出版社。

项梦冰 1997《连城客家话语法研究》,语文出版社。

赵日新 1999《说"个"》,《语言教学与研究》第2期。

De Haan, F. 2004 On representing semantic maps. In *E-MELD Language documentation conference: Workshop on linguistic databases and best practice*.

Clark, Eve V. 1978 Locationals: Existential, locative, and possessive constructions [A]. *Universals of human language 4*: 85—126.

Croft W, Poole K T. 2008 Inferring Universals from Grammatical Variation: Multidimensional Scaling for Typological Analysis. *Theoretical Linguistics*, 34(1):1—37.

Croft, William 2001 *Radical Construction Grammar*. Oxford University Press.

Cysouw, Michael Alexander 2007 Building semantic maps: the case of person marking. In Matti Miestamo & Bernhard Wälchli (ed.) *New Challenges in Typology: Broadening the Horizons and Redefining the foundations*. Berlin: Mouton, 225—248.

Haspelmath, Martin 1997 *Indefinite Pronoun*. Oxford University Press.

Haspelmath, Martin 2003 The geometry of grammatical meaning: semantic maps and cross-linguistic comparison. In Tomasello, Michael (ed.), *The New Psychology of languages: Cognitive and Functional Approaches to Language structure Vol 2*. Mahwah, NJ: Erlbaum, 211—242.

Koptjevskaja-Tamm, Maria 2002 Adnominal possession in the European languages: form and function. *Sprachtypologie und Universalienforschung*, 55:141—172.

Langacker, Ronald W. 1995 Possession and Possessive Constructions. In: *Language and the Cognitive Construal of the World*, 51—79.

Lyons, Christopher 1999 *Definiteness*. Cambridge University Press.

McGregor, William B. 2009 Introduction, In *The Expression of Possession*, edited by William B. McGregor. Berlin/New York: Mouton de Gruyter, 1—13.

Seiler, Hansjakob 1981 *Possession as an Operational Dimension of Language*. AKUP: Arbeiten Des Kolner Universalien-Projekts Koln, no.42.

(叶婧婷　莱比锡大学　德国　leaffirst@gmail.com)

汉日语名词谓语句对句末名词语法化的影响*

黄小丽

提　要：名词谓语句一般指"S→NP1(是)NP2"这样的句型，日语的名词谓语句则可表示为"S→NP1は(wa主题标记)NP2だ(da系词)"。现代汉语的名词谓语句里，NP2位置上的名词语法化属于非显赫范畴。与之形成鲜明对比的是，日语句末名词的语法化属于显赫范畴，名词谓语句除了出现"人鱼句"这样前半部分是动词句、后半部分以名词结句的句式外，句末名词还演变出助动词、终助词等诸多用法。文章从NP2位置上名词的述谓性、动转名的标记性/非标记性、日语的话题突出(topic-prominent)特征等三个角度分析导致汉日差异的原因，进而总结出日语句末名词语法化的类型学特征。

关键词：名词谓语句　述谓性　语法化　话题突出

1. 引言

名词谓语句(nominal predicate sentences)一般指"S→NP1(是)NP2"这样的句型，日语的名词谓语句则可表示为"S→NP1は(wa主题标记)NP2だ(da系词①)"。本文的考察对象是位于NP2位置上名词的语法化问题，例如：

(1) 他一副自得其乐的样子。(CCL②)

---

* 本文得到上海市哲学社会科学规划一般课题(2014BYY007)的资助。

① 关于日语中构成名词谓语句谓语形式的"だ(da)、です(desu)、である(dearu)、であります(dearimasu)"的语法定位，学者之间历来观点不一。国内日语学界一般按照日本惯例，称之为"助動詞"，本文基于类型学视角，将其认定为"系词"。详情可参考彭广陆(2013)。

② 北京大学中国语言学研究中心CCL：http://ccl.pku.edu.cn:8080/ccl_corpus/，检索日期：2017年10月30日。

(2) 裕子　　は、　　信じられない　　様子　だ　。(BCCWJ[①])
裕子　主题标记　相信—能动态—否定　样子　系词
译：裕子一副不敢相信的样子。

(3) 我々　　は　　具体的な オファー　　を　　待っている
我们　主题标记　具体的　　报价　　宾格　等待—持续体
ところ　だ。(BCCWJ)
正在　系词
译：我们正在等待具体的报价。

例(1)是现代汉语的例子,"他……的样子"中的"样子"可以表示样态。储泽祥(2003)指出,类似的表达还有"模样/架势、派头/姿态、神情/表情、腔调/语气等",这些词在某种程度上已经出现了虚化,但是仍然保留了词的含义;例(2)是日语的例子,"様子"与汉语一样,也是表示样态;例(3)中的"所(ところtokoro)"原义表示"场所",在现代日语中保持处所用法的同时,在名词谓语句的 NP2 位置上还具有表示"正在进行"的时体义用法。上述 3 个例子中,位于 NP2 位置上的名词出现了不同程度的语法化。汉语中这个位置上的名词除了古汉语和现代汉语的一些方言,相关的例句较少;相对而言,属于 SOV 语言的日语在这个位置上的名词的语法化属于显赫范畴,几乎所有语义空灵的形式名词如"物(ものmono)"(指事物)、"事(ことkoto)"(指事情)等都语法化为句末助动词,乃至终助词。另外一些语义明确的实质名词,则构成了"体言締め文/人魚構文"(句末体词句/人鱼句式)[②],这是日语的类型学特征。我们关注的重点是,同样是名词谓语句,为什么汉语 NP2 位置上的名词语法化不显赫,而日语 NP2 位置上的名词语法化现象显赫。

本文将在名词谓语句的框架内考察汉日语句末名词语法化的异同,并从 NP2 位置上名词的述谓性、动转名的标记性/非标记性、日语的话题突出(topic-prominent)特征等三个角度分析导致差异的原因,进而总结出日语句末名词语法化的类型学特征。

① BCCWJ(Balanced Corpus of Contemporary Written Japanese,『現代日本語書き言葉均衡コーパス』)是日本国立国语研究所和文部科学省共同开发的语料库,收录 1 亿余词。http://www.kotonoha.gr.jp/shonagon/,检索日期:2017 年 10 月 30 日。

② 体言締め文/人魚構文(句末体词句/人鱼句式),指前半部分为动词、后半部分为名词的句子,详见角田太作(2011)。本文称为"句末名词句"。

2. 名词谓语句

Croft(1991)[①]从语言类型学的角度分析词类与语义功能、语用功能之间的关系,认为名词表示典型的事物(object),具有指称(reference)功能;形容词表示属性(property),具有修饰(modification)功能;动词表示动作(action),具有陈述(predication)功能。这三者具有原型的关联性,是无标记的,其他的关联则是有标记的。按照这个观点,名词的主要功能是指称,用于陈述时一般都需要标记,因此在汉语中,当名词位于NP2位置时,一般需要使用系词"是"以实现名词的陈述性(即"是"字句)。例如:

(4) 小李是这个班的班长。 (张斌 2010:595)

例(4)如果省略了系词"是",则句子无法成立,因此在现代汉语中一般将"是"字句看成动词性谓语句。不过,汉语中存在名词或名词短语单独作谓语的现象,例如:

(5) 今天端午节。 (张斌 2010:418)

例(5)不使用系词"是",是狭义上的名词谓语句。本节我们将在先行研究的基础上考察汉、日语名词谓语句的基本构造及语义特征,为探讨NP2位置上名词语法化提供研究基础。

2.1 汉语的名词谓语句

如果以结构功能为标准来划分名词谓语句的话,首先要考虑的是,NP1与NP2之间是否包含"是"这样的系词或判断词。一般而言,"是"字句被看成动词谓语句,不过从20世纪80年代开始,大家普遍承认汉语中存在由体词或体词短语直接作谓语的体词谓语句,并把它与动词谓语句、形容词谓语句和主谓谓语句当成相并列的基本句型来看待(吴正基 2003)。

朱德熙(1982:102)所列举的名词谓语类型有:1)名词、时间词作谓语(明天星期三);2)名词性偏正结构(我广东人);3)数量词和数量名结构作谓语,位

---

① 关于Croft(1991),还参考了堀江薫、プラシャント・パルデシス(2009)。

于前头可以有副词,后头可以带语气词“了”(他二十岁、每人刚好两本、他已经二十岁了)。此后的研究基本上围绕这些结构展开。

在古汉语中,杨伯峻、何乐士(2001:705—720)指出,名词谓语构成的判断句在古汉语里按有无系词,可分为无系词和有系词的判断句两大类,在系词大量运用以前(大约在汉魏以前),判断句是以没有系词的为主要形式的,此外有些副词兼有系词的作用,例如“伊、繄、皆、诚、实、尽”等。至于有系词的判断句,该书认为,春秋以前多用“维(惟)”,春秋以后多用“为”,“是”处于萌芽状态。汉魏以后,“是”做系词的用法逐渐增多,但不论在先秦或汉魏以后,这几个系词都曾同时存在,尤其是“是”和“为”,曾在长期中并用。

本文考察的是狭义的名词谓语句“S→NP1 NP2”中 NP2 位置上的名词语法化。

2.2 日语的名词谓语句

日语中存在表示主题的标记“はwa”和表示主语的标记“がga”,此外句末系词“だda”也存在使用与不使用两种可能,因此情况更复杂些。三上章(1972[1953])将日语的句子分为“动词句”和“名词句”两大类,其中名词句又下设“形容词句”和“含系词句”(原文称为“準詞文”,即名词句)两类。原则上日语的名词句是需要包含“主题—述题”两个部分的,但是事实上日语还存在一些无主题的名词句。新屋映子(2014)将句子分为六大类,与名词谓语句有关的句子包括以下两类:

第 1 类“有题叙述文”(有主题叙述句),即“NP1は(wa)NP2だ(da)”①,NP1 是句子的主题,NP2 叙述 NP1 的属性,两者是“主题—述题”关系。例如:

(6) 太郎 は 大学生 です 。
太郎 主题标记 大学生 系词
译:太郎是大学生。 新屋映子(2014:112)

第 2 类“同定文”(等同句),即“NP1は(wa)NP2だ(da)”,NP1 是句子的主题,NP2 的所指等同于 NP1,两者同样是“主题—述题”关系,在语义上表示两个实体之间的等同关系。例如:

① 原文为“NP1は(wa)NP2”,系词没有出现。但根据该文的例句,也可表示为“NP1は(wa)NP2だ(da)”。

(7) これ　　は　　昨日　　買った　　セーター　です 。
　　这　　主题标记　昨天　买—过去　　毛衣　　系词
　　译:这是昨天买的毛衣。　　　　　　　　新屋映子(2014:114)

上述(6)和(7)属于传统的名词句,表示两个名词之间主要的逻辑关系,即类属关系与等同关系。

综上,汉日语名词谓语句的差别在于:第一,日语的名词谓语句具有主题标记"はwa","主题—述题"关系清晰;第二,日语的名词谓语句一般具有"だda""ですdesu"等系词,或者"よyo""ねne"等终助词,黏着语特点显著,而汉语则存在是否使用系词"是"的问题,狭义的名词谓语句稳定性低于日语;第三,汉语的名词谓语句 NP2 位置上的名词受到许多限制(详见 4.1 节),如果不使用"是"的话,两个名词无法通过并列方式构成名词谓语句,日语的名词谓语句 NP2 位置上的名词基本不受限制。

2.3　类型学意义上的名词谓语句

从类型学的角度进行考察,有助于我们更好地掌握名词谓语句的特征。张姜知、郑通涛(2015)将名词性成分直接作谓语的句子称为狭义的名词谓语句,并将不使用系词的句子称为"广义的名词谓语句"。广义的名词谓语句具有以下几种可能的表现形式:用虚化动词充当系词功能;用代词充当系词功能;用小词(invariant particle)充当系词功能;用派生词缀充当系词功能等。强星娜(2008)则指出,在有话题标记的语言里,话题标记在判断义肯定式名词谓语句中具有替代系词的功能,语音停顿也具有带系词功能。陈满华(2008)从类型学角度考察了几种语言中的无系词判断句。汉藏语系的语言中,除了汉语语族,藏缅语族、壮侗语族及苗瑶语族的多数语言都可以以体词性成分直接表示判断,在句子中充当谓语。除了汉藏语系,印欧语系中古希腊语也不用系词,现代俄语虽有系词,但是常常不用;孟加拉语虽然有系词,但是一般表判断和存在不用系词;匈牙利语没有系词。张军(2005:152—154)指出:"古藏语判断句的肯定式一般不用判断词,而用句尾语气词来表达判断,即采用'NP1+NP2+语气词'的构式。"

从上述类型学的考察可知,汉语中不含"是"的名词谓语句并非特例,我们可以将汉语的名词谓语句分为两大类:含"是"和不含"是"。日语的名词谓语句则一般需要主题标记和系词。汉日语的这种句法差异,对 NP2 位置上名词的语法化产生了重大的影响。

3. NP2 位置上名词的语法化

本节我们将归纳汉日语 NP2 位置上的名词的语法化现象，为下节的分析提供语言事实和基础。

3.1 汉语 NP2 位置上名词的语法化

现代汉语 NP2 位置上名词的语法化具有非显赫性特点，这是因为，名词谓语句的 NP1 是句子的主题或主语，NP2 则是述题或谓语，后者陈述前者，由表示人种、民族、籍贯、人物处所、年龄等名词组成，这些名词承担传递明确语义的功能，不具备语法化过程中语义虚化的要求。只有当 NP2 在形式上是具有领属关系的定心名词短语或者定中结构时，该位置上的名词才具有语法化的语义基础，即语义虚化。例如前文所举的例(1)：

他一副自得其乐的样子。(CCL)

例(1)表示"他"的神情，句子的客观事实是"他自得其乐"，但是说话人通过视觉感知到了这一点，并用"一副 X 的样子"句式进行表述。储泽祥(2003)认为，获取信息的重要途径之一是通过视觉，说话时的腔调和语气也是注意的对象，这些可以感知到的内容可以把它们宽泛地包括在"样子"里边，类似的表达方式还有"模样/架势、派头/姿态、神情/表情、腔调/语气等"。总体而言，现代汉语中 NP2 位置上名词语法化的现象较少。

3.2 日语 NP2 位置上名词的语法化

日语名词谓语句的主要句型是"NP1 は(wa 主题标记)NP2 だ(da 系词)"，当 NP2 是单个名词时，出现语法化的可能性不大。与汉语相同，只有当 NP2 出现定中结构时，即"[節]名詞だ(da 系词)"(角田太作 2011:53)，这个句法位置上的名词才可能发生语法化。角田将这个句法位置上的名词分为三类，包括实质名词、形式名词和后接语"のno"(enclitic)，分别引用如下：

(8) 太郎　は　名古屋　に　行く　<u>予定</u>　　だ　。
　　太郎　主题　[名古屋　目的格　去]　预定　(名词)　系词
　　译：太郎计划去名古屋。　　角田太作(2011:53)

(9) 太郎　は　今　本　を　読んでいる
　　太郎　主题　现在　[书　宾格　读—持续体]

ところ(所)　　　　　　　　　だ　。
正在(形式名词,原义为场所)　系词

译:太郎现在正在看书。　　　　　　　　　　角田太作(2011:53)

(10) 学生　が　一生懸命　勉強している。試験　が　ある
学生　主格　拼命　学习—持续体　考试　主格　有
の　だ
准体助词　系词

译:学生正在努力学习。(这是因为)有考试。　角田太作(2012:9)

例(10)中的"のno"是一个准体助词,又兼名词化标记用法,这里我们选用另外一个名词化标记"事(ことkoto)"(指事情),以便更清晰地说明名词化标记的情况。

(11) 私　の　夢　は　英語　の　先生　に　なる
我　的　梦想　主题标记　[英语　的　老师　结果格　成为]
こと　です　。
名词化标记　系词

译:我的梦想是成为英语老师。　　　　　　　　　　(BCCWJ)

角田太作(2011、2012)认为,例(8)的前半部分"太郎去名古屋"是动词句,"预定"是名词句,因此将这类句子称为"人魚構文"(人鱼句式),并指出这类句子具有日语的类型学特点。由例(8)～例(11)可知,日语NP2位置上的名词发生了语法化的句子包括句末名词句(例8)、形式名词/助动词句/终助词(例9)和含名词化标记的句子(例11),普通的名词谓语句(例6)NP2位置上的名词没有发生语法化,但是它提供了发生语法化的句法环境,正是在名词谓语句这个框架下,NP2位置上的名词逐渐发生了语法化。这里将日语NP2位置上名词语法化的情况整理如下表1。

由表1可知,日语的名词谓语句框架下,NP2位置上名词性质的不同,导致"普通名词→语义抽象名词→形式名词/助动词/终助词→名词化标记"的语法化链的出现,这些名词数量众多,性质各异,但是都是在名词谓语句的框架下实现语法化的。反观现代汉语,除了例(1)"他……样子"需要定中修饰的名词外,发生语法化的名词数量并不多。汉日语的这种差异值得关注。

表 1 日语名词谓语句框架下 NP2 位置上的名词语法化

句 式	NP2 位置上的名词	语 义	定语修饰	语法化程度	例 句
普通的名词谓语句	普通名词,“学生”等	指称义	不需要	无	(6) 太郎は大学生です。(太郎是大学生。)
句末名词句	表意志类的“意向”、表感情类的“気持ち(心情)”等	表意志、感情、倾向等,语义较抽象	需要	低	(8) 太郎は名古屋に行く予定だ。(太郎计划去名古屋。)
形式名词/助动词句/终助词句	つもり(表意志或评价)、はず(表预期或领悟)、わけ(表理由)等	空灵,有些形式名词已经语法化为助动词或终助词	需要	高	(9) 太郎は今本を読んでいるところ(所)だ。(太郎现在正在看书。)
含名词化标记的句式	“物(ものmono)”、“事(ことkoto)”等	虚化为名词化标记	需要	高度语法化	(11) 私の夢は英語の先生になることです。(我的梦想是成为英语老师。)

4. 汉日语 NP2 位置上名词语法化差异的主要原因

由上节可知,现代汉语及古汉语中,存在一些 NP2 位置上名词虚化的现象,但总体而言数量不多,不太受到关注。反观日语,NP2 位置上的名词语法化是个显赫范畴,历来受到日语研究者的关注。本节我们将探讨这一差异形成的原因。我们认为,可以从 NP2 位置上名词的述谓性、动转名的标记性/非标记性、日语的话题突出(topic-prominent)特征等三个角度来解释这一差异。

4.1 NP2 位置上名词的述谓性

关于 NP2 位置上名词的语义特征及 NP1 与 NP2 之间的选择关系,刘月华等(2001)、王珏(2001)、陈满华(2008)等作了一些考察。多数学者认同 NP2 为表示时间、职位、籍贯等名词,NP1 与 NP2 之间的选择关系则可以构成“一般时间词—日期、时间、节日、节令、季节、天气(昨天端午节)”等多组关系。不过,石定栩(2011:81)认为,可以充当谓语的体词短语范围极其广泛,除了常见的籍贯、年龄和日期之外,还可以是食物、气味等,任何一种列举方法都无法穷尽所有的体词谓语类别。

我们同意石定栩(2011)的观点,逐一列举是无法穷尽所有的体词谓语句的,需要一个概括性的归纳。我们认为,"NP2 的述谓性"是解决问题的关键所在。先行研究中,周日安(1994)认为狭义的体词谓语句是两个体词成分的结合,前者是主题、主语,后面是述题、谓语,后者陈述前者,是能够独立生存的句子;丁雪欢(1994)指出,名词谓语句之所以能够成立,关键在于 NP2 的述谓性,NP2 中的"偏"部在表义功能上与整个谓语等价,在句中有举足轻重的作用。此外副词修饰以及后加动态助词"了"的名词性结构,NP2 也体现了其谓词特点的一面。项开喜(2001)则指出,体词性成分的指称功能越强,陈述功能就越弱,反之亦然。杨成凯(2003)认为,具有表述功能的是"系词+后项",而不仅仅是后项本身。在"张三是人"中,"是人"具有表述功能,而不是"人"具有表述功能。名词谓语句中 NP2 的述谓性,是由句法结构赋予的。以下我们将逐项考察汉语名词谓语句中 NP2 的述谓性,看看在哪种情况下才可能出现 NP2 位置上名词的语法化。

4.1.1 NP2 为独立名词

汉语学界早已意识到,陈述与指称应该从构词层面和句法层面两个层面进行考察。彭可君(1992)认为,在构词层面上,陈述表现为谓词性词语,包括动词、形容词、主谓短语、述宾短语、述补短语、"状—中"偏正短语、复谓短语以及动词或形容词性联合短语;指称表现为体词性词语,包括名词、"定—中"偏正短语以及名词性联合短语。而在句法层面上,陈述表现为谓语成分、述语成分、补语成分、带状语的中心语成分;指称表现为主语成分、宾语成分、带定语的中心语成分。陈述和指称可以互相转化。在适当的句法条件下,单个名词也可以体现出述谓性。例如:

(12) 中国民航 296 号三叉戟客机,从沈阳东塔机场起飞,目的地上海。(CCL)

这里的"上海"具有很强的述谓性,这一述谓性是由句法结构赋予的,与"目的地"具有等同关系。事实上,汉语中 NP2 位置由独立名词担任的句子并不多,这是由于这个句法位置的述谓性最强,但是单个独立的名词指称性最强,陈述性最弱,因此这个句法位置与名词的语用功能不匹配,不容易成立。只有当 NP1 与 NP2 之间补上一个动词"是"时,"是 NP2"才具有很强的述谓性,NP2 位置上的名词才具有更大的自由度。因此,NP2 为独立名词时,这个名词的述谓性是最强的,这种述谓性是由句法位置赋予的。

4.1.2 NP2为数量词或数量短语、顺序义名词

数量词或数量短语的基本句法功能之一，就是作谓语，例如：

(13) 现在发书，每人五本。 (刘月华等 2001:138)

数量词或数量短语组成的句子是名词谓语句的重要组成部分。马庆株(1991)考查有顺序义的体词和体词性结构，指出具有顺序义的体词和体词性结构不仅有指称作用，而且有陈述作用，因而可以做谓语，有谓词性。也就是说，位于同一语义场的名词如学位(学士、硕士、博士)、职称(助教、讲师、副教授、教授)、星期(星期一到星期天)等，共同组成具有顺序义的名词链，处于这个名词链上不同节点的名词，具有述谓性(马庆株 1991)，因此可以在不出现“是”的情况下位于NP2位置，构成名词谓语句。我们例(5)所举的例子“今天端午节”就是这个情况。NP2为数量词或数量短语、顺序义名词时，这些名词本身就具有述谓性。

4.1.3 NP2前后出现副词或助动词

这指的是NP2前后出现副词(例如“已经”“都”等)或助动词(主要是“了”)的名词谓语句，两者也可以同时出现。例如：

(14) 他已经五年级了。

潘国英(2012)引用利奇(1974/1987:204—209)介绍了“降格述谓结构”这样一个语法语义概念，认为一个从属述谓结构可能是一个主要述谓结构的一部分，形容词、关系从句、限制性的介词短语以及副词、状语性介词短语、状语从句等，都具有述谓性功能。因此，例(14)“他已经五年级了”这个句子中，“已经”这个副词作为状语，具备降级述谓功能，NP2能受副词修饰，在表意功能上相当于述谓性词语。同理，句末的动态助词“了”，也体现了NP2具有谓词特点的一面。在这些副词和助动词的辅助下，NP2位置上的名词与其前后的副词和助动词共同承担了句子的述谓性。

4.1.4 NP2含定语修饰

这指的是例(1)“他一副自得其乐的样子”。这类句式是NP2位置上的名词最可能发生语法化的句式。首先，从语义上来看，定语修饰(或言偏正结构、偏正短语等)也具备了降级述谓功能，而且在语义上“自得其乐”才是句子的语

义核心,整个句子就是叙述“他自得其乐”这一情况。“样子”在句法上是名词谓语句的核心,但是在语义上,句子的重心前移至定语修饰部分,“样子”的语义虚化,具备语法化过程中语义抽象乃至虚化的条件。其次,从语用的角度看,说话人通过自己的观察,以自己的视角传递出“他自得其乐”这一事实,“样子”的使用说明句子实现了从概念功能向语篇功能乃至人际功能的转换。最后,从句法位置上看,“样子”位于句末,这使其具备转而表示主观语气的可能性。可以说,只有在 NP2 含定语修饰、并且这个名词具有语义虚化的可能性时,名词谓语句的句末名词才有可能发生语法化。

4.1.5 “是”字句

广义的名词谓语句包括“是”字句。由于述谓功能主要由“是”承担,理论上 NP2 位置上的名词可以是任意名词,语法化的可能性较小。当然,当“是”字句的形式是“NP1 是[VP+名词化标记](=NP2)”时,名词化标记很容易因其句末位置语法化为句末助词,日语的情况就是如此。但是由于汉语动转名的无标记性,VP 经过事件化和指称化后,可以纳入“名—名”语义框架,表示判断,因此现代汉语中名词化标记往往不需要出现,“是”字句基本上不出现 NP2 位置上的名词语法化现象。

我们将上述情况整理成如下表 2:

表 2 汉语名词谓语句 NP2 位置上名词语法化

	述谓性实现方式	名词的语义	名词语法化	例句
4.1.1 NP2 为独立名词	句法结构赋予	具体	无	(12) 中国民航 296 号三叉戟客机,从沈阳东塔机场起飞,目的地上海。
4.1.2 NP2 为数量词或数量短语、顺序义名词	数量词、顺序义名词	数量义、顺序义	无	(13) 现在发书,每人五本。
4.1.3 NP2 前后出现副词或助动词	副词或助动词+数量词、顺序义名词	数量义、顺序义	无	(14) 他已经五年级了。
4.1.4 NP2 含定语修饰	定语(降格述谓结构)	模样/架势、派头/姿态、神情/表情、腔调/语气等	虚化	(1) 他一副自得其乐的样子。
4.1.5 “是”字句	谓词“是”	具体	无	(4) 小李是这个班的班长。

上述4.1.1～4.1.5表明，当汉语NP2位置上的名词为4.1.4节的“NP2含定语修饰”时，最可能出现语法化现象。这是因为其他的名词谓语句为了承担谓语的述谓性，在语义上必须具备数量义、循环义等含义，不具备语法化的可能。只有当名词出现虚化时，才具备语法化的可能。

反观日语，名词谓语句的基本句式是“S→NP1は(wa主题标记)NP2だ(da系词)”，述谓性可以由主题标记及系词承担，对NP2位置上名词的述谓性要求不高。与汉语一样，日语NP2位置上的名词含定语修饰时，最可能出现语法化现象。另一个容易出现语法化的位置是，当NP2位置上“[節]名詞だ(da系词)”中的名词是形式名词或者名词化标记“事(ことkoto)”(指事情)时，这类形式名词一般都最终演变为助动词、终助词等用法。与汉语相比，日语这个句法位置上的名词的语法化是显赫范畴。可以说，汉日语NP2位置上名词语法化的巨大差异，是由汉日语名词谓语句的基本句式决定的。

4.2 动转名的标记性/无标记性

董秀芳(2017[2008])注意到，汉语在词法上的一个特点是，动词不需要经过任何形态变化就可以变为名词，这一特点影响到了汉语中的一些语法化模式。即，由于动转名的无标记性，原来一些只允许名词性成分出现的句法位置在发展过程中能很自然地扩展到也能容纳动词性成分，其过程是先出现名词化的动词性成分，然后经重新分析，出现真正的动词性成分，由这一变化就会相应地带来句子中有关成分的语法化。

汉语动转名的无标记性对NP2位置上名词语法化的影响是，当NP2含定语修饰时，在[VP]+NP2的框架下，VP可以指称化，直接与NP1形成类属或等同的关系，NP2成为羡余成分，有可能语法化为句末助词。但是在现代汉语，这样的句末名源助词并不多见，我们认为，这是由于现代汉语中“S→NP1 NP2”这样的名词谓语句数量上远远低于“是”字句，“是”承担了句子的述谓功能，NP2位置可以由一个VP成分直接担任，动转名的无标记性使得原有的名词化标记失去存在的必要性，在语言发展过程中逐渐消失。

与汉语不同的是，现代日语的动转名一般情况下是有标记的，我们之前已举过例(11)的例子，这里再次列出：

私	の	夢	は	[英語	の	先生	に	なる]
我	的	梦想	主题标记	[英语	的	老师	结果格	成为]

こと　　です。
名词化标记　系词

译:我的梦想是成为英语老师。 (BCCWJ)

在汉语中,例(11)的"成为英语老师"可以直接充当"是"的宾语,不需要名词化标记,但是在现代日语中,NP2 位置上如果出现 VP 或小句成分,必须将其名词化。一般的方式是添加名词化标记,或者使动词在形态上发生名词化。例如(11)是以一个名词化标记"事(ことkoto)"(指事情)将"成为英语老师"名词化,再充当系词的宾语。日语里比较特殊的情况是,当 NP2 位置上是日语汉语词形式的动名词时,这个动名词可以直接充当 NP2 成分,而不需要特别的名词化形式。例如:

(15) 私 の 夢 は 海外移住 です。
我 的 梦想 主题标记 移居海外 系词
译:我的梦想是移居海外。 (BCCWJ)

例(15)中,"海外移住"本身作为动名词,不需要名词化标记就可以直接出现在 NP2 位置上。可见,现代日语中的汉语词,仍然保持了汉语的一些特点,特别是动词的动转名的无标记性与汉语是相通的,可以直接充当系词的宾语。

从历时的角度看,日语 NP2 位置上的 VP 或小句成分指称化时,并非一开始就是有标记性的。青木博史(2011)介绍,日本学术界传统上将"名詞節"(含 VP 或小句成分的名词性成分)称为"準体句",至中古时期为止,准体句位于句中与句末这两个不同的句法位置时,词形变化是不同的。当准体句位于句末时,有含系词和不含系词两种情况。含系词的准体句称为"連体なり文"("用言连体形+系词"句),即用言的连体形可加上系词结句;不含系词的准体句称为"連体形終止文"(用言连体形终止句),即用言的连体形可直接结句。日语研究中传统上将用言无需借助其他助词直接充当体言称为"準体法"(准体法),我们可以理解为这与汉语里动转名的无标记性相当。不过,由于日语动词本身就具有形态变化,特别是在古典语法中,连体形和终止形并不完全一致,因此我们基本上可以通过用言的形态变化判断该形态是属于连体形还是终止形。

上述两种名词谓语句形式一直持续到日本中世的 15 世纪左右。神田靖子(2005)、青木博史(2011)介绍,由于动词的形态变化在这一时期开始出现混乱状况,连体形和终止形在形态上不再泾渭分明,而是出现了同一化倾向(日语又称为"連体形終止の一般化"),光从形态上无法区分动词的连体形和终止形，因此这一时期开始出现名词化标记“のno”，原有的“連体なり文”（“用言连体形＋系词”句）变成了“用言连体形＋の（名词化标记）＋だda（系词）”。与大多数语法化现象一样，这一变化过程具有“A→A/B→B”的A、B并存的现象，神田（2005：22—23）指出，在江户时代（1603～1867年）的18世纪中期，无名词化标记的“準体法”多用于书面用语中，而有名词化标记“のno”多用于俚语及俗语等，显示了两者在文体上的巨大差异；但是到了19世纪中期，名词化标记“のno”在口语中已占上风，例如文学作品中的对话部分多使用名词化标记“のno”，但在文章的叙述部分仍采用“準体法”；进入明治时期，随着标准语的统一及言文一致运动的推进，口语的认可度愈发提高，1907年颁布的《口語法別記》中，“の（名词化标记）＋だda（系词）”被确立为现代日语的标准用法，而无名词化标记的“準体法”虽然仍可使用，但已日渐式微。

由此可以确定，现代日语中，动转名是有标记性的，这就导致了日语名词谓语句NP2位置上需要出现一个名词化标记，如“のno”、“物（ものmono）”（指事物）、“事（ことkoto）”（指事情）等，这些名词化标记往往与后续的系词结合，语法化为助动词或终助词用法。

4.3 日语的主题突出（topic-prominent）特征

汉语的名词谓语句NP2位置上的名词必须承担述谓功能，因此许多名词受到限制，不能出现在这个句法位置上，“是”的出现缓解了这种限制。而在日语中，名词谓语句是其基本句型，是比较稳定的一种句型。益岡隆志（2015）认为，Li & Thompson将日语归为“both topic-prominent and subject-prominent”是不贴切的，日语应该是主题突出（topic-prominent）的语言，名词谓语句是日语最基本的句型。他认为，英语研究中历来重视语法关系，谓语是句子的“核（head）”，其他成分都是围绕这个中心展开的，关于主题的研究是在关注“焦点（focus）”及“新/旧信息（old or known information/new or unknown information）”之后才开展的。与此相对的是，日语研究中历来有重视“主题—属性谓语”的传统，益岡隆志（2008）将句子的叙述类型分为“事象叙述（event predication）”和“属性叙述（property predication）”两类，前者指的是动态事件的叙述，以动词句为主；后者指的是属性的叙述，以名词谓语句为主，还包括一部分表示性质的形容词句。例如：

（16）子供　が　にっこり　笑った　。
　　　孩子　主格　微笑（样态）　笑—过去

译:孩子微微一笑。

(17) 日本　　は　　島国　だ　。
日本　主题标记　岛国　系词
译:日本是岛国。 (益岡隆志 2008:3—4)

例(16)是益岡隆志(2008)所说的"事象叙述",是对一个具体事件的描述;例(17)则属于"属性叙述",以名词句为主。名词谓语句的基本构造是"主题+述题"这样的"二部構造 (bipartite structure)",在日语中属于非常稳定的句型,对 NP2 位置上的名词并没有太多的限制。

黄小丽(2016)以汉日语都出现时体用法的"中"为例,解释了为什么汉语中表示进行体的"中"远不如日语发达。该文认为,汉语的"进行中、发展中"等 NP2 位置上的名词虽然承担了述谓功能,但是还保留了体词的句法特征,"NP1 NP2"这种句型不是汉语的优势句型,稳定性不足。反观日语,名词谓语句是基本句型,"NP1 は(wa)NP2だ(da)"非常稳定,"中"还可以和前面的动词一起进入工具格、宾格、对象格等框架,使用范围不断扩大。例如:

(18) わたし　は　今、[10年　ぶりに　乗る]　自転車
我　主题标记　现在　[10年　相隔　骑]　自行车
に　奮闘中　です。
对象格　奋斗中　系词
译:我现在正在与十年未骑的自行车作斗争。
逐字翻译:我现在与[十年未骑的自行车]奋斗中。 (BCCWJ)

例(18)中,原来的"[自転車に奮闘]中"可以重新分析为"自転車に[奮闘中]","中"将一个动词性成分名词化,整个句子的结构属于名词谓语句形式。同时我们还注意到,汉语里这个句子更适合翻译成动词句,"我现在与十年未骑的自行车奋斗中"不符合汉语的表达习惯,这与汉语里名词谓语句属于非优势句型有关,还与汉语不适合长定语修饰有关。

由于日语的主题突出(topic-prominent)特征,名词谓语句在日语中是一种非常稳定的句型,NP2 位置上的名词有可能从带有定语修饰的核心词转变为语义虚化的名词,进而发生语法化。

5. 结语

以上,通过对汉语的名词谓语句"NP1(是)NP2"和日语的名词谓语句

“NP1 は(wa 主题标记)NP2 だ(da 系词)”NP2 位置上的名词语法化进行考察，我们发现，现代汉语 NP2 位置上的名词语法化现象属于非显赫范畴，仅有“样子、模样/架势、派头/姿态、神情/表情、腔调/语气”等用法出现虚化现象。反观日语，NP2 位置上的名词语法化属于显赫范畴，不仅出现了类似于汉语的名词虚化现象(如“様子”)，句末名词还演变出助动词(如“所(ところtokoro)”表时体义)、终助词(如“物(ものmono)”表感叹等)等诸多用法。本文从 NP2 位置上名词的述谓性、动转名的标记性/非标记性、日语的话题突出(topic-prominent)特征等三个角度分析导致汉日差异的原因，进而总结出日语句末名词语法化的类型学特征。

语法化研究不仅应该关注现有的语法化成分是如何产生的，还应该思考为什么有些用法消失了，通过探究消失的原因，可以了解语言的类型特点。古汉语也曾出现过“者”位于名词谓语句的 NP2 位置上表示名词化标记，进而表示某种语气，但是这些用法在现代汉语都消失了。而日语句末名词作为助动词、终助词的用法古已有之，时至今日依然活跃，我们认为这与上述“动转名的标记性/非标记性”“日语的话题突出特征”有着巨大的联系，这是由汉日语的语言类型所决定的。

参考文献

陈满华 2008《体词谓语句研究》，中国文联出版社。

储泽祥 2003《述评性的“NP 一副 X 的样子”格式》，《语法研究和探索十二》，商务印书馆。

丁雪欢 1994《指人名词充当主语的名词性谓语句》，《汕头大学学报(人文社科版)》第 1 期。

董秀芳 2017[2008]《汉语动转名的无标记性与汉语语法化模式的关联》，《汉语词汇化和语法化的现象与规律》，学林出版社。

黄小丽 2016《空間名詞“中”の文法化に関する中日対照研究》，韓国日本語学会《日本語学研究》第 48 期。

刘月华、潘文娱、故韡 2001《实用现代汉语语法(增订本)》，商务印书馆。

马庆株 1991《顺序义对体词语法功能的影响》，《中国语言学报》第 4 期。

潘国英 2012《修饰成分作为降级述谓性成分的地位》，《世界汉语教学》第 1 期。

彭广陆 2013《论日语的系词》，《日语学习与研究》第 4 期。

彭可君 1992《关于陈述和指称》，《汉语学习》第 2 期。

强星娜 2008《话题标记带系词功能的类型学初探》，《语言科学》第 6 期。

石定栩 2011《名词和名词性成分》，北京大学出版社。

王 珏 2001《现代汉语名词研究》，华东师范大学出版社。

吴正基 2003《体词谓语句研究说略》,《上海大学学报(社会科学版)》第1期。
项开喜 2001《体词谓语句的功能透视》,《汉语学习》第2期。
杨伯峻、何乐士 2001《古汉语语法及其发展 修订本》,语文出版社。
杨成凯 2003《关于"指称"的反思》,《语法研究和探索 十二》,商务印书馆。
张 斌 2010《现代汉语描写语法》,商务印书馆。
张姜知、郑通涛 2015《类型学视野下的广义名词谓语句框架》,《厦门大学学报(哲学社会科学版)》第1期。
张 军 2005《汉藏语系语言判断句研究》,中央民族大学出版社。
周日安 1994《体词谓语句的范围》,《河池师专学报》第1期。
朱德熙 1982《语法讲义》,商务印书馆。
Croft 1991 *Syntactic Categories and Grammatical Relations: The Cognitive Organization of Information*, University of Chicago Press.
青木博史 2011《述部における名詞節の構造と変化》,青木博史编《日本語文法の歴史と変化》,くろしお出版。
新屋映子 2014《日本語の名詞指向性の研究》,ひつじ書房。
神田靖子 2005《コピュラ構文の文法化——歴史的語用論の視点から見た"ノダ"の原型仮説 平安初期まで——》,《同志社大学留学生別科紀要》第5期。
角田太作 2011《人魚構文:日本語学から一般言語学への貢献》,《国立国語研究所論集 NINJAL Research Papers》第1期。
角田太作 2012《人魚構文と名詞の文法化》,《国語研プロジェクトレビュー NINJAL Project Review》第7期。
堀江薫、プラシャント・パルデシス 2009《言語のタイポロジー》,研究社出版。
益岡隆志 2008《叙述類型論》,くろしお出版。
益岡隆志 2015《日本語の主題と主語》(蒙张麟声教授私信赐稿,谨致谢忱。)
三上章 1972[1953]《現代語法序説》,くろしお出版。

(黄小丽 复旦大学 上海 xiaoli515@fudan.edu.cn)

原载于《日语名词的跨从句语法化研究》(黄小丽,复旦大学出版社,2017)第六章,略有修改)。

跨方言比较视角下汉语量词显赫功能及动因[*]

高亚楠

提　要：汉语量词是显赫范畴：语义层面，它是集计数单位、分类、色彩和指称功能于一身的包容体；句法层面，它在特定条件下几乎能够独立充当所有的句法成分。各方言显赫层次为"粤语、吴语、闽语＞湘语、客家话、官话、赣语＞徽语、平话、晋语"。量词显赫性是民族语言接触和语言自身发展共同作用的结果，汉民族辩证、整体而模糊的认知心理是其功能显赫的内驱力。

关键词：量词多功能性　词类显赫　跨方言比较　文化驱动

1. 引言

量词不仅是汉语及其他汉藏语系语言的特色词类，在语言类型学中也占有重要的地位。随着语言的发展，现代汉语特别是汉语方言中的量词在计量单位和分类的原型功能基础上扩展出了许多其他功能，展现出语法功能的多样性。量词的功能研究引起了许多学者的注意：赵日新(2001)，王健、顾劲松(2006)，周小兵(1997)，张亚军(2008)，陈小明(2010)和刘探宙、石定栩(2012)分别讨论了量词在徽语、粤语和官话方言中特有的句法语义功能；陈玉洁(2007)和王健(2013)考察了方言中量词的定指标记和定语标记功能；刘丹青(2002、2011)和李知恩(2011)还特别着眼于跨语言量词功能的比较研究，指出南方量词功能比北方更显赫。虽然先前的研究已取得了一定的成果，但量词的功能研究仍然存在一些薄弱环节：首先，成果多集中在某种方言量词多功

* 基金项目：国家社科年度项目"基于心智语库理论的汉语待嵌构式研究"(16BYY139)；辽宁省社会科学规划基金青年项目"'一带一路'战略下来辽留学生复合创新型人才培养体系研究"(L16CYY011)；辽宁省教育厅基于PM理论的来辽留学生跨文化人才培养模式的实证研究(L201636)；沈阳航空航天大学博士启动项目"汉语国际教学中的动态量词研究"(15YB30)。

能或某种量词功能跨方言分析上,缺少对整个汉语体系量词功能的系统性探究,量词的重叠、色彩修饰等功能仍需进一步挖掘。其次,研究过于注重语言事实的列举和细致描写,缺乏汉语量词跨方言功能层级构拟和跨语言功能强势的合理解释。鉴于此,本文以语言类型学所揭示的人类语言共同性和差异性为背景,结合汉语内部各方言间的量词比较,借助已有研究成果和调查,对汉语量词功能进行全面而系统的跨方言研究,构拟量词在汉语方言中的显赫层次,探寻其功能显赫的动因。①

2. 跨方言比较下汉语量词的库藏功能

现代汉语体系中蕴含着丰富的量词库藏,特别是在各地方言系统中量词功能更加活跃。本节我们在全面搜集和广泛调查的基础上①,对汉语量词功能进行穷尽式分析,并力图构拟出量词在汉语各方言中的显赫层次。

2.1 量词的语义功能

汉语量词不是单一的语义范畴,而是集计数单位、分类、色彩和指称多个语义功能于一身的包容体。计数单位功能是汉语量词最基本的功能,也就是通过附加量词的句法手段将名词所指事物个体化,确定了名词的计数单位。Chierchia(1998)、陈鸿瑶(2012)指出汉语中的光杆名词性质如同物质名词,只有加上量词后才能获得个体性。汉语量词还具有名词分类功能。由于量词是最晚产生的词类之一,绝大部分的量词都保留了来源词的部分语义特征,这使其具有分类依据。如“捆”本为“用绳缠束”义,因此量词“捆”具有[+捆扎]的分类特征,即成捆的事物聚合为“捆”类名词。由于不同方言量词的指称功能不同,前人很少涉及其色彩功能,因此本节着重讨论量词的指称和色彩功能。

2.1.1 量词的指称功能

汉语量词和指称密切相关,这种关联首先表现在不定指功能上,如例(1)和例(2),受话人无法将所指对象与其他同类房子和糖葫芦区分开来,“只”和“串”是不定指标记。例(3)和例(4)中,普通话量词也具有近距离复指标记功能,即用“(数词+)量词”来指代话语中已出现的参与者。

(1) 只把屋抵得几个钱啊?(湘语,刘丽华 2001)

---

① 本文所用的方言资料,多数引自有关的研究文献,少数由笔者调查、咨询所得,其中文献全部来自已公开发表的论文、专著和《汉语方言大词典》《现代汉语方言大词典》两部方言词典。

（2）两人走到卖糖葫芦的摊头前，掏钱买了串糖葫芦。（普通话，苏州新闻网）

（3）桌子不够，再去借张。（官话，张亚军 2008）

（4）吃芋头，他刚好在承包田里种了很多芋头，便向邮局寄了两包芋头，一包给小平同志，一包给我。（普通话，何广顺《东方风来满眼春》）

汉语各大方言中量词的指称功能还表现在定指标记功能上，如例（5）和例（6）（黄伯荣 1996）。跨方言的调查显示量词定指用法广泛分布在粤语、吴语、闽语、湘语、赣语、徽语、客家话、平话和官话方言中。甚至在苏州话中，几乎所有的物量词都有定指功能，一般的临时量词、动量词也都有此种用法（石汝杰、刘丹青 1985）。

（5）张桌等石牢介。（这张桌子很结实。）

（6）转东山倷阿去嗄？（这次东山你去不去？）

虽然普通话的类指成分主要以光杆名词的形式出现，但在吴语、粤语、湘语和江淮官话中还可以用"量＋名"形式表示，即汉语量词具有类指标记功能，如例（7）湖南新塘话和例（8）江苏涟水话。依据刘丹青（2002）、许秋莲（2007）的研究，广州话、苏州话和衡东话中的表类指的"量＋名"还用在话题位置上，量词充当话题标记，如例（9）和例（10）。

（7）只狗皮蛇冒哩吗咯毒。（狗皮蛇没有什么毒。）

（8）个女人，就瞎花钱。（女人就是爱乱花钱。）

（9）啲女人都中意买衫。（这女人都中意买衣服。）

（10）个电脑我也勿大懂。（这电脑我也不太懂。）

此外，量词的指称功能还能得到跨语言的验证。量词定指现象在东亚和东南亚的诸多语言中普遍存在，如毛南语、苗语、缅语、越南语（步连增 2011）。白语和壮语的量词还能够充当类指标记。

（11）lɛ^{33} nhɛ^{33} ta^{55} ʐaŋ^{55}.个太阳来了。（苗语，简志 4）

（12）con chó chay truó' c.只狗跑前边。（越南语，傅成劼 1985）

(13) pa^{32} tɯ^{21} meɹ^{44} tsɯ^{31} meɹ^{44} tɕ^{h}io^{55} tɔ^{33} lɯ^{44}.豹只爬树爬得好得。(白语,王峰 2002)

(14) ko^{1} fai^{4}、ko^{1} hiːu^{4}、ko^{1} em^{1}、ɕug^{3} taw^{2} fei^{2}.棵树木、棵竹子、棵芭芒都可燃火。(壮语,韦苗 1985)

2.1.2 量词的色彩修饰功能

汉语量词在充当计量单位的同时还展现出一定的色彩修饰功能,主要包括感情色彩、形象色彩和格调色彩三类。感情色彩方面以贬值功能最为突出,如例(15),通城话用"只"计量不喜欢的人,表达了一种轻蔑和鄙视的感情色彩,再如(16),"撮"通常计量"一撮土""一撮米皮"等用手指抓取的细小而少量的无生命事物,此处说话者用表物的量词表人,用表少量的量词来称量大量的人群,一种"不屑""蔑视"的贬值情感油然而出。当然,部分量词还具有一定的褒扬功能,如量词"番"给人一种"力求完美""精心有序"的褒扬特征;"叠"则展现出一种"整齐""有序"的褒扬色彩。

(15) 只老女个还不结婚/只老师恶心死(万献初 2003)

(16) 流氓张沆弄了个和平党,还有一撮虾兵蟹将,搞什么民主党、中国民主党,丑态万千。(荣孟源《蒋家王朝》)

(17) 深入地研究了一番/一叠整整齐齐的衣服(邵敬敏 1996)

汉语量词还表现出丰富的形象色彩,凸显了所计量事物的某一特征。例(18),"个"是单纯计量,"弯"则临摹出月亮的外形特点,"轮"描绘出月亮往复更替的特征。例(19),"化妆棉 100 抽"中的"抽"突出了化妆棉用手抽取的动态使用特征。

(18) 一个月亮/一弯明月/一轮明月

(19) 拉美拉超薄型抽取式纯棉化妆棉 100 抽。(百度搜索)

从格调色彩上看,"位"用于正式场合,表达一种敬意,"抔"和"樽"具有拟古文雅气息,给人典雅而庄重之感。粤语"支"用于非正式场合,含有一种随便的色彩,"旧""条"包含粗俗的格调,有一种俚俗气息。

（20）一位学者、一抔黄土、一樽美酒
（21）呢支友（这个家伙），一旧饭（比喻愚笨），条友仔（这小子）

2.2 量词的句法功能

普通话中的量词通常要和数词或指示代词组配，共同充当句子的定语、状语和补语成分。在汉语方言中，量词具有较大的自由度，能够单独充当句子成分，主要表现在以下几个方面。

2.2.1 "量＋名"单用

普通话中不带数词和指示代词的量名结构只能在数词为"一"的情况下出现在宾语位置，如"来了个学生"。汉语许多方言中量名结构常常单独充当主语、宾语和定语等成分，如例（22）～（24）。施其生（1996）指出："广州方言的'量＋名'组合具有名词性成分的一般用法，几乎任何句法地位的名词前面都可以直接受量词修饰。"依据周纯梅（2006）的研究，湖南新化话"量＋名"结构还可以插入形容词。如例（25）。"量＋名"单用也并非是先前通常所指出的那样为南方方言的专属，江淮官话的海安话、胶辽官话的烟台话、北方官话的潍坊话、西南官话的雅安话等都存在该用法。

（22）间屋太阳照弗着。（吴语，阮咏梅　2013）
（23）伊把只锅跌烂哩。（赣语，万献出　2003）
（24）我俺是只屋里个人。（湘语，刘丽华　2001）
（25）件乖太衣衫哪个咯？（湘语，周纯梅　2006）

2.2.2 单独充当论元

在量词句法功能更加强大的汉语方言中，该类词能够挣脱所计量事物的束缚赤膊上阵，独自承担句子的主语或宾语，如例（26）和（27）。吴语义乌话、江苏海安话的量词甚至可单独回答问题，如例（28）表"一天"的数量义，例（29）则表"这双"的定指义。

（26）个都瞧不起的人，你理他做朗哇。（官话，胡光斌　2010）
（27）夜界看电影，狭我讲声。（湘语，黄伯荣　1996）
（28）甲：去了几天的？乙：天。（官话，张亚军　2008）
（29）甲：买双鞋？乙：哪双？甲：双。（吴语，陈兴伟　1992）

2.2.3　作中心语被修饰

在普通话中,只有集合量词和容量词才能受部分形容词修饰,构成“数+形+量+名”结构,在闽、粤、客家方言和平话中,形容词却可单独修饰包括个体量词在内的所有量词,构成“形+量”结构。如例(30)～(32)量词直接受“大”“嫩”“细”修饰充当中心语,其中例(31)显示“形+量”还可受副词修饰,例(32)表明形容词也可以重叠。壮侗语量词充当中心语受修饰,句法功能更加显豁,如例(33)侗语量词受动词修饰,例(34)傣语量词受词组修饰。

(30) 只条裤野大条/只顶帽野嫩顶(闽语,陈泽平　1998)
(31) 忒细张/好大只(客家话,张桃　2004)
(32) 呢种番茄细细个/合租咗一间细细间嘅木屋(粤语,陈小明　2010)
(33) tu^{11}pən^{323}ȶaːŋ^{323}tu^{11}maːk^{24}.只飞是只大。(侗语,蒋颖　2009)
(34) t^{h}en^{35} niʔ^{33}把这/p^{h}u^{13}ntɛm^{13} to^{55} nan^{11}位写字那(傣语,蒋颖　2009)

2.2.4　充当关系化标记

量词的关系化标记功能主要表现在其用于定语和名词性成分之间,表示定中关系,相当于结构助词“的”,如例(35)。大多数方言区量词定语标记功能发展得并不充分,仅限“个”“只”等几个通用量词,而在徽语的绩溪话和粤语的开平话中几乎整个量词词类都可以作结构助词,如例(36)。充当定语标记的量词还可后附于名词、代词、形容词及动词后构成“个”字、“兮”字等结构,表示转指,如例(37)。此外,宁化客家话的量词还可用于状语和动词之间,充当状语标记,如例(38),普通话使用“地”的地方,宁化话可用量词“个”表示。湘语中的量词“只”还能用于动词和补语之间,如例(39)的量词“只”充当补语标记。

(35) 做庄稼个蛮坐累做个酒自/我只脚痛死哩(《现代汉语方言大词典》)
(36) 我件帽/我本书呢/担来写对联张红纸(石毓智　2002)
(37) 把我个搭渠个的分开来放/我兮/铁兮(徽语,赵日新　2001)
(38) 佢客客气气个对了我/长声了调个吼掉一工去(客家话,张桃　2004)
(39) 耍只痛快/哭只不停/弄只明白/看只透(湘语,姜国平　2005)

2.3 量词的重叠功能

2.3.1 重叠的小称功能

从表量上来看，普通话量词的重叠通常表大量，如“掌声阵阵”“繁星点点”。而在一些汉语方言中量词重叠还有小称的用法，例(40)湘语邵阳话的“确确”、新化话的“滴滴”为一点儿之义。再如例(41)晋语太原话(侯精一、温瑞政 1993)和吴语上海话(黄伯荣 1996)量词重叠后分别表示“小”“细”“少”“短”。为什么量词重叠会有小称功能呢？我们认为是因为本可用一个量词形式承担的语义却分派给两个，造成了重叠式语义力量的弱化和信息值的减少。换句话说，第二个羡余形式并不负载某种具体语义，而是使其意义变得更加虚化，实现了削减主观程度的表达效果。事实上，量词重叠表小称功能还能够得到跨词类、跨语言的验证。汉语名词重叠(稷山话：“盆盆”为“小盆”之义)、动词重叠(普通话：“看看”为“看一下”之义)还有其他语言的重叠(Papago语：pik 摸，pikpik 轻轻的摸)都存在该用法(王芳 2012)。

(40) 今日个菜少放个嘎确确盐唧。/滴滴唧哒拿来你去哩。(湘语，蒋协众 2014)

(41) 本本书(体积小)/绺绺线(截面细)/一沰沰(容量少)/一歇歇(时间短)

2.3.2 重叠的逐指功能

普通话量词重叠后还具有逐指功能，即指称某类事物中每一个个体，相当于“每一”的意思，如例(42)～(44)。在中原官话、胶辽官话、江淮官话和吴语中还有量词的三叠式和四叠式，使其逐指义得到进一步增强。在吴语温岭话中表逐指功能的量词重叠形式为“量＋加＋量”或“量＋打＋量”(阮咏梅 2013)。横县平话还可用“量儿量儿”和“量亚量亚”准重叠式表逐指(闭思明 1998)。

(42) 张张行人的面，也都是和善朴实。/件件工作有人负责，职责分明。

(43) 你一来趟趟趟都带东西。(江淮官话，黄伯荣 1996)

(44) 口口口/垄垄垄/次次次次/亩亩亩亩(中原官话，殷相印 2006)

此外，在湘语的益阳、涟源、娄底和邵阳话中还可用“量＋X＋量”(如“A 什 A”“A 卯 A”“A 是 A”和“A 次 A”)的部分重叠形式表示量的完整性式强调计量的单位(蒋协众 2014);晋语和顺话用独特的“圪+量量”表量多;湘语浏阳话采用“量量+唧”表量小等。

2.4 跨方言比较下汉语量词的显赫层次

2.4.1 汉语是量词显赫的语言

刘丹青(2011、2012)倡设了语言库藏类型学,指出语言中凸显而强势的显赫范畴是库藏类型学的核心要义,并给出鉴定显赫范畴的五个标准:第一,在语言中容易获得凸显和直接体现;第二,其所用形式手段具有很强的扩展力;第三,显赫范畴要占据核心语义和原型地位;第四,语法化程度高或句法功能强大;第五,心理层面易被激活、可及性高。他还进一步提出并简明论述了汉语是量词显赫的语言的观点。

我们赞同刘的主张,并在此基础上站在跨汉藏语系语言及汉语十大方言系统比较的广阔视角,结合显赫范畴的五大指标进一步补充和完善这一理论观点。

首先,汉语量词特别是个体量词十分丰富且使用具强制性,使其在语言中容易获得凸显和直接体现。郭先珍《现代汉语量词用法词典》收录的量词多达600余个,即使计量物省略量词也会因量的凸显而保留在句子中,如“一斤大米六元钱”可说成“一斤六元”。而藏语、仓落语和格曼语等量词不发达语言的个体量词数量少,名词可以不用个体量词而直接受数词的修饰(蒋颖 2009)。其次,汉语量词特别是方言量词具有很强的扩张能力,目前已部分侵占了指示代词、名词、形容词和结构助词的领地,表达定指、复指、逐指、充当论元成分、色彩修饰、重叠称大或表小、定语标记、转指标记等功能。再次,计量单位和分类是汉语量词的原型功能,所有量词都具有这两种核心语义,定指等是在此基础上扩展出来的非原型功能,并且这些非原型功能只存在于部分方言中或部分量词中。然后,量词语法化程度高,一方面表现在具有表泛指的通用量词上,如普通话“个”和湘语“只”,几乎所有的名词都能与之组配;另一方面表现在能够脱离数词或指示代词甚至是所计量词语而单独使用。汉语量词及其重叠式能够独立充当几乎所有的句法成分,甚至独立成句,而处于萌芽期发展中的景颇语量词数量少、称量范围窄,不存在泛化程度高的个体量词(戴庆厦、徐悉艰 1992),欠发达的哈萨克语量词也要与数词结合后才能做句子成分,无法单独使用(张定京 2004)。最后,任何对象都有量的特征,使用的强制性使量词高频出现,而且绝大部分量词仍保留着来源词的特征并同其并存于语言中,这些汉语量词都具有可及性高、易激活的特点。总之,汉语量词全面符合显赫范畴的五大指标,是显赫词类范畴。从跨语言的共性看,由于量词在大多数语言中并不是语法库藏手段，只是在壮侗、苗瑶和汉语等少数汉藏语系语言中作为显赫范畴而活跃存在，因此，我们说汉语量词是一种稀见的显赫范畴。

2.4.2 汉语量词的显赫层次

量词作为现代汉语的显赫词类，在汉语各方言中的显赫程度是有差异的。为此，我们通过汉语语法学学术实名群（汇集一千余名语言学专业研究生及教师）的网上调查和假期返乡学生的实地调研，对汉语十大方言区的量词使用情况进行统计，所调查的方言点多达 82 个。“－”表示不存在该功能，“＋”表示具有该功能，“＋＋”表示该功能分布范围广、形式多样（见表 1）。

从表 1 可见，除普通量词的所有功能外，晋语、平话和徽语具备重叠多义性等一种及以上功能，我们将这几种方言称为较强量词显赫的语言。官话方言（主要指江淮和西南官话）、湘语、客家话和赣语具有定指、量名独用等五种及以上功能，我们将其称为强量词的语言。量词在闽语、粤语和吴语中具备七种及以上的功能，特别是粤语在定指标记、定语标记、量名独用和被修饰方面功能都十分显赫、强大，我们将这些称为超强显赫词类。总之，现代汉语量词的显赫等级链可以概述为：粤语、吴语、闽语＞湘语、客家话、官话、赣语＞徽语、平话、晋语。

表 1 汉语各方言中量词显赫程度表

功能 类另	定指标记	话题标记	定语标记	转指标记	量名单用	量词独用	被修饰	重叠多义性
官话	＋	＋	－	－	＋＋	＋	－	＋
晋语	－	－	－	－	－	－	－	＋＋
徽语	＋	－	＋＋	＋	＋	－	－	－
闽语	＋	－	＋	＋	＋＋	＋	＋＋	＋
粤语	＋＋	＋	＋＋	＋	＋＋	－	＋＋	＋
吴语	＋＋	＋	＋	＋	＋＋	＋	－	＋
湘语	＋	＋	＋	＋	＋＋	－	－	＋
客家话	＋	－	＋	＋	＋	－	＋	＋
平话	＋	－	－	－	＋＋	－	＋	＋
赣语	＋	－	＋	＋	＋	－	－	＋

3. 汉语量词功能显赫的动因

3.1 语言自身发展动因

语言中的各范畴都不是静止不变的，而是一个动态的、不断发展的系统。

量词由动词或名词语法化而来，在使用中语义进一步虚化，发展为只表语法意义的标记成分。陈玉洁(2010)尝试构拟了量词进一步语法化链条：量词→指称标记→定语标记；张谊生(2003)还考察了量词到补语标记的语法化历程。此外，量词强制性特质无疑加速了其语法化的进程，Bybee(1997)的跨语言研究显示，语法范畴的强制性程度跟其语法化程度密切关联，强制性越高，语法范畴的语法化程度就越高。

汉语各方言的量词发展是不平衡的，语法化程度的差别导致其功能显赫的差异。由于粤方言大多集中在城市，通行地域广，人口众多，加之南粤商品经济历来十分发达，特别是珠江三角洲经济的迅猛发展和港澳的经营网络连接，使得粤语区经济文化交流频繁，粤方言十分活跃。而量又是以经济交往为主的社会生活中必不可少的表达范畴，因此粤语量词多变异、语法化程度高。而徽语和平话多分布于经济相对落后的村镇和县郊，方言内部差异大、生活节奏慢、社会相对封闭，使得这两地的方言趋于稳定、量词语法化程度慢。

3.2　语言接触动因

汉语和壮侗语(古百越语)的接触是量词功能显赫的又一促动因素。壮侗语是汉藏语系量词最发达的语言，粤、吴、闽、湘、客、赣、徽、平方言及部分官话量词显赫性之所以高于普通话，是由于这些方言在形成和发展过程中受到了古百越语的影响。百越是瓯越、闽越、扬越等众多南方少数民族的统称，百越先民主要分布在中国南部和东南地区，向北可一直延伸到山东半岛(潘悟云2009)。百越族与汉族在南方诸地密切接触，在交际过程中互相借用、吸收对方的语言成分。如前文提及的量词作中心语被修饰功能在今壮侗语中不仅大量存在，并且功能更加强大，除形容词外，量词还能受动词、词组修饰(tu^{11} pən^{323} ɬaːŋ^{323} tu^{11} maːk^{24} 只飞是只大/pʰu^{13} ntɛm^{13} to^{55} nan^{11} 位写字那)。王福堂(2004)论证了先喉塞音[ʔb、ʔd]源于古百越语底层遗存的观点。陈国强等(1998)还从文化学、民族学和考古学的角度论证了汉民族和百越民的紧密联系。游汝杰(1982)则从量词的语音面貌、使用范围和语法作用三个层面论证了汉语南方方言中残留壮侗语族底层遗存的观点。此外，他指出汉语各方言同百越语的接触强度不同，百越语量词的功能在梅县话、北方话中遗存较少，在广州、温州和潮州话中保存相对完整。笔者认为这可能是粤语、吴语和闽语跻身超强显赫词类的原因之一。

依据Trudill(1986)的研究，简化是语言接触过程中一个重要机制，即语法功能相当的成分、形式简短的成分更容易保留。如斐济印地语以标准印地语、

Bhojpuri 语和 Awadi 语为主要来源，在表达“this”这个语义时，斐济印地语选择了 Bhojpuri 语的“i”，而非标准印地语“jah”、Awadi 语的“iu”。依我们看，“量＋名”独用、量词单用结构之所以存在于粤语等汉语方言中，很可能是古百越语在同汉语的接触竞争中获胜。

3.3 汉民族思维：功能显赫内驱力

既然汉语是汉民族文化的载体和标志，量词又是汉语及汉藏语系语言的特色词类，那么，我们就可以从汉民族思维方式层面来解释汉语量词特性。我们认为汉民族通过自身体验从整体上模糊地、辩证地认知对象的思维方式，是促使汉语量词功能显赫的内动力。

中国传统思维具有意向性和模糊性，即将自身内心看做一切认识的起点，依靠直觉的联想、类比去模糊地观察事物，注重内心精神感悟和主观体验，而非严格的逻辑形式和精确地推理论证。汉民族这一思维方式造就了汉语语法的意合特点：讲求以意统形、义尽为界，不受语法形式的制约，言简意赅。具体到词类层面，就是词语使用的多功能和词类改变的无意识。而中国传统文化“天人合一、知行合一、身心合一”思想使中国人倾向于用联系的、整体的观点看待事物，这一特点使汉族人对汉语的解读不限于其言语形式本身，同时借助上下文的语境和交际情景，有效避免了一词多用所导致的歧义。鉴于此，凝结着汉文化特性的量词在使用中表现出句法语义的多功能：在指量明确的语境下省略数词形成量名结构；在指称明确的语境下用量词代替名词短语充当论元成分；量词个体化指称、类别特征和语义联系项基因在特定语境促动下衍生出不定指、类指话题和关系化标记功能；汉民族互相对立、互相依存和转化的辩证思维，又使得不定指和定指功能、重叠称大和称小功能共存于量词系统中。此外，汉族人依靠自身来认知事物的特性还使汉语量词表达出一定的主观色彩和主观量。

参考文献

赵日新 2001《绩溪方言的结构助词语言研究》，《语言研究》第 2 期。
王健、顾劲松 2006《涟水(南禄)话量词的特殊用法》，《中国语文》第 2 期。
周小兵 1997《广州话量词的定指功能》，《方言》第 1 期。
张亚军 2008《江苏海安话的量词独用变调现象》，《中国语文》第 1 期。
陈小明 2010《粤方言量词研究》，辽宁大学出版社。
刘探宙、石定栩 2012《烟台话中不带指示词或数词的量词结构》，《中国语文》第 1 期。
陈玉洁 2007《量名结构与量词的定语标记功能》，《中国语文》第 6 期。

王健 2013《类型学视野下的汉语方言“量名”结构研究》,《语言科学》第 4 期。

刘丹青 2002《所谓“量词”的类型学分析》,北京语言大学对外汉语教学研究中心讲座。

刘丹青 2012《汉语的若干显赫范畴:语言库藏类型学视角》,《世界汉语教学》第 3 期。

李知恩 2012《量词的跨语言研究》,北京大学博士论文。

Chierchia G. Plurality of mass nouns and the notion of “semantic parameter” [C]// Susan Rothstein. Events and Grammar. Dordrecht: Kluwer, 1998: 53—103.

陈鸿瑶 2012《副词“也”主观性的认知解释》,《东北师大学报(哲学社会科学版)》第 2 期。

刘丽华 2001《娄底方言研究》,中南大学出版社。

黄伯荣 1996《汉语方言语法类编》,青岛出版社。

石汝杰、刘丹青 1985《苏州方言量词的定指用法及其变调》,《语言研究》第 1 期。

许秋莲 2007《衡东新塘方言量名结构研究》,湖南师范大学硕士论文。

步连增 2001《语言类型学视野下的汉语量词研究》,山东大学博士论文。

傅成劼 1985《汉语和越南语名量词用法比较》,《民族语文》第 5 期。

王峰 2002《白语名量词及其体词结构》,《民族语文》第 4 期。

韦苗 1985《壮语“量名”结构中含数词“一”初探》,《广西民族学院学报(哲学社会科学版)》第 4 期。

万献初 2003《湖北通城方言的量词“只”》,《方言》第 2 期。

邵敬敏 1996《动量词的语义分析及其与动词的选择关系》,《中国语文》第 2 期。

施其生 1996《广州方言的“量+名”组合》,《方言》第 2 期。

周纯梅 2006《湖南新化方言量词的代、助用法》,《文教资料》第 1 期。

阮咏梅 2013《温岭方言中的量词》,《宁波大学学报》第 4 期。

胡光斌 2010《遵义方言量词独立充当句法成分》,《西华大学学报》第 3 期。

陈兴伟 1992《义乌方言量词前指示词的数词的省略》,《中国语文》第 3 期。

陈泽平 1998《福州方言研究》,福建人民出版社。

张桃 2004《宁化客家方言语法研究》,厦门大学博士论文。

蒋颖 2009《汉藏语义语言名量词比较研究》,民族出版社。

石毓智 2002《量词、指示代词和结构助词的关系》,《方言》第 2 期。

姜国平 2005《湘语通用量词“隻”研究》,湖南师范大学硕士论文。

侯精一、温瑞政 1993《山西方言调查研究报告》,山西高校联合出版社。

王芳 2012《重叠多功能模式的类型学研究》,南开大学博士论文。

蒋协众 2014《湘方言重叠研究》,湖南师范大学博士论文。

闭思明 1998《横县平话量词记略》,《广西教育学院学报》第 7 期。

殷相印 2006《微山方言语法研究》,南京师范大学博士论文。

戴庆厦、徐悉艰 1992《景颇语语法》,中央民族学院出版社。

张定京 2004《现代哈萨克语实用语法》,中央民族大学出版社。

陈玉洁 2010《汉语指示词的类型学研究》,中国社会科学出版社出版。

张谊生 2003《从量词到助词——量词“个”语法化过程的个案分析》,《当代语言学》第5期。

Bybee J. 1997 Semantic aspects of morphological typology// John Bybee, John Haiman. Essays on language function and language type. Amsterdam: John benjamins publishing company.

潘悟云 2009《吴语形成的历史背景方言》,《方言》第3期。

王福堂 2004《原始闽语中的清弱化声母和相关的“第九调”》,《中国语文》第2期。

陈国强 1988《百越民族史》,中国社会科学出版社出版。

游汝杰 1982《论台语量词在汉语南方方言中的底层遗存》,《民族语文》第2期。

Trudgill P. 1996 Dialects in contact. Oxford: Blackwell publishing.

(高亚楠 沈阳航空航天大学 沈阳
gaoyanan05111031@163.com)

从壮语看汉语史“着”表祈使语气的来源*

覃凤余　王全华

提　要：“放置”义动词是位移动词的一种，“$VP+V_{位移}$”常表祈使，“$VP+V_{放置}$”也可表祈使。壮语发生过“$V_1+N_{受事}+V_{放置}+N_{处所}$”>“$V_1+N_{受事}+V_{放置}$”，导致“$V_{放置}$”获得祈使义。通过汉语方言和壮语的汉借词，确定“VP+着”的“着”是“使……附着”，语义为“放置”。汉语也发生过类似壮语的演变，导致“着”也获得祈使义。

关键词：着　祈使　壮语　汉语史

1. 引言

近代汉语的“著(着)”①有祈使语气的功能，如：

(1) a. 道安答曰：“汝缘不会，听我说**著**。”(《敦煌变文·庐山远公话》)
　　b. 师云：“添净瓶水**著**。”(《祖堂集》卷第五)
　　c. 师曰：“且留口吃饭**著**。”(《景德传灯录》卷第十九)
　　d. 更添香**着**。(《景德传灯录》卷第二十六)

自从吴福祥(1996：337)在吕叔湘等前人的研究基础上概括为“命令、劝勉的语气”之后，其来源问题一直困扰着学界，歧见纷出。乔全生(1998：151—156)甚

---

* 基金项目：国家社会科学基金重大招标项目“中国境内语言语法化词库建设”(15ZDB100)、“功能—类型学取向的汉语语义演变研究”(14ZDB098)、国家社会科学基金一般项目“《语法化的世界词库》背景下壮语虚词词典的编纂研究”(编号：18BYY203)、“广西高校人文社会科学重点研究基地‘文学与文化研究中心’”。感谢覃东生(宾阳)、吕嵩崧(靖西)提供语料。本文曾在《古汉语研究》2018年第2期上刊发，收入此论文集时小有修改。

① 在古籍中“著”也写作“着”，本文论述用“着”，引用文献依文献用“著”或“着”，限于篇幅，所引古籍版本不一一注明。

至怀疑语气词的存在，太田辰夫（2003：333）干脆说：“‘着’的来源只能说不清楚。”然而还是有一批学者进行探讨，有的认为源于处所介词（罗骥　2004），有的认为源于持续体助词（邢向东　2004；李小军、曹跃香　2011），有的认为从语气词“者”演变而来（孙锡信　1999、王建军　2014），有的认为源于完成义用法（王苗　2015）。目前为止，尚难形成一个能普遍被大家接受的看法（相关研讨参见李小军、曹跃香　2011）。

2. 源于“着$_{放置}$”

壮语方言中，本族词的“放”有祈使语气的功能，如：

（2）a. 忻城宁江：taŋ^{3} ma：t^{8} **tso**^{5}，taŋ^{3} ha：i^{2} **tso**^{5}　把袜子穿上，把鞋子穿上。
　　　　　　　　穿　袜　放　穿　鞋　放
　　b. 邕宁双定：kuk^{7} plak^{7} tsou^{2} **ti：u**^{6}　做晚饭吧。
　　　　　　　　做　饭　晚饭　放
　　c. 宜山：hai^{1} pak^{7} tu^{1} **se**^{1}**/θɯt**^{7}　把门打开。
　　　　　　开　口　门　放/放
　　d. 靖西：ni^{6} pa：ŋ^{1} ŋo^{6} pu^{6} an^{1} ta：n^{5} ɕe^{5} **po**^{6}　你帮我扶一下单车吧。
　　　　　　你　帮　我　扶　个　单　车　放（引自覃凤余、田春来　2014）
（3）忻城：məŋ^{21} θɯ：i^{33} ɤe：k^{33} **ɕo**^{33}　你洗锅吧。
　　　　　你　洗　锅　放（何霜　2011：187）

覃凤余等（2014）在梅祖麟（1988）的基础上曾指出，汉语的“着”有知母和澄母两读。据潘悟云（1991），上古汉语浊音表自动，浊的“着”即“附着”，清音表使动，清的“着”即“使……附着”。“使……附着”就是“放置”，“穿着”就是将衣服放置于身。中古以来的历史文献，无法区分清的“着”和浊的“着”。要了解汉语史表祈使的“VP着”是清的还是浊的，最好的办法是观察目前“着”在方言或民族语汉借词中是否还分清浊。

覃凤余等（2014）指出，壮语北部方言有个阴阳两调的 tɯk^{7}/tɯk^{8}，对应于汉语清浊两母的“着”，即 tɯk^{7}＝清“着”，tɯk^{8}＝浊“着”。广西平话的“着”、汉语史中的“著（着）”以及壮语中的 tɯk^{7}/tɯk^{8}，其功能大多平行，其中就有祈使语气的功能，如：

（4）a. 汉语史：倒却门前刹竿**著**！（《祖堂集》卷一）
　　b. 宾阳新桥平话：坐好**着**。（覃东生惠告）

c. 武鸣壮语：mɯŋ^{2} pai^{1} jou^{6} ma^{1} hai^{6} **tɯk^{7}** pɯ!
你 去 又 回 快 **着** 啵
你快去快回吧(白丽珠 2001:240)
pja:i^{3} va:i^{5} **tɯk^{7}**, ʔbou^{3} mi^{2} ɕou^{6} pja:i^{3} ʔbou^{3} taŋ^{2} pɯ!.
走 快 **着** 不然 就 走 不 到 啵
快走！不然就走不到的。(广西区民语委研究室 1988:104)

(4b)中，宾阳新桥的入声有上阴入 55，中阴入 33，阳入 22 三个调，祈使语气功能“着”读中阴入 33。而(4c)的 tɯk^{7} 本身就是阴调，《壮语虚词》(1988:104)称：tɯk^{7}，语气助词，用在祈使句末尾，表示命令、警告、劝阻、嘱咐、催促等。另外，壮语 tɯk^{7} 就是“放置”的意思，如：

(5) a. 都安：kou^{1} pai^{1} ʔau^{1} hau^{4} ma^{1} **tɯk^{7}**, mɯŋ^{2} pai^{1} ɕa:u^{4} fei^{2} da:t^{9} ram^{4} tin^{1}
我 去 要 米 来 放 你 去 生 火 热 水 脚
我去要米来放，你去生火烧洗脚水。(张均如等 1999:856)
b. 武鸣：va:i^{5} ti^{1} **tɯk^{7}** kva:ŋ^{1} ɣoŋ^{2} lo^{2} pai^{1}.
快 点 放 矿 下 炉 去
快把矿石放进炉子里。(广西区民语委研究室 1989:70)
c. 马山：la:u^{4} sai^{1} hɯn^{3} ʔdoi^{1}, saɯ^{1} hi^{4} **tɯk^{7}** kjoi^{1}.
老师 上 岭 书 也 放 篓
老师上山坡，书本放竹篓。(蒙元耀 2006:245)

由于 tɯk^{7} = 清“着” = “放置”，tɯk^{7} 表祈使 = “放置”表祈使，故汉语史中祈使语气的“着”来源是：着$_{祈使}$ < 着$_{放置}$ < 着$_{清}$。这样一来，汉语史表祈使的“VP着”跟壮语表祈使的“VP放”结构就完全一致了，都是“VP+放置义动词”。

“放置”义动词怎么会具有祈使语气功能的呢？我们试图通过壮语的材料来说明这一问题，再反观汉语史。

3. 壮语“VP+V$_{放置}$”表祈使的来源

《现代汉语词典》第 6 版(2012:370)对“放”的释义为“使处于一定的位置”，说明放置义动词是个位移动词。一般所谓的趋向动词“来、去、上、下、进、出、到”等也是位移动词。二者之间的区别是：趋向动词的位移都带有方向性，而放置义动词，位移义中少了确定的方向。

有放置义动词参与的连动式都表示位移事件。以两项动词连用为常见，放置义动词可分别充当连动式前项和后项。前项的结构为："$V_{放置}+N_{受事}+V_2+N_{处所}$"，V_2为位移动词"来、去、上、下、进、出、到"，如(5b)。跟本文相关的是，放置义动词充当连动式的后项，结构为："$V_1+N_{受事}+V_{放置}+N_{处所}$"，V_1为各类动作动词，如：

(6) a. 忻城：θou^{54} leːk^{32} ȵa^{33} ʔoːi^{231} **ɕo**^{33} kjaːŋ^{54} tai^{32} lo^{32}
你们 剥 渣 甘蔗 放 中间 大 路
你们剥甘蔗渣，放到路中间。(何霜 2011：100)

b. 武鸣：kuŋ^{5} ɕei^{6} ɕaːi^{5} au^{1} ki^{3} hai^{4} **tɯk**^{7} kɯn^{2} ɕoːŋ^{2} toːi^{6} pai^{1}
最公 再 要 些 粪 放 上 床 队 去
最公再拿粪放到他们俩的床上去。(白丽珠 2001：233)

c. 田阳：kau^{1} ɣap^{8} ma^{6} me^{6} **po**^{4} naːm^{2} nɯŋ^{2}
我 接 妈妈 放 南 宁
我接妈妈到南宁。(朱婷婷 2015)

(7) a. 忻城：fan^{21} θo^{32} vit^{55} kja^{33} ɕi^{54} fan^{21} **ɕo**^{55} ki^{21} nai^{24} ʔo^{32}
他 索性 扔 架 车 他 放 处 这 哦
他就把他的车扔在这里啊。(何霜 2011：223)

b. 武鸣：ham^{6} lɯːn^{2} toːi^{6} kɯn^{1} no^{6} laːi^{1} liːu^{4} le，hai^{4} θi^{5} **tɯk**^{7} ɕoːŋ^{2} lo.
夜 昨 队 吃 肉 多 完了 屙 稀 放 床 了
昨晚他俩吃肉太多，拉稀在床了。(白丽珠 2001：233)

c. 东兰：veːn^{3} po^{6} kan^{1} **ɕo**^{5} kɯn^{2} ɕiːŋ^{2} 把毛巾挂墙上。
挂 块 巾 放 上 墙 (覃凤余等 2015：44)

d. 田阳：te^{1} laːi^{2} θei^{1} **po**^{4} ni^{1} tɕoŋ^{2} ne^{5} 他写字在桌子上。
他 写 字 放 上 桌 这 (朱婷婷 2015)

例(6)中，V_1、$V_{放置}$表示一先一后两个动作，如例(6a)先剥了甘蔗渣，再把甘蔗渣放到路中间。由于V_1和$V_{放置}$有清晰的句法边界，故例(6)可分析为连动式。而例(7)则不同，V_1、$V_{放置}$不表示一先一后两个动作，句法边界不明晰。如例(7a)，不可能先扔了车，再将车放到这里。例(7)表达的句式语义是：$N_{受事}$经由V_1的动作而达至$N_{处所}$，$V_{放置}$相当于普通话的"在、到"。此时，$V_{放置}$被重新分析为终点介词。位移动词有终点介词功能，在汉语和侗台语中是很普遍的现象，如：

(8) 汉语方言(引自吴福祥 2010)

南宁：小心睇住只细蚊，佢好容易屙尿**落**裤。

宁乡:斗笠挂**起**那里。

阳江:其放衫**去**面盆乃。

石城:泱几只正月食鲩**过**水缸里。

(9) 侗台语

壮语:ki^{24} lɯat^{13} kau^{33} ne^{55}, tok^{45} **roŋ^{31}** ram^{51} ne^{55} pan^{31} pliŋ^{33} lo^{33}

些 血 我 呢 落 下 水 呢 成 水蛭 了

我的血掉到地上就成了水蛭。(李方桂 1956/2005:38)

傣语:ma^{1} lin^{6} sam^{4} lɛn^{6} **ka^{5}** pa:ŋ^{6} la^{3} xa:ŋ^{5} xi^{3} 狐狸又跑到狮子面前。

狐狸 又 跑 去 面前 狮子 (罗美珍 2008:252)

老挝语:king4 long2 **maa2** phùùn din3

Roll descend come floor ground

'(it)comes rolling down to the ground'(Enfied 2007:387)

泰语: tày khûn **pay** thîi tôn nîa ná há

climbascend go/DIR at tree this/PP PP SLP

'He climbed up the tree'(Iwasaki 2005:152)

放置义动词就是个位移动词,演变为终点介词,体现了汉、侗台语的共性。材料显示,"$V_1+N_{受事}+V_{放置}+N_{处所}$"中,$N_{处所}$可以省略,如:

(10) a. 忻城(何霜 2011:167—168):

甲:ɕa:ŋ^{54} θin^{54} jɯ:ŋ^{54} ʔde:u^{54} ɕo^{33} kə n^{21} ɕa:u^{33} ɣa^{33}。məŋ^{21} ʔdi^{33} ɕa:ŋ^{54}?

装 支 香 一 放 上 灶 啊 你 不 装

点一支香在灶台上啊。你不点吗?

乙:ha^{21} ɣɯ:ŋ^{32} ɕɯ^{21} ne^{33} 那么,牛圈呢?

那么 圈 牛 呢

甲:θin^{54} jɯ:ŋ^{54} ʔde:u^{54} **ɕo^{33}** 也点一支放那儿啊。

支 香 一 放

b. 下坳:me^{13} te^{42} hɛu^{31} te^{42} ta:n^{42} pu^{31} mo^{33} **so^{33}**, ta^{55} liŋ^{33} tai^{13} hə:n^{42}

老婆他 叫 他 穿 衣 新 **放** 打 领 带 起

təu^{231}, ta:n^{42} pi^{31} hai^{31} mo^{33} **so^{33}**

来 穿 皮 鞋 新 **放**

他老婆叫他穿上新衣服,打上领带,穿上新皮鞋。(韦茂繁 2014:277)

例(10a)ɕo^{33}后隐含着$N_{处所}$"牛圈",例(10b)两个so^{33}后面分别隐含有$N_{处所}$"身""脚"。对于这种省略,最合理的解释就是:侗台语的介词允许悬空①。刘丹青(2002)转引 Tsunoda 等(1995)指出,前置词语言有 8%—10%明显允许介词悬空。侗台语是典型的前置词语言,前置词一般有比较强的句法独立性,因而可以悬空。覃凤余等(2016)描述的东兰壮语,各类介词均可悬空。而侗台语文献所见,与格、受益格、伴随格悬空较为常见,如:

(11) a. 下坳:**to:n^{42}** kan^{42} wa^{33} se:n^{42} məŋ^{231} ju^{13} di^{42} re:n^{33} 跟你说实话你又不信。
跟 讲 话 真 你 又 不 信 (韦茂繁 2014:268)

b. 武鸣:lɯk^{33} ŋe^{42} tø^{42} tup^{33} wun^{42} pi^{33} ke:k^{55} la^{33}, mɯŋ^{42} ku^{33} ma^{42} pi^{33} **ɕou^{35}** tup^{33}?
小 孩 相 打 人 去 隔 啦, 你 做 啥 去 和 打
小孩打架人们要去劝架啊,你怎么去帮着打?(韦景云等 2011:458)

c. 龙州:ʔun^{33} kən^{21} ba:t^{55} ha:i^{55} ja^{55} ne^{55}, ʔi^{55} luk^{21} ɬə:n^{21} tɕau^{11} thai^{55} hu^{33} **hɯ^{24}**
位 人 一下 死 了 呢 子 家 就 剃 头 给
人一死,家里人就给(他)剃头。(李方桂 1947/2005:156)

d. 靖西:te^{1} ɬəŋ^{5} ke^{2} ɬai^{5}?te^{1} ɬəŋ^{5} ɕek^{7} **hə:i^{3}** 他送什么?他送书给(我)。
他 送 什么 他 送 册 给 (黄阳 2010:89)

e. 东兰:pu^{4} laɯ^{2} mɯŋ^{2} la:i^{2} **haɯ^{3}**? 你给谁写的?
个 哪 你 写 给 (覃凤余等 2016)

f. 傣语:nai^{2} ba:n^{1} bau^{5} ma:i^{1} ka:n^{3} sa$^{?7}$ xi$^{?7}$ **hɯ^{3}** 村里不打证明给(我们)。
里 村 不 写 单子证明 给 (罗美珍 2008:114)

g. 泰语:ph ̄li cà sɯ́ɯ rót **hây** ná
os.1 CM buy car give/BEN PP
‘I (= elder one) will buy you a car, okay?’(Iwasaki 2005:341)

h. 老挝:khuang1 maj4-khòòn4 **saj1**
throw wood-bat put
‘(They) throw pieces of wood at(it)’(Enfied 2007:283)

---

① 介词悬空(preposition stranding)是生成语法的重要概念,指在 w | r 移位(w | r movement)中,只移动 w | r 短语,而介词留在原位不动。比如“Which girl did you give the book to?”刘丹青(2002)对介词悬空的定义为:介词所统辖的 NP 因某种句法程序而出现在句子的其他位置,不再与介词直接相连。本文所说的介词悬空,遵从张谊生(2009)的定义,指任何一个介词后面没有宾语的现象,范围比生成语法的要宽得多。汉语动词和介词间存在着演化、依存关系,本文所谓的“悬空”有好些是处在“次要动词”阶段时就已悬空。本文对动词阶段的悬空或介词阶段的悬空,不作严格区分,通称“介词悬空”。

与格、受益格跟终点格语义上有相通之处,当终点格“神会”为指人名词时,就是与格、受益格(张伯江 1999)。与格、受益格可以悬空,终点格的悬空也就得到很好的解释了。我们把例(7)的用例都悬空为“V_1＋$N_{受事}$＋$V_{放置}$”,得到如下的句子:

(12) a. vit^{55} kja^{33} ɕi^{54} fan^{21}**ɕo^{55}** | b. hai^{4} θi^{5} **tɯk^{7}**
扔 架 车 他 给 | 屙 稀 放
c. veːn^{3} po^{6} kan^{1}**ɕo^{5}** | d. laːi^{2} θei^{1} **po^{4}**
挂 块 巾 放 | 写 字 放

例(12)只要出现在对话、未然、说话人要求听话人去做某事的语境中,都会有祈使语气,功能与例(2)(3)(4c)相同。

例(2a)(12)中的“$V_{放置}$”后面隐含着一个处所宾语,而例(2b/c/d)(3)(4c)的“$V_{放置}$”没有处所宾语。显然,前者是重新分析,“$V_{放置}$”既有终点介词功能,又有祈使语气功能;而后者则只有祈使语气功能。

同是“V_1＋$N_{受事}$＋$V_{放置}$”的结构,例(10a)是客观陈述,例(10b)则处在兼语式“老婆叫他……”的后项之中,故而例(10)没有祈使语义。而例(2)(3)(4c)出现在对话、未然、说话人要求听话人去做某事的语境中,获得了祈使语义。

龙州壮语有个 ɬe^{1}。邢公畹(1979)谈到这个 ɬe^{1},但未能回答 ɬe^{1} 的本义是什么。透过张均如等(1999)的记录,可知 ɬe^{1} 的本义就是“放置”,如例(13a)。从广西龙州迁入越南谅山昭侬语,其 ɬe^{44}就有“放置”义,如例(13b)。

(13) a. ʔau^{1} kaːu^{6} khi^{3} waːi^{2} pan^{3} khən^{3} tiŋ^{2} laːŋ^{6} waːi^{1} pai^{1} **ɬe^{1}**
要 块 屎 水牛 堆 上 顶 栏 水牛 去 放着
拿一大块牛屎到牛栏顶去放着。(张均如等 1999:911)

b. ku^{34} kaːi^{35} wan^{31} ŋwa^{31} ɬɯ^{42}, ko^{35} **ɬe^{44}** ju^{35} hauɯ^{44} za^{3}? —— **ɬe^{44}** ju^{35} tiŋ^{31} soːŋ^{31} taːi^{31}
东西 昨天 买 哥 放 在 哪里 了 —— 放 在 上 桌子
你把昨天买的东西放哪儿啦?放桌子上。(蒲春春 2011:179)

ɬe^{1}也有终点介词的功能例(14a),“VP＋ɬe^{1}”就有祈使语义例(14b),如:

(14) a. ʔau^{33} khau^{24} kiaːŋ^{33} ɬuːm^{24} pai^{33} tiːu^{55} **ɬe^{33}** paːk^{55} taːŋ^{55}
要 进 中间 房 去 吊 在 口 窗

拿进屋里吊在窗口。

（李方桂　1947/2005：62）

b. mi^{5} la：u^{1}，mo：i^{4} kən^{2} lap^{7} ha^{1}**ɬe^{1}**　别怕，每个人都把眼睛闭上。

不　怕　每　人　闭　眼　放　（张均如等　1999：906）

根据袁毓林（1993：83—116），自主动词与趋向动词“上、下、进、出、回、开、起、来、去、上来、下去、进来、出来、回来、过来、开来、起来、上去、下去、进去、出去、回去、过去”构成的“V＋V$_{位移}$”可表祈使语义，如“关上！坐下！推开！拿来！拿去！跳上来！追上去！升起来！转过来！”等。汉语史及汉语方言中，位移动词“来、去”可以附着在一个更为复杂的VP之后表祈使：

（15）a. 佛殿上没人烧香呵，和小姐闲散心耍一回去**来**。（《西厢记》一本楔子）（转引自王苗　2015）

b. 内蒙晋语：咱们一搭作作业**来**！（董秀芳　2016：386）

c. 陕北神木：咱们踢足球去**来**。（董秀芳　2016：386）

d. 陕西户县：你放快离开这个地方**去**。（董秀芳　2016：386）

壮语的位移动词“去、进、下”附着在VP之后也可表祈使，如：

（16）a. ka：ŋ^{3} sa：t^{7} **pai^{1}**，kai^{3} lou^{2} jou^{5} ʔdaɯ^{1} sim^{1}　把话讲完，别留在心里。①

讲　完　去　别　留　在　里　心（广西区民语委研究室 1988：100）

b. lap^{55} ha^{33} **khau^{24}**，tɕuŋ^{33} ŋe^{55} ha：ŋ^{33} ɬɯ^{24} kən^{33} kau^{33} phia：i^{24} tɕau^{11} dai^{24} a^{55}

闭　眼　进　牵　个　尾　衣　跟　我　走　就　得　了

把眼睛闭上，牵着我的衣襟跟我走就行了。（李方桂　1947/2005：104）

c. lap^{55} ha^{33} **nuŋ^{21}**，tɕuŋ^{33} ɬe^{33} ŋo^{33} ŋe^{55} ha：ŋ^{33} ɬɯ^{24}，taŋ^{24} ba：t^{55} nəŋ^{33} tɕau^{11}……

闭　眼　下　牵　着　我　个　尾　衣　等　吓　一　就

把眼合上，牵着我的衣底襟，等一会就……（李方桂　1947/2005：58）

我们把几个“VP＋V$_{位移}$”和“VP＋V$_{放置}$”做一下比较，如：

---

① 《壮语虚词》（1988：100）将（15a）的pai^{1}称为：语气助词，用在祈使句末尾，表示命令、请求、催促、建议等。覃东生等（2015）将此用法的pai^{1}称为是使成事态助词，跟祈使语气词本质相通。

(17) a. 龙州：lap^{55} ha^{33} **khau**^{24} | lap^{55} ha^{33} **nuŋ**^{21} | lap^{7} ha^{1} **ɬe**^{1}
闭 眼 **进** 闭 眼 **下** 闭 眼 **放**

b. 下坳：ta^{55} liŋ^{33} tai^{13} **həːn**^{42} **təu**^{231} | taːn^{42} pu^{31} mo^{33} **so**^{33}、taːn^{42} pi^{31}
打 领带 **起 来** 穿 衣 新 **放** 穿 皮
hai^{31} mo^{33} **so**^{33}
鞋 新 **放**

c. 靖西：ni^{6} paːŋ^{1} ŋo^{6} pu^{6} an^{1} taːn^{5} ɕe^{5} **khəɯ**^{3}/**khaɯ**^{3}/ **po**^{6} 你帮我扶一下单车吧。
你 帮 我 扶 只 单 车 上 /进/放 (吕嵩崧惠告)

前文说过,"放置"就是位移动词,跟"来、去、上、下、进、出"等相比,语义中只是缺少位移的方向而已。"$VP+V_{\text{放置}}$"就是"$VP+V_{\text{位移}}$"的一种,"$VP+V_{\text{位移}}$"在一定的语境中能表祈使,"$VP+V_{\text{放置}}$"也能在一定的语境中表祈使。

3.5　放置义动词获得祈使语气功能的过程为:

i. $V_1+N_{\text{受事}}+V_{\text{放置}}+N_{\text{处所}}$,结构为连动式,$V_{\text{放置}}$为实义动词,如例(6);

ii. $V_1+N_{\text{受事}}+V_{\text{放置}}+N_{\text{处所}}$,结构为 VO+PP,$V_{\text{放置}}$为终点介词,如例(7);

iii. 非祈使语境的 $V_1+N_{\text{受事}}+V_{\text{放置}}$,介词悬空,隐含 $N_{\text{处所}}$,$V_{\text{放置}}$为终点介词,如例(10);

iv. 祈使语境的 $V_1+N_{\text{受事}}+V_{\text{放置}}$,隐含 $N_{\text{处所}}$,$V_{\text{放置}}$为终点介词和祈使语气词的重新分析,如例(12)(2a);

v. 祈使语境的 $V_1+N_{\text{受事}}+V_{\text{放置}}$,不隐含 $N_{\text{处所}}$,$V_{\text{放置}}$为祈使语气词,如例(2b/c/d)(3)(4c)(14b)。

4. 汉语史的"VP+着"表祈使的来源

一般认为,"着"表祈使最早出现于唐代。我们检索了唐及唐以前"着"做放置义解读的"$V_1+N_{\text{受事}}+\text{着}+N_{\text{处所}}$",如:

(18) a. 于窴王令胡医持毒药**著**创中,故致死耳。(《后汉书》卷八十八《西域传》第七十八)

b. 取千岁蔂汁及矾桃汁淹丹,**著**不津器中。(《抱朴子内篇·金丹》)

(19) a. 愀然忽不乐,挂印**著**公门。(《白氏长庆集》白氏文集卷第五)

b. 若复不能者,应置钵**著**草叶上更互取食,不得俱下手。(《摩诃僧祇律》卷第三十二)

c. 泻余酒**着**瓶中,絜罂而去。(《编珠》卷四)

例(18)的 V_1 和“着”有清晰的句法边界，明显表示一先一后两个动作，如例(18a)明显能分解出“持毒药”，然后再把毒药放到伤口中(“著创中”)。这些句子应当分析为连动式。例(19)的 V_1 和“着”句法边界已模糊，无法分解为一先一后的两个动作，如例(19a)无法先“挂印”，再把印放到公门(“著公门”)。这些句子的“着”应该分析为终点介词。如果将例(19)中“V_1 + $N_{受事}$ + 着 + $N_{处所}$”的处所宾语省略，就得到：

(20) 挂印**著**｜置钵**著**｜泻余酒**著**

如果发生在说话叫听话人去实施某一动作的未然语境中，(20)就可获得跟例(1b/d)一样的祈使解读。

我们的观察多少带有“猜”的意思，但是，此“猜”跟汉语史的研究在如下几个方面不谋而合：

第一，李小军(2011)，表祈使的句子都要是未然语境；

第二，根据孙朝奋(1997)，上古动词“着”演变为处所词的同时，也逐渐演变为一个趋向词，这一痕迹不仅可以在中古例(21a)和早期官话例(21b)的文献中看到，也可以从今天的长沙话、闽南话、北京话中例(21c)找到，如：

(21) a. 井中水满钱尽，遣我出**著**(《敦煌变文集·舜子变》)
师云拽出**著**(《祖堂集》4/019/05)
b. 卸下行李**著**＝卸下行李**来**(《老乞大谚解》)
c. 长沙话：坐**达**吃(坐**下来**吃)
留**达**几块钱(留**下来**几块钱)
闽南话：我戴帽团**著**(等我戴**上**帽子)
汝朋友留一张批**著**(你朋友留**下**了一封信)
北京话：这个茶你喝**着**怎么样？＝这个茶你喝**起来**怎么样？

孙朝奋(1997)指出，(20a)的“出著”，“出”是个瞬间动词，有很明显的趋向义。从孙朝奋(1997)所举例(21b/c)看，“着”可对应“来、下来、上、下、起来”等，这些正好是放置义动词的语义，即不具备确切方向的位移。

第三，罗骥(2004)谈到，魏晋时期“V_1 + $N_{受事}$ + 着 + $N_{处所}$”和北宋时期的“V_1 + $N_{受事}$ + 着”之间有令人惊讶的互相转换能力，即：

(22)　魏晋　　　　　　　　　　　　　北宋

担鬼**著**肩上｜张囊**著**窗牖＞*(担鬼**著**｜张囊**著**)

*(尔急手托虚空**著**手中｜更添香**著**炉中)＜尔急手托虚空**著**｜更添香**著**

罗骥(2004)的观察表明:“$V_1+N_{受事}$+着”晚,而“$V_1+N_{受事}$+着+$N_{处所}$”早,将“$V_1+N_{受事}$+着+$N_{处所}$”的介词宾语做悬空操作,就可得到“$V_1+N_{受事}$+着”。

第四,从各研究者所举的实例看,明显分出两类,一类“着”后能补出处所宾语,如(1b/d)、(22),(1d)补为“更添香**著**炉中”、(1b)补为“添净瓶水**著**瓶中”。另一类如(1a/c),其中的“着”难以补出个处所宾语。

最为关键的问题是,罗骥(2004)只是推测:*尔急手托虚空**著**手中＞尔急手托虚空**著**、*更添香**著**炉中＞更添香**著**,并没有学者直接提到“着”省略处所宾语。汉语史是否有“$V_1+N_{受事}$+着+$N_{处所}$＞$V_1+N_{受事}$+着”的演变呢?回答这个问题得先回答:汉语史能否像侗台语一样,允许介词悬空?传统汉语语法学一般不承认介词可以悬空,但近年这一局面得到扭转。一些重要的研究如刘丹青(2002、2004)、张谊生(2009),呼吁并着手汉语介词悬空的研究,并声称:介词悬空是造成汉语语法史上若干重要的语法化和词汇化现象的重要原因(刘丹青　2004)、介词悬空确是一系列汉语语法功能发展的起点和动因(张谊生　2009)。据张谊生(2009),汉语的上古—中古—近代—现代,各个阶段均允许悬空。上古到中古时期,悬空多出现于表邻体格和时处格的介词;中古到近代时期,悬空多集中于表主体格和对象格的介词,近代到现代时期,悬空多发生于表工具格和根由格的介词。张谊生(2009)发现,介词悬空的形式有承前省略式、隐含脱落、紧邻凝固式三种。所谓隐含脱落,就是指介词的支配对象不但在介词后没有出现,而且在前面也不明确出现,介宾成分只能从上下文推测出来。例如:

(23) 今将军内不能直谏,外为亡国将,孤特独立而欲常存,岂不哀哉!将军何不还兵与诸侯为从,约共攻秦,分王其地,南面称孤;此孰与身伏斧质,妻子<u>为 Ø 戮</u>乎?(《史记·项羽本纪》)(引自张谊生 2009)

(23)中“妻子”究竟为谁戮,很可能是诸侯,也可能是秦王或其他人,有模糊性,只隐含着这么一个施事者。

本文所称的省略处所宾语,就属于张文的隐含脱落式中的“时处格”介词悬空。汉语史中，处所动词“在”省略处所宾语较常见，如：

(24) a. 昔有夫妇，有三番饼，夫妇共分，各食一饼，余一番**在**。(《百喻经·夫妇食饼共为要喻》)
b. 大师捐世去，空馀法力**在**。(张说《书香能和尚塔》)
c. 最怜知己**在**，林下访闲人。(戴叔伦《送张南史》)
d. 师云：“无这个来多少时？”吾云：“牙根犹带生涩**在**。”(《祖堂集》卷五)
e. 归宗把茶铫而去，师云：“某甲未吃茶**在**。”(《祖堂集》卷十六)
(引自李小军 2011)

据李小军(2011)的研究，例(24a/b/c)的“在”后面都可以补出个处所宾语。由于“在”处在句末，最后演变为“祛疑树信”的语气词例(24d/e)。至于“着”，我们全面检索了中国基本古籍库中从周朝到唐五代所收录的文献资料，幸运地发现了“着”省略处所宾语的情况：

(25) a. 汝等可权借衣**著**，莫令露形见佛。诸比丘即借衣**著**已往世尊所。(《四分律》卷七)
b. 煠讫，冷水中濯之，盐醋中；熬胡麻油**著**[①]，香而且脆。(《齐民要术》卷第九)
c. 我作绣桐诗，繫君裙带**著**。(《才调集补注》卷五)

例(25a)出现了两次“借衣**著**”，意思是借衣服来穿上，“穿着”的“着”就是将衣服放置于身，“着”演变为“穿着”义，语义中就隐含有处所义“身上”。例(25b)谈做酸菜的，其中的“熬胡麻油**著**”是指熬制胡麻油放到酸菜上，完整的句子应该是“熬胡麻油**著**酸菜上”。例(25c)的“繫君裙带**著**”解读为“把你的裙带系在身上”，也隐含着一个“身上”。

可见，汉语史中，“V_1 + $N_{受事}$ + 在/着 + $N_{处所}$”中的“在/着”均可以省略掉 $N_{处所}$，而成为“V_1 + $N_{受事}$ + 在/着”，“在/着”都演变为语气词。所不同的是，“在”没有位移义，虚化为语气词只能强调存在，表“祛疑树信”；而“着”是位移

① 根据石声汉《齐民要术今释》(2009：968)：明清刻本缺“著”，依明钞(明钞南宋“绍兴龙舒本”1144 年刻)、金钞(金泽文库藏钞北宋本 1166 年钞)补出。

义的动词,虚化后才具有祈使语气的功能。

"V_1+$N_{受事}$+着"获得祈使语义的过程中,语境起了关键作用。例(25)的结构跟例(1b/d)(20)(22)相同,后面都隐含着一个处所宾语。但例(25a)前一个"借衣著"用在情态词语"可权"之后,而后一个"借衣著"表已然;例(25b)谈做酸菜的一般情况;例(25c)是第一人称发出的动作。例(25)三句都没有说话人叫听话人去实施什么事件的意思,所以没有祈使语义。而例(1b/d)(20)(22)处在出现在对话、未然、说话人要求听话人去做某事的语境中,就有祈使语义。

因此,汉语史也发生过跟壮语一样的语法演变,导致"着"获得的祈使语义,具体过程为:

i. V_1+$N_{受事}$+着+$N_{处所}$,结构为连动式,"着"为放置义动词,如例(18);

ii. V_1+$N_{受事}$+着+$N_{处所}$,结构为 VO+PP,"着"为终点格介词,如例(19);

iii. 非祈使语境的 V_1+$N_{受事}$+着,介词悬空,隐含 $N_{处所}$,"着"为终点介词,如例(25);

iv. 祈使语境的 V_1+$N_{受事}$+着,隐含 $N_{处所}$,"着"为终点介词和祈使语气词的重新分析,如例(1b/d)(20)(22);

v. 祈使语境的 V_1+$N_{受事}$+着,不隐含 $N_{处所}$,"着"为祈使语气词,如例(1a/c)。

5. 结语

本文是用民族语反观汉语的一项具体实践,旨在跳出从汉语看汉语的孤立框框,换个角度来解决汉语研究中解决得不圆满的问题。本文的初步结语如下:

(一)"放置"动词是位移动词,跟趋向动词"上、下、进、出、起、来、去"相比,其位移缺少明确的方向性而已;"VP+$V_{位移}$"常可以表祈使,故"VP+$V_{放置}$"也可以表祈使;

(二)通过汉语方言和壮语汉借词的语音、语义分析,确定汉语表祈使的"VP着"中的"着"为清声母、阴调类,语义是"放置";

(三)壮语的 $V_{放置}$、汉语的"着"发生过"V_1+$N_{受事}$+$V_{放置}$/着+$N_{处所}$">"V_1+$N_{受事}$+$V_{放置}$/着",导致"$V_{放置}$/着"获得祈使语义。

参考文献

白丽珠 2001《武鸣壮族民间故事》,民族出版社。

董秀芳 2016《趋向词的主观化》,《汉语历史语言学的传承与发展——张永言先生从教六十周年纪念文集》,复旦大学出版社。

广西区民语委研究室 1988《壮语虚词》,广西民族出版社。

广西区民语委研究室 1989《武鸣壮语语法》,广西民族出版社。

何　霜 2011《忻城壮语语气词研究》,广西民族出版社。

黄　阳 2010《靖西壮语语法》,广西大学硕士学位论文。

李方桂 1947/2005《龙州土语》,《李方桂全集》3,清华大学出版社。

李方桂 1956/2005《武鸣土语》,《李方桂全集》4,清华大学出版社。

李小军 2011《语气词“在”的形成过程及机制》,《南开语言学》第1期。

李小军、曹跃香 2011《语气词“着(著)”的形成及相关问题》,《江西师范大学学报》第6期。

刘丹青 2002《汉语中的框式介词》,《当代语言学》第4期。

刘丹青 2004《先秦汉语语序特点的类型学关照》,《语言研究》第1期。

罗　骥 2004《论语气词“著”的来源及与动词形尾“著”的关系》,《云南师范大学学报》第6期。

罗美珍 2008《傣语方言研究(语法)》,民族出版社。

梅祖麟 1988《汉语方言里虚词“著”字三种用法的来源》,《中国语言学报》第三期。

蒙元耀 2006《壮语熟语》,北京:民族出版社。

潘悟云 1991《上古汉语使动词的屈折形式》,《温州师院学报》第2期。

蒲春春 2011《越南谅山侬语参考语法》,中央民族大学博士学位论文。

乔全生 1998《从洪洞方言看唐宋以来助词“着”的性质》,《方言》第2期。

覃东生、覃凤余 2015《广西汉语“去”和壮语方言 pai^1 的两种特殊用法——区域语言学视角下的考察》,《民族语文》第2期。

覃凤余、莫蓓蓓 2015《东兰壮语的句法结构》,《三月三(少数民族语文)》第6期。

覃凤余、田春来 2014《从平话、壮语看“着”表使役的来源》,《汉语史学报》第十四辑,上海教育出版社。

覃凤余、吴福祥、莫蓓蓓 2016《东兰壮语的疑问句》,《历史语言学研究》第十辑,商务印书馆。

孙朝奋 1997《再论助词“着”的用法及其来源》,《中国语文》第2期。

孙锡信 1999《近代汉语语气词》,语文出版社。

石声汉 2009《齐民要术今释》,中华书局。

太田辰夫 2003《中国语历史文法》,北京大学出版社。

王建军 2014《近代语气词“着”及相关祈使句的历史考察》,《苏州大学学报》第5期。

王　苗 2015《再论语气词“著(着)”的来源及相关问题》,《语言科学》第5期。

韦景云、何霜、罗永现 2011《燕齐壮语参考语法》,中国社会科学出版社。

韦茂繁 2014《下坳壮语参考语法》,广西人民出版社。

吴福祥 1996《敦煌变文语法研究》,岳麓书社。

吴福祥 2010《汉语方言里与趋向动词相关的几种语法化模式》,《方言》第2期。

邢公畹 1979《现代汉语和台语里的助词"了"和"着"(下)》,《民族语文》第3期。

邢向东 2004《论现代汉语方言祈使语气词"着"的形成》,《方言》第4期。

袁毓林 1993《现代汉语祈使句研究》,北京大学出版社。

张伯江 1999《现代汉语的双及物结构式》,《中国语文》第3期。

张均如、梁敏、欧阳觉亚、郑贻青、李旭练、谢建猷 1999《壮语方言研究》,四川人民出版社。

张谊生 2009《介词悬空的方式与后果、动因和作用》,《语言科学》第5期。

中国社会科学院语言研究所词典编辑室 2012《现代汉语词典》(第6版),商务印书馆。

朱婷婷 2015《广西田阳壮语"po^4(放)"的语法化》,《钦州学院学报》第10期。

Enfield, Nick J. 2007 *A Grammar of Lao*. New York: Mouton de Gruyter.

Iwasaki, Shoichi & Ingkaphirom, Preeya 2005 *A Reference Grammar of Thai*, Cambridge University Press.

(覃凤余 广西大学 南宁 653504101@qq.com
王全华 北京语言大学 北京 963322567@qq.com)

领有动词与完成体表达的类型学研究*

吴春相　杜　丹

提　要：本文采用语言类型学的研究方法，在汉藏语系、印欧语系、阿尔泰语系、南亚语系等语系中寻找领有动词演变为完成体标记的语言样本，证明完成体标记来源于领有动词是人类语言的一种普遍现象；同时，通过与其他完成体标记的演变方式对比分析，探求跨语言中领有动词与完成体标记的语法化动因，认为领有动词是经由结果体结构演变为了完成体标记，这一演变现象具有类型学上的普遍性。

关键词：领有动词　完成体　类型学

1. 引言

按照Bybee et al.(1994)的说法，人类语言完成体标记的来源主要有两个，一是完成义动词，二是领有动词。属于第一种类型的语言有高棉语(Khmer)、提姆语(Temne)等。而宋金兰(1994)研究发现，属于第二种类型的语言有汉藏语系中的汉语、藏语、仫佬语(Mulam)等，印欧语系中的英语、法语、西班牙语、德语、拉丁语等，阿尔泰语系中的保安语、撒拉语等。目前学界对领有动词演变为完成体标记的相关研究很少，其中陈前瑞、王继红(2012)描述了从完成体到最近将来时是类型学与汉语的常见现象，石毓智(2004)只是探讨了汉语领有动词与完成体表达的现象。据本文调查发现，学界对领有动词演变为完成体标记还缺少较为系统的研究分析。同时，在《世界语言结构图册》①中领有动词演变为完

* 本文得到教育部人文社科一般项目"语言动态观下语法和修辞界面的同形结构研究"(项目编号：15YJA740044)、上海外国语大学重大规划项目"主要生源国学习者汉语学习与认知多角度研究"(项目编号：KX1601045)的资助。论文初稿曾在"第三届语言类型学国际学术研讨会"(上海外国语大学2017)宣读，于秀金、陈前瑞等老师给予许多宝贵意见，特此感谢。

① 《世界语言结构图册》：The World Atlas of Language Structure，简称WALS，http://wals.info.。

成体标记的语言样本只有7个,且这些样本多集中于印欧语系。基于以上情况,有必要扩大观察范围,进一步验证人类语言完成体标记来源于领有动词这一普遍共性,同时从跨语言角度分析领有动词与完成体标记的语法化动因。

本文采用语言类型学的研究方法,在汉藏语系、印欧语系、阿尔泰语系、南亚语系等语系中寻找领有动词向完成体标记演变的语言样本,证明领有动词演变为完成体标记是人类语言的一种较为普遍的现象;同时探求跨语言中领有动词与完成体标记的语法化动因及蕴含共性。

2. 领有动词演变为完成体标记的分布

本文在《世界语言结构图册》与宋金兰(1994)研究基础上扩大语言样本观察范围,通过对研究文献的梳理,在汉藏语系、印欧语系、阿尔泰语系、南亚语系中共发现了25个领有动词向完成体标记演变的语言样本,如表1"领有动词演变为完成体标记的分布"。

表1　领有动词演变为完成体标记的分布

语　系	语言样本	语素形式	时体标记	资料来源
汉藏语系	汉语	有	完成体助词	刘利,1997
	闽语	有	完成体助词	石毓智,2004
	瓯语	有	完成体助词	陈叶红,2007
	吴语	有	完成体助词	石毓智,2004
	客家话	有	完成体助词	石毓智,2004
	粤语	有	完成体助词	石毓智,2004
	藏语	Jɸ?	完成体助词	宋金兰,1994
	仫佬语	mɛ?	完成体助词	宋金兰,1994
印欧语系	英语	have	完成体助词	Dahl, 1985
	法语	avoir	完成体助词	Dahl, 1985
	西班牙语	haber	完成体助词	Dahl, 1985
	葡萄牙语	haver	完成体助词	Narrog & Heine, 2011
	拉丁语	habre	完成体助词	Dahl, 1985
	德语	haben	完成体助词	Dahl, 1985
	波斯语	aḶ	完成体助词	《波斯语汉语词典》,2012

续表

语　　系	语言样本	语素形式	时体标记	资料来源
印欧语系	瑞典语	ha	完成体助词	Dahl，1985
	冰岛语	hef	完成体助词	Einarsson，1949
	罗马尼亚语	avea	完成体助词	Dahl，1985
	加泰罗尼亚语	haver	完成体助词	Dahl，1985
阿尔泰语系	保安语	wi	完成体助词	照那斯图，1981
	撒拉语	var	完成体助词	宋金兰，1994
	韩语	있다	完成体助词	구본관，2015
南亚语系	克木语	hóoc	完成体助词	Dahl，1985
	越南语	có	完成体助词	Dahl，1985
南岛语系	毛利语	kua	完成体助词	Dahl，1985

3. 领有动词与完成体标记的语法化过程

通过考察汉藏语系、印欧语系、阿尔泰语系与南亚语系中等众多语言样本，本文遴选其中部分样本，分析领有动词演变为完成体标记的语法化过程，进而证明领有动词演变为完成体标记是人类语言的一种较为普遍的现象。

3.1　汉藏语系中的考察

我们这里以汉语为例。汉语领有动词“有”最早出现在“有＋NP”结构中，然后“有＋NP”进一步发展，NP后可以带一个复杂的谓语，构成了“有＋NP＋VP”结构可表达完成义。这种形式最早出现在上古汉语早期《尚书》，并且一直沿用至今(陶红印 2011：336)。例如：

(1) 我有大事休。(尚书・大诰)

(2) 君有大臣在西南隅。(左转・衰)

(3) 谢弈作判令，有一老翁犯法。(世说新语・德行)

《古代汉语虚词词典》(1999：754)中也记载《诗经》中“有”已具有完成体的表达功能，如“女子有行，远父母兄弟。”“胡能有定？宁我不顾？”等。刘利(1997)对先秦代表性著作进行了考察，典型的“有＋VP”表完成义结构仅发现7例。“有＋VP”结构集中出现在《国语》《左传》《穀梁传》《孟子》和《荀子》中，但是当表示动作行为完成义时多用“既”与“已”表示。“有+VP”结构也出现在《老乞大》和《朴通事》中,并且与先秦汉语的用法有明显的一致性。例如:

(4) 我有认色了,不拣几时要换。(《老乞大》)

(5) 黑夜道场里你有来么? 我有来。(《朴通事》)

由“有”构成的表达完成义结构“有+VP”在现代汉语普通话陈述句中一般不存在,多用“VP+了$_1$”表示。但“有”可与部分双音节持续动词搭配表示完成义。例如:

(6) 农产品短缺的问题不几年就彻底解决了,农民的收入逐年多少也有提高。(BCC 语料库)

(7) 突然觉得有种感动,是的,我们真的都有进步。(BCC 语料库)

“有+VP”表示完成体形式在现代闽南话等南方方言中十分普遍,出现了完成体肯定形式和否定形式表达的对称现象:肯定形式“有+VP”和否定形式“没有+VP”。同时“有+VP”表达功能与现代汉语普通话的“VP 了$_1$”一致,粤方言中就存有这类现象(石毓智 2015:668),例如:

(8) a. 我有收着汝个批。(我收到了你的信。)

　　b. 我无收着汝个批。(我没有收到你的信。)

(9) a. 渠有交作业。(他交作业了。)

　　b. 渠无交作业。(他没有交作业。)

目前,“有+VP”已有明显进入普通话的趋势,对此研究文献也较为丰富。

结合陈前瑞、王继红(2011)对汉语“有”字句语法化主要路径的描述,“有”是由结果体演变成完成体标记:

	确定事件		确定状态
有+动态谓词	有 DP_E(完成体)	←	有 DP_S(广义结果体)
	↓		↓
有+静态谓词	有 DA_E(完成体)		有 SP_S(广义结果体)

“有+动态谓词”具有表示肯定事件状态变化的结果或状态变化的完成的功

能，也就是说，“有”肯定了某种客观事件的已然结果，并且进而肯定某种状态或表示变化的完成。

3.2 印欧语系中的考察

Heiko Narrog 和 Bernd Heine（2011：59）研究发现古英语（450AD—1150AD）把动词分为轻动词和重动词，其中“habban（have）”属于轻动词，而“wesan（be）”属于重动词。在古英语中，“have/be＋过去分词”都可表完成义。但在中世纪英语中，随着迂说法的发展，同时“bēon”（be，11 世纪）的语法功能比较多，可用于被动句、进行时和完成时。为了避免产生时态的混淆，“have＋过去分词”在 16 世纪成为表示完成体的唯一形式。表达完成义结构的“have＋动词分词”是从“habban＋动词分词”结构演化来的，“habban”被视为助词。但是在最初表达完成义的结构“habban＋动词分词”中，“habban”作为领有动词后的成分视为“habban”的宾语。例如：

(10) ðonne habbe we begen fet gescode(acc.pl.)
Then have we both feet in-a-state-of-having-benn-shod
Suiðe untællice
very blamelessly
Then let us have both our feet very shod.

印欧语系中完成体结构大部分都来源于拉丁语的完成体结构“habeo＋$V_{past.participle}$”，且由主语从句形成的，Subj has [Obj_{ect} $V_{past.participle}$]$_{SC}$。这些短语从句与主句主语指称有一定的联系，如果在主语从句隐含参数由主语引导，那么“have”能够管辖这个从句。在早期的完成体形成阶段，从句中的动词就是施事主语发出的动作，如：Joanna has [a mouse killed]$_{SC}$，意思为 Joanna 使老鼠死了。这种结果事件通过重新分析重组为“have ＋ $V_{past.participle}$”融合为一个结构——“have killed a mouse”。由以上可知，完成体结构“have done X”是从表示结果的构式“have X done”演变而来的（Heiko Narrog，Bernd Heine 2011：171）。例如：

(11) a. Ic habbe pā bō cā writeen
b. I [VP [V have][[NP the book][A written down]]]
c. I [VP [have [V written [NP the book]]]]
(Traugott 1992；Mitchell 1985)

法语体助词“avoir”以及西班牙语中领有动词“haber”也是不可缺少的完成体表达手段。“领有动词＋动词过去分词”结构最初表示结果完成义,领有动词与形容词分词共现,然后演化为表达完成义结构。例如:

(12) Había /he /habré preparado una cena fenomenal
Have/have /have prepare- INDEF. meal terrific
‘I had/have/will have prepared a terrific meal.’
“我 完成体标记 准备 一顿 糟糕的 饭”

3.3 阿尔泰语系中的考察

阿尔泰语系中保安语、撒拉语以及韩语的领有动词也可充当完成体助词。以韩语为例,具本宽、高永根(2008:411—412)将“아/어있다”定义为完成体标记,“不及物动词＋아/어있다”表示动作完成后持续的状态。例如:

(13) 영수-는 의자-에 앉아 있다.
英洙—(话题标记) 椅子—(处所格标记) 坐 完成体标记
英洙坐在椅子上。

例(13)表达了英洙实现了“坐在椅子上”这个动作,并将“坐”的状态持续下去。“아/어있다”是完成体的形态标记,与其结合的不及物动词是带有结果性的完成动词,因此“아/어있다”使得动词的完成义在句法上得以实现。

“앉아(坐)”在说话时或说话之前动作就已经完成,句中已完成的动作一直持续到说话时间或说话时间之后。성광수(1975)将“있다”的意义分为“领有”和“存在”,并认为辅助动词“있다”具有“动作进行”和“状态持续”的意义。同时“-고 있다”“-아/어있다”可表示结果义、终结义,即状态存在结果的抽象化。구본관等(2015)认为,“있다”表示领有义时,当“있다”与“아/어”和“고”连用,组成表达时体意义的构式时,则被称为补助动词,具有表达时体意义的语法功能。

3.4 南亚语系中的考察

我们这里以越南语为例。越南语中的领有动词“có”也可作为完成体助词,表示“完成”义。例如:

(14) Bởi vì ít lâu nay, Dần có về thật, nhưng nó vẫn gầy như một cái que.
因为 最近 阿寅有回 真 但是 她 还 瘦 如 一根拐杖
因为最近阿寅真的有回来,但是(不过)她还瘦得像一根拐杖似的。
(南高《一场婚礼》)

(15) Chí Phèo đã về đâu, mà hắn có về thì cũng say khướt……
志飘 已经回哪有而且他 有 回 就 也 醉了……
志飘还没回来哦,而且他要是回来了也醉了……(南高《志飘》)

"Có"在例(14)中充当领有动词,同时也可作为完成体助词表完成义,如例(15)。陈叶红(2007)和刘利(1997)认为由于语言的接触,先秦"有+VP"结构的盛行也受古越语的"有+VP"的影响,因此南亚语系中的领有动词与汉藏语系中的领有动词的演变路径及动因应具有一致性。

3.5 领有动词演变为完成体标记的蕴含共性

目前语法化理论的一个重要观点就是语法化的单向性原则,如领有动词"有""have""avoir""haber""có"等随着语言的演变,实义动词的特征逐渐丧失进而演化为完成体的标记,充当时体助词,通常意义由具体到抽象,并且词汇意义减少、语法意义增加。以上语言领有动词的语法化过程也再次证明了语法化斜坡的合理性:

实词>语法词>屈折词>词缀(Hopper, Traugott 1993: 8)

基于本文以上汉藏语系中的汉语、印欧语系中的英语、阿尔泰语系中的韩国语、南亚语系中的越南语等语言样本领有动词与完成体表达的语法演变研究,发现以上语言样本中的完成体结构形成之前都由领有动词演变而成且都具有表示结果义的功能,领有动词演变为完成体标记语法过程可总结为由领有动词演变为表示结果体结构,最后演变为完成体标记。在此可以归纳出跨语言中领有动词经由结果体结构演变为完成体标记的蕴含共性:

领有动词>结果体结构>完成体标记

根据以上语言领有动词演变的结构特征,可知领有动词经由结果体结构演变为完成体标记具有类型学上的普遍性。

4. 完成体标记演变的动因和机制

领有动词之所以能够演化为完成体标记,是因为领有动词语义结构与完成体标记在认知上是对应的,并且也是由主观化推动的;同时,语法化过程具有高度的一致性,重新分析、类推和语言复制是语言演化的主要机制。本文通过分析发现,语言类型不同,时体表达方式也不同。研究表明,除了领有动词可演变为完成体标记,还有其他语言的完成体标记是由系动词、位移类动词、存在类动词演变而形成的。

4.1 演变的动因和机制分析

任何语法标记的演化及形成都不是任意的,都有一定的来源理据。Langacker(1991:131)曾指出领有动词与完成体的语义结构是对应的:

领有动词:过去某一时刻拥有的某种东西+具有现时的实用性
↓　　　　　↓　　　　　　　　↓
完成体:　过去某一时刻发生的动作　　+具有现时的相关性

领有动词和完成体标记之间的这种语义结构的对应关系,是导致它们之间演化关系的认知基础。其次,主观化也作用于它们之间的语义及语法演化。以印欧语系中英语的现在完成体为例。英语现在完成体表示过去发生的时间与当前有关,其中"与当前有关"表明说话者对发生事件的主观判断,同时完成体结构"have done X"是从表示结果的构式"have X done"演变而来的(Heiko Narrog, Bernd Heine 2011:171)。这一演变就是"因果"概念的抽象和泛化的结果,即动作和结果越来越不依赖动词本身的词义,而是越来越依赖说话人的主观判断。

除了主观性方面的动因,使用频率也是历来作为语法演变的主要动因之一。Haspelmath(2001)从语言演变的共性角度将语法化的频率条件概括为:"一个语法化的候选者相对于其他参与竞争的候选者使用频率越高,那么它发生语法化的可能性就越大"(引自吴福祥 2004:18—24)。而领有动词正是由于具有极高使用频率,在使用过程中语义不断虚化,最后演变为完成体标记,同时也保留了完成体助词所不具备的句法特征。例如,在英语中,"have"和助动词与词汇动词不同,在构成疑问句时,可以和主语的词序直接倒装,如"Have you forgotten anything?"(你忘了一些事情吗?);还可以和否定词"not"一起使用而不是与"do not"一起构成否定形式,如"They have not left yet."(他们还没有走)。

领有动词演化为完成体标记来源于人类的认知机制，当领有动词通过重新分析演变为完成体标记后并通过类推的力量，迅速扩大使用范围最终演化为固定结构。引起这种语言现象演变的机制除了重新分析和类推，还有语法复制。语法复制包括“接触引发的语法化”和“结构重组”（吴福祥 2013）。第一，“接触引发的语法化”是指一个语言对另一个语言的语法概念或语法概念演变过程的复制。陈叶红（2007）和刘利（1997）认为，正是由于语言的接触，先秦“有＋VP”与古越语的“有＋VP”相互推动，从而促进了领有动词向完成体标记的演变。以上可以说明为什么领有动词演变为完成体标记多出现在汉藏语系和南亚语系中，正是由于地理位置和语言接触的影响，造成了这一语言现象的产生。第二，“结构重组”指一个语言对另一个语言语法结构的复制，如法语、英语、西班牙语等印欧领有动词演变为完成体标记都是模仿拉丁语的演化路径。

4.2　“有”的领有语义与存在语义的时体分化

动词“有”基本意义可分为两类：一类表示“领有”；另一类表示“存在”。根据类型学考察，领有动词“有”和存在动词“有”演变为体助词是人类语言中的一种普遍现象。汉藏语系的诸多语言中“有”和“在”同词（黄成龙 2013），同时宋金兰（1994）也认为“在”作为体助词，其性质与“有”相同。当动词“有”表存在义时，吴福祥（2010）根据东南亚语言“居住/存在”义语素的多功能模式及其演变的过程，概括出“居住/存在”义动词的语法化路径：“居住/存在”义动词＞持续体/进行体标记。

在汉藏语系中，拉祜语、傈僳语、景颇语、载瓦语、浪速语的存在动词“有”都可以做持续体助词。景颇语有一部分体助动词是由动词充当，它们作动词时，意义比较具体；作助动词时，意义比较抽象。例如 ŋji˧˩ 作动词时，表示“在、有”；作助动词时，表示动作的正在进行，充当持续体标记（刘璐 1984：80）。例如：

（16）a. naŋ˧˩　jum˧˩　ma˥　khă˥ nam˧˩　ŋji˧˩　le˧˩
　　你　家　（结助）　什么时候　在　（谓助）
　　你什么时候在家？

　　b. xu˧˩　sik˥ phjo˩　ma˥　xai˧˩　ŋji˧˩　to˩　ʒa˥
　　那（上面）　树梢　（结助）　什么　在　（助动）　（语助）
　　那树梢上有什么？

(17) jaŋ˨˩ lǎ˨˩ ŋji˥ e˥ lai˨˩ka˥ ka˥ ŋji˧˩ ʒa˥
他 一 天 的 字 写 在 (语助)
他整天在写字。

同样在汉藏语系傈僳语中,"有"不仅表存在意义,也可充当持续体标记表进行时,可以单独作谓语,位于核心动词之后(徐琳、木玉璋、盖兴之 1986:41—74)。例如:

(18) a. nio˧ kuɑ˧˥ kho˨˩ ʃuɑ˧˥ tɯ˧˥ su˧˥ niɛ˧˥
上 边 玉 米 点播 人 有
上边有人点播玉米。

b. ɑ˧˥ ɣo˧ tʃuɑː˥ niɛ˧˥ ŋɑ˧
叔 叔 下边 住 是
叔叔住下边。

(19) a. hi˧ sɿ˧˥ niɛ˧˥
房 扫 正在
正在扫房。

b. o˨˩ phiɛ˨˩ lu˧ niɛ˧˥
菜 炒 正在
正在炒菜。

正是由于领有动词语义与存在动词语义的时体分化,导致了一部分演变为"完成体标记",一部分演变为"持续体标记"。正如在阿尔泰语系保安语中,表示存在语义的动词演变为持续体,表示领有语义的动词"有"可作情貌助动词 uărə-"完了",sou-"正在",是由动词 uărə-"完毕、完结"以及 sou-"坐、住"意义虚化形成的。助动词 uărə-用于动词词干形式后面表示某个行为的完结;sou-表示某个行为状态的持续。而完成体形式由领有动词"有"与动词词干后加过去时形动词附加成分-saŋ 构成(照那图斯 1981:46—47)。例如:

(20) pətɕiaG ɢur wi
豆 面 有
有豆面。

(21) bŭ dʑiənjiŋ ndʑiə-saŋ wi
我 电影 看 有 (肯定意义助动词)
我看过电影。

(22) tantəgədə bədannə kədə uniaŋ Guraŋ wi-sanŋ i.
从前 我们 家 奶牛 三 有
从前我们家有三头奶牛。

根据领有语义与存现语义的演变,可总结为表2"'存在义'语素的时体演变"。

表2 "存在义"语素的时体演变

语　系	语言样本	语素形式	时体标记	资料来源
汉藏语系	拉祜语	$tsh\varepsilon^{3}$	有,持续体助词	常竑恩,1985
	傈僳语	$ni\varepsilon^{35}$	有,持续体助词	徐琳等,1986
	景颇语	$ŋa^{21}$	有,持续体助词	刘璐,1984
	载瓦语	$ŋji^{51}$	有,持续体助词	徐悉艰、徐桂珍,1984
	浪速语	na^{31}	有,持续体助词	戴庆夏,2005
	傣语	ju^{5}	有,持续体助词	罗美珍,2008
	布芒语	$ɳɔ^{24}$	有,持续体助词	刀洁,2007
	老挝语	juu^{1}	有,持续体助词	吴福祥,2010
	缅甸语	nei	有,持续体助词	吴福祥,2010
南亚语系	德昂语	goi	有,持续体助词	陈相木、王敬榴、赖永良,1986

4.3 时体类型的构成方式与完成体

金立鑫(2017:200)根据动词或动词的配价成分把语言分为情状类型语言和行为类型语言。如果一种语言的动词主要依赖相应的体标记、配价成分和补语等成分所形成动词短语,从而构成时间语义类型,并通过完整的短语来体现时间类型,这种语言就是情状类型凸显的语言;同时,不同的动词表达不同的行为类型,由此,就可以依据动词本身判断动词的时体特征,称为行为类型凸显的语言。

在印欧语系中,英语、法语、西班牙语、拉丁语等的完成体结构中,动词的"V-变体"形式实际上更多表达的是"体"意义,"时"通常是由助动词表达的,如英语"have"中的助动词"V-ed"。助动词"has/had"的形态变化表达现在时与过去时,"V-ed"形式主要表达事件的实现。以上结构基于动词以及相应的体标记成分形成的动词短语多属于情态类型的时间语义类型。同时汉藏语系、阿尔泰语系、南亚语系、南岛语系的语言借助体标记"有"表达完成体意义,也属于情态类型的时间语义类型。从领有动词演变为完成体标记的语言形式来看,以上语言多属于情态类型。

印欧语系、阿尔泰语系、汉藏语系、南亚语系、南岛语系中的大多数语言也以词缀或附加成分的形式表达时体类型,也属于情态类型的一种方式。汉藏语系中的土家语、独龙语、白语、格曼语、阿依语等,印欧语系中的俄语、芬兰语等,阿尔泰语系中的哈萨克语、柯尔克孜语、土耳其语、阿塞拜疆语等,南岛语系中的阿眉斯语、排湾语、布嫩语等,南亚语系中的德昂语、佤语、布朗语等,尼日尔刚果语系中的基库尤语、印第安语系中的爪拉尼语、盖丘亚语系中的盖丘亚语、爱斯基摩-阿留申语系中的因纽特语等,都是以词缀或动词词干的附件成分表达完成义。以阿尔泰语系哈萨克语为例,一般在元音和浊辅音结尾的动词词干后加-kan/-gen 以及在清辅音结尾的动词词干后加-qan/-ken,然后再加上表示人称和数的附加成分来表达完成义。

根据《世界语言结构地图》,人类语言完成体标记最常见的来源除了领有动词,还有完成义动词"finish"(完成)或"already"(已经)。根据类型学调查,有些语言属于行为类型、可直接使用完成义动词表达完成体,如表 3"完成义动词作为完成体标记"。

表 3 完成义动词作为完成体标记

语　　系	语言样本	形式来源/语素形式	时体标记	资料来源
尼日尔—刚果语系	南非荷兰语	het+PtP	完成体	Dahl, 1985
	腾内语	finish	完成体	Bybee et al., 1994
	Tenyer	finish, already	完成体	Dahl, 1985
	伊策基里语	V+rē	完成体	Dahl, 1985
	Engenni	finish	完成体	Bybee et al., 1994
	约鲁巴语	ti+V	完成体	Dahl, 1985
汉藏语系	曼尼普尔语	finish, already	完成体	Dryer & Haspelmath, 2013
	泰国语	V+lœǽo	完成体	Dahl, 1985
	缅甸语	finish, already	完成体	Dryer & Haspelmath, 2013
印欧语系	古吉拉特语	finish, already	完成体	Dryer & Haspelmath, 2013
南亚语系	老挝语	complete	完成体	Bybee et al., 1994
	高棉语	finish, already	完成体	Dryer & Haspelmath, 2013
	巽他语	Kantos+V	完成体	Dahl, 1985
	斐济语	finish, already	完成体	Dryer & Haspelmath, 2013

续表

语　　系	语言样本	形式来源/语素形式	时体标记	资料来源
达罗毗荼语系	Bongu	be ready; finished; completed	完成体	Bybee et al., 1994
南岛语系	瓜哇语	Tahu＋V	完成体	Dahl, 1985
	Amele	finish, already	完成体	Dryer & Haspelmath, 2013
爱斯基摩-阿留申语系	因纽特语	already	完成体	Dahl, 1985
马来—波利尼西亚语系	印度尼西亚语	Pernah＋V	完成体	Dahl, 1985
	Buli	already	完成体	Bybee et al., 1994

4.4　其他完成体标记来源

由于不同语言的思维与认知方式不同，不同语言对时体感知方式与程度也各有差异，因此对完成体的来源方式也肯定不同。根据 Bybee et al.(1994:64)研究发现，巴斯克语、蒂格雷语、马诺语、迈蒂利语等语言的完成体标记由系动词“是”演变而来；马吉语、科卡马语、德昂语、亚玛利亚语等语言的完成体标记由位移动词演变而来，尤其是阿琴语、瓦奥、瓦拉以“来”义动词以及图卡努语以“去”义动词演变为完成体标记；蒂格雷语、迈蒂利语、维吾尔语等语言的完成体标记由“存在”义动词演变而来。

根据赵相如(1983:85)调查发现，在阿尔泰语系中维吾尔族语中，存在动词也可以演变为完成体标记。维吾尔族语表示动作的完成或结束义的助动词主要有:“bol”“qal”“qoj”“tʃiq”“kɛt”“ɛt”等，其中表“是、存在、成为”的“bol”是主要的完成体助动词。例如：

(23) a. ular　wɛzipisini　tygitip　bol-di
他们　把任务　使结束　(bol＋确定过去式)
他们完成了任务。

b. mɛn　bu　kitapni　oqup　bol-dum
我　这　把书　读　(bol＋确定过去式)
我读(完)了这本书。

5. 结语

本文在语言类型学视野下，对汉藏语系、印欧语系、阿尔泰语系、南亚语系领有动词演变为完成体标记的语法化过程进行了比较分析，证明了完成体标记来源于领有动词的合理性。以上语系中领有动词演变为完成体标记的语法化过程,论证了跨语言中领有动词经由结果体结构演变为完成体标记具有类型学上的普遍性,由此可得出领有动词与完成体标记的蕴含共性:

领有动词＞结果体结构＞完成体标记

领有动词之所以能够演化为完成体标记,是因为领有动词语义结构与完成体标记在认知上是对应的并且也是由主观化推动的。同时,语法化过程具有高度的一致性,重新分析、类推和语言复制是语言演化的主要机制。最后,本文根据大量语料调查,并通过与其他完成体形式的演变方式的对比分析,发现语言类型的不同,时体表达方式也不同,有些语言属于行为类型凸显的语言,有些语言属于情态类型凸显的语言。也就是说,有的语言完成义动词可直接作完成体标记,这些语言属于行为类型凸显的语言。有的语言采用词缀或附加形式表示完成义,如领有动词演变为完成体标记与动词词干相结合形成完成体表达形式。领有动词演变为完成体标记的语言属于情态类型凸显的语言。由于不同语言对时体的认知方式不同,除了领有动词可演变为完成体标记,其他语言的完成体标记多由系动词、位移动词、存在类动词演变而形成的。

参考文献

北大东方语言文学系波斯语教研室 2012《波斯语汉语词典》,商务印书馆。

常竑恩 1986《拉祜语简志》,民族出版社。

陈前瑞、王继红 2011《南方方言"有"字句的多功能性分析》,载吴福祥、张谊生编《语法化语语法研究(五)》,商务印书馆。

陈前瑞、王继红 2012《从完成体到最近将来时——类型学的罕见现象与汉语的常见现象》,《世界汉语研究》第2期。

陈叶红 2007《从南方方言的形成看"有+VP"结构的来源》,《甘肃联合大学学报(社会科学版)》第4期。

戴庆夏 2005《浪速语研究》,民族出版社。

刀 洁 2007《布芒语研究》,民族出版社。

黄成龙 2013《藏缅语存在类动词的概念结构》,《民族语文》第2期。

金立鑫 2017《语言类型学探索》,商务印书馆。

刘 利 1997《古汉语"有VP"结构中"有"的表体功能》,《徐州师范大学学报》第1期。

刘 璐 1984《景颇族语言简志(景颇语)》,民族出版社。

罗美珍 2008《傣语方言研究(语法)》,民族出版社。

具本宽、高永根 2008《韩国语语法论》,集文堂。

石毓智 2004《汉语的领有动词与完成体表达》,《语言研究》第2期。

石毓智 2015《汉语语法化史》,江西教育出版社。

宋金兰 1994《"有"字句新探——"有"的体助词用法》,《青海师专学报》第2期。

孙宏开 1981《羌语简志》,民族出版社。

陶红印 2011《汉语抽象动词存现句的历史发展及其主观化过程》,载吴福祥编《汉语主观化与主观性研究》,商务印书馆。

吴福祥 2004《近年来语法化研究的进展》,《外语教学与研究》第1期。

吴福祥 2010《东南亚语言"居住"义语素的多功能模式及语法化路径》,《民族语文》第6期。

吴福祥 2013《关于语法演变的机制》,《古汉语研究》第3期。

徐 琳、木玉璋、盖兴之 1986《傈僳语简志》,民族出版社。

徐悉艰、徐桂珍 1984《景颇族语言简志(载瓦语》,民族出版社。

照那斯图 1981《土族语简志》,民族出版社。

照那斯图 1981《东部裕固语简志》,民族出版社。

赵相如 1993《维吾尔语简志》,民族出版社。

中国社会科学院语言研究所古代汉语研究室 1999《古代汉语虚词词典》,商务印书馆。

Bybee, Joan L., Revere Perkins, and William Pagliuca 1994 The evolution of grammar: Tense, aspect and modality in the languages of the world. Chicago: The University of Chicago Press.

Dryer, M.S. and Haspelmath, M. (eds.) 2013 The world atlas of language structures online. Leipzig: Max Planck Institute for Evolutionary Anthropology.

Dahl Östen 1985 Tense and Aspect System. Oxford: Basil Blackwell.

Einarsson Stefán 1949 Icelandic grammar, text, glossary. Baltimore: The Johns Hopkins Press.

Hopper Paul, Traugott Elizabeth Closs 1993 Grammaticalization. Cambridge University Press.

Langacker, Ronald W. 1991 Foundations of Cognitive Grammar-Vol. II, Descriptive Application. Stanford: Stanford University Press.

Mitchell, B. 1985 Old English Syntax, vols I. II. Oxford: Clarendon Press.

Narrog Heiko and Heine Bernd 2011 The Oxford Handbook of Grammaticalization. New York: Oxford University Press.

Traugott, E. C. 1992 Syntax In R.M. Hogg (ed.), The Cambridge History of the English Language. Cambridge: Cambridge University Press.

성광수 1975 존재(동)사 "있다" 에 대한 재고, 한국어문논총.

구본관등 2015 한국어 문법 총론. 집문당.

(吴春相 上海外国语大学 上海 shdwchx@126.com
杜丹 上海外国语大学 上海 sisududan@163.com)

名词等级对普什图语分裂施格的影响

缪 敏

提 要:以往研究普什图语分裂施格的学者们都认为普语中存在施格结构,但触发其分裂的因素仅与“时”有关。然而,普语的第一、二人称单数在非过去时结构中作P时有特殊的宾格标志;表示有生命的代词“څوک”(谁;某人)在过去时结构作主语时采用施格,而表示无生命的代词“څه”(什么;某物)则没有施格形式;所有指示代词在过去时结构中作主语时要采用施格形式,而不定代词则只有有生命的才有施格形式,无生命的则没有。可见,名词等级也是影响普什图语格标志匹配模式的另一个重要因素。

关键词:名词等级 普什图语 分裂施格

普什图语是普什图民族的语言,是阿富汗官方语言之一,主要在阿富汗境内、巴基斯坦的开伯尔—普什图省和俾路支省以及阿巴边境的普什图部落地区使用。普什图语隶属印欧语系印度—伊朗语族伊朗语支,有丰富的词形变化,属于屈折语。由于长年战乱,普什图语研究比较滞后,语言学方面的研究成果比较少,但仍不乏关于普什图语分裂施格方面的文章,这也足以见证施格研究在普什图语研究中的重要地位。学者们(如 D. A. Shafeev, 1964; Habibullah Tegey, 1979、1996; Trask, 1996; Farooq Babrakzai, 1999; Muhammad Farooq)都认为普什图语中存在施格结构,并且触发分裂的因素仅仅与过去时有关。然而,我们认为除了“时”的因素,名词等级对普什图语分裂施格也有影响。

1. 名词等级和分裂施格的关系

很多学者都曾提出和名词短语语义相关的等级。Dixon(1979)称名词短语的这种语义性质为“施事性等级”（agency hierarchy）；Comrie（1978，1979）称为“生命度等级”（animacy hierarchy）；Dixon（1994）更改为名词等级（the nominal hierarchy）；Song Jae Jung（2008）延续了 Dixon（1994）的叫法；Lindsay J. Whaley（2009）和伯纳德·科姆里（2010）称之为生命度等级（the animacy hierarchy）；威廉·克罗夫特（2009）称之为扩展生命度等级（the extended animacy hierarchy）。事实上，他们所提的等级大同小异，大致可以表述为：

表 1　名词等级

第一、二人称代词	第三人称代词/指示代词	专有名词	普通名词		
			人类	有生	无生

根据这一等级，越靠近左边，生命度、定指度越高，越符合 A 的特征，越倾向于使用受格标志；越靠近右边，生命度、定指度越低，越符合 P 的特征，越倾向于使用施格标志。

事实上，这不是一个单一的、线性的、离散的序列，而是由好几个相互区别又互相联系的功能维度（functional dimensions）相互作用而形成的一个复杂交错的等级。这一等级实际上涉及四个功能维度：(1)人称等级（person hierarchy），第一、二人称的地位高于第三人称；(2)指称性等级（referentiality hierarchy），代词的地位高于专有名词，专有名词高于普通名词；(3)生命度等级（animacy hierarchy），人类普通名词高于非人类有生命名词，非人类有生命名词高于无生命普通名词；(4)有定性等级（definiteness hierarchy），有定的（definite）所指高于不定的特指（specific），不定的特指高于任指（nonspecific）。由于名词短语的语义比生命度等级或者扩展生命度等级更能涵盖上面所提的所有功能维度。因此，我们更倾向于称这一等级为名词等级。

De Lancey（1981）分析了三种分裂施格的模式：动态模式（active pattern）、移情层级分裂（empathy hierarchy split）和体分裂（aspectual split）。其中，移情层级主要和生命度（animacy）、施事性（agentivity）、主题性（topicality）有关，特别和人称关系密切。Dixon（1994）归纳了制约分裂施格模式的四个主要因素：动词的语义、核心名词短语的语义、小句的时/体/语气和主句/从句分裂。De Lancey 的移情层级分裂和 Dixon 的核心名词短语的语义分裂有很多相似的地方。换言之，名词短语的语义是触发某些语言产生施格分裂的原因之一。典型的例子是迪尔巴尔语（Dyirbal），在该语言中，名词（和形容词）系统表现为施格模式,在第一、二人称代词系统却表现为受格模式。根据 De Lancey(1981:628)的统计,基于核心名词短语语义分裂的语言主要包括澳大利亚的大部分土著语言、北美的一些印第安语、西伯利亚地区的一些语言以及部分藏缅语。

普什图语大体上属于基于时/体分裂的形态施格语言。然而,Khattak(1988)、车洪才、张敏(2003)、Mirdehghan Mahinnaz(2005, 2013)都指出普什图语第一、二人称单数在非过去时中作宾语时要采用间接格(oblique case)①形式,而除此之外的其他名词短语都采用直接格(direct case)形式。可惜,他们都没有将这一发现与分裂施格联系起来。事实上,除了人称因素,名词等级中所涉及的其他功能维度是否也会对普什图语分裂施格产生一定影响?下面我们便一一来考察。

2. 生命度对普什图语分裂施格的影响

Silverstein 最早考察分裂施格语言的语法表现形式时发现 NP 的语义性质可以决定一种语言选择受格结构还是施格结构。他根据自然施事来说明类型共性:人类最有可能是自然施事;相反,非人类或者无生的最有可能是自然受事。对于这一点是很容易理解的,"因为通常生物才能执行行为动作,特别是受动作者意志控制的动作。而非生物也比生物更经常地成为动作的对象"(陆丙甫,2001:25)。对于很多动词来说,如"相信""说""决定"等,核心论元通常是人类;还有其他一些动词,如"咬""看"等,核心论元可能是人类,也有可能是动物;很少有核心论元为非动物名词的动词。毫无疑问,人类名词短语在功能上更倾向于 A,非动物名词短语在功能上更倾向于 P。

通常,生命度等级由高到低的次序分别为:人类 > 有生命 > 无生命。不同的语言对于生命度的敏感度不同,会采用不同的区分。有些语言区分地比较简略,只作出有生和无生的对立,如澳大利亚土著语言 Mangarayi 语,有生 NP 采用主—受格系统,无生 NP 采用施—通格系统(Song Jae Jung, 2008: 148)。还有些语言对有生命名词作出更细致的分类,如里撒恩古语(Ritharngu)②用特殊宾格代名词缀用于人类和高等动物,如狗和袋鼠等,而这个词缀不用于低等动物,如昆虫和鱼等,也不用于无生命物。大多数语言似乎都把无生命物当作

---

① 我们采用间接格来表述 oblique case,而不是旁格,因为旁格是指主格以外所有其他词格形式的统称,而普什图语中的间接格仅相对于直接格(direct case)来说,仅指形态上的变(间接格)与不变(直接格)。

② 里撒恩古语是阿纳姆地的一种澳大利亚语。

没有区别的一类。但语言学家们发现在纳瓦霍语(Nowaho)[①]中,能自发动作的无生命实体,如风、雨、流水、闪电等,被划为生命度高于其他无生命物的一类名词(科姆里,2010:228—9)。

生命度在语言中常见的是人类和非人类之间的区别。在普什图语名词系统中生命度对施格的影响并不明显,但对名词单数和复数的形态变化有明显区分;但在代词系统中生命度对格有较明显影响,以下列疑问代词(不定代词)为例:

表 2　普什图语的直接格与间接格

释义 \ 格	直接格	间接格
谁;某人	څوک	چا
什么;某物	څه	څه

由上表可见,"څوک"的直接格和间接格形式完全不同,采用了异干交替(suppletive stem)[②]方法,而"څه"的直接格和间接格完全相同,没有变化形式。再看具体用法:

(1) څوک راغی؟

tsok　　ra:gh-i

谁.S.DIR　来.PST-M.3SG

谁来了?(Anne Boyle David, 2014: 179)

(2) ته څوک وینې؟

tə　　tsok　　wi:n-e

你.A.DIR　谁.P.DIR　看.PRS-2SG

你在看谁?(车洪才/张敏,2003:64)

(3) تور چا وواهه؟

Tor　　cha:　　wuwa:h-ə

吐尔.P.M.SG　谁.A.OBL　打.PST-M.3SG

谁打了吐尔?(Tegey, 1979:378)

例(1)句为不及物动词过去时句,"څوک"(谁)采用直接格形式,作为S出

① 纳瓦霍语美国西南部的一种阿萨巴斯加语。

② 异干交替是指形态聚合体的两个成分在形式上没有联系。例如英语中有一小部分形容词通过异干交替的形式来表示比较级:bad→worse。

现;例(2)句为及物动词现在时句,"خوک"(谁)采用直接格形式,作为 P 出现,A "ته"(你)也采用直接格形式,A、P 同格,该句属于中性配列;例(3)句为及物动词过去时句,"چا"(谁)为"خوک"的间接格形式,作为 A 出现,P"تور"(吐尔)采用直接格形式,P 和 S 同格,为通格,区别于 A,A 为施格,该句属于施通格配列。可见,有生命的代词"خوک",可以作为 S 或 A 或 P 出现,有间接格形式"چا",可以作为施格出现。

(4) څه به پېښ شي؟

tsə　ba　peh-shi
什么.S　PART　发生.PRF.PRS-M.SG
将会发生什么?(Habibullah Tegey/Barbara Robson, 1996: 73)

(5) څه کوې؟

Ø　tsə　kaw-e
A省略　什么.P　做.PRS-2SG
你在干什么?(车洪才/张敏,2003:65)

例(4)句为不及物动词将来时,"څه"作为 S 出现;例(5)句为及物动词现在时,"څه"作为 P 出现,该句省略主语 A,可以从动词词尾互文得出 A 为"第二人称单数"。无生命代词"څه"通常作为 S 或 P 出现,没有间接格形式,通常不会作为施格出现。

3. 人称对普什图语分裂施格的影响

Siewierska(2013)分析动词一致关系时认为影响分裂匹配的因素有很多,人称是其中一个很重要的因素。一般情况下,第一、二人称不同于第三人称。例如在 Gunwinʸgu 语中,不管它们的语法关系如何,第一、二人称代词成分必须前置于第三人称代词(Song, 2008: 170)。又如,在很多存在活动格局的语言中,通常都是第一、二人称采用活动匹配,第三人称则采用中性匹配,如夸萨蒂语(Koasati)、纳—德内语系(Na-Dene)的 Tlingit 语、阿拉瓦克语系(Arawakan)的 Amuesha 语、北美印第安卡多语系(Caddoan)的 Wichita 语等。当然,也有相反的情况,第一、二人称采用中性匹配,第三人称采用活动匹配,这样的例子极为罕见但也存在,如分布于巴西中北部兴谷河(Xingu)上游的 Trumai 语就是这种语言,它的第三人称 S 和 P 都有加动词后缀-e,但是第一、二人称在动词上却没有任何标志。

科姆里(2010:148)指出:“格(标志)并不直接跟语法关系有关,而是直接跟A和P的区分有关。”即其功能在于帮助鉴别施事和受事。典型的A是高定指度和高生命度的,它的生命度越高,在型学上的标记性越弱;典型的P是低定指度和低生命度的,它的生命度越高,标记性越强。如果施事、受事均为高生命度、高定指度的名词,那么通常P需要被特殊标记。“越是语义上不容易混淆的施受关系,越是不需要形式标记,相反,越是语义上容易引起角色混淆的,越是需要强制性的显性语法形式去明确语法角色,这种情况在人类语言中是普遍存在的”(陆丙甫,2001:258)。

普什图语是否也存在被特殊标记的P呢?首先,我们来观察P为第一、二人称单数的情况:

(6). زه ګرځم

zə	garz-əm
我.S.DIR	散步.PRES.IMP-1SG

我在散步。(Khalid Khan Khattak, 1988:52)

(7). زه تا وینم

zə	tā	wi:n-əm
我.A.DIR	你.P.OBL	看见.PRES.IMP-1SG

我看见你。(Khalid Khan Khattak, 1988:52)

(8). ته ما وینې

tə	mā	wi:n-e
你.A.DIR	我.P.OBL	看见.PRES.IMP-2SG

你看见我。(Khalid Khan Khattak, 1988:52)

观察上面3个句子,例(6)句为不及物动词现在时句,其中的S采用直接格;例(7)(8)两句为及物动词现在时句,并且P分别为第一、第二人称单数形式,其中A都采用直接格,P为间接格。比较例(6)句和例(7)(8)句发现:S和A同格为主格,区别于P,P为受格,属于主受格标志系统。可见,第一、二人称代词单数形式在非过去时结构中都采用受格标志系统,P被特殊标记。

接下来,我们再来观察P为第三人称单数的例句:

(9). زه دی وهم

zə	dai	wah-əm
我.A.DIR	他.P.DIR.M	打.PRES.IMP-1SG

我在打他。(Khalid Khan Khattak, 1988:55)

(10). زه دا وينم

zə　　dā　　wi:n-əm

我.A.DIR　她.P.DIR.FM　打.PRES.IMP-1SG

我在看她。(车洪才/张敏,2003:58)

观察例(9)(10)句,这是及物动词现在时句,P分别为第三人称单数阳性和阴性。句中A和P都采用原格,比较例(6)句和例(9)(10)句发现:S、A、P同格,没有区别,属于中性格标志系统。可见,第三人称代词单数的阳性、阴性形式在非过去时结构中作P,没有被特殊标记。

接着,我们来观察P为人称代词复数形式的例句。

(11). استاذ مونږ لټوی

ostaz　　mung　　laṭaw-i

老师.A.DIR　我们.P.DIR　寻找.PRES.IMP-3PL

老师在找我们。(Khalid Khan Khattak, 1988:73)

(12). مونږ تاسو وينو

mung　　tāso　　wi:n-u

我们.A.DIR　你们.P.DIR　看见.PRES.IMP-1PL

我们看见你们。(Khalid Khan Khattak, 1988:52)

比较例(6)句和例(11)(12)句发现:S、A、P同格,没有区别,属于中性格标志系统。可见,人称代词复数形式在非过去时结构中作P,没有被特殊标记。总结普什图语非过去时结构格标志匹配的具体模式见下表:

表3　普什图语非过去时格标志匹配模式

	1st&2nd		3rd	普通名词
	1st&2nd单数	1st&2nd复数		
A	直接格	直接格	直接格	直接格
S	直接格	直接格	直接格	直接格
P	间接格	直接格	直接格	直接格
匹配模式	受格匹配	中性匹配	中性匹配	中性匹配

普什图语属于SOV语言,施事、受事都在动词前面,当A、P同为高定指

度、高生命度的 NP 时，如果不用格标志加以区分，往往会很难辨别施受关系。因此，在非过去时结构中，只有当 P 为第一、二人称单数时，需要被特殊标记，即存在特殊标记的 P，也称为区别性宾语标志（differential object marking）。事实上，标记高生命度 P 的例子很多，例如在羌语中，宾助词 zie[33] 一般要加在有生名词后面；浪速语宾格标记 ʒɛ[31] 一般只出现在指人或人称代词宾语上等等（罗天华，2007：25）。

4. 有定性对普什图语分裂施格的影响

事实上，上文提到的第一、二人称生命度高于第三人称，从生命度本身得不到解释，但是却可以从前者比后者的有定性（definiteness）更高得到解释。有定性是指对所指对象的确定程度。通常，第一、二人称的对象直接参与谈话，自然比第三人称更容易确定，前者的有定性比后者更高。有定性等级从高到低是这样的：有定的 > 特指的 > 任指的。有定性是决定直接宾语是否为显性编码的重要因素。大量语言材料证明有定直接宾语有特殊标记。例如，土耳其语中只有有定直接宾语带特殊宾格后缀“-ι”（或它的元音和谐变体），所有其他直接宾语都用跟主语（A 或 S）一样，没有后缀形式；波斯语中的有定宾语要带特殊宾语标志“rā”。此外，在芬兰语、印地语中有定性和生命度的某些组合也会触发直接宾语带格标志的现象。

靠近名词等级左边的 NP 有定性越高，反之，靠近名词等级右边的 NP 有定性越低。也就是说和人类相关的名词短语比非人类的更有有定性，有生命的名词短语比无生命的更有有定性。人称代词和指示代词总是和有定性相关。有定性对于普什图语的影响和上述触发直接宾语带格标志略有不同，它的主要表现之一是所有指示代词都有间接格形式，无论它指代有生命的名词还是无生命的名词，在过去时结构中作 A 时需要特殊标记；而不定代词在本文第二部分已经做过讨论，有生命的不定代词“ځوک”有间接格形式，通常作为 S 或 A 或 P 出现，无生命不定代词“څه”没有间接格形式，通常作为 S 或 P 出现，很少作为 A 出现。我们来比较下面两组例句：

（13）. دا خبر تور راووړ

dā	khabar	Tor	ra：wuṛ
这个.DEM.DIR	消息.P.M.SG	吐尔.A.M.SG	带来.PST.M.SG

吐尔带来了这个消息。（Tegey，1979：377）

(14) دي خبر تور اريان كه.

de	khabar	Tor	aryān kə
这个.DEM.OBL	消息.A.M.SG	吐尔.P.M.SG	震惊.ST.SG

这个消息震惊了吐尔。(Tegey, 1979:378)

这两个句子都是及物动词句过去时结构,不同的是例(13)句中的"دا خبر"(这个消息)在句子中作P,采用直接格形式,是通格;例(14)句中的"دي خبر"作A,采用间接格形式,指示代词"دا"变为"دي",是施格。

5. 指称性对普什图语分裂施格的影响

指称性因素是决定核心名词短语语义分裂的另一个重要因素。不同的语言划分指称性的截点也会不同,大体上指称性等级从高到低可以分为:代词>专有名词>普通名词。如果代词系统和名词系统有不同的格的变化,那么代词系统为受格,名词系统为施格,没有例外(Dixon, 1994:84)。例如,Dyirbal语在代词系统表现为主受格配列,在名词(和形容词)系统则采用施通格配列;又如东北高加索(North-East Caucasian)的拉克语(Lak)人称代词采用中性配列,名词采用施通格配列(科姆里,2010:153)。

许多语言根据指称性等级在人类名词短语内部又作区分。通常把专有名词和/或(某些)亲属称谓的生命度看作比所有其他人类名词的生命度高。这类名词短语所指对象固有的生命度按照生命度的原来意义并不比普通名词高,但由于指称性等级不同而表现出名词等级的不同。例如,Nhanda语不仅代词采用主—受格系统,而且人类名词和亲属名词也采用这一系统;又如楚科奇语作出了更为细致的区别:只有表达和说话人有亲属关系的亲属称谓,而且只有指称比说话人年长的亲属的亲属称谓才被看作有较高的生命度(科姆里,2010:227)。

在普什图语中,指称性对格标志模式有哪些影响呢?从上文表3中可以看出,在非过去时结构中,代词的第一、二人称单数采用主受格系统,其余都采用中性系统。这一分裂由从人称的角度解释更为合理,而且也并不是所有的代词和名词之间的分裂。再来观察普什图语的过去时结构,具体见下表,单数代词和部分名词采用施通格系统,而复数代词和其余名词采用中性系统。名词是根据其单词词尾(即形态,而非语义)来决定其采用什么格形式。可见,无论是在非过去时结构还是在过去时结构,代词和名词之间的分裂并不鲜明,因此，指称性对普语格标志模式的影响不明显。

表 4　普什图语过去时格标志匹配模式

	人称代词		指示代词	不定、疑问代词		专有名词/普通名词		
						单　数		
	单数	复数		有生	无生	M1.1，M2，M4，M5，M6，M7，F3，F5，F7	M1.2，M1.3，M1.4，M3，F1，F2，F4，F6	复数
A	间接格	直接格	间接格	间接格	直接格	直接格	间接格	间接格
S	直接格	直接格	直接格	直接格	直接格	直接格	直接格	直接格
P	直接格	直接格	直接格	直接格	直接格	直接格	直接格	直接格
匹配模式	施格匹配	中性匹配	施格匹配	施格匹配	中性匹配	中性匹配	施格匹配	施格匹配

6. 数对普什图语分裂施格的影响

“数”是另一个和生命度的交互作用带有某种双重性的参项。Dixon（1994：94）把人称、数和性三者结合起来，提出了名词等级的补充等级：

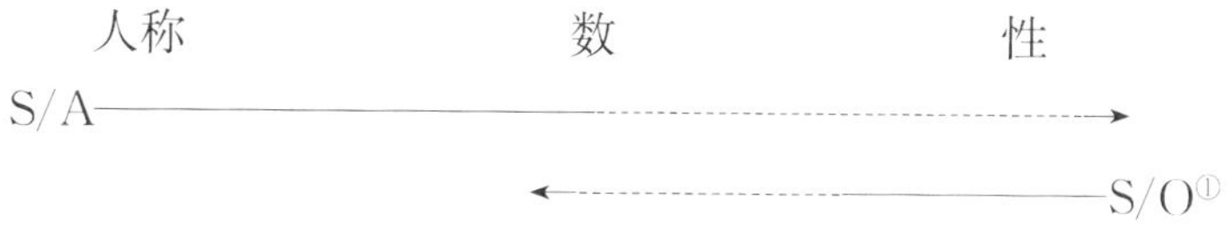

根据该等级，“人称”位于补充等级的左端，与人称代词相关，倾向于 S/A 等同；“性”位于补充等级的右端，与名词相关，倾向于 S/O 等同；“数”位于中间，同时与代词和名词相关。例如在 Jarawara 语中，人称和数与 S/A 一致，性根据不同的条件类型与 S/P 或 S/A 一致；在 Koiari 语[②]中，人称和数与 S/A 一致，同时，数也与 S/P 一致。

从人称代词和名词的数范畴来看，普什图语人称代词常采用异干交替等模糊的形态标注，而名词常采用附缀这种明显的屈折形态。缪敏（2016：148）分析得出“在普什图语名词系统中，数与格之间有一种交互作用，数有提高名词带格标记的作用。”但是通过上述两张表格我们发现：单数代词更倾向于带

① S/O=S/P。
② 该语言中没有性范畴。

格标志,而复数刚好相反。在代词系统人称代词的复数形式无论在过去时还是在非过去时,只采用直接格形式,即普什图语人称代词的复数没有间接格形式,也有很多学者认为这是间接格与直接格同形,如此一来便是数降低了人称代词的生命度。那么数到底能提高还是降低名词短语的生命度?科姆里(2010:218)表示:"我们不作任何概括,但肯定有相当的证据记录了数在两个方向上都能起作用,但总的来说,数所起的作用是随意的,没有重要意义。例如俄语,复数增加了名词短语带特殊的有生宾语词尾的可能性;但也有些语言如波兰语,复数降低了名词短语带特殊的有生宾格词尾的可能性。"

7. 结语

在上文中,我们将名词等级分为四个功能维度,分别阐述它们对普什图语分裂施格的影响。然而,通过分析可以得知,生命度、人称和有定性对普什图语分裂施格的影响比较明显,指称性和数的影响则比较模糊。此外,这些功能维度往往是相互作用的,而不是完全仅靠其中一项起作用的。例如,第一、二人称单数在非过去时结构中作 P 时需要被特殊标记,既要参照人称因素,又要参照有定性因素;有生命不定代词的格标志形式既要参照有定性因素,又要参照生命度因素等等。因此,名词等级反映了好几个因素之间的一种自然交互作用,是一个复杂交错而不是单一和线性的等级,是影响普什图语分裂施格的另一个重要因素。

参考文献

[英]伯纳德·科姆里 2010《语言共性和语言类型》(第二版)(沈家煊、罗天华译,陆丙甫校),北京大学出版社。

车洪才、张敏 2003《普什图语基础语法》,北京广播学院出版社。

罗天华 2007《SOV 语言宾格标记的考察》,《民族语文》第 4 期。

陆丙甫 2001《从宾语标记的分布看语言类型学的功能分析》,《当代语言学》第 4 期。

缪敏 2016《普什图语名词格标记现象》,《东方语言文化论丛》第 35 卷。

[美]威廉·克罗夫特 2009《语言类型学与语言共性》(第二版)(龚群虎等译),复旦大学出版社。

Babrakzai Farooq 1999 *Topics in Pashto Syntax* Doctoral dissertation, University of Hawai'i at Manoa.

Comrie, Bemard. Ergativity. In Lehmann(ed.), Syntactic typology: studies in the phenomenology of language, 329—394. Austin: University of Texas Press, 1978.

Comrie, Bemard. Degrees of ergativity: some Chukehee evidence. In Plank (ed),

219—240，1979.

Delancey，Scott 1981 *An interpretation of split ergativity and related patterns* Language 57.

Dixon，R.M.W. 1994 *Ergativity* Cambridge：Cambridge University Press.

Khattak Khalid Khan 1988 *A Case Grammar Study of The Pashto Verb* PhD Thesis，Department of Phonetics and Linguistics School of Oriental and African Studies Faculty of Arts，University of London，England.

Mirdehghan Mahinnaz，Jahangiri Nader 2005 *Split-Ergative Morphology in Hindi/Urdu，Pashto & Balochi Languages* J.Humanities，Vol.12(3).

Mirdehghan Mahinnaz 2013 *Ergative case & agreement marking：similarities and variations in Hindi/Urdu，Pashto and Balochi languages* Dialectologia 10.

Shafeev，D.A. 1964 *A short grammatical outline of Pashto* Translated and edited by Herbert H. Paper. Bloomington：Indiana University.

Siewierska，Anna 2013 *Alignment of verbal person marking* In：Dryer，Matthew S. & Haspelmath，Martin（eds.）.（Available online at http://wals. info/chapter/100，Accessed on 2016-04-10.）

Song Jae Jung 2008 *Linguistic Typology：Morphology and Syntax*，北京：北京大学出版社。

Tegey Habibullah，Robson Barbara 1996 *A Reference Grammar of Pashto* Washington，D.C.：Center for Applied Linguistics.

Tegey Habibullah 1979 *Ergativity in Pushto（Afghani）* In Linguistic method：essays in honor of Herbert Penzl，ed. Irmengard and Gerald F. Carr，369—418. The Hague：Mouton Publishers.

Whaley Lindsay J. 2010 *Introduction to Typology—the Unity and Diversity of Language*，北京：世界图书出版公司。

（缪敏 战略支援部队信息工程大学洛阳校区
洛阳 122510906@qq.com）

母语类型的多维干扰

——维吾尔语重音模式匹配汉语声调的机制*

杜兆金　陈保亚

提　要：本文基于维吾尔语重音模式的分析，以维吾尔语重音模式的调型特征来考察维吾尔语和汉语声调匹配的微观过程和特点。研究发现，维吾尔族人以母语重音模式中“平调”“降调”“升调”三种调型匹配汉语的声调，语言类型学特点差异引起了“多对一”的复杂匹配，可称之为“多维干扰”；维吾尔语以“平调”“降调”“升调”匹配汉语声调，会经历一个由无序匹配到有序匹配的转化过程。维吾尔语和汉语接触的早期阶段，维吾尔族人会以“平调”“降调”“升调”三种调型同时匹配汉语声调，这是维吾尔语和汉语接触中声调出现诸多变异现象的重要原因；随着维汉接触程度的加深，维吾尔族人逐步以一个调型来匹配汉语某个声调，即实现有序匹配。考察维吾尔语重音模式与维汉声调匹配的关系，为研究无声调语言母语者习得汉语声调提供了一个重要的观察窗口。

关键词：语言接触　重音模式　多维干扰　声调匹配

1. 引言

声调是无声调语言母语者学习汉语的难点，即使已具有较高汉语水平的外国留学生，在学习汉语声调方面仍存在很多问题。对此，不少学者已进行经典性研究，如 Hombert(1977)、Gandour et al.(1978)、Leung(1978)、Keller-

* 本文研究得到以下基金资助：国家社会科学基金一般项目（批准编号：16BYY038，主持人：杜兆金）；国家社会科学基金重大项目（批准编号：14ZBD102，主持人：陈保亚）。文中论点如有任何错误，概由作者负责。

man(1979，1983)、赵元任(1980)、余霭芹(1986)、Broselow et al.(1987)、赵金铭(1988)、沈晓楠(1989)、王韫佳(1995)、刘岩(2009)等，不少研究涉及外国留学生习得汉语声调的顺序、调型错误、调域错误等重要问题。

从世界语言分布看，有声调的语言数量较少，无声调的语言数量较多。有学者从语音类型学差异角度观察无声调语言母语者习得声调问题。Chiang(1979)、Broselow et al.(1987)研究表明，英语母语者在识别和使用汉语声调时会遇到相当大的困难，而对于母语是声调语言，或者母语中无声调但已经拥有声调知识的学习者来说，学习目标语声调时难度相对较小。例如，约鲁巴语和泰语同为有声调语言，Gandour et al.(1978)研究发现，约鲁巴人学习泰语的声调相对较容易，因为他们母语经验中的声调知识有助于学习者识别泰语中的超音段成分。①

随着研究的不断深入，声调习得研究呈现由传统单一的自然听辨记音，转向综合运用自然听辨记音、实验语音学声学分析、统计分析、数学计算的发展趋势。如刘岩、李玲等(2006)以 11 位维吾尔族大学生为调查对象，对维吾尔族人的声调偏误进行实验研究，以基频曲线正确与否和听感正确与否，作为判断声调是否存在偏误的标准；朱学佳(2007a、2007b)综合使用自然听辨、声学实验及统计分析的方法，描写和归纳维吾尔族人说汉语的声调系统；刘岩(2009)则更多涉及维吾尔族、藏族、蒙古族等无声调少数民族学习汉语声调的实验研究。

母语干扰是语言接触中的普遍现象。在特点差异显著的语言接触中，母语干扰问题尤其突出。维吾尔语属阿尔泰语系突厥语族，汉语属汉藏语系。维吾尔语和汉语在音位数量、音节结构、声调的有无、重音模式等方面存在较大差异。维吾尔族人说汉语时体现出明显的“维腔维调”，这很大程度上源于类型学特点差异显著的维吾尔语、汉语接触过程中的母语干扰。徐思益(2000)、高莉琴(1996)、张洋(2009)等对维吾尔语、汉语接触中的声调变异做过深入研究，并取得很多重要成果。陈保亚(1996)认为，语言接触中母语干扰包括匹配、回归、并合。就维吾尔语和汉语接触而言，匹配指维吾尔族人以维吾尔语语音来读汉语读音，使汉语所有语音都能以维吾尔语语音来替代。田野调查中我们发现，维吾尔族人说汉语时的“维腔维调”主要体现在声调方面；

① Leung(1978)、Kellerman(1979，1983)等研究则认为，母语和学习目标语中相似的地方也可能是二语习得的难点。如 Leung(1978)发现，广东人学习普通话声调时存在困难，并认为这种困难很大程度上来自学习者的母语声调系统的干扰。

对维吾尔族人来说,汉语的声调难于学习和掌握,许多汉语水平很高的维吾尔族人,声调方面仍存在不少变异;只有那些学习汉语时间长、汉语水平高的维吾尔族人才能学会汉语声调。

维吾尔语和汉语声调匹配与维吾尔语固有词的重音模式有关。前人及时贤的研究已注意到维吾尔语重音模式的母语干扰问题,并取得一系列有价值的研究成果。徐思益、高莉琴(1992)发现,维吾尔族人说汉语时会受母语"声调"影响,汉语单音节词维吾尔族人一律读成降调(51),汉语双音节词,第一个音节读成降升调,第二个音节读成降调。朱学佳(2007a, 2007b)认为,维吾尔族人把普通话阴平调发成 33 调,把阳平调发成 23 调,把上声调发成 31 调或 22 调,把去声调发成 31 调;双音节词的第二音节,有的读为去声 51,有的读为阴平 55。

综上,前辈学者和时贤在无声调语言母语者习得汉语声调方面,取得了重要的有价值的研究成果,然而尚存在一些不完善之处和进一步拓展的研究空间。田野调查中我们发现,维吾尔族人读普通话双音节词时存在不少变异形式,存在"第一个音节读成平调或降调,第二个音节读成降调"的情况。尤其重要的是,徐思益、高莉琴(1992)所讨论的维吾尔语词调重音模式是如何影响维吾尔族人学习汉语声调的,我们需要进一步追问,维吾尔语重音模式在维汉声调匹配层面的"母语干扰"体现在哪些方面?维吾尔族人读汉语单音节词、双音节词,是否受母语单音节词、双音节词词调模式的制约和影响?在"自然接触"(陈保亚,1996)场合,无声调语言母语者习得汉语声调的微观过程和机制是什么?

本文以维吾尔语和汉语接触为例,对上述问题展开进一步探讨。具体研究中,我们深入新疆吐鲁番市葡萄沟乡达甫散盖村进行为期 2 个月的田野调查,调查了 46 位维吾尔族发音人,[①]收集维吾尔族发音人说汉语的第一手材料;同时通过搜集维吾尔族人读维吾尔语单音节词和双音节词的语音材料,考察维吾尔语的重音模式特点;在此基础上考察维吾尔语重音模式对维汉声调匹配的制约和影响,希望借此一方面验证前辈学者的研究结论,另一方面尝试从重音模式对维汉声调匹配制约的视角观察维汉声调匹配问题,希望对维吾尔族人说汉语时"维腔维调"现象的成因,窥之一斑。

---

① 本文对 46 位维吾尔族发音人根据年龄进行分组,A 组:12 岁以下;B 组:13～20 岁;C 组:21～35 岁;D 组:36～50 岁;E 组:50 岁以上。每组按调查顺序先后给发音人编号。另外,我们还调查了部分汉族发音合作人,记为 F 组。

本文调查所用词(字)表,主要选自周磊(1998)中的“吐鲁番同音字汇”,选词(字)共计 1 062 例,含 200 核心词。选词(字)坚持如下原则:(1)单音节词(字)为主,每个音节至少选 3 个词(字),音节分布上兼顾吐鲁番汉语方言和普通话,争取每个音节都有分布;(2)简单易读。

2. 维汉声调的匹配

2.1 维吾尔语词调音高模式

维吾尔语是无声调语言,但维吾尔语固有词有“前轻后重”的重音模式。徐思益、高莉琴(1992),徐思益等(1997)研究发现,维吾尔语重音不是音强重音,而是音高重音;维吾尔语中的重音也体现为音高的变化形式;维吾尔语也有“声调”——降升调(325)、降调(51),维吾尔语的“声调”没有辨义功能,也不给词划界,所以就成了次要信息。为观察维吾尔语固有词词调重音模式特点,我们选择维吾尔语的一些双音节词和单音节词,请三位维吾尔族发音人朗读并录音。①调查所用维吾尔语双音节词、单音节词词表,见附录1、附录 2。

本文田野调查时录音使用 gate way 计算机(操作系统 windows XP),录音采样频率 22 050 Hz,声学分析软件为 Audition v3.0 以及北京大学中文系语音实验室编写的 Wavefinal、SpeechLab 程序。首先用 Audition v3.0 将采样频率降至 11 025 Hz,标记维吾尔族发音人录音材料中单音节词和双音节词音高段,标注时把主要音高段标注出来,不计音高线的弯头和降尾;对样本时长做归一化处理(时长归一化后,单音节词有 30 个数据点,双音节词有 60 个数据点),得到单音节词或双音节词的基频数值;然后运行 SpeechLab 程序,对时长归一化后的基频进行五度值换算,并利用 Excel 画出单音节词和双音节词的基频曲线图及均值曲线图。

观察维吾尔语发音人读双音节词的音高曲线图发现,维吾尔语第一个音节一般为平调或降调,第二音节基本是降调,且第一个音节起始音高普遍低于第二个音节起始音高。D-6、D-7 号两位发音人,第一个音节基本都是平调,调值约为 33,第二个音节都是降调,调值约为 51;C-15 号发音人第一个音节为降调,调值约为 32,第二个音节也是降调,调值约为 51。三位发音

---

① 三位维吾尔族发音人:吾古丽汗·克衣木(编号 D-6),女,36 岁,农民,新疆吐鲁番市葡萄沟乡达甫散盖村人;吾买尔·吐尔逊(编号 D-7),男,37 岁,司机,新疆吐鲁番市葡萄沟乡达甫散盖村人;安尼瓦尔(编号 C-15),男,26 岁,公司职员,新疆吐鲁番市葡萄沟乡达甫散盖村人。

人读双音节词的音高曲线图及其均值曲线图,见图 1—图 6。可见,维吾尔语双音节词音高组合的基本模式为 33＋51(或 32＋51),即"平降型"(或降降型)格式。①

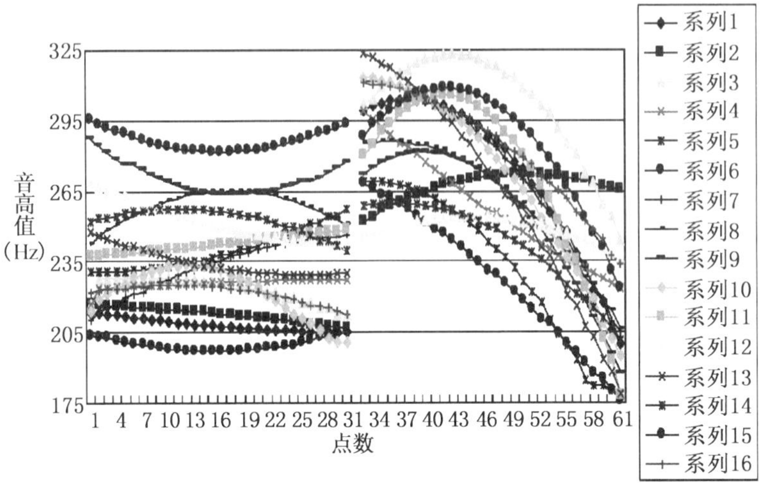

图 1　D-6 号双音节词音高曲线

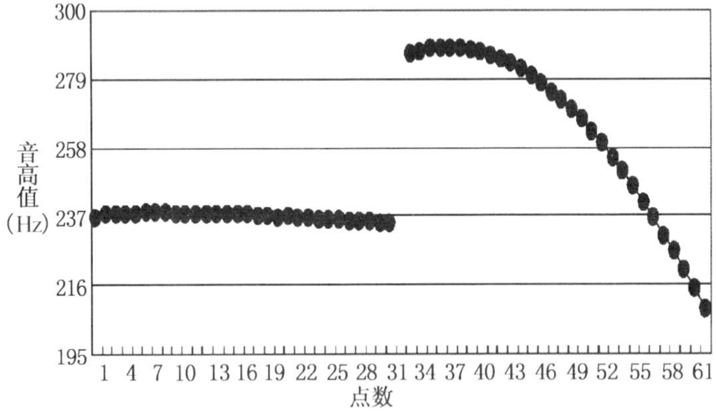

图 2　D-6 号双音节词音高平均值曲线

① 就维吾尔语双音节词的前一个音节而言,降调(32),在听感上和中平调(33)区分度不高,故本文把二者归为一类,称之为"平降型"。

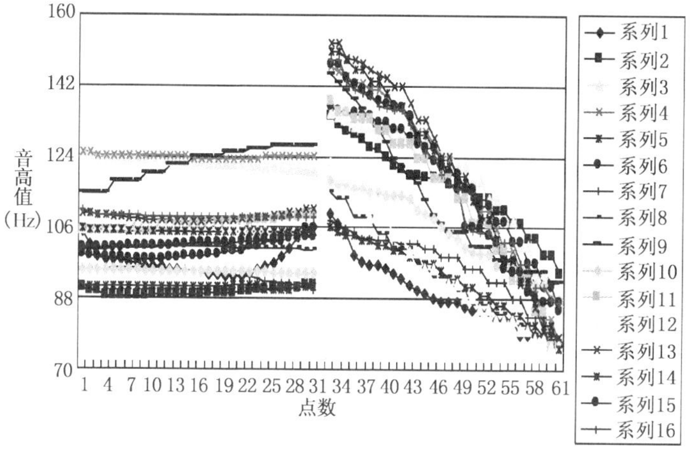

图 3 **D-7** 号双音节词音高曲线图

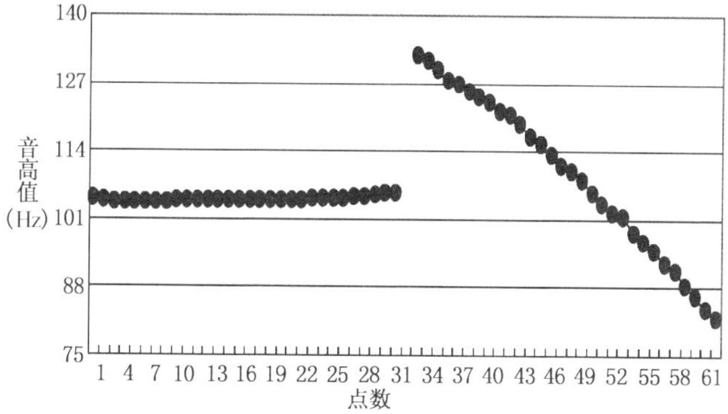

图 4 **D-7** 号双音节词音高平均值曲线

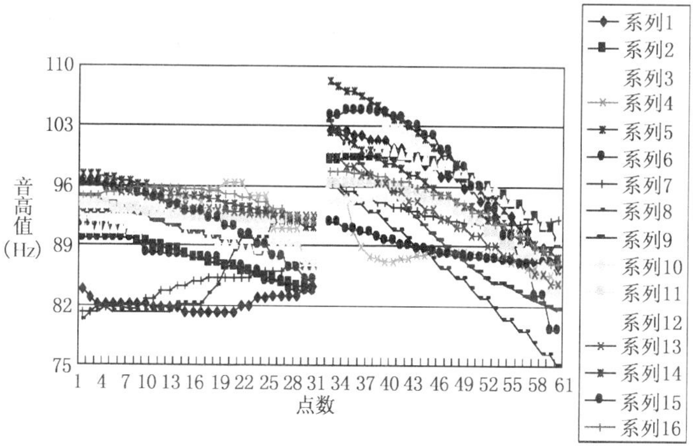

图 5 **C-15** 号双音节词音高曲线图

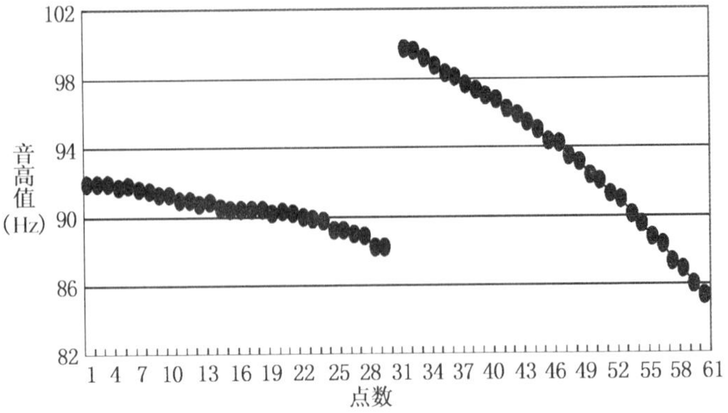

图6　C-15号双音节词音高平均值曲线

刘岩(2009),江海燕、刘岩(2010)运用实验语音学方法考察了维吾尔语重音,认为维吾尔语词的重读音节,既有"降降型",也有"降升型",并认为维吾尔语词重音以"降降型"更为常见(如图7所示),但也有发音人全部读成"降升型"的(如图8所示)。

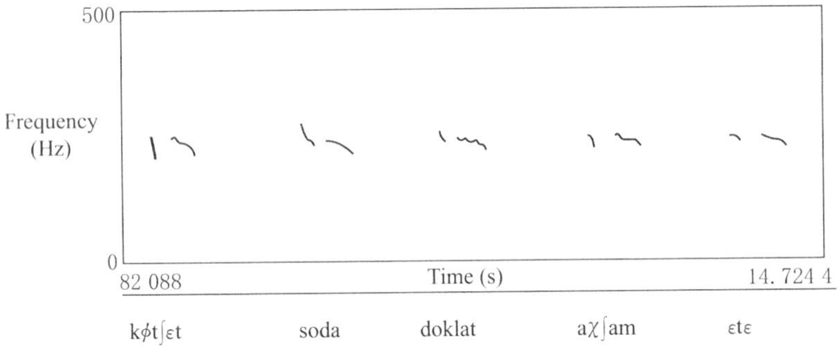

图7　维吾尔语双音节词音高曲线图(发音人女2号)(引自刘岩2009:162)

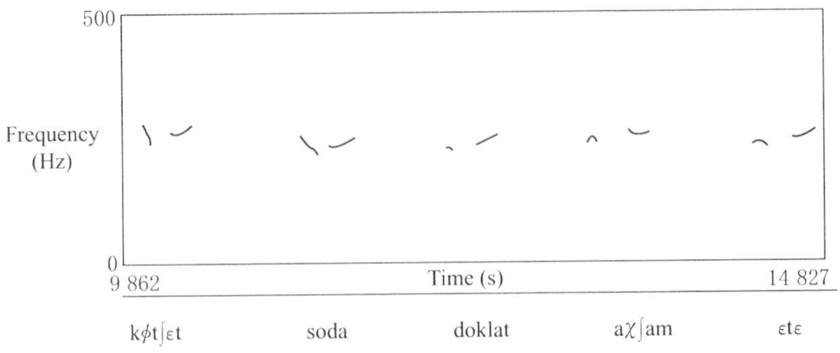

图8　维吾尔语双音节词音高曲线图(发音人女5号)(引自刘岩2009:162)

从本文实验结果看，维吾尔族发音人双音节词调的模式有“平降型”“降降型”，没有观察到“降升型”模式。不过本文收集的语料显示，有些发音人个别双音节词存在前音节“升”、后音节“降”的情况。如 D-6 号发音人读双音节词“六”(alt'ɛ)、D-7 发音人读双音节词“妹妹”(siŋil)时，前一个音节均为升调。如图 9—图 12 所示。这种“升降型”词例尽管数量较少，不具有普遍性，但至少说明维吾尔语双音节词中的某一个音节偶尔读作升调，是客观存在的事实。本文材料一定程度上佐证了刘岩(2009)、江海燕等(2010)的研究结论。

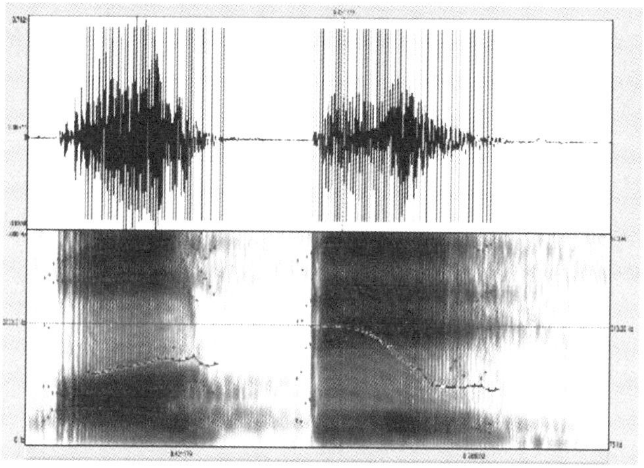

图 9　D-6 号发音人“六”alt'ɛ语图

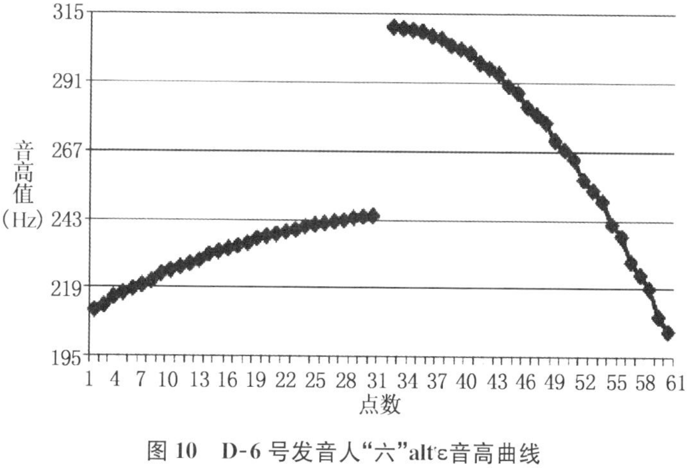

图 10　D-6 号发音人“六”alt'ɛ音高曲线

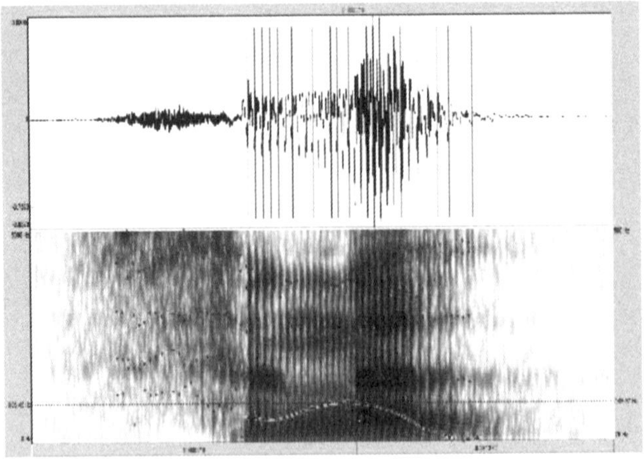

图 11　D-7 号发音人“妹妹”siŋil 语图

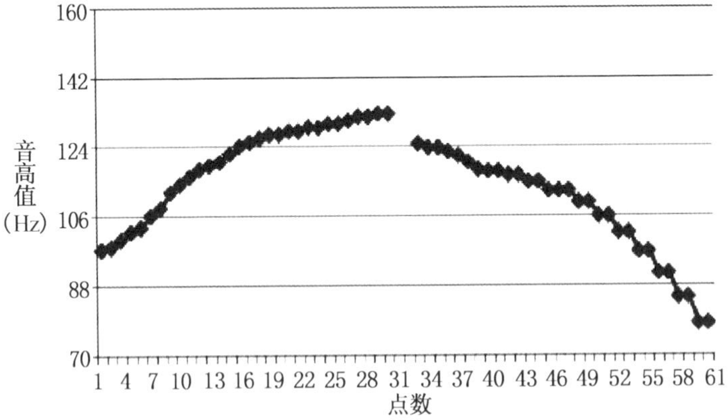

图 12　D-7 号发音人“妹妹”siŋil 音高曲线

接下来我们再观察维吾尔族人读维吾尔语单音节词的音高曲线特点。三位维吾尔族发音人读单音节词的音高曲线图及其相应的音高平均值曲线，见图 13—图 18。

观察发现，维吾尔族人读单音节词的音高曲线和读双音节词后一个音节的音高曲线大致相同，音高值大致为 51。但二者也存在差别：维吾尔族人读双音节词时，后一个音节一开始就处于急剧下降的进程，而读单音节词时降得比较舒缓，大约在三分之一处(第 10 个点数)之后才开始急剧下降。

基于以上分析，我们倾向认为，维吾尔语单音节词调模式为“降调”，双音

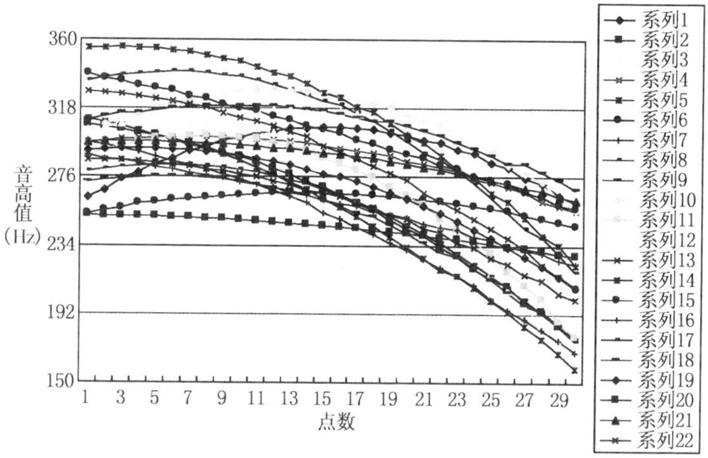

图 13 D-6 号单音节词音高曲线

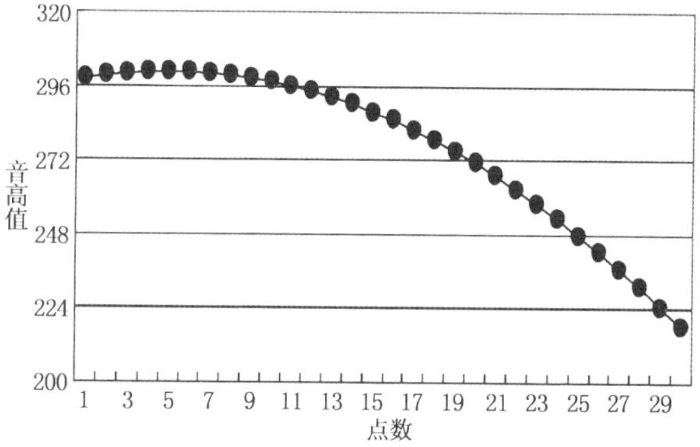

图 14 D-6 号单音节词音高平均值曲线

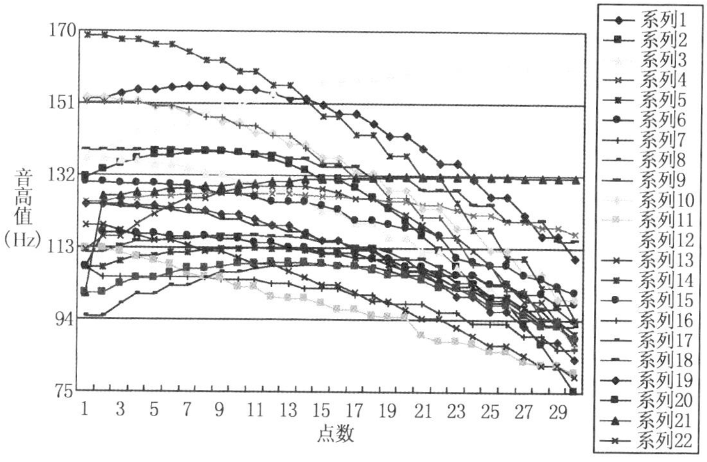

图 15 D-7 号单音节词音高曲线

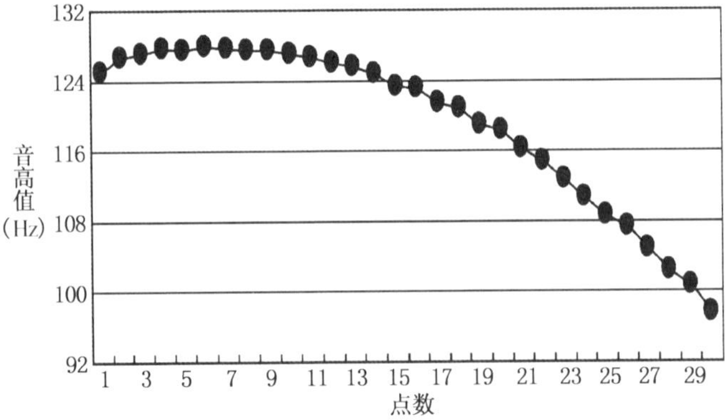

图 16　D-7 号单音节词音高平均值曲线

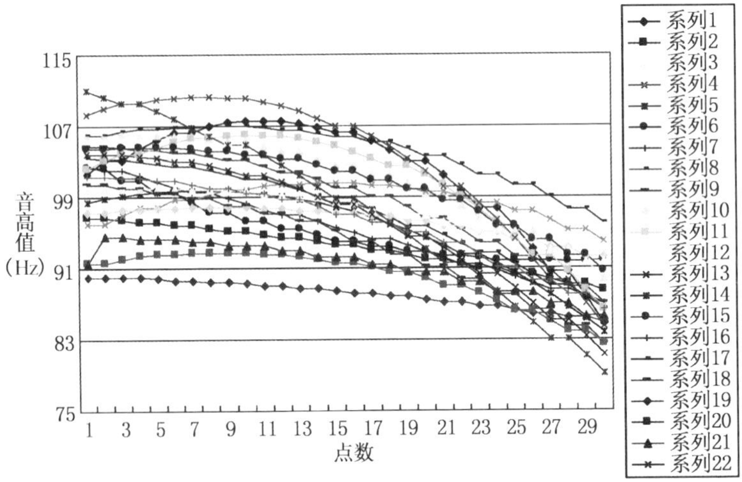

图 17　C-15 号单音节词音高曲线

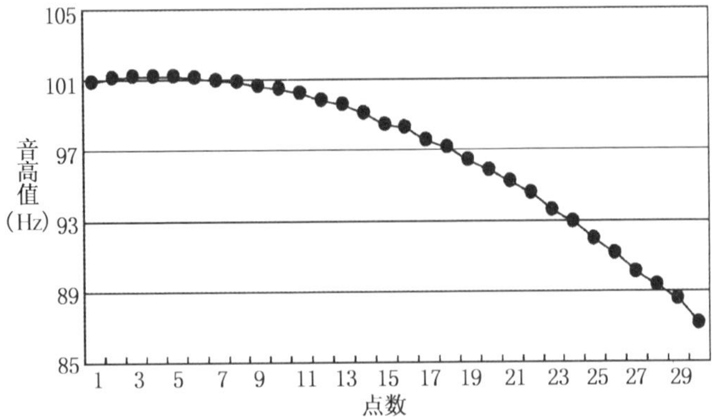

图 18　C-15 号单音节词音高平均值曲线

节词调模式有“平降型”和“降升型”。①可见，维吾尔语词调音高曲线包括“平调”“降调”“升调”三种调型。②下文我们将看到，维吾尔语词调模式中的“平调”“降调”“升调”三种调型，在维吾尔族人匹配汉语声调过程中具有突出表现，即维吾尔族人在读汉语单音节词时，往往以这三种调型来匹配汉语的不同调类。考察维吾尔语“平调”“降调”“升调”三种词调调型，是观察维吾尔语和汉语自然接触中声调匹配的起点。③

2.2 维汉声调匹配总体情况

吐鲁番地区既有老派汉语，也有地方普通话（新派汉语），二者都可能成为维吾尔族人习得汉语声调的目标语。根据周磊（1998），吐鲁番汉语的调类有三个：平声（214）、上声（51）和去声（33）。田野调查发现，吐鲁番老派汉语仍保留着这三个调类，同时也出现了新派汉语。④吐鲁番新派汉语的声调跟普通话基本一致，而跟吐鲁番老派汉语存在多种对应形式。以周磊（1998）记录的吐鲁番汉语“上声（51）”为例。老派汉语声调与新派汉语声调、普通话声调之间存在四种对应形式，其中“51-214-214”和“214-214-214”这两种对应形式词例较多，如普通话“五、小、远、你”等词，我们调查的老派汉语的调值为51，新派汉语和普通话调值均为214；普通话“母、哪、孔、老”等词，老派汉语、新派汉语和普通话调值都是214，而其他两种对应形式（“35-214-214”“55-214-214”）词例相对较少。“214-214-214”对应是老派汉语受普通话影响而产生的新的声调对应层。为研究方便，本文剔除“214-214-214”式对应，也剔除了其他两种词例数量较少的“35-214-214”“55-214-214”式对应，只考虑“51-214-214”式对应（124个词例），记为“Ⅲ类对应”。同理，我们又遴选出吐鲁番老派汉语与普通话之间的“214-55”“214-35”“33-51”三种对应（对应实例分别为133、70、116），分别

---

① 如前所述，有些维吾尔族发音人个别双音节词存在前音节“升”、后音节“降”的情况，但词例数量较少，不具有普遍性，故本文没有将之视为维吾尔语词调的模式之一。

② 本文所说的“调型”，指随着词的音高高低不同而呈现出的升降变化，如“升调”“降调”“平调”，其中“升”“降”“平”，称之为“调型特征”；“重音模式”指维吾尔语中存在的不同音节间的轻重变化的固有模式；“词调”指维吾尔语单音节词和双音节词的音高的高低升降变化形式。由于维吾尔语重音是音高重音，我们以“调型”或“调型特征的组合”来记录维吾尔语的重音模式和词调模式，如维吾尔语单音节词调模式为“降调”，双音节词调模式有“平降型”和“降升型”，其中“平降型”由调型特征“平”“降”组合构成，“降升型”由调型特征“降”“升”组合构成。

③ 本文所说的“声调匹配”，仅限于维吾尔族人读汉语单音节词的声调匹配。

④ 老派汉语发音合作人：陈占俄，62岁，汉族，农民，吐鲁番市葡萄沟乡人，小学文化程度。新派汉语发音合作人：（1）蔺梅，37岁，汉族，自由职业，吐鲁番市人，高中文化程度；（2）凌子涵，10岁，汉族，吐鲁番市人，小学四年级学生。

记为“Ⅰ类对应”“Ⅱ类对应”“Ⅳ类对应”。如表1所示。

表1 普通话与吐鲁番老派汉语的声调对应

	吐鲁番老派汉语	普通话	对应实例数	总计
Ⅰ类对应	平声调(214)	阴平调(55)	133例	443例
Ⅱ类对应	平声调(214)	阳平调(35)	70例	
Ⅲ类对应	上声调(51)	上声调(214)	124例	
Ⅳ类对应	去声调(33)	去声调(51)	116例	

观察发现，维吾尔族发音人读汉语声调存在诸多变异，所有发音人都存在把普通话声调读成“平调”“升调”或“降调”的情况。①普通话阳平调，发音人可能会读成中升调、低升调、平调、降调等，如C-8号发音人把汉语“羊”“凉”读成低升调(调值约为13)，D-2号发音人把“牙”“骑”读成平调(调值44)，D-3号发音人把“牙”“骑”读成降调(调值51)。维吾尔语重音模式对维汉声调匹配有影响，但维吾尔族人不是以单音节或双音节词调模式来匹配汉语声调，而是以重音模式中的“平调”“升调”“降调”来匹配汉语声调。如前所述，维吾尔语和汉语在音位数量、音节结构、声调的有无、重音模式等方面存在巨大差异。本文倾向认为，维吾尔语和汉语类型学特点差异，引起了维吾尔语匹配汉语声调的这种“多对一”式的复杂匹配，可称为“多维干扰”。“多维干扰”可能是语言类型学特点差异大的语言相互接触的一个特点。

为研究方便，田野调查中我们以“平调”“升调”“降调”来记录维吾尔族发音人读汉语单音节词的调型。②46位维吾尔族发音人读汉语单音节词的调型分布情况，见附录3。

通过比较发音人读汉语词例的数量，会发现维吾尔族发音人匹配汉语声

① 田野调查的工作程序：(1)兼顾年龄、性别、职业等几个方面，选取维吾尔族发音人；(2)调查发音人个人信息，包括姓名、年龄、职业、文化程度、学习汉语时间及方式等；(3)请发音人朗读词表，记音时只记调型：平调、升调或降调；(4)调查结束后，利用Audition软件从录音资料中切分音节，用SpeechLab给切分的音节打标记，然后运行提取声调参数的软件提取基频数据。利用Excel画出五度制音高曲线，根据每个音节的音高曲线，核查、修正先前记音中所记录的调型。全部调查、记音工作结束后，请北京大学中文系语言学专业的1位博士生和2位硕士生，对记音结果进行听辨、核查；如果听辨、核查中发现某个词的调型记音有问题，则进一步结合该词的音高曲线图和电话回访发音合作人，重新确定该词的记音。

② 田野调查中，考虑类似中平调和低降调在调值表现方面可能难于区分，本文记音时遵循以下两条原则：(1)平调不区分高平、中平、低平，降调不区分高降、中降和低降，升调不区分中升和低升；(2)降调、升调，音高调阶上至少要跨3个调阶，只跨2个调阶则记为平调。

调存在差别。例如普通话去声调 116 个词例,D-2 号维吾尔族发音人能够识读出 96 个,其中读成“平调”“升调”或“降调”的数量分别为 27、39、30。D-2 号发音人把普通话去声调读成这三种调型的数量之间是否存在显著差异,可通过经过卡方检验来判定。计算卡方值的公式是:

$$x^2 = \sum_{i=1}^{k} \frac{(o_i - e_i)^2}{e_i}$$

(其中,x^2 是卡方值,k 是事件出现结果的种类数量,o 是观察值,e 是期望值)

D-2 号发音人把普通话去声调读成“平调”“升调”“降调”的期望值相同:96/3=32,观察值分别为 27、39、30。D-2 号发音人读普通话去声调的卡方值计算过程及结果,见表 2。在自由度为 2 的情况下,卡方值和概率分布的对应关系见表 3。

表 2 D-2 号发音人读普通话去声调的卡方值计算

	期望值 e	观察值 o	$o-e$	$(o-e)^2$	$((o-e)^2)/e$
平调	32	27	−5	25	0.78
升调	32	39	7	49	1.53
降调	32	30	−2	4	0.13
卡方值					2.44

表 3 卡方值和概率分布的对应关系(自由度为 2)

卡方值	5.99	7.82	9.21	13.82
概率值	0.05	0.02	0.01	0.001

概率论中公认的显著水平的概率值是 0.05,由于我们计算的卡方值是 2.44,比显著水平(0.05)对应的卡方值(5.99)还要低,这说明 D-2 号发音人把普通话去声调读成“平调”“升调”“降调”,概率分布上差异不显著,是偶然因素造成的。

普通话去声调 116 个词例,B-7 号发音人能够识读出 110 个,其中读成“平调”“升调”“降调”的数量分别为 11、10、89。经计算可知,B-7 号发音人读普通话去声调的卡方值为 112.05,远远大于极其显著水平(0.001)对应的卡方值(13.82),这说明 B-7 号发音人把普通话去声调读成“平调”“升调”“降调”,概率分布上差异极其显著,不是偶然因素造成的,即B-7号发音人倾向于以"降调"来匹配普通话去声调。

这样,我们可以对所有维吾尔族发音人读汉语声调的调型词例数量的差异情况进行卡方检验,并把经卡方检验差异显著的调型数量,在附录3中以粗体标记出来。通过仔细观察卡方检验结果我们发现,年龄较大的维吾尔族发音人(如E组发音人、部分D组发音人)读汉语声调基本无规律,但年龄相对较小的发音人(如A组和B组发音人),往往会倾向于以某种固定调型来匹配汉语的某个声调。维吾尔语和汉语声调匹配的这种状况,一方面说明维吾尔族人在习得汉语声调过程中确实存在一个由无序匹配到有序匹配的转化过程,另一方面也暗示维汉语声调中的这种由无序到有序的转化,与维吾尔族人习得汉语的水平或维吾尔语和汉语的接触程度密切相关。接下来,我们对这些问题展开深入探讨。

3. 维吾尔语和汉语声调匹配的特点和趋势

田野调查中我们发现,46位维吾尔族发音人的识词(字)情况有很大的差别。一般来说,发音人年龄越大,能识读的词数量相对越少;发音人年龄越小,能识读的词数量则相对越大。本文确定维吾尔族发音人识得普通话的词(字),必须同时满足以下两条标准:

(1) 维吾尔族发音人能读出某个普通话的词的语音(允许其语音有变异)
(2) 维吾尔族发音人能正确理解该词在普通话中的意义

不满足以上两条或只满足其中一条,都不算识得该词。例如C-3、C-4、C-5、C-6号发音人,能识读普通话的"栓"(语音有变异)并且知道"栓"的语义,我们说这些发音人识得了"栓";但D组和E组所有发音人,都没有读出该词(有不少发音人直接告知不认识该词),C-2、C-7号发音人尽管能读出该词但发音有错误,读音类似"全[$tɕ^{h}yæn^{35}$]",同时也不能正确理解"栓"的语义,可见D组、E组所有发音人以及C-2、C-7号发音人没有识得"栓"。

维吾尔族发音人识词情况,在一定程度上能体现其汉语水平。为观察发音人识词情况与声调匹配之间的关系。本文引入识词率这一概念。识词率指发音人能够识读的词例数量与所有词例数量的比值。例如,D-6号发音人在Ⅰ类、Ⅱ类、Ⅲ类、Ⅳ类对应中的识词数量分别为104、64、110、99,D-6号发音人识词总数为 377，又已知Ⅰ类、Ⅱ类、Ⅲ类、Ⅳ类对应词例总数为 443，则 D-6 号发音人的识词率为：377/443＝0.85。同理，我们可以计算出所有 46 位维吾尔族发音人的识词率数值，计算结果见附录 4。

为观察维汉声调匹配的总体特点，我们运用社会科学统计分析软件 SPSS 13.0，在Ⅰ类、Ⅱ类、Ⅲ类、Ⅳ类对应中的每一类对应，对“平调”“升调”“降调”“识词率”四个变量进行相关分析。具体分析结果如下：

Ⅰ类对应，识词率与平调正相关，Pearson 相关系数最大（为 0.69），相关显著程度远低于 0.01 极显著水平。这表明维吾尔族发音人的识词率越高，Ⅰ类对应的词读“平调”的越多，读“升调”和“降调”的越少。Ⅰ类对应相关分析结果见图 19。

Correlations

		识词率	平调	升调	降调
识词率	Pearson Correlation Sig.(1-tailed) N				
平调	Pearson Correlation Sig.(1-tailed) N	.690** .000 46			
升调	Pearson Correlation Sig.(1-tailed) N	.053 .363 46	−.560** .000 46		
降调	Pearson Correlation Sig.(1-tailed) N	.186 .108 46	−.352** .008 46	.164 .138 46	

**. Correlation is significant at the 0.01 level(1-tailed).

图 19　Ⅰ类对应相关分析结果

Ⅱ类对应，识词率与升调正相关，Pearson 相关系数最大（为 0.715），相关显著程度远低于 0.01 极显著水平。这表明维吾尔族发音人的识词率越高，Ⅱ类对应的词读“升调”的越多，读“平调”“降调”的越少。Ⅱ类对应相关分析结果见图 20。

Ⅲ类对应，识词率与升调正相关，Pearson 相关系数最大（为 0.728），相关显著程度远低于 0.01 极显著水平。这表明维吾尔族发音人的识词率越高，Ⅲ类对应的词读“升调”的越多，读“平调”“降调”的越少。Ⅲ类对应相关分析结果见图 21。

Correlations

		识词率	平调	升调	降调
识词率	Pearson Correlation Sig.(1-tailed) N				
平调	Pearson Correlation Sig.(1-tailed) N	.080 .299 46			
升调	Pearson Correlation Sig.(1-tailed) N	.715** .000 46	−.542** .000 46		
降调	Pearson Correlation Sig.(1-tailed) N	.104 .246 46	.416** .002 46	−.474** .000 46	

**. Correlation is significant at the 0.01 level(1-tailed).

图 20　Ⅱ类对应相关分析结果

Correlations

		识词率	平调	升调	降调
识词率	Pearson Correlation Sig.(1-tailed) N				
平调	Pearson Correlation Sig.(1-tailed) N	.135 .186 46			
升调	Pearson Correlation Sig.(1-tailed) N	.728** .000 46	−.455** .001 46		
降调	Pearson Correlation Sig.(1-tailed) N	.096 .262 46	.224 .067 46	−.429** .001 46	

**. Correlation is significant at the 0.01 level(1-tailed).

图 21　Ⅲ类对应相关分析结果

Ⅳ类对应,识词率与降调正相关,Pearson 相关系数最大(为 0.663),相关显著程度远低于 0.01 极显著水平。这表明维吾尔族发音人的识词率越高,Ⅳ

类对应的词读“降调”的越多，读“平调”“升调”的相应较少。Ⅳ类对应相关分析结果见图 22。

Correlations

		识词率	平调	升调	降调
识词率	Pearson Correlation Sig.(1-tailed) N				
平调	Pearson Correlation Sig.(1-tailed) N	.199 .092 46			
升调	Pearson Correlation Sig.(1-tailed) N	.127 .199 46	.203 .088 46		
降调	Pearson Correlation Sig.(1-tailed) N	.663** .000 46	−.381** .004 46	−.522** .000 46	

**. Correlation is significant at the 0.01 level(1-tailed).

图 22　Ⅳ类对应相关分析结果

A 组维吾尔族发音人均为 12 岁以下的在校学生，尽管识词率相对较小(平均识词率为 0.73)，但其声调匹配的规律性很明显，基本以“平调”匹配普通话阴平调，以“升调”匹配普通话阳平调和上声调，以“降调”匹配普通话去声调。A 组发音接受的是学校教育，识词过程中能正确掌握普通话声调，整体上来看 A 组发音人受吐鲁番汉语的影响相对较小。除 A 组以外的其他各组发音人，年龄越大识词率越低。如 E 组发音人年龄均在 50 岁以上，E 组发音人在每类对应中的识词率普遍较低(平均识词率为 0.4)。观察发现，维吾尔族发音人年龄越大识词率越低，并且越倾向于以某一种调型来匹配普通话的四个声调。如 E 组 3 号发音人基本以“平调”来匹配普通话四个声调，E 组 6 号发音人基本以“降调”来匹配普通话四个声调。

为深入观察维吾尔族发音人识词率高低对维汉声调匹配状况的影响，我们首先把识词率低于 0.8 的发音人数据，运用统计分析软件 SPSS 13.0，分别对“平调”“升调”“降调”“识词率”四个变量进行相关分析。具体分析结果如下：

Ⅰ类对应，识词率与升调正相关，Pearson 相关系数最大(为 0.56)，相关显著程度 0.015，低于 0.05 显著水平；Ⅱ类对应，识词率与升调正相关，Pearson

相关系数最大(为 0.747),相关显著程度 0.001,远低于 0.01 极显著水平;Ⅲ类对应,识词率与升调正相关,Pearson 相关系数最大(为 0.718),相关显著程度 0.001,远低于 0.01 极显著水平;Ⅳ类对应,识词率与升调正相关,Pearson 相关

Correlations

		识词率	平调	升调	降调
识词率	Pearson Correlation Sig.(1-tailed) N				
平调	Pearson Correlation Sig.(1-tailed) N	.354 .098 15			
升调	Pearson Correlation Sig.(1-tailed) N	.560* .015 15	-.410 .065 15		
降调	Pearson Correlation Sig.(1-tailed) N	.340 .107 15	-.068 .405 15	-.145 .304 15	

*. Correlation is significant at the 0.05 level(1-tailed).

图 23 Ⅰ类对应相关分析(识词率<0.8)

Correlations

		识词率	平调	升调	降调
识词率	Pearson Correlation Sig.(1-tailed) N				
平调	Pearson Correlation Sig.(1-tailed) N	-.157 .288 15			
升调	Pearson Correlation Sig.(1-tailed) N	.747** .001 15	-.506* .027 15		
降调	Pearson Correlation Sig.(1-tailed) N	.231 .204 15	.087 .379 15	-.375 .084 15	

**. Correlation is significant at the 0.01 level(1-tailed).
*. Correlation is significant at the 0.05 level(1-tailed).

图 24 Ⅱ类对应相关分析(识词率<0.8)

Correlations

		识词率	平调	升调	降调
识词率	Pearson Correlation Sig.(1-tailed) N				
平调	Pearson Correlation Sig.(1-tailed) N	.089 .376 15			
升调	Pearson Correlation Sig.(1-tailed) N	.718** .001 15	−.462* .041 15		
降调	Pearson Correlation Sig.(1-tailed) N	.240 .194 15	.177 .264 15	−.338 .109 15	

**. Correlation is significant at the 0.01 level(1-tailed).
*. Correlation is significant at the 0.05 level(1-tailed).

图 25 Ⅲ类对应相关分析(识词率<0.8)

Correlations

		识词率	平调	升调	降调
识词率	Pearson Correlation Sig.(1-tailed) N				
平调	Pearson Correlation Sig.(1-tailed) N	.174 .268 15			
升调	Pearson Correlation Sig.(1-tailed) N	.566* .014 15	−.055 .422 15		
降调	Pearson Correlation Sig.(1-tailed) N	.042 .069 15	−.172 .271 15	−.435 .052 15	

*. Correlation is significant at the 0.05 level(1-tailed).

图 26 Ⅳ类对应相关分析(识词率<0.8)

系数最大(为 0.566),相关显著程度为 0.014,低于 0.05 显著水平。Ⅰ类对应、Ⅱ类对应、Ⅲ类对应、Ⅳ类对应的相关分析结果,见图 23—图 26。相关分析表明,Ⅰ类对应、Ⅱ类对应、Ⅲ类对应、Ⅳ类对应,识词率均与升调高度相关,Ⅰ类对应、Ⅳ类对应低于0.05显著水平，Ⅱ类对应、Ⅲ类对应则远低于0.01极显著水平。这说明，识词率低于0.8的维吾尔族发音人，读普通话四个声调时倾向于读为升调。

识词率高于0.8的维吾尔族发音人读普通话四个声调的情况，与识词率低于0.8的发音人不同。运用统计分析软件SPSS 13.0，对识词率高于0.8的发音人数据，分别进行"平调""升调""降调""识词率"四个变量的相关分析。具体相关分析结果如下：

Ⅰ类对应，识词率与平调正相关，Pearson相关系数最大(为0.6)，相关显著程度远低于0.01极显著水平。识词率与升调、降调显著负相关。这表明维吾尔族发音人识词率越高，Ⅰ类读"平调"的越多，读"升调""降调"的越少。Ⅰ类对应相关分析结果见图27。

Correlations

		识词率	平调	升调	降调
识词率	Pearson Correlation Sig.(1-tailed) N				
平调	Pearson Correlation Sig.(1-tailed) N	.600** .000 33			
升调	Pearson Correlation Sig.(1-tailed) N	−.010 .478 33	−.683** .000 33		
降调	Pearson Correlation Sig.(1-tailed) N	−.038 .417 33	−.690** .000 33	.436** .006 33	

**. Correlation is significant at the 0.01 level(1-tailed).

图27 Ⅰ类对应相关分析(识词率>0.8)

Ⅱ类对应，识词率与升调正相关，Pearson相关系数最大(为0.639)，远低于0.01极显著水平。识词率与平调、降调显著负相关。这表明维吾尔族发音人识词率越高，Ⅱ类读"升调"的越多，读"平调""降调"的越少。Ⅱ类对应相关分析结果见图28。

Ⅲ类对应，识词率与升调正相关，Pearson相关系数最大(为0.654)，相关显著程度远低于0.01极显著水平。识词率与平调、降调显著负相关。这表明发音人识词率越高，Ⅲ类读“升调”的越多，读“平调”“降调”的越少。Ⅲ类对应相关分析结果见图29。

Correlations

		识词率	平调	升调	降调
识词率	Pearson Correlation Sig.(1-tailed) N				
平调	Pearson Correlation Sig.(1-tailed) N	−.081 .327 33			
升调	Pearson Correlation Sig.(1-tailed) N	.639** .000 33	−.759** .000 33		
降调	Pearson Correlation Sig.(1-tailed) N	−.013 .470 33	.550** .000 33	−.626** .000 33	

**. Correlation is significant at the 0.01 level(1-tailed).

图28　Ⅱ类对应相关分析(识词率>0.8)

Correlations

		识词率	平调	升调	降调
识词率	Pearson Correlation Sig.(1-tailed) N				
平调	Pearson Correlation Sig.(1-tailed) N	−.058 .374 33			
升调	Pearson Correlation Sig.(1-tailed) N	.654** .000 33	−.663** .000 33		
降调	Pearson Correlation Sig.(1-tailed) N	−.014 .468 33	.231 .098 33	−.560** .000 33	

**. Correlation is significant at the 0.01 level(1-tailed).

图29　Ⅲ类对应相关分析(识词率>0.8)

Ⅳ类对应,识词率与降调正相关,Pearson 相关系数最大(为 0.563),远低于 0.01 极显著水平。识词率与平调、升调显著负相关。这表明维吾尔族发音人识词率越高,Ⅳ类读"降调"的越多,读"平调""升调"的越少。Ⅳ类对应相关分析结果见图 30。

Correlations

		识词率	平调	升调	降调
识词率	Pearson Correlation Sig.(1-tailed) N				
平调	Pearson Correlation Sig.(1-tailed) N	−.010 .479 33			
升调	Pearson Correlation Sig.(1-tailed) N	−.013 .472 33	.387* .013 33		
降调	Pearson Correlation Sig.(1-tailed) N	.563** .000 33	−.684** .000 33	−.698** .000 33	

**. Correlation is significant at the 0.01 level(1-tailed).

*. Correlation is significant at the 0.05 level(1-tailed).

图 30 Ⅳ类对应相关分析(识词率>0.8)

一般来说,维吾尔族发音人识词率越高,汉语水平越高,其汉化程度也越高;反之亦然。从前文相关分析结果看,识词率低于 0.8 的维吾尔族人倾向于以某一种调型(如升调)来匹配普通话声调,这也只是一种大致趋势。实际上,在维汉接触的早期阶段,维吾尔族人会以"平调""降调""升调"三种调型同时来匹配汉语声调,基本上是没有规律、规则的无序匹配。这是维吾尔语汉语接触中声调出现诸多变异的重要原因。

从前文相关分析结果看,识词率高于 0.8 的发音人倾向于把"Ⅰ类对应"的词例读为平调,把"Ⅳ类对应"的词例读为降调,而把"Ⅱ类对应""Ⅲ类对应"的词例均读为升调。这说明,随着维吾尔语和汉语接触程度的加深,维吾尔族人汉语水平提高,则逐步以某一个固定调型来匹配汉语的某一个声调。总体来看,维汉声调匹配过程中,维吾尔语以"平调""降调""升调"三种调型来匹配汉语声调，经历了一个由无序匹配逐步转变到有序匹配的过程。

通过比较相关分析结果，我们会发现一个有趣的现象：识词率高于 0.8 的维吾尔族发音人数据的相关分析中，Ⅰ类对应识词率与平调正相关系数(0.6)，反而小于对所有维吾尔族发音人(包含识词率低于 0.8 的发音人)统计分析中Ⅰ类对应识词率与平调正相关系数(0.69)。Ⅱ类对应、Ⅲ类对应、Ⅳ类对应的相关分析结果也存在类似现象。究其原因，我们认为，这是由 A 组发音人的数据造成的。如前文所述，A 组发音人均为 12 岁以下的在校学生，识词率相对较小(平均识词率为 0.73)，但 12 岁以下的在校学生接受的是学校教育，识词过程中能正确掌握普通话声调，其声调匹配的规律性很明显，基本以“平调”匹配普通话“阴平”，以“升调”匹配普通话“阳平”和“上声”，以“降调”匹配普通话“去声”。

需要补充的是，以上基于相关分析而得出的维吾尔族人匹配普通话声调的特点和规律，是作为一个总体趋势而存在，单就某个维吾尔族发音人来说，还是会存在不少例外或声调变异形式。例如，尽管我们说识词率高于 0.8 的发音人倾向于把“Ⅰ类对应”读为平调，但也存在为数不少读成“升调”“降调”的实例。例如 D-4 号发音人(识词率 0.85)，“Ⅰ类对应”识读出 109 个词例，其中读成平调的 87 例，读成升调的 10 例，读成降调的 12 例。这体现了维吾尔语和汉语声调匹配的个体差异性和变异多样性特点，同时也进一步说明本文基于维吾尔语重音模式中的调型特征考察维汉声调匹配问题的必要性与合理性。

4. 结语

综上，本文基于维吾尔语重音模式的分析，以维吾尔语重音模式的调型特征来考察维吾尔语和汉语声调匹配的微观过程和特点。本文研究认为，维吾尔族人说汉语时体现出明显的滞后性和“维腔维调”现象，这很大程度上源于维汉声调层面语音类型学特点差异造成的母语干扰。语言接触中，语言类型学特点差异会引起“多对一”式的复杂匹配，可称之为“多维干扰”。“多维干扰”可能是语言类型学特点差异大的语言相互接触的一个特点。

维吾尔族人以母语重音模式中的“平调”“降调”“升调”三种调型来匹配汉语普通话的四个声调；维吾尔语以“平调”“降调”“升调”三种调型来匹配汉语声调，经历了一个由无序匹配逐步转变到有序匹配的过程。维汉接触的早期阶段，维吾尔族人会以“平调”“降调”“升调”三种调型同时来匹配汉语声调,这是维吾尔语汉语接触中声调出现诸多变异的重要原因;随着维吾尔语和汉语接触程度的加深,维吾尔族人汉语水平提高,则逐步以某一个固定调型来匹配汉语的某一个声调。考察维吾尔语重音模式与维汉声调匹配的关系,为研究无声调语言母语者习得汉语声调提供了一个重要的观察窗口。

附录 1　维吾尔语双音节词词表

编号	维吾尔语双音节词	维吾尔语读音	编号	维吾尔语双音节词	维吾尔语读音
1	八	sɛkʻkʻiz	9	妹妹	siŋil
2	词典	luʁɛtʻ	10	七	jɛtʻtʻɛ
3	高	egiz	11	石榴	anar
4	哥哥	akʻa	12	叔叔	tʻaʁa
5	和	bilɛn	13	司机	ʃopʻur
6	姐姐	aʧʻa	14	星期五	ʤymɛ
7	六	altʻɛ	15	抓饭	pʻolo
8	楼	bina	16	坐	oltʻur

附录 2　维吾尔语单音节词词表

编号	维吾尔语单音节词	维吾尔语读音	编号	维吾尔语单音节词	维吾尔语读音
1	百	jyz	12	事情	iʃ
2	大	ʧʻoŋ	13	手	qʻol
3	花儿	gyl	14	谁	kʻim
4	火	otʻ	15	四	tʻøtʻ
5	路	jol	16	头发	ʧʻaʧʻ
6	马	atʻ	17	我	mɛn
7	你	sɛn	18	我们	biz
8	千	miŋ	19	五	bɛʃ
9	墙	tʻam	20	夏天	jaz
10	三	yʧʻ	21	信、信件	χɛtʻ
11	十	on	22	一	bir

附录3 维吾尔族发音人读汉语单音节词的调型分布情况

普—吐 匹配情况 发音人		Ⅰ类对应				Ⅱ类对应				Ⅲ类对应				Ⅳ类对应			
		总数	平调	升调	降调	总数	平调	升调	降调	总数	平调	升调	降调	总数	平调	升调	降调
E组发音人	1号	5	5	0	0	6	4	2	0	10	3	5	2	5	3	0	2
	2号	12	7	0	5	6	5	0	1	8	5	0	3	8	4	0	4
	3号	31	**29**	2	0	25	**23**	3	0	32	**29**	3	0	26	**20**	3	3
	4号	53	11	**37**	5	33	6	**24**	3	62	2	**38**	22	50	7	13	**30**
	5号	55	0	**54**	1	32	2	**29**	1	58	0	**58**	0	47	0	**46**	1
	6号	90	12	9	**69**	45	4	9	**32**	91	9	18	**64**	56	5	1	**50**
	7号	114	34	36	44	65	14	23	28	118	20	41	57	102	17	24	61
D组发音人	1号	95	1	**89**	5	58	3	**53**	2	90	0	**88**	2	76	0	**74**	2
	2号	114	**64**	29	21	63	12	**42**	9	113	29	**65**	19	96	27	39	30
	3号	114	15	25	74	59	18	20	21	112	9	41	62	98	14	19	65
	4号	109	**87**	10	12	60	3	**56**	1	111	7	**100**	4	95	13	6	**76**
	5号	100	21	67	11	52	4	44	4	97	13	74	10	84	19	51	14
	6号	104	**48**	23	31	64	24	24	16	110	32	**48**	30	99	32	25	**42**
	7号	131	**63**	46	22	69	22	**37**	10	121	30	**66**	25	111	32	41	38
C组发音人	1号	127	**116**	6	5	68	16	**51**	1	121	15	**100**	6	114	26	10	**78**
	2号	75	50	5	20	38	16	3	19	70	38	2	30	55	33	0	22
	3号	125	**96**	19	10	68	20	**37**	11	122	45	**67**	10	110	52	17	41
	4号	113	**77**	23	13	47	25	16	6	103	**66**	30	7	97	**59**	20	18
	5号	120	**56**	38	26	67	18	**35**	14	123	26	**60**	37	114	31	42	41
	6号	103	**45**	37	21	55	14	**33**	8	95	18	**59**	18	86	20	40	26
	7号	110	43	**61**	6	56	10	**43**	3	94	27	**57**	10	90	25	**59**	6
	8号	121	**57**	38	26	65	18	**38**	9	119	33	**63**	23	104	38	47	19
	9号	65	**34**	21	10	34	10	16	8	69	17	**43**	9	56	21	21	14
	10号	98	32	44	22	54	7	**42**	5	96	12	**66**	18	79	13	37	29
	11号	113	49	9	55	59	22	15	22	107	36	32	39	88	**40**	14	34
	12号	119	**97**	11	11	67	6	**56**	5	119	14	**97**	8	101	16	8	**77**
	13号	100	25	**50**	25	58	8	**38**	12	107	17	**67**	23	88	24	34	30
	14号	110	**85**	11	14	62	**38**	15	9	102	**61**	25	16	96	**66**	14	16
	15号	125	**111**	8	6	68	5	**62**	1	121	6	**111**	4	111	7	5	**99**

续表

发音人 \ 普—吐匹配情况		Ⅰ类对应				Ⅱ类对应				Ⅲ类对应				Ⅳ类对应			
		总数	平调	升调	降调	总数	平调	升调	降调	总数	平调	升调	降调	总数	平调	升调	降调
B组发音人	1号	133	**120**	5	8	69	3	**65**	1	124	11	**109**	4	116	14	4	**98**
	2号	133	**109**	12	12	70	8	**58**	4	124	9	**105**	10	116	16	2	**98**
	3号	131	**125**	1	5	70	0	**65**	5	124	6	**117**	1	115	4	6	**105**
	4号	125	**81**	25	19	64	29	**28**	7	118	49	**56**	13	104	46	34	24
	5号	131	**124**	0	7	69	0	**68**	1	122	4	**117**	1	103	2	1	**100**
	6号	133	**128**	3	2	69	0	**69**	0	124	0	**124**	0	116	2	1	**113**
	7号	126	**102**	12	12	69	1	**67**	1	123	7	**109**	7	110	11	10	**89**
	8号	122	**42**	33	27	59	21	**30**	8	100	31	**48**	21	88	24	46	**18**
	9号	130	**125**	1	4	61	1	**60**	0	123	1	**119**	3	113	2	5	**106**
	10号	124	35	51	38	66	6	**50**	10	121	6	**90**	25	109	5	46	**58**
	11号	129	**107**	11	11	70	3	**63**	4	124	11	**110**	3	113	8	7	**98**
A组发音人	1号	115	**80**	13	22	59	12	**41**	6	111	18	**84**	9	96	22	24	**50**
	2号	54	**47**	3	4	33	3	**27**	3	58	7	**47**	4	39	11	8	**20**
	3号	62	**42**	10	10	36	5	**27**	4	57	11	**32**	14	49	15	11	**23**
	4号	126	**117**	5	4	68	5	**61**	2	120	6	**104**	10	111	12	16	**83**
	5号	125	**119**	2	4	67	2	**65**	0	120	3	**115**	2	109	2	3	**104**
	6号	103	**92**	6	5	54	0	**52**	2	99	1	**97**	1	81	4	3	**74**

附录4　维吾尔族发音人读汉语单音节词的识词率

发音人		Ⅰ类对应识词数量	Ⅱ类对应识词数量	Ⅲ类对应识词数量	Ⅳ类对应识词数量	总数	识词率
E组发音人	1号	5	6	10	5	26	0.06
	2号	12	6	8	8	34	0.08
	3号	31	25	32	26	114	0.26
	4号	53	33	62	50	198	0.45
	5号	55	32	58	47	192	0.43
	6号	90	45	91	56	282	0.64
	7号	114	65	118	102	399	0.90
	平均	51.43	30.29	54.14	42.00	177.9	0.40

续表

发音人		Ⅰ类对应识词数量	Ⅱ类对应识词数量	Ⅲ类对应识词数量	Ⅳ类对应识词数量	总数	识词率
D组发音人	1号	95	58	90	76	319	0.72
	2号	114	63	113	96	386	0.87
	3号	114	59	112	98	383	0.86
	4号	109	60	111	95	375	0.85
	5号	100	52	97	84	333	0.75
	6号	104	64	110	99	377	0.85
	7号	131	69	121	111	432	0.98
	平均	109.57	60.71	107.71	94.14	372.1	0.84
C组发音人	1号	127	68	121	114	430	0.97
	2号	75	38	70	55	238	0.54
	3号	125	68	122	110	425	0.96
	4号	113	47	103	97	360	0.81
	5号	120	67	123	114	424	0.96
	6号	103	55	95	86	339	0.77
	7号	110	56	94	90	350	0.79
	8号	121	65	119	104	409	0.92
	9号	65	34	69	56	224	0.51
	10号	98	54	96	79	327	0.74
	11号	113	59	107	88	367	0.83
	12号	119	67	119	101	406	0.92
	13号	100	58	107	88	353	0.80
	14号	110	62	102	96	370	0.84
	15号	125	68	121	111	425	0.96
	平均	108.27	57.73	104.53	92.60	363.1	0.82

续表

发音人		Ⅰ类对应识词数量	Ⅱ类对应识词数量	Ⅲ类对应识词数量	Ⅳ类对应识词数量	总数	识词率
B组发音人	1号	133	69	124	116	442	1.00
	2号	133	70	124	116	443	1.00
	3号	131	70	124	115	440	0.99
	4号	125	64	118	104	411	0.93
	5号	131	69	122	103	425	0.96
	6号	133	69	124	116	442	1.00
	7号	126	69	123	110	428	0.97
	8号	122	59	100	88	369	0.83
	9号	130	61	123	113	427	0.96
	10号	124	66	121	109	420	0.95
	11号	129	70	124	113	436	0.98
	平均	128.82	66.91	120.64	109.36	425.7	0.96
A组发音人	1号	115	59	111	96	381	0.86
	2号	54	33	58	39	184	0.42
	3号	62	36	57	49	204	0.46
	4号	126	68	120	111	425	0.96
	5号	125	67	120	109	421	0.95
	6号	103	54	99	81	337	0.76
	平均	97.50	52.83	94.17	80.83	325.3	0.73

参考文献

陈保亚 1996《论语言接触与语言联盟——汉越(侗台)语源关系的解释》,语文出版社。

高莉琴 1996《久居乌鲁木齐的维吾尔人说汉语的特点》,《语言与翻译》第1期。

江海燕、刘岩、卢莉 2010《维吾尔语词重音实验研究》,《民族语文》第3期。

刘岩、李玲等 2006《维吾尔族学生学习汉语声调偏误的实验研究》,《语言与翻译》第2期。

刘岩(主编) 2009《中国无声调少数民族学习汉语声调语调的实验研究》,中央民族大学出版社。

沈晓楠 1989《关于美国人学习汉语声调》,《世界汉语教学》第 3 期。

王韫佳 1995《也谈美国人学习汉语声调》,《语言教学与研究》第 3 期。

徐思益 2000《试论语言的民族变体(上)》,《语言与翻译》第 4 期。

徐思益等 1997《语言的接触与影响》,新疆人民出版社。

徐思益、高丽琴 1992《关于维吾尔语的重音、声调问题》,《语言与翻译》第 3 期。

余霭芹 1986《声调教法的商榷》,《第一届国际汉语教学讨论会论文选》,北京语言学院出版社。

张洋 2009《新疆汉语方言与维吾尔语比较研究》,新疆人民出版社。

赵金铭 1988《从一些声调语言的声调说到汉语声调》,《第二届国际汉语教学讨论会论文选》,北京语言学院出版社。

赵元任 1980《语言问题》,商务印书馆。

周磊 1995《乌鲁木齐方言词典》,江苏教育出版社。

周磊 1998《吐鲁番汉语方言音系》,《方言》第 2 期。

朱学佳 2007a《乌鲁木齐市维吾尔族汉语使用声调变异状况的声学分析》,《语言文字应用》,第 3 期。

朱学佳 2007b《维吾尔族汉语使用变异研究》,中央民族大学出版社。

Broselow, Ellen, Richard. R. Hurtig, & Catherine Ringen 1987 The perception of second language prosody. *Interlanguage Phonology: The Acquisition of A Second Language Sound System*, ed. by Georgette Ioup & Steven H. Weinberger, 350—361. Cambridge: Newbury House.

Chiang, Thomas 1979 Some interferences of English intonations with Chinese tones. *International Review of Applied Linguistics* 17.3:245—250.

Gandour, Jackson T., & Richard A. Harshman 1978 Crosslanguage difference in tone perception: a multidimensional scaling investigation. *Language and Speech* 21:1—33.

Hombert, Jean-Marie 1977 A model of tone systems. *UCLA Working Papers in Phonetics* 36: 20—32.

Kellerman, Eric 1979 The problem with difficulty. *Interlanguage Studies Bulletin* 4:27—48.

Kellerman, Eric 1983 Now you see it, now you don't. *Language Transfer in Language Learning*, ed. by Susan M. Gass & Larry Selinker, 112—134. Rowley: Newbury House.

Leung, K. C 1978 The Cantonese students in the Mandarin class: some special problem. *Journal of Chinese Language Teachers Association* 13:51—55.

(杜兆金 曲阜师范大学 曲阜 duzj2006@163.com/dzjlt@pku.edu.cn
陈保亚 北京大学 北京 cbyhf@pku.edu.cn)

原文发表于《民族语文》2017 年第 5 期。

汉语方言入声音节的类型学观察*

李 兵 常 敏

提 要:本文从类型学角度考察620个汉语方言入声音节系统的内部结构以及这些系统的分布和出现频率。描写主要采用三类参数:(1)音节尾塞音的数量和语音特点之间的类型学关联;(2)音节内元音主要音系维向和音节尾塞音有无或语音特点之间的类型学关联;(3)入声音节系统之间的类型学关联。观察表明,入声音节系统内部结构、入声音节系统的分布范围及出现频率均呈现某些具有类型学意义的特点或语言倾向。比较显著的类型学特点包括:(1)系统内塞音之间对立关系具有类型特点;(2)元音音系高度以及其他一些音系维向和音节尾塞音之间存在蕴含关系;(3)不同类型的入声音节系统之间呈明显语言倾向。观察还发现,入声音节系统以及入声音节样本的分布范围与出现频率呈正比例关系。

关键词:汉语方言 入声音节 类型学 分布 频率 蕴含关系

1. 引言

本文考察汉语方言入声音节的类型学特点。本文所说的入声音节指以塞音结尾的音节。入声音节是汉语音节结构类型之一,是以塞音作为音节尾音的闭音节。有些学者称这类为短促截音节或截音节(short and checked syllable, checked syllable)。入声音节由音节首音(onset)和韵部(rhyme)组成;韵

* 此项研究得到南开大学985工程经费的支持。贺俊杰教授参与此项课题较早阶段(2008—2009年)的研究工作。本文初稿曾在国际中国语言学研究会第25届年会(2017年6月,布达佩斯)和第3届国际语言类型学研讨会(2017年7月,上海外国语大学)上宣读过。笔者感谢与会者提出的评论和建议。笔者衷心感谢《中国语文》特邀匿名审稿人提出的中肯意见和建议。谬误和不妥之处属于作者本人。

部由音节核（nucleus）元音和音节尾（coda）塞音组成，用 VS 表示（V＝元音，S＝塞音）。[①]音节是大于音段的音系结构单位，是抽象的模板；音节独立于音段；语音层面上的音节是音段音节化的结果。在音节化过程中，不同的音段根据其自身的内在响度被分别映射至音节的不同终端位置（音节核、音节首、音节尾），并获得各自的语音表现。音节模板和音节化过程的假设是音节类型分析的音系学基础。音节结构模板是类型（type），语音层面上具体的音节是样本（token）。在具体方言里，入声音节的全部样本构成这个方言的入声音节系统。入声音节的类型主要与音节韵部结构有关。

大量的方言描写材料为入声音节的类型学研究奠定了基础。在入声音节语音类型方面，已有许多重要论述，如许宝华（1984），李如龙、张双庆（1992），贺巍（1995），石林、黄勇（1997），陈凌（2008），刘泽民（2009），冯法强（2014）等；在关于特定方言（区）的入声韵（入声音节）的论述方面，重要的论著包括陈昌仪（1991），陈章太、李如龙（1991），钱乃荣（1992），侯精一（1999），李连进（2000），詹伯慧（2002），蒋平、谢留文（2004）、游汝杰（2013）等。入声音节的跨方言跨地域的类型学研究相对较少。叶晓峰（2011）采用跨方言的类型学方法统计了 140 个方言的入声音节样本出现频率。他的统计表明，以[-p]为韵尾的 VS 韵中，后圆唇元音与[-p]的组合频率明显低于前元音与[-p]的组合频率；在以[-t]为韵尾的 VS 韵中，后圆唇元音与[-t]的组合频率明显低于前元音与[-t]的组合频率；在以[-k]为韵尾的 VS 韵中，[-i]与[-k]组合频率很低。这些观察结果都是成立的。然而，已有研究大多尚未注意到音节尾塞音系统之间的类型学差异，也缺少对同一范畴的不同系统之间以及同一系统内部成分之间的类型学探讨。这些都有待于更加广泛、细致和系统的分析。

本文考察了汉语 620 个方言的入声音节系统。从类型学的角度看，具体方言的入声音节系统和跨方言的入声音节的特点可以从三个方面加以描写：

---

① 在一些方言里，入声音节不以塞音结尾，而以擦音、流音或鼻音结尾，如离石话收[-h]尾，通城话等收-l 尾，邵武话收鼻音尾。这里暂把这些音当作相应发音部位塞音的弱化形式。此外，在有些方言里，例如在益阳话，入声音节尾没有声学意义上的喉塞音，听感上元音较短，音高较高，音节短促。本文把上述情况视作音节尾塞音（-p -t -k -ʔ）的特殊形式或弱化形式。在存在自由变体的情况下，如-ʔ/-h 自由交替，本文遵从多数原则，按出现频率较高的塞音尾计算。此外，朱晓农等（2008）报告了粤方言入声音节尾塞音呈同时性闭喉（如-pˀ）和喷音色彩（如-k'）等发声态特点。本文也把这些具有特殊发声特点的塞音视作音系上的单个塞音音段。

(一)入声音节的系统类型以及系统内的结构;(二)不同类型的系统以及样本的分布范围;(三)不同类型的系统以及样本的出现频率。其中入声音节系统类型涉及音节尾塞音的数量和语音特点,涉及元音的舌位高低、前后、唇状、长短、口—鼻元音以及单—双元音等音系维向以及这些音系维向上的元音与音节尾不同塞音的组合。

本文提供的数据主要以已经发表的论著和学位论文为基础,涉及闽、粤、赣、客家、晋、吴、徽、平话、江淮官话、西南官话和畲话。[①]其中少数方言的材料是笔者在田野调查中获得、核实或补充的。620 个方言的方言区归属如表 1 所示。

表 1　620 个方言的方言区归属(数字表示方言数)

吴	118	晋	98	赣	93	粤	89	江淮官话	63	儋州话	1
闽	55	客家	70	平	25	徽	5	西南官话	2	付马话	1

2. 入声音节系统之间在入声音节数量方面的差异

从理论上讲,从音节核元音和音节尾塞音(下文简称“尾塞音”)的可组合性角度看,任何一个元音都可以投射至音节核 V 的位置上,任何一个塞音都可以投射至音节尾音 S 的位置上。假定某一语言有 3 个元音 a, i, u 和 3 个塞音 p, t, k,那么,这个语言的入声音节将有 9 个样本:-ap, -at, -ak, -ip, -it, -ik, -up, -ut, -uk。事实上,在考察的 620 个方言里,没有任何一个入声音节系统包含着这个方言所有元音和所有尾塞音不受限制地组合构成的全部闭音节样本。每一个入声音节系统都或多或少存在一定数量的空缺。这些空缺使类型学观察成为可能。

各方言入声音节系统的成员数量不等。在不考虑音节首音的情况下(下同),在 620 个方言里,入声音节的数量在 1 至 21 个之间。如表 2 所示。

---

① 畲族使用两种语言:分布在广东省莲花山区和罗浮山区的惠阳、海丰、增城、博罗四县约 1 000 多自称“活聂(山人)”(约占总人口百分之一)的畲族人使用的是畲语,属苗瑶语族苗语支,跟瑶族布努语炯奈话接近。其余的大部分畲族人分布在福建、浙江、江西、安徽邓生及广东凤凰山区的潮州、丰顺等地,使用一种与客家方言接近的语言。这些地区的畲族人称这种语言为“山哈话”或“畲话”(罗美珍,1980;傅根清,2003)。本文所说的畲话指这个语言,涉及三个方言。关于具体方言的划分,观点不一。我们的认识是,无论如何划分,每个方言的包括入声音节在内的音系是一个独立的系统。在有文白异读的情况下,取白读音。此外,各个方言里源于舒声促化(郑张尚芳,1990)的入声音节也在考察范围之内。

表 2 入声音节系统内成员(样本)数量

入声音节系统成员数量	系统(方言)数量	方言代表
21	3	邕宁四塘平话(林亦、余瑾,2009)
20	2	宾阳王灵镇平话(莫海文,2011)
19	7	崇左江州蔗园话(朱艳娥,2007)
18	10	柳城大埔镇话(刘磊,2015)
17	17	玉林城里话(周烈婷,2000)
16	15	钦州话(林钦娟,2008)
15	27	南昌话(熊正辉,1989)
14	20	汕头话(李新魁,1994)
13	19	泉州话(周长楫,2006)
12	21	台山话(侯精一,2002)
11	21	余干话(陈昌仪,1991)
10	23	顺德话(李立林,2010)
9	26	宜春话(陈昌仪,1991)
8	51	辉县盘上话(王晓培,2015)
7	51	万载高乡村话(刘纶鑫,2001)
6	54	浙南洞头话(曾蓉蓉,2008)
5	51	绩溪话(赵日新,1989)
4	46	常熟话(鲍明炜,1998)
3	39	柳州话(刘村汉,1995)
2	97	合肥话(石绍浪,2007)
1	20	平遥话(侯精一、温端政,1993)

表 2 显示,入声音节数最多是 21 个,这样的方言有 3 个;2 个入声音节的方言最多,有 97 个方言。在 620 个方言里,如果不考虑仅有一个入声音节的方言数量,入声音节系统成员数量和入声系统数量之间大体上呈反比例关系:入声音节数越多,方言数越少;入声音节数越少,方言数越多。在 620 个方言里,有 8 个或少于 8 个入声音节的方言多达 409 个。

各主要方言区的入声音节数量也有所不同。详见表 3。

表 3 主要方言区的入声音节数量

成员数 / 方言数 / 方言	21	20	19	18	17	16	15	14	13	12	11	10	9	8	7	6	5	4	3	2	1	总数	平均
平	3	2	4	3	5	2	0	3	1	—	—	—	—	—	2	—	—	—	—	—	—	25	16.8
粤	—	—	2	6	7	7	15	6	5	10	3	11	4	5	6	2	—	—	—	—	—	89	12.9
闽	—	—	—	1	1	5	8	7	6	3	1	1	3	8	4	5	1	1	—	—	—	55	11.4
客家	—	—	—	—	2	—	—	2	5	—	7	3	7	8	13	10	6	4	—	2	1	70	8.0
赣	—	—	—	—	2	1	2	3	2	8	9	8	11	14	9	12	12	—	1	—	—	94	8.85
徽	—	—	—	—	—	—	—	—	—	—	1	—	—	1	1	1	—	1	—	—	—	5	7.2
江淮	—	—	—	—	—	—	—	—	—	—	—	—	—	4	7	17	13	8	2	11	1	63	4.9
吴	—	—	—	—	—	—	—	—	—	—	—	—	1	10	9	7	18	31	32	9	1	118	4.4
晋	—	—	—	—	—	—	—	—	—	—	—	—	—	1	—	—	1	1	4	74	17	98	1.78

表3显示,平话区里由17个成员组成的入声系统最多,有5个方言;粤方言区里由15个成员组成的入声系统最多,有15个方言;闽方言区里由8或15个成员组成的入声系统最多,有16个方言;客家方言区里由7个成员组成的入声系统最多,有13个方言;赣方言区里由8个成员组成的入声系统最多,有14个方言;江淮官话区里由6个成员组成的入声系统最多,有17个方言;吴方言区里由3或4个成员组成的入声系统最多,有63个方言;晋方言区里由2个成员组成的入声系统最多,有74个方言。在不考虑方言较少的畲话、西南官话、儋州话和付马话的情况下,平均成员数由多到少依次为平>粤>闽>赣>客家>徽>江淮>吴>晋。系统内成员平均数的差异反映了入声系统从南到北逐渐简化的地理分布特征。

3. 入声音节的结构类型、分布范围及类型学特点

对620个入声音节韵部系统的考察表明,汉语方言入声音节系统呈现具有类型学意义的倾向,主要表现在两个方面:一,入声音节尾塞音系统之间的类型学关联;二,元音音系维向与尾塞音出现与否以及塞音的语音特点之间的类型学关联。下面分别介绍。

3.1 入声音节尾塞音系统差异以及不同类型系统之间的蕴含关系

通过跨方言观察,入声音节有双唇-p、舌尖齿音-t、软腭-k、声门-ʔ四个尾塞音。在不考虑音节首音的情况下,依据入声音节系统里尾塞音的数量,620个入声音节系统可分为4个类型,每个类型包括数量不等的尾塞音系统:

4-塞音系统类型:[-p -t -k -ʔ](1个系统)

3-塞音系统类型:[-p -t -k],[-p -t -ʔ],[-p -k -ʔ],[-t -k -ʔ](4个系统)

2-塞音系统类型:[-t -k],[-t -ʔ],[-p -t],[-p -k],[-p -ʔ],[-k -ʔ](6个系统)

1-塞音系统类型:[-t],[-k],[-ʔ](3个系统)

4个类型共含14个尾塞音系统。除了4-塞音系统之外,其他其余13个系统的分布并不均匀。620个尾塞音系统的分布如表4所示。

表4 不同类型尾塞音系统在620个方言里的分布

尾塞音系统	[-p -t -k -ʔ]	[-p -t -k]	[-p -t -ʔ]	[-p -k -ʔ]	[-t -k -ʔ]	[-t -ʔ]	[-t -k]	[-k -ʔ]
方言数	25	118	10	2	2	26	25	10
尾塞音系统	[-p -k]	[-p -ʔ]	[-p -t]	[-ʔ]	[-k]	[-t]	[-p]	
方言数	6	3	1	382	8	2	0	

表 4 显示,在 620 个方言里,4-塞音系统有 25 个,3-塞音系统有 132 个,2-塞音系统有 71 个,1-塞音系统有 392 个。即使属于同一系统类型,即在 1-、2-和 3-塞音韵部类型内部,不同的系统分布不均匀:3-塞音类型里的[-p -t -k]系统、2-塞音类型的[-t -ʔ]和[-t -k]系统和 1-塞音类型的[-ʔ]系统的样本数较多;在 392 个 1-塞音系统里,由-ʔ构成的尾塞音系统的样本数多达 382 个,说明其分布范围之广。有些尾塞音系统的样本数较少,分布范围较小,如 3-塞音类型的[-p -k -ʔ]和[-t -k -ʔ]系统,2-塞音类型的[-p -t]系统和 1-塞音类型的[-t]系统。没有观察到仅由-p 组成的 1-塞音系统。-p、-t、-k 及-ʔ总的分布情况如表 5 所示:

表 5 四个尾塞音在 620 个方言里的分布(数字表示方言数)

-p	-t	-k	-ʔ
165	209	196	460

从单个尾塞音分布看,在 620 个方言里,尾塞音分布范围从大到小是-ʔ>-t>-k>-p。跨方言看,-ʔ的分布范围最大,-p 的分布范围最小。

在各大方言区里,尾塞音系统的分布如表 6 所示:

表 6 各大方言区尾塞音系统的分布(数字表示方言数)

方言	尾塞音系统									平均
平	[-p -t -k] 23	[-ʔ] 2								2.84
粤	[-p -t -k] 72	[-p -k] 1	[-t -k] 1	[-k -ʔ] 7	[-k] 7	[-ʔ] 1				2.72
闽	[-p -t -k -ʔ] 25	[-p -t -k] 2	[-p -k -ʔ] 2	[-t -k -ʔ] 3	[-p -k] 5	[-t -k] 1	[-k -ʔ] 2	[-k] 3	[-ʔ] 12	2.76
客家	[-p -t -k] 17	[-p -t -ʔ] 1	[-p -t] 1	[-t -k] 12	[-t -ʔ] 2	[-k -ʔ] 1	[-ʔ] 36			1.76
赣	[-p -t -k] 2	[-p -t -ʔ] 6	[-t -ʔ] 24	[-p -ʔ] 3	[-t -k] 13	[-ʔ] 45	[-t] 1			1.59
徽	[-ʔ] 5									1.0
江淮	[-ʔ] 63									1.0
吴	[-ʔ] 118									1.0
晋	[-ʔ] 98									1.0

表6显示，各方言区尾塞音系统分布差异较大：闽方言的4-塞音系统，平、客家、粤方言的3-塞音系统[-p -t -k]居多，赣方言里2-塞音系统[-t -ʔ]居多，江淮官话、吴、徽方言都是仅含[-ʔ]的1-塞音系统。各方言区尾塞音平均数由多到少依次是平(2.84)＞闽(2.76)＞粤(2.72)＞客家(1.76)＞赣(1.59)＞徽、江淮、吴、晋(1)。地理上，尾塞音系统从南向北逐渐简化。

从系统内部结构看，-p比较特殊。所有的4-塞音系统都有-p、-t、-k、-ʔ。在132个3-塞音系统里，含有-p的系统有130个；在3-塞音系统里，-p，-t、-k的对立关系最普遍。然而，在71个2-塞音系统里，含有-p的系统只有10个；在392个1-塞音系统里，没有一个系统是仅由-p单独组成的。随着系统里尾塞音数量的减少，-p作为尾塞音的几率大大减小。

从同一类型的不同系统之间差异的角度看，尾塞音-p的类型学表现更加明显。在1-塞音系统类型里，只有-ʔ、-k或-t的系统；在2-塞音类型里，如果有-p与其他某个塞音组成一个系统，那么，2-塞音类型的系统就有-t和-k、-t和-ʔ、-k和-ʔ组成的系统；在3-塞音类型里，-p总是和另外三个塞音中的两个塞音共同构成一个3-塞音系统。据此，在同一类型范围内，我们可以构建含有-p的系统和其他系统之间的蕴含关系：在同一系统类型内，含有-p的系统的存在蕴含着由其他塞音组成的系统存在。这个蕴含关系具有不可逆性。

3.2 元音的音系维向与尾塞音之间的类型学关联

元音的音系维向主要包括舌位高低、前后、唇状、单—双、口—鼻性、长短、展舌—卷舌、是否擦化、松紧和舌根位置等(Ladefoged、Maddieson，1996)。元音的一些基本音系维向和入声尾塞音的部位特征以及尾塞音出现与否有着一定的类型学关联。

3.2.1 元音的音系高度与尾塞音之间的关系

音系高度(phonological height)是元音系统的基本维向之一。不同音系高度上的元音之间的主要语音差别之一是元音实际发音时舌位高低或开口度的不同。音系高度虽然与元音发音时舌位的高低或开口度有关，但元音发音的实际舌位高低或开口度并非就是音系高度。音系高度不仅需要区别特征来定义，而且需要考察元音在音系过程中的作用。根据Ladefoged和Maddieson(1996)的观点，世界上语言元音系统的音系高度在两个到五个之间，其中两个和三个音系高度的元音系统比较常见，四个高度的元音系统很少，五个高度的元音系统极为罕见或不存在。具体语言的元音系统究竟区分几个音系高度，需要具体分析。除普通话，关于其他方言音系高度的论述不多。Cheng

(1973a, 1973b), Duanmu(2000)等认为普通话元音系统区分三个音系高度；Wang(1993)和Pulleyblank(1997)分别认为北京话和广州话的元音系统也都区分三个音系高度。普通话单元音系统如(1)所示：

(1) 普通话单元音系统(方括号里的是音位变体)

音系高度	区别特征	元音
高元音	[+高]	i y ɿ ʅ u
中元音	[−高,−低]	[e] ɤ [o]
低元音	[+低]	[a] A [ɑ]

以Cheng(1973a)和Duanmu(2000)定义的普通话元音音系高度为参照，我们假设其他大多数方言的元音系统区分三个音系高度,如(2)所示。①

(2) 其他方言单元音系统

音系高度	区别特征	元音
高元音	[+高]	i ɪ y ɿ ʅ ɨ u
中元音	[−高,−低]	e ɛ ə ɣ o ɔ
低元音	[+低]	æ A ɐ ɑ

(2)里给出的是单元音的音系高度。一些在舌位高低或开口度方面差别较小的元音要依据所在方言里的元音之间的对立关系以及该元音的音系作用来确定其音系高度。根据对部分方言的初步分析,在多数情况下,i～ɪ、e～ɛ、o～ɔ成互补分布,如福州话(陈泽平,1998)。这里不排除有些方言i和ɪ、e和ɛ、o和ɔ对立的可能,但是,即使这些方言元音系统区分四个音系高度,这也不影响对元音音系高度和音节尾塞音之间类型学相关性的概括。此外,我们把舌尖元音[ɿ]、卷舌元音[ʅ]、带擦高元音②以及麦耘(2016)描述的舌叶元音

① 这里给出的是语音层面上的元音。关于具体元音的音值,情况较复杂。不同记音人采用的记音方法和音位处理不尽相同,甚至对同一方言的同一词语中的同一元音,不同的记音人给出的音值和音位分析有所不同。我们以汉语元音系统有三个音系高度的假设为基础,对其他方言元音音系高度给出大致的判断。这里不排除有些方言元音系统区分四个音系高度的可能。

② 匿名评阅人提出苏州话带擦高前元音的音系高度问题。对此,我们倾向采纳胡方(2007)的分析,即带擦高元音和不带擦高元音都是高元音,二者的区别在于[摩擦性]的不同。

和兼舌叶元音也都视为音系上的高元音。①

620个方言里入声音节系统里尾塞音和三个音系高度元音的组合情况如表7所示。

表7 尾塞音与三个音系高度上元音的组合与分布(数字表示方言数)

尾塞音系统 \ 音系高度	高、中、低元音	中、低元音	中元音	低元音	高、中元音	高、低元音	高元音
4-塞音系统(25)	25	0	0	0	0	0	0
3-塞音系统(132)	131	1	0	0	0	0	0
2-塞音系统(71)	69	2	0	0	0	0	0
1-塞音系统(392)	149	218	19	3	2	1	0
总数(620)	374	221	19	3	2	1	0

表7显示,不同音系高度的元音与不同的尾塞音系统的组合以及这些组合的分布范围不同。从音节核元音和尾塞音组合的可能性看,在25个方言里,高、中、低元音可以4塞音系统里的-p, -t, -k, -ʔ组合,构成入声音节。随着塞音系统里塞音数量的减少,塞音与不同音系高度上的元音的组合呈现明显的倾向。在132个3-塞音系统里,131个系统里3个塞音可以与高、中、低元音组合,而仅在一个系统里,3个塞音只和中、低元音组合。在71个2-塞音系统里,两个塞音可以高、中、低元音组合的系统有69个,而仅和中、低元音组合的2-塞音系统只有两个。在392个1-塞音系统里,塞音与高、中、低元音组合成入声音节的系统有149个,塞音与中、低元音组合的系统有218个,塞音与高、低元音组合的方言只有1个,塞音与高、中元音组合的方言只有2个;塞音仅与中元音组合的方言有19个,与低元音组合的方言仅有3个。

表7的数据还表明,有些入声音节系统分布较广,如$V_{高、中、低}+S$系统和$V_{中、低}+S$系统;而另外一些入声音节系统的分布范围很小,如$V_{高、低}+S$系统;没有观察到只有$V_{高}+S$的系统。少数入声音节系统只有中元音与塞音组合,如永年话只有ə和-ʔ构成的入声音节(侯精一、温端政,1993)。数据显示,599

① 麦耘的表述是,如果调音用到舌尖,又是偶连带到小部分舌叶,就只视为舌尖音;如果用舌叶时,有时连带到舌尖,径归舌叶音;但如果用舌尖而又必定同时用到整个或大部分舌叶,或用舌叶而必定同时用到舌尖,则可定义为舌尖兼舌叶音。根据我们的理解,舌叶元音和兼舌叶元音是音系上的高元音。

个系统中有 $V_{低}+S$, 616 个系统中有 $V_{中}+S$, 245 个系统中没有 $V_{高}+S$。跨方言观察说明,在同一入声音节系统里,由高元音与尾塞音构成的入声音节以中元音或低元音与尾塞音构成的入声音节为基础;如果高元音可以和尾塞音构成入声音节,那么,中、低元音一定可以和尾塞音构成入声音节。

从方言区内部看,元音音系高度的不同和尾塞音的有无之间也存在着明显的类型学关联。在主要方言区里,高、中、低元音与尾塞音的组合构成入声音节的情况如表 8 所示。

表 8 各方言区尾塞音与三个音系高度上元音的组合与分布(数字表示方言数)

方言区	与三个音系高度的元音组合					平均数
平(25)	高、中、低 25					3.0
粤(89)	高、中、低 86	中、低 3				2.97
闽(55)	高、中、低 54	中、低 2				2.98
客家(70)	高、中、低 65	中、低 2	高、中 1	中 2		2.90
赣(93)	高、中、低 93	高、低 1				2.99
徽(5)	高、中、低 4	低 1				2.60
江淮(63)	高、中、低 30	中、低 32	中 1			2.45
吴(118)	高、中、低 12	中、低 103	中 3			2.06
晋(98)	高、中、低 1	高、低 1	中、低 78	中 15	低 3	1.83
西南(2)	高、中、低 1	中低 1				2.50
儋州(1)	高、中、低					3.0
付马(1)	高、中、低					3.0

跨方言看,在平话、粤、闽、客家、赣、徽等方言里,高、中、低元音都可以与尾塞音组合;在吴、晋方言里,入声音节里的元音以中、低元音为主;江淮官话

介于两者之间。对照表 7 和表 8 可以看出，随着尾塞音数量的减少，中、低元音与尾塞音组合构成的入声音节的数量相对增大。

根据上述跨方言的和对方言区内部的观察，我们做出类型学概括：在同一入声音节系统内，入声音节 $V_{高}+S$ 的存在以入声音节 $V_{中}+S$ 或 $V_{低}+S$ 的存在为基础；如果没有入声音节 $V_{中}+S$ 或 $V_{中}+S$，这个系统则没有入声音节 $V_{高}+S$。如果我们把中、低元音合为一类元音，即非高元音(–高)，那么，上述概括可以表述为蕴含关系：

$$V_{+高}+S \Rightarrow V_{-高}+S$$

根据目前了解的各个方言描写材料，这个蕴含关系是不可逆的。

跨方言看，同一音系高度的元音，即使是同一元音，与不同尾塞音的组合也有所不同，如表 9 所示。①

表 9　不同音系高度上的元音与不同部位尾塞音组合的分布(数字表示方言数量)

高元音 i、u 与四个尾塞音的组合								
	ip	it	ik	iʔ	up	ut	uk	uʔ
4-塞音系统	22	22	19	25	0	24	2	22
3-塞音系统	111	114	25	7	7	112	63	12
2-塞音系统	10	52	17	19	0	21	29	35
1-塞音系统	0	1	9	130	0	0	3	124
总　数	143	189	70	181	7	157	97	193
中元音 e～ɛ、o～ɔ 与 4 个尾塞音的组合								
	ep～ɛp	et～ɛt	ek～ɛk	eʔ～ɛʔ	op～ɔp	ot～ɔt	ok～ɔk	oʔ～ɔʔ
4-塞音系统	2	4	3	25	4	0	25	24
3-塞音系统	70	86	97	13	39	97	121	12
2-塞音系统	8	46	26	28	3	38	41	34
1-塞音系统	0	1	9	192	0	1	10	137
总　数	80	137	135	258	46	136	197	207

① 关于高前圆唇元音[y]和尾塞音的组合，我们在 2.2.3 节里讨论。此外，由于不同方言在高卷舌元音和舌尖元音有无方面存在差异，这里不考虑这两个元音。

续表

低元音 a 和中元音与尾塞音的组合								
	ap	at	ak	aʔ	əp	ət	ək	əʔ
4-塞音系统	25	24	25	25	0	4	1	7
3-塞音系统	125	118	119	13	23	31	23	5
2-塞音系统	12	42	40	35	0	32	14	4
1-塞音系统	0	0	10	361	0	1	5	286
总数	162	184	194	434	23	68	43	302

表 9 显示,高元音 i、u 与四个尾塞音组合的数量从多到少依次是 it>iʔ>ip>ik, uʔ>ut>uk>up;中元音 e～ɛ、o～ɔ 与四个尾塞音组合数量由多到少依次是 eʔ～ɛʔ>et～ɛt>ek～ɛk>ep～ɛp, oʔ～ɔʔ>ok～ɔk>ot～ɔt>op～ɔp, əʔ>ət>ək>əp;低元音 a 与 4 个尾塞音组合数量由多到少依次是 aʔ>ak>at>ap。总体上看,除了-ʔ 以外,高元音趋于和-t 同现,中元音趋于与-k 同现。除了 ip 外,up、ep、op、əp、ap 的组合较少。

下面考察各主要方言区不同音系高度元音和尾塞音组合的分布。因为江淮官话、吴、晋、徽方言区的大多数方言只有-ʔ,所以我们先考察有-p, -t, -k 的闽、粤、平话、客家和赣方言区以及儋州、付马方言,如表 10 所示;然后再考察所有有-ʔ 的方言。

根据表 10 的统计,我们归纳出闽、粤、平话、客家和赣方言区各方言高元音 i、u,中元音 e～ɛ、ə、o～ɔ、ə 以及低元音 a 与-p, -t, -k 组合分布,如表 11 所示。

表 11 显示,上述方言区的情况与跨方言观察(见表 9)基本一致,但就某一音节分布看,有些方言区有特点。闽方言里,ik 和 ip 多于 it, op～ɔp 多于 ot～ɔt, ap 多于 at;客家方言里,uk 多于 ut, ep～ɛp 多于 ek～ɛk;赣方言里,ot～ɔt 多于 ok～ɔk, at 多于 ap、ak;在闽、粤和平话方言里,ek～ɛk 多于 et～ɛt;除粤方言之外,其他方言里 ət 最多;在其他方言里,ək 稍少,əp 最少。以跨方言数据为基准,总体上看,粤、平话、客家和赣方言的偏离度较小,闽方言的偏离度最大。

表 10 主要方言区不同音系高度元音和尾塞音构成入声音节的分布

闽	ip	it	ik	up	ut	uk	ep	et	ek	op	ot	ok	ap	at	ak	əp	ət	ək
4-塞音系统	21	22	18	0	25	2	2	4	3	3	0	25	25	24	25	0	4	1
3-塞音系统	4	2	3	0	5	3	1	3	4	2	2	5	4	3	5	0	1	2
2-塞音系统	5	1	6	0	1	6	4	0	6	1	0	8	5	1	8	0	0	2
1-塞音系统	0	0	3	0	0	3	0	0	2	0	0	3	0	0	3	0	0	0
总数	30	25	30	0	31	14	7	7	15	6	2	41	34	28	41	0	5	5
粤	ip	it	ik	up	ut	uk	ep	et	ek	op	ot	ok	ap	at	ak	əp	ət	ək
3-塞音系统	59	62	16	0	63	21	32	35	63	16	54	72	72	68	69	1	7	8
2-塞音系统	1	1	5	0	0	1	0	0	9	0	0	9	1	0	9	0	0	6
1-塞音系统	0	0	6	0	0	0	0	0	7	0	0	7	0	0	7	0	0	6
总数	60	63	27	0	63	22	32	35	79	16	54	88	73	68	85	1	7	20
平话	ip	it	ik	up	ut	uk	ep	et	ek	op	ot	ok	ap	at	ak	əp	ət	ək
3-塞音系统	21	21	3	6	23	20	18	20	23	8	17	23	22	22	23	9	10	9
1-塞音系统	0	0	0	0	0	0	0	0	0	0	0	0	0	0	0	0	0	0
总数	21	21	3	6	23	20	18	20	23	8	17	23	22	22	23	9	10	9
客家	ip	it	ik	up	ut	uk	ep	et	ek	op	ot	ok	ap	at	ak	əp	ət	ək
3-塞音系统	16	17	2	0	16	16	14	17	4	2	16	18	17	16	18	7	7	3
2-塞音系统	2	16	0	0	4	11	1	14	5	0	6	12	1	8	13	0	9	2
1-塞音系统	0	0	0	0	0	0	0	0	0	0	0	0	0	0	0	0	0	0
总数	18	33	2	0	20	27	15	31	9	2	22	30	18	24	31	7	16	5

续表

赣	ip	it	ik	up	ut	uk	ep	et	ek	op	ot	ok	ap	at	ak	əp	ət	ək
3-塞音系统	9	9	2	0	5	2	5	8	1	9	8	2	9	7	2	4	5	2
2-塞音系统	3	35	5	0	13	11	2	33	7	3	31	12	4	32	11	0	23	2
1-塞音系统	0	1	0	0	0	0	0	1	0	0	1	0	0	1	0	0	1	0
总数	12	45	7	0	18	13	7	42	8	12	40	14	13	40	13	4	29	4
	ip	it	ik	up	ut	uk	ep	et	ek	op	ot	ok	ap	at	ak	əp	ət	ək
儋州	1	1	0	0	1	0	1	1	0	1	1	0	1	1	0	1	1	0
付马	1	1	1	1	1	1	0	1	1	1	0	1	1	1	1	0	0	0
总数	143	189	70	7	157	97	80	137	135	46	136	197	162	184	194	22	68	43

表 11 主要方言区不同音系高度元音与-p, -t, -k 组合分布

	i	u	e～ɛ	o～ɔ	ə	a
闽	ik、ip>it	ut>uk>up	ek～ɛk>et～ɛt、ep～ɛp	ok～ɔk>op～ɔp>ot～ɔt	ət、ək>əp	ak>ap>at
粤	it>ip>ik	ut>uk>up	ek～ɛk>et～ɛt>ep～ɛp	ok～ɔk>ot～ɔt>op～ɔp	ək>ət>əp	ak>ap>at
平	it、ip>ik	ut>uk>up	ek～ɛk>et～ɛt>ep～ɛp	ok～ɔk>ot～ɔt>op～ɔp	ət>ək、əp	ak>at、ap
客家	it>ip>ik	uk>ut>up	et～ɛt>ep～ɛp>ek～ɛk	ok～ɔk>ot～ɔt>op～ɔp	ət>əp>ək	ak>at>ap
赣	it>ip>ik	ut>uk>up	et～ɛt>ek～ɛk>ep～ɛp	ot～ɔt>ok～ɔk>op～ɔp	ət>əp、ək	at>ap、ak

根据上述统计和观察，同一音系高度上的元音，甚至同一个元音与不同部位塞音的组合力有所不同；高元音趋于和-t 同现，中元音和后元音趋于与-k 同现，低元音与不同部位塞音的组合比较普遍。各个元音与-p 构成的入声音节数量最少。这些仅仅是一些语言倾向，类型学意义的关联不显著。

现考察各方言区不同音系高度的元音与-ʔ 组合的分布。分布情况如表 12 所示：

表 12　各方言区不同音系高度的元音与-ʔ 的组合分布

方言 / 塞尾数 / 成员	闽					粤				平			客家			
	4	3	2	1	总	3	2	1	总	3	1	总	3	2	1	总
iʔ	25	2	1	11	39	0	0	1	1	0	2	2	0	1	23	24
uʔ	24	3	1	11	39	0	1	0	1	0	1	1	0	3	26	29
eʔ—ɛʔ	25	5	2	10	42	0	1	1	2	0	2	2	0	2	31	33
oʔ—ɔʔ	24	4	2	12	42	0	1	2	3	0	2	2	1	1	23	25
əʔ—ɣʔ	8	1	0	1	10	0	0	0	0	0	2	2	1	0	18	19
aʔ	25	4	2	12	43	3	4	1	8	0	2	2	0	3	30	33

方言 / 塞尾数 / 成员	赣				江淮	吴	晋	徽	西南	付马	总
	3	2	1	总	1	1	1	1	1	3	
iʔ	3	16	44	63	36	14	2	4	1	1	181
uʔ	7	28	43	78	26	11	2	4	1	1	193
eʔ—ɛʔ	7	23	43	73	26	74	0	3	2	1	258
oʔ—ɔʔ	7	27	44	78	40	106	0	5	2	0	207
əʔ—ɣʔ	2	5	9	16	55	98	93	4	0	1	298
aʔ	7	27	45	79	62	114	85	5	2	1	434

根据表 12 的统计，-ʔ 和元音 i，u，e，o，a 组合情况如下：闽 aʔ＞oʔ、eʔ＞uʔ、iʔ＞əʔ；粤 aʔ＞oʔ＞eʔ＞uʔ、iʔ；客家方言 aʔ、eʔ＞uʔ＞oʔ＞iʔ＞əʔ；赣 aʔ＞oʔ、uʔ＞eʔ＞iʔ＞əʔ；江淮官话 aʔ＞əʔ＞oʔ＞iʔ＞eʔ、uʔ；吴 aʔ＞oʔ＞əʔ＞eʔ＞iʔ＞uʔ；晋 əʔ＞aʔ＞uʔ、iʔ＞eʔ、oʔ。总体上看，除了晋方言，其他方言里 aʔ 最普遍，其次是 oʔ，高元音与-ʔ 的组合相对较少。粤方言和平话里-ʔ 和各个音系高度元

音的组合明显少于其他方言。

3.2.2 舌位前后不同的元音与不同发音部位尾塞音的组合

对 620 个方言里入声音节系统的考察表明,同一音系高度的元音,其舌位前后与尾塞音的出现与否以及与尾塞音发音部位之间未呈现明显的关联。以同属粤语的东莞万江话和钦州新立话为例说明。据李立林(2010),万江话-k 可以与高、中、低元音组合,如表 13 所示。

表 13 万江话元音与尾塞音-k 的组合

	i	u	E	ø	ɤ	ɔ	o	ɑ
-k	√	*	√	√	√	√	√	√

表 13 显示,在万江话中,后元音 u 不与-k 组合,即没有 uk。在厚街话、虎门赤岗话里,u 也不与-k 共现。同属粤语的钦州新立话,舌位前后与-k 的组合恰恰与万江话的情况相反。据黄昭艳(2008),新立话-p、-t、-k 均可分别与高、中、低元音组合,如表 14 所示。

表 14 钦州新立话元音与尾塞音的组合

	i	u	ɛ～e	ɔ	æ	a～ɐ
-p	√	*	√	√	*	√
-t	√	√	√	√	√	√
-k	*	√	√	√	*	√

关于舌位前后不同的元音与不同部位的尾塞音之间是否存在关联,有待于进一步观察和分析。

3.2.3 元音的唇状和尾塞音的有无及之间的关联

元音的唇状与塞音-p 的出现与否密切相关。在 165 个有-p 的塞音系统里,-p 与展唇元音的同现比较普遍,但-p 和圆唇元音同现则非常少见。在 165 个有 u 和-p 的方言里,153 个方言没有-up;在 57 个有 y 和-p 的方言里,-yp 极为罕见。-op、-ɔp 也很少。由圆唇元音和-p 组成的音节大多出现在拟声词和摹状词里,在核心词里极少。根据元音的唇状和舌位高低,建立下述蕴含关系:在同一入声音节系统里,对于同一音系高度上的元音来说,如果圆唇元音可以和-p 构成入声音节,那么,展唇元音一定可以和-p 构成入声音节,即

$$V_{+圆唇}+p \Rightarrow V_{-圆唇}+p$$

此外，跨方言观察，不同音系高度上的圆唇元音与-p 同现呈现-ɔp～-op＞-up＞＊-yp 的倾向。这一观察结果和对不同音系高度的元音与尾塞音同现的观察结果基本一致。因此，-yp 的分布范围小、出现频率低乃至缺失很可能是受到对圆唇元音与-p 同现以及对高元音与尾塞音同现的双重限制的结果。

3.2.4　双元音、鼻(化)元音和长短元音与尾塞音的同现

本文观察的 620 个方言中，在多数方言里，只有单元音可以出现在入声音节里，而双元音则不能出现在入声音节里；在少数方言里，单元音和双元音都可以出现在入声音节里；我们没有发现只有双元音可以出现在入声音节而单元音不能出现在入声音节的方言。这说明，在一个入声音节系统里，由双元音＋塞音的入声音节(-V_1V_2S)和由单元音＋塞音的入声音节(-VS)之间存在蕴含关系：如果系统有由双元音充当音节核的入声音节，那么，这个系统一定有由单元音充当音节核的入声音节，即-V_1V_2S→-VS。这一蕴含关系具有不可逆性。

这一类型现象与单、双元音的标记程度是一致的：标记程度较低的单元音，其分布范围较广，而标记程度较高的双元音，其分布范围较小；单、双元音分布的共同环境是闭音节。

进一步看，就双元音和尾塞音同现的可能性看，在多数方言里，双元音 V_1V_2 里的后一个成分 V_2 与尾塞音关系更为密切。从元音音系高度的角度看，双元音的后一个成分对应的单元音的音系高度决定着尾塞音的有无或是哪个塞音。例如，富溪话(秋谷裕幸，2010)有 iʔ，没有 eʔ，但有 eiʔ；eiʔ 里的 i 与 iʔ 里单元音 i 作用相同，都能与-ʔ 组合。

在少数方言里，尾塞音的有无或是哪个部位的塞音，取决于双元音里的主要成分。如武义话(傅国通，2010)有 ɑʔ，没有 uʔ，但是有 ɑuʔ；在 ɑuʔ 里，决定与-ʔ 组合的是低元音 ɑ，而非高元音 u，因为在这个方言里没有 uʔ。武义话和富溪话表明，如果一个系统里的双元音后可接塞音，那么双元音里的第一个成分或第二个成分后也可接塞音，两者呈现类型学的关联。据此，我们建立蕴含关系：V_1V_2S→V_1S 或 V_2S；反之则不成立。

在有口元音和鼻(化)元音的入声音节系统中，所有的入声音节系统里都有由口元音和塞音组成的入声音节，但只有一部分入声音节系统有由口元音和鼻(化)元音分别与塞音组成的入声音节；没有发现只有鼻(化)元音＋塞音而没有口元音＋塞音的入声系统。[1]进一步观察发现，鼻(化)元音与同一音系

① 这里我们不区分鼻元音和鼻化元音：语音层面上的鼻元音可能有不同的底层来源和音系功能。

高度上的口元音表现相同。据此,我们可以建立蕴含关系:若一个入声音节系统里有由鼻(化)元音和特定部位塞音构成的入声音节,那么这个系统里必有由和鼻(化)元音音系高度相同的口元音与相应塞音构成的入声音节,即 ṼS→VS,反之则不成立。和标记程度较高的双元音类似,相对标记程度较低的口元音而言,标记程度较高的鼻(化)元音的分布范围较小。

最后简要说明长元音在入声音节里的情况。在和塞音组成入声音节方面,长元音与短元音极其相似,即音系高度起到决定性作用。①进一步观察,若一个入声音节系统有由长元音和特定部位塞音组成的入声音节,那么,这个系统一定有其对应的音系高度相同的短元音构成的入声音节,即-VVS→-VS,反之则不成立。和标记程度较高的双元音、鼻化元音的分布类似,标记程度较高的长元音的分布范围较小。

4. 入声音节的出现频率

除了分布之外,类型学观察的另一个主要方面是出现频率(frequency of occurrence)。类型学研究表明,存在的和可能的结构或形式的出现频率可能并不相同。基于汉语各方言里大多数语素是由一个音节构成的基本事实,我们把入声音节的出现频率定义为特定入声音节在某一方言里构成的语素数量。我们选取了 128 个方言,对 18 部方言词典和 110 部(篇)《同音字汇》收录的入声音节系统内元音和尾塞音组合构成的语素数量做了统计。②以不同音系

---

① 关于某些方言是否有长、短元音的对立,研究者有不同观点,但这不影响类型学事实的建立,故在此不讨论具体方言里的长、短元音的对立问题。

② 18 部方言词典是李荣(2002)主编的《现代汉语方言词典》中的《广州方言词典》《梅县方言词典》《雷州方言词典》《于都方言词典》《丹阳方言词典》《东莞方言词典》《福州方言词典》《海口方言词典》《柳州方言词典》《杭州方言词典》《绩溪方言词典》《金华方言词典》《南京方言词典》《南通方言词典》《宁波方言词典》《厦门方言词典》《上海方言词典》和《苏州方言词典》;110 部(篇)《同音字汇》(见语料来源文献)。频率统计涉及的 128 个方言是厦门话、海口话、漳州话、贵港市五里镇话、博白地佬话、崇左江州蔗园话、扶绥城厢平话、柳城百姓话、杨梅百姓话、犀牛脚海獭话、宜州百姓话、宁明海渊蔗园话、金田白话、吴圩镇平话、横塘平话、北湖村平话、来宾小平阳依话、梅县客家话、樟木头客家话、贺县莲塘客家话、宾阳客家话、宁都梅江镇话、五华粤语、阳江话、阳春话、玉林话、广州话、惠阳话、陆川陈村客家话、北流西埌真田心村客家话、石门客家话、宾阳县大桥平话、四季平话、罗城牛鼻土拐话、四塘平话、石埠平话、三江六甲话、南宁白话、昭平话、平南话、增城话、怀城下坊话、钦州新立话、钦州话、福州话、宁德话、龙岩适中话、霞浦城关镇、霞浦长春镇话、雷州话、澄海话、富溪话、福鼎话、寿宁斜滩话、邵武和平话、顺昌郑坊话、平南闽南话、南城话、临湘话、丰城(梅林)话、丰城剑光镇话、临川话、黎川话、南昌话、都昌土塘话、宜春话、抚州话、余干话、修水黄沙桥、武宁礼溪话、贺州灵凤都话、临桂义宁话、武鸣官话、四联村平话、全南城厢镇话、于都话、安溪客家话、崇仙客家话、龙潭寺客家话、宁福建四保话、绩溪话、徽州话、休宁五城镇话、佳县话、大同话、吴堡话、杭州话、杭州彭埠镇塘外话、彭埠镇塘里话、(转下页)

高度的元音与不同部位尾塞音的同现为基础，给出频率统计。统计结果如表15所示。②

表15 128个方言尾塞音与不同音系高度元音组合的语素数量

ip	it	ik	iʔ	up	ut	uk	uʔ
1 029	1 849	370	3 663	18	876	1 755	2 526
ep～ɛp	et～ɛt	ek～ɛk	eʔ～ɛʔ	op～ɔp	ot～ɔt	ok～ɔk	oʔ～ɔʔ
349	906	2 588	5 650	53	379	3 687	8 000
əp～ɣp	ət～ɣt	ək～ɣk	əʔ～ɣʔ	ap	at	ak	aʔ
135	524	288	8 513	2 452	3 450	3 083	9 122

表15显示，不同的入声音节的出现频率由高到低分别是：aʔ(9122)＞əʔ～ɣʔ(8513)＞oʔ～ɔʔ(8000)＞eʔ～ɛʔ(5650)＞ok～ɔk(3687)＞iʔ(3663)＞at(3450)＞ak(3083)＞ek～ɛk(2588)＞uʔ(2526)＞ap(2452)＞it(1849)＞uk(1755)＞ip(1029)＞et～ɛt(906)＞ut(876)＞ət～ɣt(524)＞ot～ɔt(379)＞ik(370)＞ep～ɛp(349)＞ək～ɣk(288)＞əp～ɣp(135)op～ɔp(53)＞up(18)。

在以-p结尾的音节里，出现频率从高到低依次是ap＞ip＞ep～ɛp＞əp～ɣp＞op～ɔp＞up。在-t结尾的音节里，出现频率从高到低依次是at＞it＞et～ɛt＞ut＞ət～ɣt＞ot～ɔt。除了在at里之外，-t和前元音同现频率较高。在以-k结尾的音节里，出现频率从高到低依次是ok～ɔk＞ak＞ek～ɛk＞uk＞ik＞ək～ɣk；高前元音与-k的同现频率比低后元音与-k组合的同现频率要低。在以-ʔ结尾的音节里，出现频率从高到低依次是aʔ＞oʔ～ɔʔ＞eʔ～ɛʔ＞iʔ＞uʔ。出现频率最低的是uʔ。综合起来看，a分别与四个尾塞音组合的出现频率最高。

把特定入声音节的跨方言出现频率与其跨方言分布范围加以比较，我们发现，二者呈明显的正比例关系倾向：分布范围较大的入声音节的出现频率较高，如ap，ip；at，it；ok～ɔk，ak，而分布范围较小的入声音节的出现频率较

(接上页)芜湖棣南话、芜湖和平话、芜湖易太话、镇江话、昆山话、温岭话、台州路桥话、上海话、松江话、嘉定话、常州话、苏州话、绍兴话、绍兴会稽话、临海话、天台话、处衢话、兰溪东阳话、萧山话、严州淳安话、义乌话、余姚话、金华城区话、金华孝顺镇话、上饶铁路话、上虞百官镇话、当涂湖阳话、常熟梅李话、南通话、开城镇话、宿松话、丹阳话、定远朱湾话、海安话、南京话、扬州话、泰顺司前畲话、付马话和江津话。

② 同音语素，即声、韵、调完全相同但意义不同的语素，视为不同的语素。此外，由于根据文献的描写进行统计，数据可能并不完整。

低,如 op～up; ik,uk。

由双元音、鼻(化)元音或长元音与塞音构成的入声音节的出现频率与这些类型的入声音节的分布也呈正比例倾向。

5. 讨论与结语

汉语各方言在入声音节系统(系统内部结构和具体入声音节的数量)、分布范围以及出现频率三个方面呈现某些比较明显的类型学特点或倾向。

首先考察入声音节系统类型和不同类型的分布。具体方言里入声音节数量是由尾塞音系统的塞音数量和不同音系维向上元音与塞音的组合共同决定的。尾塞音系统有 4-塞音、3-塞音、2-塞音和 1-塞音系统四个类型。虽然这些塞音系统之间在类型上尚不能建立强蕴含关系,但呈现明显倾向。在四个类型的 14 个尾塞音系统里,除了 4-塞音系统之外,3-塞音系统趋于[-p -t -k]系统,2-塞音系统趋于[-t -ʔ]和[-t -k]系统,1-塞音系统趋于[-ʔ];虽然个别 1-塞音系统允许[-k]或[-t]出现在音节尾音位置,但没有发现 1-塞音系统是由[-p]组成的。跨方言看,[-p -t -k -ʔ], [-p -t -k], [-p -t -ʔ], [-t -k], [-t -ʔ]和[-ʔ]构成入声系统的主体。大多数 3-塞音系统和 2-塞音系统包括-t。与此对比,反差较大的是,在大多数 3-塞音系统和 2-塞音系统里,在有-t 的前提下,-k 和-ʔ 趋于呈互补分布:132 个 3-塞音系统里,即[-p -t -k]和[-p -t -ʔ]系统,-k 和-ʔ 呈互补分布的系统占 128 个;在 71 个 2-塞音系统里,即[-t -ʔ]和[-t -k]系统里,有 51 个系统里的-ʔ 和-k 呈互补分布。这就是说,在 203 个 3-塞音和 2-塞音系统里,-ʔ 和-k 呈互补关系的系统占 179 个。

由[-p]组成的 1-塞音系统的缺失意味着汉语各方言对音节尾音位置上的[-p]有更加严格的限制。然而,在 132 个 3-塞音系统里,含-p 达 130 个;这说明,一方面,在以发音部位为对立维向的 3-塞音系统里,-p 是不可缺失的成分;另一方面,-p 的出现大多以-t 和-k 的出现或-t 和-ʔ 的出现为前提。在 392 个 1-塞音系统中,由-ʔ 构成的系统多达 382 个。如果以 3-塞音系统的总数 128 个的[-p -t -k]和[-p -t -ʔ]为基准(-k 和-ʔ 处互补分布),如果增加一个塞音,则成为一个多了-p 和-ʔ 对立关系的 4-塞音系统[-p -t -k -ʔ];如果减少塞音系统里的成分,总体倾向是减少系统里口辅音的对立关系,直至所有的口辅音在音节尾音位置上消失或中和,其结果是,元音＋-ʔ 成为入声音节结构的最后一类语音形式。

入声音节系统里入声音节的语音形式、数量和分布范围与元音的音系高度、唇状、口—鼻(化)、单—双和长短等音系维向之间存在明显的类型学关联。元音音系高度的入声音节类型学意义最为突出:在同一系统内,如果高元音可以与尾塞音组合,那么,非高元音一定可以和尾塞音组合。还需要说明的是,以不同音系高度的元音与尾塞音组合为基础的蕴含关系是基本的蕴含关系,以其他音系维向上元音与尾塞音组合的类型特点可以依据单元音的音系高度推导出来。从尾塞音对元音音系高度敏感的角度看,音系高度是构成元音系统格局最基本的维向。

圆唇元音和唇塞音-p构成的入声音节数量极少,分布范围极为有限,出现频率极低,且样本多为拟声词和摹状词。这些现象说明在汉语里,圆唇元音和音节尾唇塞音之间可能存在着音段结构方面的联系。①

同样需要说明的是,从现有的描写材料看,与音系高度、唇状、鼻(化)元音、单双元音等音系维向的明显作用比较,元音舌位的前后对入声音节类型的贡献并不显著。

现将入声音节的类型学概括总结如下。

(1) 含有-p的系统和其他系统之间的蕴含关系:在同一类型内,含有-p的尾塞音系统的存在蕴含着由其他塞音组成的系统存在,并且肯定包括-t或-k;该蕴含关系不可逆。

(2) 在同一系统内,如果高元音可以与尾塞音组合,那么,非高元音一定可以和尾塞音组合,即$-V_{+高}S \rightarrow -V_{-高}S$;该蕴含关系不可逆。

(3) 在同一系统内,如果双元音充当入声音节的音节核,那么,单元音一定可以充当入声音节的音节核,即$-V_1V_2S \rightarrow -VS$;该蕴含关系不可逆。

(4) 在一个系统里,如果双元音可以充当入声音节的音节核,那么,这个双元音的第一个成分或第二个成分作单元音时一定看可以充当入声音节的音节核,即$V_1V_2S \rightarrow V_1S$或V_2S;该蕴含关系不可逆。

(5) 在同一系统内,如果有鼻(化)元音和塞音构成的入声音节,那么这个系统里必有由和鼻(化)元音音系高度相同的口元音与相应塞音构成的入声音节,即$\tilde{V}_{\alpha高}S \rightarrow V_{\alpha高}S$;该蕴含关系不可逆。

(6) 在同一系统里,如果长元音和尾塞音可以构成入声音节,那么,这个系统一定有与长元音对应的同一音系高度的短元音和尾塞音构成的入声音

① Yip(1988)认为,缺少"圆唇元音+-p"是辅音的[+双唇性]特征和元音的[+圆唇性]受到"强制性非等值原则"(Obligatory Contour Principle)的限制所致。

节,即-$V_{\alpha高}$S→-$V_{\alpha高}$S;该蕴含关系不可逆。

我们的观察还显示,无论是在具体方言入内部还是所有方言里,入声音节语音形式的出现频率和其分布范围基本上呈正比例关系:分布范围广的形式出现频率高,分布范围小的语音形式出现频率也低。

汉语方言入声音节的类型学特点和语言倾向可能具有多重意义。

第一,这些类型学事实可能有着历时意义。在620个方言里,如果不考虑仅有一个入声音节的方言数量(20),入声音节系统成员数量和入声系统的数量之间大体上呈反比例关系,即如果方言里入声音节数量越多,那么这样的方言数量就越少。在早期语言是一个[-p, -t, -k, -ʔ]系统假设的基础上,这一共时倾向和汉语入声韵趋于舒化的演变方向或倾向(参见王力,1985:505—514)是吻合的,即尾塞音数量减少直至完全消失。

第二,这些类型学事实有助于进一步了解汉语的音节结构和音段结构。在音节结构方面,类型事实说明,在汉语里,音节韵部是可以分析的,即入声音节的韵部VS是由音节核V和音节尾音构成的。这一分析与一些方言里,如闽语(Duanmu, 2010)和晋语(王晓培,2013),构词过程引发的闭音节—开音节交替现象是吻合的。

虽然我们没有从音节重量(syllable weight)的角度考察各个方言的入声音节类型,但是从已知的一些方言看(王晓培,2015),入声音节的重量可能不同于非入声音节,但情况不一:在有些方言里,尾塞音具有莫拉(mora)的地位,但在另一些方言里,尾塞音似乎与重量无关。关于入声音节的重量,有待于进一步研究。

从音段结构角度看有,入声音节的类型特点提出了诸多研究课题。例如,缺失的"圆唇元音+-p"型音节里元音的[+圆唇性]和-p的[+双唇性]之间关系的问题。如果这一类型的缺失是"强制性非等值原则"(OCP)效应的话,那么,[+圆唇性]和[+双唇性]逻辑上是同一特征范畴,而不是两个不同的特征范畴。音节尾双唇辅音出现与否,不仅对音节核元音的唇状敏感,甚至在历史上还对音节首音位置上辅音的部位敏感。例如,音节尾双唇鼻音-m的消失首先是从以唇辅音为音节首音的音节开始的,随后-m尾的消失范围逐渐扩大至其他音节(见王力,1985)。再例如,元音+ʔ作为唯一的或最终的入声音节形式是否可以从音段结构内部变化的角度描写入声音节的演变过程?根据特征几何假设,喉音ʔ缺少发音部位特征(Lass 1976; Mc Carthy 1988; Kenstowicz 1994; Gussenhoven & Jacob 2005)。

最后,也是更加重要的,入声音节的类型特点可能是观察语音—音系相互作用的最佳窗口。依据音节理论,从逻辑上说,高元音和非高元音一样,可以出现在闭音节的音节核位置上,而且都能构成符合语法的音节。例如,在 25 个具有 4-塞音系统的方言里,一方面,高元音和非高元音都可以和每个塞音组合构成闭音节。然而,另一方面,不同音系高度的元音和塞音构成的闭音节呈现明显的类型特点。这意味着,由高度能产的音节结构模板生成的语音样本在语音层面上受到了限制。如果我们假设类型是音系因素和语音因素共同作用的结果(Bromberger & Halle 2000),那么这些限制必然是来自语音方面的,即或是发音机制方面的,或是听觉感知方面的。再例如,唯一的和最终的入声音节形式是非高元音+-ʔ,而不是高元音+-ʔ。这个事实表明,非高元音和喉塞音的组合最稳定,而稳定性背后一定有更加兼容的语音机制。

本文报告的入声音节的类型学特点仅以 620 个方言为考察对象,描写材料和数据有限,观察和概括难免有遗漏和偏差。此外,仅从现有描写材料看,有些潜在的类型学特征不明显,例如,舌位前后不同的元音与发音部位不同的塞音之间的组合倾向性并不显著。我们期待着,随着汉语方言描写材料的进一步丰富,入声音节的类型学研究将会有更多的发现。

参考文献

鲍明炜 1998《江苏省志·方言志》,南京大学出版社。

陈昌仪 1991《赣方言概要》,江西教育出版社。

陈 凌 2008《试论汉语方言入声的两种处理模式》,《江西师范大学学报(哲学社会科学版)》第 2 期。

陈章太、李如龙 1991《闽语研究》,语文出版社。

陈泽平 1998《福州方言研究》,福建人民出版社。

冯法强 2014《近代江淮官话语音演变研究》,南开大学博士学位论文。

傅根清 2003《从景宁畲话的语音特点论其与客家话的关系》,《山东大学学报》第 5 期。

傅国通 2010《方言丛稿》,中华书局。

贺 巍 1995《汉语官话方言入声消失的成因》,《中国语文》第 3 期。

侯精一 1999《晋语入声韵母的区别性特征与晋语区的分立》,《中国语文》第 2 期。

侯精一 2002《现代汉语方言概论》,上海教育出版社。

侯精一、温端政 1993《山西方言调查研究报告》,山西高校联合出版社。

胡 方 2007《论宁波方言和苏州方言前高元音的区别特征——兼谈高元音继续高化现象》,《中国语文》第 5 期。

黄昭艳 2008《钦州新立话同音字汇》,《桂林师范高等专科学校学报》第 2 期。

蒋　平、谢留文 2004《古入声在赣、客方言中的演变》,《语言研究》第12期。
李立林 2010《东莞粤语语音研究》,暨南大学博士学位论文。
李连进 2000《平话音韵研究》,广西人民出版社。
李如龙、张双庆 1992《客赣方言调查报告》,厦门大学出版社。
李新魁 1994《广东的方言》,广东人民出版社。
林　亦、余　瑾 2009《广西邕宁四塘平话同音字汇》,《方言》第3期。
刘村汉 1995《柳州方言词典》,江苏教育出版社。
刘　磊 2015《广西勾漏片粤语语音研究》,暨南大学博士学位论文。
刘纶鑫 2001《江西客家方言概况》,江西人民出版社。
刘泽民 2009《汉语南方方言入声韵尾的类型及其演变》,《上海师范大学学报》第5期。
林钦娟 2008《钦州话同音字汇》,《桂林师范高等专科学校学报》第1期。
罗美珍 1980《畲族所说的客家话》,《中央民族学院学报》第1期。
罗　敏 2014《南宁市北湖村平话语音比较研究》,广西大学硕士学位论文。
麦　耘 2016《汉语方言中的舌叶元音和兼舌叶元音》,《方言》第2期。
莫海文 2011《广西宾阳王灵镇平话音系及语音特点》,《广西民族师范学院学报》第2期。
钱乃荣 1992《当代吴语研究》,上海教育出版社。
秋谷裕幸 2010《闽东区福宁片四县市方言音韵研究》,福建人民出版社。
石　林、黄　勇 1997《论汉藏语系语言塞音韵尾的发展演变》,《民族语文》第6期。
石绍浪 2007《江淮官话入声研究》,北京语言大学博士学位论文。
王　力 1985《汉语语音史》,中国社会科学出版社。
王晓培 2013《辉县盘上话的单音节动词重叠》,《中国语文》第2期。
王晓培 2015《词基驱动的词库分层模式:来自晋语区方言的证据》,南开大学博士学位论文。
夏月容 2004《益阳方言音节结构》,湖南大学硕士学位论文。
谢留文 2003《客家方言语音研究》,中国社会科学出版社。
熊正辉 1989《南昌方言同音字汇》,《方言》第3期。
许宝华 1984《论入声》,《音韵学研究(第一辑)》,中华书局。
叶晓峰 2011《汉语方言语音的类型学研究》,复旦大学博士学位论文。
游汝杰 2013《上海地区方言调查研究》,复旦大学出版社。
詹伯慧 2002《广东粤方言概要》,暨南大学出版社。
赵日新 1989《安徽绩溪方言音系特点》,《方言》第2期。
曾蓉蓉 2008《浙南洞头闽南方言语音研究》,暨南大学硕士学位论文。
周长楫 2006《闽南方言大词典》,福建人民出版社。
周烈婷 2000《玉林话的语音系统及语音特点》,《方言》第2期。
郑张尚芳 1990《方言中的舒声促化现象》,《语文研究》第2期。
朱晓农等 2008《入声演化三途》,《中国语文》第4期。

朱艳娥 2007《广西崇左江州蔗园话研究》,广西大学硕士论文。

Becker-Kristal, Roy 2010 *Acoustic typology of vowel inventories and Dispersion Theory: insights from a large cross-linguistic corpus*. PhD. Dissertation, UCLA.

Bromberger, S. & M. Halle 2000 The ontology of phonology(Revised). In Burton-Roberts et al(eds.) *Phonological Knowledge: Conceptual and Empirical Issues*. Oxford: Oxford University Press. 19—38.

Cheng, C. C. 1973a *A Synchronic Phonology of Mandarin Chinese*. The Hague: Mouton.

Cheng, C.C. 1973b A quantitative study of Chinese Tone. *Journal of Chinese Linguistics* 2.1, 222—238.

Croft, W. 2003 Typology and Universals. 2nd edition. Cambridge: Cambridge University Press.

Duanmu, San 2000 *The Phonology of Standard Chinese*. New York: Oxford University Press.

Duanmu, San 2010 *Syllable Structure: The Limits of Variation*. Oxford: Oxford University Press.

Dryer, M. & Haspelmath, Martin(eds.) 2013 *The World Atlas of Language Structures Online*. Leipzig: Max Planck Institute for Evolutionary Anthropology.

Greenberg, J. 1965 Some generalizations concerning initial and final consonant sequences. *Linguistics* 18:5—34.

Gussenhoven, C. & H.Jacob 2005 *Understanding Phonology(the 2nd ed.)*. London: Hodder Arnold.

Ladefoged, P. & I.Maddieson 1996 *The Sounds of the World's Languages*. Oxford: Blackwell.

Lass, R. 1976 *English Phonology and Phonological Theory*. Cambridge: Cambridge University Press.

Kenstowicz, M. 1994 *Phonology in Generative Grammar*. Oxford: Blackwell.

Maddieson, I. 1984 *Patterns of Sounds*. Cambridge University Press.

Maddieson, I. 2005 Tone. In Haspelmath *et al*(eds.) *The World Atlas of Language Structures*. Oxford University Press.

Maddieson, I. 2010 Phonological typology. In J.J. Song(ed.), *The Oxford Handbook of Linguistic Typology*. Oxford: Oxford University Press, 534—548.

Mc Carthy, J. 1988 Feature geometry and dependency: a review. *Phonetica* 45: 257—280.

Pulleyblank, E.G. 1997 The Cantonese vowel system from historical perspective. In Wang Jialing & Norval Smith(eds.) *Studies in Chinese Phonology*. Berlin: Mouton de Gryter, 185—218.

Song. Jae Jung(ed.) 2010 *The Oxford Handbook of Linguistic Typology*. Oxford:

Oxford University Press.

Velupillai, V. 2012 *An Introduction to Linguistic Typology*. Amsterdam: John Benjamins.

Wang, Zhijie J. 1993 *The Geometry of Segmental Features in Beijing Mandarin*. Doctoral Dissertation, University of Delaware.

Yip, M. 1988 The obligatory contour principle and phonological rules: a loss of identity. *Linguistic Inquiry* 19.1: 65—100.

附 语料来源文献目录

白宛如 1998《广州方言词典》,江苏教育出版社。

鲍厚星、陈晖 2005《湘语的分区》,《方言》第3期。

鲍厚星 2006《湘方言概要》,湖南师范大学出版社。

闭克朝 1985《桂南平话的入声》,《方言》第4期。

蔡国璐 1995《丹阳方言词典》,江苏教育出版社。

曹瑞芳 2005《山西阳泉方言音系》,《吕梁教育学院学报》第52期。

曹瑞芳 2005《山西离石方言的语音特点》,《语文研究》第3期。

曹志耘 1996《严州方言研究》,好文出版社。

曹志耘 2002《南部吴语语音研究》,商务印书馆。

曹志耘 2002《吴徽语入声演变的方式》,《中国语文》第5期。

曹志耘 2004《汉语方言中的韵尾分调现象》,《中国语文》第1期。

曹志耘 2011《湖北通城方言的语音特点》,《语言研究》第1期。

曹志耘、秋谷裕幸等 2000《吴语处衢方言研究》,好文出版社。

崔娜娜 2010《兴县方言语音研究》,陕西师范大学硕士学位论文。

崔淑慧 2004《山西北区方言语音研究》,暨南大学博士学位论文。

崔振华 1998《益阳方言研究》,湖南教育出版社。

陈昌仪 1990《余干方言同音字汇》,《方言》第3期。

陈昌仪 1992《余干方言入声调的不连续成分》,《方言》第2期。

陈　浩 2014《吴语与江淮官话语音比较研究》,安徽大学硕士学位论文。

陈　晖、鲍厚星 2007《湖南省的汉语方言(稿)》,《方言》第3期。

陈晓锦 1999《广西玉林白话古阳声韵尾、入声韵尾脱落分析》,《中国语文》第1期。

陈晓锦 2001《广东粤语的鼻音韵尾和入声韵尾》,《方言》第2期。

陈　瑶 2009《徽州方言音韵研究》,福建师范大学博士学位论文。

陈章太 1984《邵武方言的语音系统》,《语言研究》第1期。

程银银 2012《安徽贵池方言语音研究》,天津师范大学硕士学位论文。

崔荣昌 1993《四川湘语记略》,《方言》第4期。

邓享璋 2007《闽北、闽中方言语音研究》,厦门大学博士论文。

董洁茹 2007《新乡方言语音词汇研究》,华中师范大学硕士学位论文。

董为光 1987《湘鄂赣三界方言中的“l”韵尾》,《语言研究》第 1 期。

董寅啸 2012《苏州胥口镇方言语音研究》,上海师范大学硕士论文。

方松熹 2000《义乌方言研究》,浙江省新闻出版局。

冯爱珍 1993《福州方言的入声》,《方言》第 2 期。

冯青青 2013《苏北方言语音研究》,北京大学博士学位论文。

冯青青 2014《苏北方言的边音韵尾》,《语言科学》第 68 期。

高　峰 2011《晋语志延片语音研究》,陕西师范大学博士学位论文。

高福生 1987《安义话的入声》,《江西师范大学学报(哲学社会科学版)》第 1 期。

高华年 1980《广州方言研究》,商务印书馆。

高永鑫 2006《祁县话语音研究》,西北大学硕士学位论文。

贡贵训 2011《安徽淮河流域方言语音比较研究》,河北大学博士学位论文。

顾海洋 2012《海安方言语音研究》,南京大学硕士论文。

顾　黔 1997《通泰方言韵母研究——共时分布及历时溯源》,《中国语文》第 3 期。

顾　钦 2004《最新派上海市区方言语音的调查分析》,上海师范大学硕士学位论文。

郭建华 2013《浅析山西文水保先庄村话的语音特点》,《陇东学院学报》第 2 期。

郭淑婷 2009《应县方言入声舒化研究》,天津师范大学硕士学位论文。

韩　婷 2014《龙岩适中方言语音研究》,广西师范大学硕士学位论文。

何琳珊 2007《南昌方言阳声韵尾与入声韵尾演变研究》,天津师范大学硕士学位论文。

何　薇 2007《湖南省新派岳阳市方言语音及其社会变异研究》,湖南师范大学硕士学位论文。

何正军 2010《益阳市赫山区乡镇方言语音差异研究》,湖南师范大学硕士学位论文。

侯精一 1983《长治方言记略》,《方言》第 4 期。

侯精一、温端政、田希诚 1986《山西方言的分区(稿)》,《方言》第 2 期。

侯精一 1986《晋语的分区(稿)》,《方言》第 4 期。

胡智丹 2007《无锡方言语音的共时差异与历时演变》,苏州大学硕士学位论文。

黄继林 1992《宝应氾光湖方言中的 m 尾》,《方言》第 2 期。

黄杰平 2014《东莞樟木头客家方言的语音研究》,云南师范大学硕士学位论文。

黄拾全 2015《广东封开(罗董)方言的语音特点》,《桂林航天工业学院学报》第 2 期。

黄双进 2012《桂北平话古入声韵的演变研究》,广西师范大学硕士学位论文。

黄双进 2012《桂南平话入声的实验研究》,《桂林师范高等专科学校学报》第 3 期。

黄晓东 2007《浙江临海方言音系》,《方言》第 1 期。

黄雪贞 1992《梅县客家话的语音特点》,《方言》第 4 期。

黄雪贞 1995《梅县方言词典》,江苏教育出版社。

黄雪贞 1997《客家方言古入声字的分化条件》,《方言》第 4 期。

黄　燕 2013《彭埠镇方言语音研究》,上海师范大学硕士学位论文。

黄增霞 2015《广西南宁疍家话词汇研究》,广西师范大学硕士论文。

贾莉莉 2010《武安话入声研究》,河北师范大学硕士学位论文。

姜　莉 2008《连云港市新浦方言语音研究》,山东大学硕士学位论文。
焦妮娜 2007《晋城话中的入声字》,《语言研究》第2期。
蓝淑华 2015《江西信丰客家方言的语音研究》,中央民族大学硕士学位论文。
雷伯长 1984《说邵武方言》,《语言研究》第2期。
雷　雨 2015《内蒙古晋语临河方言语音词汇研究》,兰州大学硕士学位论文。
李冬香 2005《湖南赣语语音研究》,暨南大学博士学位论文。
李冬香 2006《湖南岳阳县方言音系及其性质》,《韶关学院学报》第5期。
李慧卿 2011《山西右玉方言语音研究》,山西大学硕士学位论文。
李　佳 2014《白土平话音韵比较研究》,上海师范大学硕士学位论文。
李建校 2006《陕北晋语语音研究》,北京语言大学博士学位论文。
李金陵 1997《合肥话音档》,上海:上海教育出版社。
李　荣 1989《汉语方言的分区》,《方言》第4期。
李少敏 2011《朔城区方言的入声舒化和舒声促化现象》,《北方语言论丛》。
李素娟 2011《内蒙古土默特左旗汉语方言语音研究》,西北大学硕士学位论文。
李星辉 2004《古入声字在湘语中的分化》,《中南大学学报(社会科学版)》第3期。
李星辉 2005《论湘语入声的发展轨迹》,《湖南人文科技学院学报》第87期。
李行德 1985《广州话元音的音值及长短对立》,《方言》第1期。
李小平 1998《山西临县方言舒声促化现象分析》,《山西师大学报(社会科学版)》第4期。
李小平 2004《山西离石方言音系》,《吕梁教育学院学报》第4期。
栗华益 2011《江西余干方言的入声韵尾》,《方言》第1期。
栗华益 2012《试析邵武、光泽方言的入声鼻音韵尾》,《语言科学》第60期。
栗华益 2013《试析汉语方言入声韵的元音尾化》,《语文研究》第1期。
栗华益 2013《试析汉语方言入声韵元音分尾现象》,《语言科学》第1期。
栗华益 2013《试析汉语方言入声韵尾边音化》,《方言》第4期。
梁晓丽 2011《广西横县陶圩平话单字调和双字调声学实验研究》,广西师范大学硕士学位论文。
梁猷刚 1986《海南岛文昌方言音系》,《方言》第2期。
林伦伦 1994《广东省澄海方言同音字汇》,《方言》第2期。
刘存雨 2012《江苏江淮官话音韵演变研究》,苏州大学博士学位论文。
刘丹青 1997《南京话音档》,上海教育出版社。
刘纶鑫 1995《江西省大余(南安)方言音系》,《方言》第1期。
刘纶鑫 1999《客赣方言比较研究》,中国社会科学出版社。
刘祥柏 2007《江淮官话的分区(稿)》,《方言》第4期。
刘新中 2004《海南闽语的语音研究》,暨南大学硕士学位论文。
刘　洋 2007《岳阳方言的语音研究》,汕头大学硕士学位论文。
龙安隆 2007《福建邵将区方言语音研究》,福建师范大学博士学位论文。
龙安隆 2010《福建邵武方言浊平入化的性质》,《方言》第4期。

罗常培 1958《临川音系》,科学出版社。
罗 丹 2010《桂南平话古入声字演变研究》,广西民族大学硕士学位论文。
罗昕如 2010《湘语与赣语比较研究》,湖南师范大学出版社。
罗昕如 2012《湖南方言古阴声韵、入声韵字今读鼻韵现象》,《方言》第3期。
卢继芳 2016《赣语昌都片语音研究》,湖南师范大学博士学位论文。
吕建凤 2009《大同方言的语音研究》,福建师范大学硕士学位论文。
吕 晞 2007《九江市浔阳区方言中的赣方言成分研究》,南昌大学硕士学位论文。
马兰花 2006《岳阳县方言语音研究》,湖南师范大学硕士学位论文。
马 晴 2008《吴语婺州片语音研究》,上海师范大学硕士学位论文。
马文忠 1984《中古入声字在大同方言的变化》,《语文研究》第2期。
马文忠、梁述中 1986《大同方言志》,语文出版社。
马文忠 1994《大同方言入声字两读详例》,《语文研究》第3期。
麦 耘 2008《广西八步鹅塘"八都话"音系》,《方言》第1期。
彭红亮 2015《湖南境内湘语与赣语过渡地带方言语音研究——以长沙市区到浏阳市金刚镇一带方言为例》,湖南师范大学博士学位论文。
乔全生 2008《晋方言语音史研究》,中华书局。
秋谷裕幸 2004《福建石陂方言音系》,《方言》第1期。
秋谷裕幸 2001《吴语江山广丰方言研究》,青叶图书。
秋谷裕幸 2008《闽北区三县市方言研究》,中央研究院语言学研究所出版。
邱尚仁 1991《南城方言的语音系统》,《方言》第1期。
阮咏梅 2012《浙江温岭方言研究》,苏州大学博士学位论文。
沙 平 1999《福建省宁德方言同音字汇》,《方言》第4期。
沈 明 1994《太原方言词典》,江苏教育出版社。
沈 明 2007《晋语五台片入声调的演变》,《方言》第4期。
沈 明 2009《山西岚县方言音系》,《方言》第4期。
施 俊 2012《浙江义乌方言入声舒化探析》,《方言》第1期。
石 锋、刘 艺 2005《广州话元音的再分析》,《方言》第1期。
石绍浪 2010 汉语方言边音韵尾的两个来源,《语言科学》第6期。
宋艾乔 2013《安徽定远朱湾方言语音研究》,安徽大学硕士学位论文。
宋益丹 2009《南京方言中的入声喉塞尾实验研究》,《南京师范大学文学院学报》第2期。
苏 欣 2014《安阳方言语音研究》,天津师范大学硕士学位论文。
苏 寅 2010《皖南芜湖县方言语音研究》,广西师范大学硕士学位论文。
孙玉卿、王茂林 2006《大同方言舒声促化与轻声音节的关系》,《山西大学学报(哲学社会科学版)》第3期。
孙宜志 2006《安徽江淮官话语音研究》,黄山书社。
孙宜志 2001《江西赣方言语音研究》,山东大学博士学位论文。
唐健雄 2012《河北省晋语区与官话过渡地带入声舒化的模式之一——石家庄市区西

片话入声研究》,《河北师范大学学报(哲学社会科学版)》第4期。
唐志强 2014《皖属江淮官话入声实验研究》,南京师范大学硕士学位论文。
陶国良 2007《南通方言词典》,江苏人民出版社。
陶梦婷 2015《芜湖马坝方言实验语音学研究》,南京师范大学硕士学位论文。
陶秋萍 2009《缙云方言语音研究》,浙江大学硕士学位论文。
滕 菲 2004《苏属江淮官话入声实验研究》,南京师范大学硕士学位论文。
田 静 2014《临漳方言语音研究》,天津师范大学硕士学位论文。
王定康 2007《灵川县大圩镇高桥平话研究》,广西师范大学硕士论文。
王福堂 2005《汉语方言语音的演变和层次》,语文出版社。
王洪君 1990《入声韵在山西方言中的演变》,《语文研究》第1期。
王 利 2008《晋东南晋语语音研究》,山东大学博士论文。
王临惠 2003《汾河流域方言的语音特点及其流变》,中国社会科学出版社。
汪 平 2010《江苏通州方言音系探讨》,《方言》第3期。
王 庆 2006《龙潭寺客家话语音研究》,西南大学硕士论文。
王 琼 2012《并州片晋语语音研究》,北京大学博士学位论文。
王求是 1996《孝感方言的入声》,《方言》第2期。
王世华 1992《宝应方言的边音韵尾》,《方言》第4期。
王晓辉 2015《开城镇方言语音研究》,南京师范大学硕士学位论文。
汪 盈 2014《南京话语音研究》,南京大学硕士学位论文。
王盈新 2011《昆山方言语音研究》,南京大学硕士学位论文。
王主峰 2013《湘潭方言的几个语音问题研究》,天津师范大学硕士学位论文。
韦扬波 2009《广西宜州百姓话语音研究》,湖南师范大学硕士学位论文。
温端政、陈子明 1992《太原方言同音字汇》,《语文研究》第3期。
温端政、陈子明 1993《太原方言同音字汇(续)》,《语文研究》第4期。
温 静 2015《闽东区霞浦方言语音研究》,福建师范大学硕士学位论文。
吴 波 2007《江淮官话语音研究》,复旦大学博士研究生学位论文。
吴 越、楼兴娟 2012《缙云县方言志》,中西书局。
吴筱颖 2012《广州粤语语音研究》,暨南大学硕士学位论文。
吴正水 2014《宿松方言语音研究》,南京大学硕士学位论文。
项梦冰 1997《连城客家话语法研究》,语文出版社。
项梦冰 2014《保留入声的汉语方言》,《贺州学院学报》第4期。
向 然 2011《镇江方言语音研究》,南京大学硕士学位论文。
谢留文 1998《于都方言词典》,江苏教育出版社。
谢留文 1999《重读〈临川音系〉》,《方言》第3期。
谢留文、黄雪贞 2007《客家方言的分区(稿)》,《方言》第3期。
谢永昌 1994《梅县客家方言志》,暨南大学出版社。
邢向东 2000《小议部分舒声促化字》,《语文研究》第2期。
熊杨清 2014《丰城(梅林)话语音研究及其归属再探讨》,江西师范大学硕士学位论文。
徐　慧 2001《益阳方言语法研究》，湖南教育出版社。
徐　越 2005《杭嘉湖方言语音研究》，北京语言大学博士学位论文。
徐越、朱晓农 2011《喉塞尾入声是怎么舒化的—孝丰个案研究》，《中国语文》第3期。
许洁红 2013《广东阳山粤语语音研究》，暨南大学硕士学位论文。
闫黎檬 2015《安泽合川村武安方言岛语音研究》，山西师范大学硕士论文。
颜　森 1986《江西方言的分区(稿)》，《方言》第1期。
颜　森 1993《黎川方言研究》，社会科学文献出版社。
闫晓丽 2009《祁县方言初探》，苏州大学硕士学位论文。
闫雪清、于洪志 2011《晋语入声实验研究》，《西北民族大学学报(自然科学版)》第4期。
杨春霞 2008《涿鹿方言入声研究》，河北师范大学硕士学位论文。
杨　萌 2012《山西左权方言语音研究》，山西大学硕士学位论文。
杨时逢 1974《湖南方言调查研究报告》，中央研究院历史语言所出版。
杨　姝 2004《湘潭方言入声研究》，汕头大学硕士学位论文。
杨述祖 1982《山西方言入声的现状及其发展趋势》，《语文研究》第1辑。
杨信川 1997《试论入声的性质及其演变》，《广西大学学报(哲学社会科学版)》第1期。
叶太青 2014《闽东方言宁德霍童话的变韵现象》，《语言科学》第2期。
银晓琰 2011《永年方言语音研究》，河北师范大学硕士学位论文。
于　晶 2004《中古阳声韵和入声韵在晋语中的演变》，北京语言大学硕士学位论文。
俞允海 1999《湖州方言声韵调之研究》，《湖州师范学院学报》第3期。
袁　丹 2013《基于实验分析的吴语语音变异研究》，复旦大学博士学位论文。
袁家骅 1983《汉语方言概要》，文字改革出版社。
曾建生 2004《论湘语入声演变的历史轨迹》，暨南大学硕士学位论文。
曾毓美 1995《湖南益阳方言同音字汇》，《方言》第4期。
翟建慧 2005《湖南泸溪(浦市)方言音系》，《方言》第1期。
翟时雨 2003《汉语方言学》，西南师范大学出版社。
詹伯慧、陈晓锦 1997《东莞方言词典》，江苏教育出版社。
张贝贝 2013《邯郸方言语音研究》，辽宁师范大学硕士学位论文。
张芳萍 2009《阳城方言语音系统研究》，《长治学院学报》第6期。
张光明 2006《古清声母上声字徽语今读短促调之考察》，《语文研究》第2期。
张海坤 2008《邯郸代召话语音研究》，河北师范大学硕士学位论文。
张惠英 2009《崇明方言研究》，中国社会科学出版社。
张吉生 2007《汉语韵尾辅音演变的音系理据》，《中国语文》第4期。
张瑾瑜 2014《榆次方言入声变异研究》，山西师范大学硕士学位论文。
张进军 2008《中古入声字在湖南方言中的演变研究》，湖南师范大学博士学位论文。
张　丽 2013《兴县方言语音研究》，山西大学硕士学位论文。

张小华 2010《佳县方言语音研究》,西北大学硕士学位论文。
张晓勤、罗 丹 2011《桂南平话入声的演变》,《桂林师范高等专科学校学报》第 1 期。
张勇生 2012《鄂东南通城方言入声韵尾演变研究》,《语言科学》第 6 期。
张振兴 1985《闽语的分区(稿)》,《方言》第 3 期。
张振兴 1987《广东海康方言记略》,《方言》第 4 期。
张振兴、蔡叶青 1998《雷州方言词典》,江苏教育出版社。
赵日新 2005《徽语的特点和分区》,《方言》第 3 期。
赵鑫赟 2015《山西阳高方言语音研究》,山西大学硕士学位论文。
郑 伟 2008《太湖片吴语音韵演变研究》,复旦大学博士学位论文。
钟逢帮 2003《闽东方言北片音韵研究》,广西大学硕士学位论文。
周长楫 1991《厦门方言同音字汇》,《方言》第 2 期。
周建红 2015《浙江江山方言的音韵特点》,《语言本体研究》第 8 期。
周 磊 2003《从非音节性词尾看入声韵尾ʔ的脱落》,《中国语文》第 5 期。
朱小丽 2011《玉林话语音研究》,福建师范大学硕士学位论文。
祝敏鸿 2002《通城方言入声的特点》,《语言研究》第 8 期。

(李兵 南开大学 天津 libnk@nankai.edu.cn
常敏 南开大学 天津 hellochangmin@163.com)

原文发表于《中国语文》2020 年第 2 期。

试论湖南方言的三类体标记

王振宇

提　要：湖南方言[①]的完成体(perfective)和已然体(perfect)标记按声母可以分成K类、T类、L类(伍云姬2009)。本文通过对这三类体标记的意义用法以及句型分布特征的比较分析，依据语法化程度的不同，将湖南方言的体标记划分为蔡桥型、长沙型、隆回型、常宁型等类型，我们认为共时存在的这几种类型可以看做是体标记在语法化不同发展阶段中形成的新旧不同的几个层(layer)。

关键词：湖南方言　完成体　已然体　语法化

1. 引言

普通话的"了"既可以在动宾之间充当表示动作完成的完成体标记，又可以在句末充当表示事态即将或已经发生变化的已然体标记。

(1) 我吃了两碗饭。

(2) 我吃饭了。

和普通话相比，湖南方言中表示完成体和已然体的标记形式更为丰富。譬如，普通话的"吃了饭了。"在长沙话和攸县话中就各有两种说法：

(3) (长沙话)①吃哒饭哒。②吃咖饭哒。

(攸县话)①吃哩饭哩。②吃过饭哩。

① 本文的"湖南方言"是一个行政范围，指湖南省境内方言，不仅包括其境内最主要的湘语，也包括赣语、西南官话、客语等方言。

长沙话中位于动宾之间充当完成体标记的有“哒”和“咖”，其中“哒”也可以在句尾充当已然体标记。攸县话的完成体标记是“哩”和“过”，其中“哩”也可以充当已然体标记。伍云姬(2009)根据声母种类，将湖南方言中的完成体和已然体标记分成 K 类、T 类、L 类。K 类譬如长沙话的“咖”和攸县话的“过”，见于大部分的湖南方言，在动词后面的位置，充当完成体标记，一般包含动作对象“消失、去除”等附加意义。T 类譬如长沙话的“哒”，主要分布在湖南东北部的方言里。L 类譬如攸县话的“哩”，主要分布在湖南西南部的方言里。T 类和 L 类既可以用于动宾之间充当表示完成体标记，又可以用在句尾充当已然体标记，它们的语法表现比 K 类标记语法化程度更高，类似于普通话的“了”。我们把这三类标记的特征归纳如下。

表 1 湖南方言中完成体和已然体标记

	K 类标记	T 类标记	L 类标记
分布地区	湖南绝大部分地区①	湖南东部和东北部	湖南中部、西部、西南部
句中位置	动词后	动词后/宾语后	动词后/宾语后
附加义	消失、去除	无“消失、去除”义	无“消失、去除”义

关于普通话中完成体助词“了”的来源问题，曹广顺(1986)、刘坚等(1992)、梅祖麟(1994)、吴福祥(1998)等先行研究普遍认为是句尾动词“了”虚化以后，承袭“动＋却＋宾”中的“却、杀”等补语，由句尾的位置进入“动＋助词＋宾”这一“完成态格式”的结果。逐渐替代位于动词和宾语之间的“却”，从句尾“挪前”到了动宾之后的结果。而至于句尾的已然体助词“了”的来源问题，竹越孝(2002)通过对比四个不同时期版本的《老乞大》，认为已然体的“了”来源于动词词尾“了”，并指出它的形成是完成体助词“了”的语法意义与语法功能扩展的结果。梅祖麟(1988)曾提出一个假设：“……除了北方官话以外，其他汉语方言里的完成貌句式都是从北方官话传来的。应该特别强调的是所传播的是个抽象的句式，……。”梅先生提到的“抽象的句式”指的是类似“动＋了＋宾”的完成体句式。这个假设为我们考察包括湖南方言在内的东南方言完成体标记的语法化提供了一条线索，我们也通过研究湖南方言完成体标记的发展过程也可以验证这个假设的普遍性。因为湖南部分方言的 T 类和 L 类标记既可以用在句尾也可以用在动宾之间，这种和普通话“V＋了＋O＋了”句

① 根据伍云姬(2006:133)和伍云姬(2009:10)的统计。

型的高度相似性是不是意味着其形成过程也和“了”相同？如果是，那么通过分析各地方言中的分布差异，或许能够从中找到T类、L类动词承袭、替换K类标记的这一演变的证据。如果不是，那么湖南方言的T类和L类标记的演变路径又是怎样的呢？本文将分析湖南方言中这三类体标记的意义用法的特点，并且横向比较湖南各方言里这三类体标记的句型分布，从而试着推论湖南方言完成体标记的语法化过程。本文中使用的湖南方言数据如果没有特别指出的话，均引自伍云姬(2006)、伍云姬主编(2009)。湘语蔡桥方言的例句是由笔者的田野调查取得。

2. 湖南方言的完成体标记

2.1　T类标记

伍云姬(2009)的T类标记仅仅是指长沙、衡阳等地方言中的“哒”[tɑ]、“哒”[tɒ]、“嗒”[ta]、“咑”[tɑ]、“咑”[tɔ]等，而本文的T类标记除了以上的标记以外，还包括蔡桥、娄底等老湘语的“倒”[təɯ]、“倒”[tɑu]、“倒”[tao]、“到”[tau]等。我们认为二者有着共同的词源，在发音和用法上的差异体现了T类标记演变过程中不同的阶段。在本节里，我们将以蔡桥方言和长沙方言分别作为老湘语和新湘语的代表，分别对这两种方言中的T类标记“倒”[$təɯ^{21}$]、“哒”[ta^{21}]进行考察。

2.1.1　湘语蔡桥方言的T类标记

湘语蔡桥方言的“倒”充当表示“倒下”义的动词时一般重读为[$təɯ^{53}$]。而充当动词后成分的“倒”一般读轻声[$təɯ^{21}$]，作为体助词表示完成义。

(4) 我杀倒只鸡，半日在我屋吃饭哩。(我杀了只鸡，中午在我家吃饭吧。)〔蔡桥〕

(5) 我晒倒辣子哩。(我晒了辣椒了。)〔蔡桥〕

(6) 我煮倒饭哩。(我煮了饭了。)〔蔡桥〕

但是在蔡桥方言里，并非所有的完成义都可以用“倒”来表示。譬如，要想表达“我吃了饭了”的意义，就不能说：

(7) ＊我吃倒饭哩。(→正：我吃过饭哩。)〔蔡桥〕

要想表达“我看了两本书了”就不可以说成:

(8) *我看倒两本书哩。(→正:我看过两本书哩。)〔蔡桥〕

例(4)—例(6)有一个共同点,那就是包含“动作对象存留于某处”的附加意义(详见2.2节)。正是这种附加意义制约着“倒”之前动词的使用范围,以至于某些动词后面能使用“倒”表示完成义,某些动词不能使用“倒”表示完成义。譬如,例(7)(8)两个句子的动词是“吃”“看”,这两个动作的结果往往和动作对象“存留于某处”的结果义没有必然联系,所以不能使用“倒”来表示动作完成。而蔡桥方言的“倒”和“动作对象存留于某处”这一空间义的相关性是从何而来的呢?要想回答这个问题,有必要了解蔡桥方言中“倒”所具有的补语用法。作为补语的“倒”可以表示“(通过某个动作)获得(某个东西)”的意义。

(9) 捉倒只老鼠子。(抓到一只老鼠。)〔蔡桥〕
(10) 我买倒本好看个书。(我买到一本好看的书。)〔蔡桥〕
(11) 我刚没看倒你屋小人崽。(我刚才没看到你家小孩儿。)〔蔡桥〕

以上例句里的“倒”相当于普通话中的“到”。刘丹青(1994、1996)把普通话里这种用法的“到”连同“打着了”“叫住了他”的“着”“住”等一起和单独能充当谓词的补语相区别,归为“唯补词”一类,并称“唯补词”是“带有结果补语痕迹的体标记”,是补语虚化到纯体助词的真正开端。蔡桥方言也有“到”,但是只能作为表示“到达某处”意义的动词或者引出场所名词的介词使用。以下的句子不能使用“倒”,需要使用“到”来表示。

(12) 行到邵阳。(走到邵阳。)〔蔡桥〕
　　*行倒邵阳。
(13) 担鞋挂到高冲。(把鞋子挂到上面。)〔蔡桥〕
　　*担鞋挂倒高冲。

蔡桥方言的“到”和普通话的“到”的区别是:“到”只能用于处所名词前,没有“获得”的补语用法;“倒”用于非处所词前,具有表示“获得”的补语用法。如下表所示,蔡桥方言的“到”和“倒”在所带宾语上构成互补关系。

表 2 蔡桥方言中的“到”和“倒”

动词后成分 \ 宾语	处所词	非处所词
“到”[təɯ³⁵⁻⁵]	○①	×
“倒”[təɯ⁵³⁻²¹]	×	○

“到”[təɯ$^{35-5}$]和“倒”[təɯ$^{53-21}$]的发音只是声调上的差异，分别为去声调和上声调。根据上述用法上的互补关系，我们认为“倒”可以看成是“到”的变体。换而言之则是二者同源于“到”，变调的目的是为了通过声调的差异来区别两种不同的语法意义。这种现象见于诸多东南方言，并非蔡桥方言独有，具体可以参见林英津（1993）、李蓝（1998）、Lamarre Christine（2001）、远藤雅裕（2010）等。

蔡桥方言的“倒”来源于表示“到达某处”的动词“到”，从“到”到“倒”的语法化应该经历了如下的演变过程。

a. 表示移动的动词“到”首先使用在“行”（“走”）、“走”（“跑”）等移动动词后面，在该位置上逐渐虚化为介词，但依然保留去声[təɯ$^{35-5}$]，表示通过移动“到达某处”的意思。因为动作主体“到达某处”也就意味着移动动作的实现，所以动词后面的“到”也不难派生出“完成”义和“实现”义。

b.随着“到”前面的动词从“移动动词”范围扩大到“捉”“买”等包含“获得”意义的动词，“到”的“完成”义和“实现”义加强，而“移动”意义随之淡化并消失，发音也随之改变。像蔡桥方言那样通过声调的变化来与之前的用法相区别就是手段之一，从而去声调的“到”[təɯ$^{35-5}$]变成了上声调的[təɯ$^{53-21}$]，其标记也相应改变为“倒”。“倒”是上文所提到的“唯补词”，和介词“到”的不同点体现在：比方说，我们既可以说“走到山上”也可以说“到山上”，但是我们可以说“买倒书”，却不可以说“倒书”。这说明“倒”已经成了指向动词表示完成意义的补语。

c.能用于“倒”前面的动词范围的继续扩大，由“获得”意义的动词扩大到“坐”“粘”“穿”“躺”“蹲”等包含动作完成、实现之后动作主体或客体必然带来“留存于某处”的结果意义的动词。此时的“倒”在表示动作的“完成、实现”的同时，一般都包含结果持续的意义，在不少先行研究中都将此种“倒”作为持续

① 关于本文表格类使用标记的含义，“○”表示具备该意义用法，“×”表示不具备该意义用法。

体标记看待,但我们认为这类“倒”第一位的意义是动作的“完成、实现”,所谓的持续义是其衍生意义。这时候的“倒”比“唯补词”的虚化程度更高,具体体现在:“坐倒”“粘倒”不可以在动词后加上“得”或“不”,把“倒”转化成可能补语,但是“唯补词”能这么转化。

(14) 坐倒→(可能)*坐得倒/(不可能)*坐不倒
(15) 粘倒→(可能)*粘得倒/(不可能)*粘不倒
(16) 买倒→(可能)买得倒/(不可能)买不倒
(17) 看倒→(可能)看得倒/(不可能)看不倒

d. 进而当前面的动词范围扩大到“晒”“煮”等动词,特别是“杀”类动词的时候,说明“倒”对其前的动词限制更为宽松。这时的“倒”可以说已经演变为表示“完成体”的时态助词。然而,尽管时态助词“倒”对前面的动词不再有限制,但是它对整个句子的意义是有要求的。整个句子必须带有上文所述“动作对象存留于某处”的空间意义。“倒”的这种性质归根结底是因为它来源于表示“到达”这一空间义的动词“到”。换而言之,“到”最初的空间义对其演变为完成体标记“倒”之后的语法表现也依然产生影响。

a、b、c 中的三种用法在很多湖南方言中都能见到,此处例举少许 c 的用法在各处湖南方言中的表达方式:睏到看书(攸县、洞口)、睏斗看书(安乡)、睏倒看书(石门、邵阳、岳阳、隆回、绥宁)、睡斗看书(常德)、睏者看书(娄底、涟源)、睏哒看书(长沙、常宁、醴陵、茶陵、辰溪、益阳、湘潭、衡阳)、睏嗒看书(湘乡)。

但是就目前掌握的语料而言,“倒”的用法 d 在湖南方言中并不多见。类似 d 的用法在赣语的相关研究中却有所记载。据汪国胜(1996)的描述,赣语大冶话的“倒”有如下用法。

① 馍蒸倒了
② 谷种浸倒了
③ 水烧倒了
④ 衣裳晒倒了
⑤ 菜洗倒了
⑥ 家业打倒了
⑦ 纸裁倒了
⑧ 面擀倒了
⑨ 眼床铺倒了

以上这些“倒”就类似蔡桥方言中“煮倒，颈倒（颈：做菜。同音字），炒倒，晒倒，杀倒”等短语中的“倒”，汪国胜（1996）将大冶话的这类“倒”所表示的意义称为“结果状态出现”义。蔡桥方言和大冶话的这类“倒”的意义还是略有不同的。譬如，大冶话的“煮倒”有歧义：①煮上了，尚未煮好；②煮好了。而蔡桥方言的“倒”只有此二者中①的一种意义。而且，与大冶话不同的是：蔡桥方言的“倒”均不能使用在“洗，打，裁，擀，铺”等动词后。从这种用法范围，即和动词的组合能力以及表示的意义上的差异看（见表3），大冶话的“倒”要比蔡桥方言的“倒”语法化程度更高一些。

表 3　湘语蔡桥方言和赣语大冶话“倒”的用法比较

	湘语蔡桥方言	赣语大冶话
倒 1 买倒，捉倒，收倒……	○	
倒 2 煮倒，蒸倒，晒倒……	○①	
倒 3 洗倒，裁倒，擀倒……	×	○

以上是老湘语蔡桥方言 T 类标记“倒”相关的一些情况。蔡桥方言 T 类标记“倒”的特点是在“V＋T 类＋O”句型中使用，不可用于宾语后面，不可以和数量补语一起使用，对其前动词的限制虽然有所缓解，但和赣语大冶方言等比较还是受一定限制的，整个句子包含“存留于某处”的附加义。下文中为了方便和其他类型方言进行比较，我们把具备和蔡桥方言中 T 类标记“倒”类似的语法特征的方言称为“蔡桥型”方言。下一节我们看湘语长沙方言 T 类标记的相关情况。

2.1.2　湘语长沙方言的 T 类标记

伍云姬（2006）指出长沙方言的“到”可以充当处所标志和补语。同时指出“到”有两个声调，[tau^{45}]（去声调）和[tau^{41}]（上声调）。“到”为处所标志时，只能读去声调[tau^{45}]（例（18）和例（19）），充当补语时读上声调[tau^{41}]（例（20））。这两个声调不同的词也可以像蔡桥方言那样使用两个不同的词（“到”和“倒”）来标记，只是伍云姬先生为了明确这两种用法的渊源而没那么做。

---

① 大冶话的“倒”在这组动词后亦会产生“倒 3”的歧义。

(18) 有人到公园去喂。(有人到公园去喂(鸽子)。)〔长沙〕

(19) 突然走到我们堂屋里。((他)突然来到我们家的堂屋。)〔长沙〕

(20) 起码要碰到几次蛇。(起码要遇到几次蛇。)〔长沙〕

我们并没有在先行研究里发现长沙方言里有表示"完成"义的"到"或者"倒",但是我们认为长沙方言中标记为"哒"[ta^{21}]的词源应当和蔡桥方言的体标记"倒"一样都是"到"。支持我们这一观点的根据有以下三个:

其一,伍云姬(2006)指出,长沙方言的T类标记"哒"[ta^{21}]"是长沙方言里使用频率最高的动态助词",长沙方言的"哒"还可以用作介词,后接处所词作宾语,这一点和处所介词"到"也非常相似,如以下例句所示,和蔡桥方言"到"的用法一致。

(21) a. 再把鞋子挂哒上面。(再把鞋子挂到上面。)〔长沙〕
　　b. 担米身衣衫挂到床天上。(把那套衣服挂到床架子上。)〔蔡桥〕

(22) a. 肯定是放哒箱子里面不拿出来给我看。(他肯定是(把)鞋放到箱子里不拿给我看。)〔长沙〕
　　b. 放到箱子里头舍嗯得担出来。(放到箱子里舍不得拿出来。)〔蔡桥〕

(23) a. 还冒出窝就被拿哒市场上卖。((鸽子)还没长大就被拿到市场上卖。)〔长沙〕
　　b. 担你滴鸡担到米里去卖过。(把那些鸡拿到那儿去卖了。)〔蔡桥〕

(24) a. 我咧有个朋友就是该下情况,屋里住哒县城里面。(我呢有个朋友就是这种情况,家住在县城里。)〔长沙〕
　　b. 己没在屋里住,一个人住到城里。(他不在家住,一个人住在城里。)〔蔡桥〕

其二,长沙方言"哒"和蔡桥方言体标记"倒"(词源为"到")的用法在某些句子结构中具有高度的一致性。譬如,如果用于处置句("把"或相当于"把"的介词)+NP+V+"哒"/"倒"),它们对前面的动词有词义上的约束,只能与"获得"意义的动词结合,不能与"去除"意义的动词结合。

(25)〔长沙〕

a. 把钱存哒。(把钱存起来。)

b. ＊把钱花哒。(把钱花掉。)

(26)〔蔡桥〕

a. 担钱存倒。(把钱存起来。)

b. ＊担钱用倒。(把钱花掉。)

(27)〔长沙〕

a. 把鞋子穿哒。(把鞋穿上。)

b. ＊把鞋子脱哒。(把鞋脱掉。)

(28)〔蔡桥〕

a. 担鞋子穿倒。(把鞋穿上。)

b. ＊担鞋子脱倒。(把鞋脱掉。)

其三,即便在特殊的句式结构以外的句子中,我们也能找到如下长沙方言“哒”和蔡桥方言“倒”相似的用法。

(29)〔长沙〕

我一望哒小不点吵,我心里就不晓得好舒服的。(我一看见小不点呢,心里不知道多舒服。)

(30)〔蔡桥〕

你看倒己屋崽卯?(你看见他儿子吗?)

此外,湘乡方言的“嗒”[ta^{2}]、衡阳方言“哒”[ta^{22}]也具备和蔡桥方言“倒”相同的用法,以下几个例句中的“嗒”“哒”都对应蔡桥方言的“倒”。它们在音韵上和长沙方言“哒”[ta^{21}]更为接近,都属无韵尾韵母。

(31) 你看嗒哩啊冒啊?(你看着了没有?)〔湘乡〕

(32) 只石头牯正好打嗒我只脑壳。(那个石头正好打着我的头。)〔湘乡〕

(33) 捉嗒滴贼牯子硬要打一顿恶的。(捉住这些贼一定要狠狠地揍一顿。)〔湘乡〕

(34) 我就记哒咯一点。(我就记着这一点。)〔衡阳〕

蔡桥方言“倒”的本字为“到”,如前所述,在演变过程中以变调的方式来区别不同的用法。长沙、湘乡、衡阳等地方言的“到”在演变为“哒”“嗒”的过程中,虽然也发生了音韵方面的变化,但是细节上和蔡桥方言不同,除了去声变为上声的变化([tau^{45}]>[tau^{41}])以外,还进一步发生韵尾脱落、轻读等如[tau^{41}]>[ta^{21}]的变化。

参照普通话“了”和“着”的音韵变化,词尾和句尾的虚词在演变过程中往往会伴随韵母弱化、声调轻读等音韵变化,因此也不难理解长沙方言“到”变为“哒”时韵尾脱落等现象。以上我们初步考察了长沙方言“哒”和蔡桥方言“倒”的渊源。以下看二者的区别。“哒”表示“动作完成”时,区别于蔡桥方言“倒”的地方是句子可以不包含“受事者存留于某处”的语境义。也就是说,“哒”比蔡桥方言“倒”的语法化的程度更高,体现在“哒”已经完全不对前面动词的种类加以限制,而“倒”前面的动词受意义限制。以下使用“哒”的几个句子,翻译成蔡桥方言的话,都不能使用“倒”。

(35) 我照哒相哒。(我照了相了。)〔长沙〕
　　* 我照倒相哩。〔蔡桥〕
(36) 我做哒个梦。(我做了一个梦。)〔长沙〕
　　* 我发倒个梦哩。〔蔡桥〕
(37) 请哒一桌客。(请了一桌客。)〔长沙〕
　　* 请倒一桌客。〔蔡桥〕
(38) 饭熟哒,快来吃吧。(饭熟了,快来吃吧。)〔长沙〕
　　* 饭熟倒,快相来吃啊。〔蔡桥〕

长沙方言的“哒”和蔡桥方言“倒”的另一个区别是“哒”不仅可以用在动宾之间表示“完成”义,还能移动到句尾充当已然体标记(例(42))。

(39) 我买哒书哒。(我买了书了。)〔长沙〕
(40) 吃哒两碗哒。(吃了两碗了。)〔益阳〕
(41) 我写哒回信哒。(我写了回信了。)〔衡山〕
(42) 咯已经是好多年好多年的事情哒。(这已经是很多很多年前的事情了。)〔长沙〕

“哒”是怎么从动宾之间的完成体标记移动到句尾成为已然体标记的呢?我们假设长沙方言 T 类标记“哒”[ta^{21}]的演变过程可能是:V+咖+O/V+哒+O>V+咖哒+O>V+咖哒>V 咖+哒>V+咖+O+哒>V+哒+O+哒。首先,长沙方言中的“哒”作为完成态助词“哒”逐渐侵蚀动宾之间补语性成分“咖”的“势力范围”,从而形成复合助词“咖哒”。

(43) 后背就死咖哒心。(后来就死了心。)〔长沙〕
(44) 断咖哒气,断咖哒气。(咽了气,咽了气。)〔长沙〕
(45) 也冒讲过咖哒时间就不准探视哒。(也没说过了时间就不准探视了。)〔长沙〕

当动词后面不带宾语或用于不及物动词后面的时候,“咖哒”被置于句尾的位置。

(46) 我家爷走咖哒。(我公公走了。)〔长沙〕
(47) 那号窗户咸封咖哒。(那些窗户都封上了。)〔长沙〕
(48) 结果她咧就急咖哒,急咖哒。(结果她呢就着急了,着急了。)〔长沙〕

“咖哒”在句尾的频繁使用使得“哒”在句尾位置逐渐被接受,同时“咖”本身具有的“完成体标记”的用法使得“V+咖哒”经历“再分析”的过程,即“V 咖+哒”。这样,当“咖”后面出现宾语时则演变出“V+咖+O+哒”的句式,从而使“哒”获得了句尾的位置。这应该就是长沙方言的“哒”演变为已然体标记的过程。虽然在共时方面看来“哒”和“了”在“V+哒+O+哒”和“V+了+O+了”的句型上体现了高度相似。但是从形成过程看,句尾助词“哒”是词尾助词“哒”后移的结果,这一点恰恰和“挪前”而成的“了”相反。类似长沙方言“哒”[ta^{21}]的还有益阳方言的[ta^{11}],湘潭方言的[$tɒ^{55}$],衡阳方言的[ta^{22}],衡山方言的[tɑ],浏阳方言的[ta]等。我们把这些具备类似长沙方言 T 类标记“哒”[ta^{21}]的方言归为“长沙型”方言。

2.2　T 类标记和 K 类标记的关系

以上我们描述了蔡桥型和长沙型两类方言 T 类标记的区别。此外,大部分湖南方言都有一个用于动宾之间,表示动作完成的 K 类标记。本节将考察湖南方言中 T 类标记和 K 类标记的关系。

K 类标记指的是[ka][ku][kua][kuɑ][kuo]等以软腭塞音[k]为声母的助词,先行文献借用“咖”“咕”“过”“夹”“介”等字表示。K 类标记除了表示动作完成的意义以外,在一定的句型中还表现出较强的补语性质。比方说,在处置句中,动词包含“消失、去除”义时,长沙方言和蔡桥方言分别在动词后面使用“咖”[ka^{21}]和“过”[$ku\alpha^{21}$]。

(49) 把钱花咖。(把钱花了。)〔长沙〕

(50) 把鞋脱咖。(把鞋脱掉。)〔长沙〕

(51) 担钱用过。(把钱花了。)〔蔡桥〕

(52) 担鞋脱过。(把鞋脱掉。)〔蔡桥〕

蔡桥型方言的 K 类标记“过”和 T 类标记“倒”在表达“动作完成”意义的时候,句子包含的意义不同。譬如,以下两个句子对应的普通话都是“我杀了一只鸡”。

(53) 我杀过一只鸡。〔蔡桥〕

(54) 我杀倒一只鸡。〔蔡桥〕

二者的区别体现在下述语境中。譬如,如果想要挽留客人在自己家里吃饭的时候,只能使用例(54),因为该句包含“鸡存在于某个地方,(没有被吃掉……)”的意义。而使用“过”的例(53)则不包含这个意义,表达的是“杀鸡”这一动作“完了”,并不牵扯受事者“鸡”的所在,因此不适用于留客吃饭时的情景使用。由此可知,蔡桥方言的 T 类标记“倒”在表示“完了”义的同时也给句子赋予了“存留”的意义,不同于仅表达动作“完了”的“过”。所以,如果想表达“他看了这本书了”的意义时,只能使用“过”,不能使用“倒”。

(55) 己看过果本书哩。〔蔡桥〕

* 己看倒果本书哩。〔蔡桥〕

老湘语蔡桥方言的 K 类标记“过”还可以和数量补语一起使用,此时也不指向动作对象的结果。T 类标记“倒”是不能和数量补语同现的。譬如,

(56) 我学过两年哩。(我学了两年了。)
　　* 我学倒两年哩。
(57) 己困过蛮久哩。(他睡了很久了。)
　　* 己困倒蛮久哩。

也就是说,蔡桥型方言中,K 类标记比 T 类标记的"虚化"(语法化)程度更高,而 T 类标记的"虚化"程度较低,仍旧保持较多的词汇意义,二者并没有形成意义上的对立。

在和 K 类标记的关系上,长沙型方言和蔡桥型方言 T 类标记之间的区别很大。长沙型方言的 K 类标记"咖"[ka^{21}]和 T 类标记"哒"[ta^{21}]之间关系有别于蔡桥方言的是,K 类标记和 T 类标记在动宾之间构成意义上的对立。譬如,据伍云姬(2006)描述,长沙方言的下面一组句子,K 类标记一句包含"已经把整本书看完了"的意义,而 T 类标记一句则"不一定把整本书看完"。

(58) 他看咖咯本书哒。(他已经看完这本书了。)〔长沙〕
(59) 他看哒咯本书哒。(他看了这本书了(但不一定看完了)。)〔长沙〕

此外,在长沙方言里,数量词为"二"以上的话,使用 K 类标记"咖"的时候"强调数量大",使用 T 类标记"哒"时则"没有那种含义"。数量词为"一"的时候,像"吃咖一碗饭"和"吃哒一碗饭"这样的两个句子意思几乎一样。以上所述意义上的差异说明长沙方言里,T 类标记"哒"已经完全语法化为表示完成的助词,而 K 类标记"咖"相比"哒"更多地指向动作对象(数量),依然部分地保留部分补语性质。这种语法化程度的不同使得 K 类标记和 T 类标记在一起能够构成"复合型助词",而且必然是以"K 类+T 类"的形式出现在动宾之间的位置上使用,即在顺序上只能是语法化程度低的 K 类在前,T 类在后。

(60) 后背就死咖哒心。(后来就死了心。)〔长沙〕
(61) 断咖哒气,断咖哒气。(咽了气,咽了气。)〔长沙〕
(62) 吃咖哒饭。(吃过了饭。)〔益阳〕
(63) 小明伢(口姐)做咖哒作业。(小明做完了作业。)〔益阳〕
(64) 和尚失咖哒腊肉——瓮哒急(和尚丢失了腊肉——暗暗地着急)〔湘潭〕

这类复合型助词和T类标记同样也构成意义上的对立。譬如,下面一组句子中,前一句表示"做作业"的动作完成,后一句另外还包含作业全部被写完的意思。

(65) 他做哒作业。(他做了作业。)〔益阳〕
(66) 他做咖哒作业。(他做完了作业。)〔益阳〕

下表归纳了长沙型和蔡桥型K类、T类标记所使用的主要的句型。

表4　长沙型和蔡桥型方言的T类、K类标记主要的句型分布

长沙型	蔡桥型
V+K类+O	V+K类+O
V+T类+O	V+T类+O("存留"等附加义)
V+K类+T类+O	
V+K类+T类	
V+K类+O+T类	
V+O+T类	
V+T类+O+T类	

除了这两种类型以外,湖南方言中还另外存在有别于蔡桥型和长沙型的两种方言,我们将它们分别称作"隆回型"和"常宁型"。

隆回型方言包括隆回方言和绥宁方言等。隆回方言的T类标记是"倒"[$tɐ^{31}$],K类标记是"咕"[ku^{31}],绥宁方言的T类标记是"倒"[tau^{55}],K类标记是"嘎"[$kɑ^{55}$]。这两类方言K类标记的用法和蔡桥型方言并无大异,但其T类标记和蔡桥型方言的T类标记有所差异。仅就目前掌握的语料看,它们T类标记"倒"不能用在"杀""煮""晒"等动词后面,而蔡桥方言的T类标记"倒"可以。以下的例句中的"倒"虽然被看作"完成",但其实更接近补语。隆回型方言的T类助词"倒"即便表示"完成",在使用上比蔡桥方言的"倒"更局限。

(67) 羊牯子咩咩,吃腊叶,腊叶没吃倒,绊到塘里洗个澡。〔隆回〕
(68) 我猜倒是你做咯。(我猜着是你做的。)〔绥宁〕
(69) 你抽倒一根好签咧。(你抽着了一根好签啊。)〔绥宁〕
(70) □寻倒□屋里咯鸡咧。(他找着了他家的鸡。)〔绥宁〕

常宁型方言用T类标记表示完成貌和已然体，这一点和长沙型方言一致。但是和长沙型方言不同的是，完成体标记“哒”[ta5]和已然体标记“到”[tɔ5]的发音有所不同。“哒”和“到”可以在一个句子中并用。

(71) 警察抓哒小偷到。〔常宁〕
(72) 我捡哒钢笔到。〔常宁〕
(73) 已经收哒信到。〔常宁〕

如以下例句所示，“哒”不仅可以和“杀”“煮”“挖”等不包含“获得”义的动词使用，而且还可以和数量补语一起使用。

(74) 李大爷杀哒猪。(李大爷杀了猪。)〔常宁〕
(75) 我煮哒饭。(我煮了饭。)〔常宁〕
(76) 我用锄头挖哒两下。(我用锄头挖了两下。)〔常宁〕
(77) 小翠朝春林瞟哒一眼。(小翠朝春林瞟了一眼。)〔常宁〕
(78) 两娘女笑哒半天。(母女俩笑了半天。)〔常宁〕

已然体标记“到”可以用在宾语、结果补语、趋向补语、数量补语后面的句尾位置。既可以表示事态即将发生变化也可以表示事态已经发生变化。

(79) 我看见大海到。(我看见大海了。)〔常宁〕
(80) 衣服洗干净到。(衣服洗干净了。)〔常宁〕
(81) 我回来到。(我回来了。)〔常宁〕
(82) 我在长沙三十年到。(我在长沙三十年了。)〔常宁〕
(83) 出太阳到。(出太阳了。)〔常宁〕
(84) 汽车转弯到。(汽车要转弯了。)〔常宁〕

吴启主(2009)指出:“在一些年轻人口里，“哒”和“到”有趋同的倾向……”关于完成体标记“哒”和已然体标记“到”的区别，该书列举了以下两组句子，并指出前一句表示“现在没在大学了”，后一句表示“现在正上大学”。

(85) 上哒大学。(上了大学。)〔常宁〕

(86) 上大学到。(上大学了。)〔常宁〕

也就是说,和长沙型方言相比,常宁型方言的完成体标记和已然体标记在发音上仍然还保留着区别,以不同的语音形式(元音)出现,"分守"词尾和句尾的位置,这种区别正慢慢消失。而在长沙方言里,二者在发音上已经没有区别了。"哒"和"到"的这种区别类似于普通话的"了$_1$"和"了$_2$"的区别。常宁方言中年轻人使用T类标记的新的动向是"到>哒",这也体现了完成体标记"哒"逐渐侵蚀句尾原属于已然体标记"到"的意义用法领域。下表归纳的是常宁型方言和长沙型方言完成体和已然体标记主要的句型分布。

表5　长沙型和常宁型方言的T类、K类标记主要的句型分布

长沙型	常宁型
V+K类+O	V+K类+O
V+T类+O	V+T1类①+O
V+K类+T类+O	V+K类+T1类+O
V+K类+T类	V+K类+T2类
V+K类+O+T类	V+K类+O+T2类
V+O+T类	V+O+T2类
V+T类+O类	V+T1类+O/V+T1类+T2类+O
V+T类+O+T类	V+T1类+O+T2类

下面,我们试着归纳各类型方言T类标记的句型分布特点。T类标记(包括补语用法的T类标记)主要用于A、B、C、D、E、F六种句型中。

	句　型	语法化的"层"
A:	V+T类(补语)+O	层Ⅰ
B:	V+T类+O	层Ⅱ
C:	V+K类+T类+O	层Ⅲ
D:	V+K类+T类	层Ⅲ
E:	V+O+T类	层Ⅲ
F:	V+T类+O+T类	层Ⅳ

图1　湖南方言中K类、T类标记所分布的句型和语法化的层次

① T1的发音是[ta^5],T2的发音是[tɔ^5]。

表 6　湖南方言类型和 K 类、T 类标记主要的句型分布

方言类型＼句型	A	B	C	D	E	F
隆回型	○	×	×	×	×	×
蔡桥型	○	○	×	×	×	×
常宁型	○	○	○	○	○	△[①]
长沙型	○	○	○	○	○	○

共时存在的这六种句型如果从历时角度看的话，可以理解为是体标记在语法化过程中形成的不同的层。每个方言类型都代表一个层。

首先，层Ⅰ相较最古老。隆回型方言就停留在这一层。T 类标记在动词后表示“动作完成”的意义，但包含“获得、存留”等含义，对前面的动词范围限制在“坐”“拿”等变化动词以内。该方言类型的 K 类标记比别的方言的 K 类标记语法化程度高。蔡桥型方言的 T 类标记放宽了对前面动词的限制，同时对句子意义赋予“存留”的空间意义，没有继续往完成体标记的发展，停留在层Ⅱ。层Ⅲ体现了 T 类标记对 K 类标记使用范围进行侵蚀的阶段，K 类标记和 T 类标记能在动宾之间出现(C)，这说明它们已经凝结成一个语法单位。随着在无宾语句中的大量使用，人们逐渐接受了 T 类标记用于句尾的位置(D)，从而从动宾之间移到了宾语后(E)。常宁型方言代表这一层，动宾之间和句尾的 T 类标记发音上的区别也体现了这个阶段独有的特点。层Ⅳ反映的是最新的变化，长沙型方言属于这一层。动宾之间的完成体标记和句尾的已然体标记的“完全同形”(“V＋T 类＋O＋T 类”，“V＋了＋O＋了”)。这意味着 T 类标记的语法化也达到了和北京话“了”相似的高度。竹越孝(2002)认为已然体“了”是完成体“了”意义扩展的结果。这样看来，常宁型方言和长沙型方言的 T 类标记的语法化过程和已然体的“了”是非常相似的。而隆回型和蔡桥型的 T 类标记相比长沙型的则要“保守”得多，它“固守”于宾语前的位置，不具备宾语后的已然体的用法。在隆回型和蔡桥型方言中，往往使用 L 类标记充当已然体的标记。下一节，我们将考察这两种类型方言中 L 类标记和 T 类，以及和 K 类标记之间关系。

① “△”表示动宾之间和宾语之后的 T 类标记没有完全合流。

2.3　L类标记

L类标记有[ni][li][lᴇ][le][la][lie][liɛ]等发音,通常借用“哩”“咧”“啦”“来”等字表示。

蔡桥型方言在动宾之间,用K类标记或T类标记表示完成。而在宾语后面的句尾位置,只能用L类标记“哩”[ni^{21}]充当已然体标记,“哩”不能作为完成体标记在动宾之间使用。

(87) a. 吃过饭哩。(吃了饭了。)〔蔡桥〕
　　b. *吃哩饭哩。〔蔡桥〕
(88) a. 杀倒鸡哩。(杀了鸡了。)〔蔡桥〕
(89) b. *杀哩鸡哩。〔蔡桥〕
(90) a. 落雪哩。(下雪了。)〔蔡桥〕
　　b. *落哩雪。〔蔡桥〕

当动词不带宾语的时候,K类和L类可以置于句尾相邻的位置使用,但是这并不意味着二者凝结成一个助词,因为“K类+L类”的形式不能在动宾之间使用。

(91) 己来过哩。(他来了。)〔蔡桥〕
(92) 我看过哩。(我看完了。)〔蔡桥〕
(93) 米滴剩饭吃过哩。(那些剩饭吃完了。)〔蔡桥〕
(94) a. *己来过哩半日哩。(他来了半天了。)〔蔡桥〕
　　b. 己来过半日哩。(他来了半天了。)〔蔡桥〕
(95) a. *我看过哩一半哩。(我看了一半了。)〔蔡桥〕
　　b. 我看过一半哩。(我看了一半了。)〔蔡桥〕
(96) a. *己吃过哩米滴剩饭。(他吃了那些剩饭。)〔蔡桥〕
　　b. 己吃过米滴剩饭。(他吃了那些剩饭。)〔蔡桥〕

同样,隆回型方言使用L类标记(“哩”[ni^{31}]、“咧”[$lᴇ^{51}$])在句尾表示已然体,用K类标记(“咕”[ku^{31}]、“嘎”[ka^{55}])表示完成体。

(97) 行咕两个多钟点哩。(走了两个多小时了)〔隆回〕

(98) 咯个片子我看咕两到哩。(这部电影我看了两遍了。)〔隆回〕
(99) 我在唐家坊住嘎五年咧。(我在唐家坊住了五年了。)〔绥宁〕
(100) 曾翔读嘎幼儿园咧。(曾翔读了幼儿园了。)〔绥宁〕

当动词不带宾语或者是不及物动词的时候,K 类标记和 L 类标记可能用于相邻的位置。和蔡桥型方言一样,“K 类+L 类”也不能用于动宾之间。

(101) 毛毛醒咕哩。(小孩儿醒了。)〔隆回〕
(102) 毛毛醒嘎咧。(小孩儿行了。)〔绥宁〕

在 T 类、K 类和 L 类标记的关系问题上,蔡桥型和隆回型存在高度的一致,即 L 类标记只能用在句尾作已然体标记。而以下这些方言的 L 类标记能兼任完成体标记和已然体标记:攸县方言的“哩”[li]、娄底方言的“来”[li^{5}]、涟源方言的“哩”[li]、邵阳市方言的“哩”[li^{53}]、湘乡方言的“哩”[li^{2}]、辰溪方言的“了”[$diau^{31}$]/[dia^{31}]等。我们在此统称它们为“攸县型”方言。

(103) 看哩一大半哩。(看了一大半了。)〔攸县〕
(104) 写哩作文哩。(写了作文了。)〔攸县〕
(105) 佢有哩一个崽哩。(他有一个儿子了。)〔涟源〕
(106) 她吃了饭了。〔辰溪〕

L 类标记在句尾用作已然体标记,表示事态已经或者即将发生变化。

(107) 发大风落大雨哩。(刮大风下大雨了。)〔攸县〕
(108) 要落雪哩。(要下雪了。)〔攸县〕
(109) 落大雨来。(下大雨了。)〔娄底〕
(110) 上课来。(上课了。)〔娄底〕

攸县型方言的 L 类标记不同于蔡桥方言,可以在动宾之间用作完成体标记,并且数量补语不是必要条件。这一特征说明这些方言里的 L 类标记已经是一个成熟的完成体标记。

(111) 我到街上买哩三本书。(我上街买了三本书。)〔攸县〕
(112) 其总共读哩十年书。(他一共读了十年书。)〔攸县〕
(113) 他进大学读来三年书。(他进大学读了三年书。)〔娄底〕
(114) 找来个凉快地方睏来一觉。(找了个凉快的地方睡了一觉。)〔娄底〕
(115) 佢看哩一下表(他看了一下表)〔涟源方言〕
(116) 我把楼上楼下咕地板下擦哩一道。(我把楼上楼下都擦了一遍。)〔涟源〕
(117) 今日其还教哩书。(今天她(他)还教了书。)〔攸县〕
(118) 其学哩弹钢琴。(她(他)学了弹钢琴。)〔攸县〕
(119) 我生日吃来好东西。(我过生日吃了好东西。)〔娄底〕
(120) 佢征求哩大家咕意见。(他征求了大家的意见)〔涟源〕

攸县型方言的 L 类标记可以和 K 类标记结合成“过哩”“介哩”等复合体标记用于动宾之间的位置。

(121) 开过哩会就冇事哩。(开完了会就没事了。)〔攸县〕
(122) 缴过哩钱,开过哩票。(缴完了钱,开完了票。)〔攸县〕
(123) 听说佢当介哩和尚。(听说他当了和尚。)〔涟源〕

攸县型方言的 L 类标记和蔡桥、隆回方言的 L 类标记相比语法化程度更高,可以用在动宾之间表示完成貌,在动词的选择上有较高的自由度。娄底方言的 L 类标记还能以“K 类＋L 类”的形式,在形容词后面表示状态变化。在没有 K 类标记配合的情况下,L 类标记用在形容词后,既可以表示偏离标准,又可以表示状态变化。

(124) 崽女大过来,这会子好过来。(儿女大了,现在好了。)〔娄底〕
(125) 饭菜热过来。(饭菜都热了。)〔娄底〕
(126) 只衣衫红来。(衣服太红。)〔娄底〕
(127) 炉子里块铁红来。〔娄底〕
(128) 饭热来,沃人,毛毛吃不得。(饭太烫,孩子不能吃。)〔娄底〕
(129) 饭热来,不要烧来,吃得来。(饭热了,不用烧了,能吃了。)〔娄底〕

在攸县型方言中，动宾之间的L类标记和K类标记形成意义上的对立。K类标记通常包含“动作的完毕”“动作的结束”的附加意义。陈晖(2009)描述了涟源方言中下面句子的区别：K类标记“介”的句子例(130)表示“带徒弟”的动作“完成并结束了”，而L类标记“哩”的句子例(131)“相当于带了一个徒弟”，表示“动作完成但并未结束”。

(130) 带介个徒弟。〔涟源〕
(131) 带哩个徒弟。〔涟源〕

再看下面两个句子，“捡介”句例(132)表示“捡走好多石头”，“介”表示动作完成并有了结果((从某处)消失)，“捡哩”句例(133)表示“捡了好多石头”，“哩”只表示动作的完成。

(132) 捡介好多石头骨。〔涟源〕
(133) 捡哩好多石头骨。〔涟源〕

据董正谊(2009)的论述，攸县型方言里的K类标记“过”和L类标记“哩”相比，指向动作对象的结果，具有较强的结果补语的性质。如果催促对方“快点写完!”，可以用“过”，而不能用“哩”。

(134) 快点唧写过啰!〔攸县〕
(135) *快点唧写哩啰!〔攸县〕

以上的描述说明动宾之间的L类标记指向动作的完成，而K类标记指向动作对象的结果。此外，L类标记还可以用于动宾之间的结果补语后面，而K类标记因为本身包含的结果义，所以没有以上的用法，不能直接用于结果补语后面。

(136) 一年以后，小石板变成哩一个漂漂亮亮咕女子。(一年以后，小石板变成了一个漂漂亮亮的女子。)〔涟源〕
(137) 张秀才一屋，和和睦睦，享尽哩荣华富贵。(张秀才一家，和和睦睦，享尽了荣华富贵。)〔涟源〕
(138) 我做完哩就去喊你。(我做完了就去喊你。)〔涟源〕

因为L类标记的语法化程度要比K类标记高,二者相邻使用时K类标记在前,L类标记在后。而二者也可融合成一个复合助词用于动宾之间(例(141)(142))。

(139) 佢出去介哩。(他出去了。)〔涟源〕
(140) 我把己杀介哩。(我把他杀掉了。)〔涟源〕
(141) 当日夜里佢阿两个就拜介哩堂。(当天晚上他们两人就拜了堂。)〔涟源〕
(142) 读过哩书就写字。(读完了书就写字。)〔攸县〕

湖南方言里,使用L类标记作为完成体标记的攸县型方言有一个共同点,那就是它们的已然体标记一般也一定是用L类标记表示,能构成"V+L类标记+O+L类标记"句型,而不会构成"V+L类标记+O+T类标记"句型。

(143) a. 依本书我看哩三日哩。(那本书我看了三天了。)〔涟源〕
b. 依本书我看介三日哩。〔涟源〕
c. *依本书我看哩三日介。〔涟源〕

我们通过前文得知T类标记在长沙型方言里可以兼任完成体标记和已然体标记。而通过本节内容我们也知道,攸县型方言的L类标记也可以兼任这两种体标记。也就是说,攸县型方言的L类标记以及长沙方言的T类标记都具有和普通话的"了"相同的语法表现("V+了+O+了")经历了高度语法化的过程,语法化程度都非常高。

长沙型方言:V+T类标记+O+T类标记

攸县型方言:V+L类标记+O+L类标记

湖南方言中T类标记和L类标记具有的"V+T类标记+O+T类标记"和"V+L类标记+O+L类标记"句型是否具有相同的形成过程呢?我们没有在湖南方言中发现置于动宾之间,具有补语用法的L类标记。在蔡桥等地方言里只发现A、B、C三种句型,也就是L类标记停留在句尾充当已然体标记,这是相对古老的层。而在攸县型方言里,L类标记有了进一步发展,进入到了动宾之间,达到了普通话里的"了"那样高度语法化。所以我们认为L类标记和T类标记演变的方向是不同的。也就是说,T类标记演变采取的是后移的方式，即由动宾之间的位置后移至句尾，而L类标记恰恰相反，它采取前移的方式，从句尾进入动宾之间，进而逐步取代K类标记。至于L类标记前移的动因，我们认为很可能受到官话方言影响的结果，也就是梅祖麟先生假设中提到的从北方官话传播而来的那个“抽象的句式”（“动＋了＋宾”）的影响。

	句　型	语法化的“层”
A：	V＋K类＋O＋L类	层Ⅰ
B：	V＋K类＋L类	
C：	V＋O＋L类	
D：	V＋K类＋L类＋O＋L类	层Ⅰ
E：	V＋L类＋O＋L类	

图2　湖南方言中K类、L类标记所分布的句型

表7　湖南方言的类型和K类、L类标记的句型分布

方言类型＼句型	A	B	C	D	E
隆回型、蔡桥型方言	○	○	○	×	×
攸县型方言	○	○	○	○	○

3. 结语

本文考察了湖南方言三种不同类型的体标记。其中K类体标记在湖南方言中的分布范围最广，而T类和L类则是湖南方言中语法化程度最高的体标记，二者在很多方言中都和K类存在对立。通过分别考察K类和T类，K类和L类的句型分布特点，我们可以得知T类标记和L类标记在语法化的过程中经历了不同的路径，它们最终形成的句式分布特征虽然相同，但具体的语法化过程却是不一样的。常宁型和长沙型方言的T类标记的语法化过程类似北方官话的已然体“了”，从动宾之间进入宾语后面的位置，而攸县型方言的L类标记可能是受到“主＋了＋宾”这种完成貌结构的影响，是从句尾位置进入动宾之间位置的。作为今后的课题，L类标记的词源是“了”还是近代汉语的句末助词“来”？这个问题连同K类标记的词源问题都亟待我们解决。此外，在湖南方言中还有一个重要的助词“起”。“起”在一些湖南方言中可以充当动词、方向补语、结果补语、持续貌助词等。“起”在一些方言里表示持续貌时，和

T类标记形成意义上的对立。譬如在蔡桥方言里,"倒"一般表示动作的持续,而"起"一般表示状态的持续。本文论述了"倒"是词源是"到","到"在从处所介词演变成动词补语的时候发生了"去声调>上声调"的变化。该变化使补语的"到"变成了和"起"一样的"上声调"(用"倒"标记)。我们知道"倒"和"起"都可以表示方向(意义正好相反)。"到"的这种声调变化是不是"起"的牵引作用引起的呢?以上这些问题都有待于我们继续研究。

参考文献

曹广顺 1986《〈祖堂集〉中的"底(地)""却(了)""著"》,《中国语文》第3期。

陈　晖 2009《涟源方言(桥头河区)动态助词研究》,《湖南方言的动态助词(修订本)》,湖南师范大学出版社。

崔振华 2009《益阳方言的动态助词》,《湖南方言的动态助词(修订本)》,湖南师范大学出版社。

丁加勇 2009《隆回方言的动态助词》,《湖南方言的动态助词(修订本)》,湖南师范大学出版社。

董正谊 2009《攸县方言的动态助词》,《湖南方言的动态助词(修订本)》,湖南师范大学出版社。

李　蓝 1998《贵州大方话中的"到"和"起"》,《中国语文》第2期。

林英津 1993《客语上声"到"语法功能探源》,《中研院历史语言研究所集刊》。

刘丹青 1994《"唯补词"初探》,《汉语学习》第3期。

刘丹青 1996《南方方言的体貌标记》,《动词的体》,香港中文大学中国文化研究所吴多泰中国语文研究中心。

刘坚、江蓝生、白维国、曹广顺 1992《近代汉语虚词研究》,语文出版社。

罗自群 2006《汉语方言读上声的持续标记"倒"》,《语言研究》第1期。

罗自群 2006《现代汉语持续体标记的研究》,中央民族大学出版社。

毛秉生 2009《衡山方言动态助词"哒"和"咕"》,《湖南方言的动态助词(修订本)》,湖南师范大学出版社。

梅祖麟 1988《汉语方言里虚词"著"字三种用法的来源》,《中国语言学报》第3期。

梅祖麟 1994《宋代共同语的语法和现代方言的语法》,《中国境内语言暨语言学》第2期。

彭逢树 2009《娄底方言的动态助词》,《湖南方言的动态助词(修订本)》,湖南师范大学出版社。

彭兰玉 2009《衡阳方言的动态助词》,《湖南方言的动态助词(修订本)》,湖南师范大学出版社。

竹越孝 2002《从〈老乞大〉的修订来看句尾助词"了"的形成过程》,《中国语学》249号。

王　芳 2009《湘乡方言的几个动态助词》,《湖南方言的动态助词(修订本)》,湖南师范大学出版社。

汪国胜 1996《大冶话做补语的“倒”和后附成分“倒”》,《汉语方言体貌论文集》,江苏教育出版社。

吴福祥 1998《重谈“动＋了＋宾”格式的来源和完成体助词“了”的产生》,《中国语文》第6期。

吴启主 2009《常宁方言的动态助词研究》,《湖南方言的动态助词(修订本)》,湖南师范大学出版社。

伍云姬 2006《湘方言动态助词的系统及其演变》,湖南师范大学出版社。

伍云姬 2009《长沙方言动态助词的系统》,《湖南方言的动态助词(修订本)》,湖南师范大学出版社。

伍云姬主编 2009《湖南方言的动态助词(修订本)》,湖南师范大学出版社。

曾常红 2009《绥宁方言的动态助词概述》,《湖南方言的动态助词(修订本)》,湖南师范大学出版社。

曾毓美 2009《湘潭方言的动态助词》,《湖南方言的动态助词(修订本)》,湖南师范大学出版社。

赵烈安 2009《邵阳方言的动态助词》,《湖南方言的动态助词(修订本)》,湖南师范大学出版社。

郑庆君 2009《常德方言的动态助词》,《湖南方言的动态助词(修订本)》,湖南师范大学出版社。

Lamarre Christine 2001《中国語における文法化——方言文法のすすめ》《言語態の問い》東京大学出版(东京)。

王振宇 2012《湘語蔡橋方言の研究》,好文出版社。

遠藤雅裕 2010《台灣海陸客語的[to21]與[to35]》, *Proceedings of the 22nd North American Conference on Chinese Linguistics*(*NACCL-22*) *and the 18th Annual Meeting of the International Association of Chinese Linguistics*(*IACL-18*)。

(王振宇　日本中央学院大学　日本　oushinu@hotmail.com)

疑问代词感叹功能的语言类型差异[*]

杨　娜

提　要：人类语言中大量存在疑问代词用于感叹的现象，这与人类共同的认知规律和疑问代词的基本语义有着密不可分的内在联系。由于疑问代词在不同类型的语言中作为疑问焦点时所处的句法位置不同，其语义扩张到感叹范畴时所借助的形式标记不同，造成疑问代词感叹功能的显赫度存在明显的类型差异。在 wh-词移位语言中疑问代词感叹功能显赫，能承担起引领感叹句的交际任务，而在 wh-词原位语言中其显赫度差，还需借助其他语法手段标记感叹语义。

关键词：语言类型学　疑问代词　感叹功能　显赫度

1. 引言

刘丹青(2011)提出的语言库藏类型学涉及一个核心概念：显赫范畴。它是指"特定语言系统中既凸显又强势的范畴"，它的强势"指其所用形式手段具有很强的扩张力"，"能用来表达与其原型范畴相关而又不同的范畴"。依据此理论，疑问代词便应属于凸显而强势的显赫范畴。疑问代词是句子的天然疑问焦点，其原型核心功能是疑问，但其语义早已不限于此，而是扩张到了非疑问领域，衍生出诸多与其基本疑问、指代功能相关的非疑问用法，感叹便是其中之一。

我们做了大量的文献调查工作，发现最近几年国内外一些学者都曾关注到疑问代词扩张到非疑问语义范畴的现象，并在相关领域有所建树。不足之处在于，现有成果大多局限于对其本国语言的研究，跨语言深入探讨此现象的

* 基金项目：全国高校外语教学科研项目 2017TJ0002B。收录期刊：《天津大学学报(社会科学版)》2014 年第 6 期。

不多,跨语言分析疑问代词感叹功能的就更属寥寥,仅有个别学者在论著里间或提及,其中有代表性的可推石毓智(2004)的研究。他以汉、英感叹句为例,指出很多感叹标记都来源于疑问手段,并从疑问和感叹关系的角度探讨了感叹句的本质,弥补了汉语研究在此方面的空白。总的来说,对疑问代词感叹功能的类型学研究尚处初创阶段,仍有很多亟待解决的问题,如:并非所有疑问代词都能扩张到感叹领域,那么拥有哪些共同特征的疑问代词才具备扩张条件?为什么某个疑问代词在某一语言中能扩张到感叹领域而在另一种语言中却不能?疑问代词感叹功能的强弱在不同语言中是如何体现的?它对感叹句的构成有何影响?诸如此类的问题都需进一步的研究。限于篇幅,本文仅从感叹句的不同表达方式入手,对疑问代词感叹功能的显赫度差异及其形成原因进行跨语言的初步探讨。

2. 疑问代词充当感叹标记

疑问代词扩张到感叹领域的现象在很多语言中都能找到例证,此现象之所以跨语言普遍存在,石毓智(2004)认为是由于"疑问和感叹之间存在着深刻的认知理据"。当人们对某件事情不清楚、不了解或产生疑惑时,就会使用含疑问代词的句子发问;而当事物超出人们认定的范畴,是以前从未接触、不了解或不认识的领域,便会有对出乎意料表示惊叹的语言需求。疑问和感叹的使用条件相似,具有认知上的共通性,都是基于超越原有认知范围的基础上产生的,因此人类很多语言中的感叹标记都来源于疑问手段。我们通过参考不同语言的相关语法论著,现将扩张到感叹领域的疑问代词整理如下:

表 1　不同语言中兼具感叹功能的疑问代词对照表

	汉语	日语	韩语	英语	法语	意大利语	西班牙语	德语	俄语
问数量	多(少)	×	얼마나	×	combien	quanto	cuánto	×	сколько
问事物	×	×	×	what	que	che	qué	was	что
问性质	×	どんな	×	what	quel	quale	qué	×	какой
问方式	×	なんと	×	how	×	cóme	cómo	wie	×
问哪个	×	×	×	×	quel	×	cuál	welch	×
问时间	×	×	×	×	×	×	×	×	×
问原因	×	×	×	×	×	×	×	×	×
问地点	×	×	×	×	×	×	×	×	×

由表1可知:1)不同语言中得以扩张到感叹领域的疑问代词在数量上不同,同一疑问代词在某一语言中能扩张到感叹领域,在另一语言中却不一定能行;2)同一语言内部并非所有疑问代词都拥有同等的扩张机会,那些询问数量、事物、性质、方式的疑问代词更容易得到扩张,而那些询问时间、地点、原因的疑问代词则不容易。

3. 疑问代词感叹功能的显赫度差异

3.1　英汉疑问代词感叹功能的显赫度差异

英语中能充当感叹标记的疑问代词是what和how,二者分工明确:例(1)what用于感叹名词性成分;例(2)how用于感叹形容词、副词和动词,感叹动词时动词不随之移位。见例句:

(1) What a beautiful girl.①

(2) How I dislike that man!

what和how在句法上呈互补式分布,适用范围广,能用于感叹整个句子及句中各成分。Quirk(1985)曾针对英语感叹句指出:作为属于正式句子范畴的感叹句,只限于由what或how引导的那一类表示感叹的结构。可见,英语疑问代词how和what的感叹功能的显赫度之高,只有由其引导的感叹句才被视为正式意义上的感叹句。感叹句在广义上分很多种,但由于其内部成员众多,本文暂不考虑,而只研究那些典型成员。典型感叹句的界定原则,择用朱晓亚(1994)的观点:在形式上与陈述句、疑问句和祈使句有着明显区别的、抒发话语发出者情感的、带有明显感叹标记的狭义上的感叹句。

王光和(2002)总结了汉语感叹句的形式特点,指出汉语感叹句是由疑问代词"多(少)"、程度副词"太""真""多么"、指示代词"这么""那么"、句末语气助词"啊""哇""呢"等为感叹标记的句子。根据此结论,我们知道汉语中能固定充当感叹标记的疑问代词只有"多(少)"。它"势单力薄",只能用于修饰名

① 汉语例句选自北京大学汉语语料库,英语例句选自柯林斯伯明翰大学国际语料库,法语例句选自《新世纪法汉大辞典》和《Le Nouveau Petit Robert de la langue française》,西班牙语例句自《新时代西汉大词典》,德语例句选自《Duden Woerterbuecher》,意大利语例句选自《Dizionario Italiano-Cinese》,日语例句选自《新明解国语辞典》和《新日汉大词典》,韩语例句选自《韩汉大词典》和在线词典dic.daum.net,俄语例句选自在线词典bkrs.info,行文中不再另行标注。

词、形容词和少量情态动词，无法独立承担起引领感叹句的交际任务，还需借助其他范畴的语法手段。由此可见，汉语疑问代词“多少”虽也兼具感叹功能，但其显赫度远不如英语的 what 和 how。

3.2 不同类型的语言中疑问代词感叹功能的显赫度差异

英语中疑问代词感叹功能的显赫度高，能独立承担起引领感叹句的交际任务，而汉语中疑问代词感叹功能没有那么强大，还需借助程度副词、指示代词、句末语气词等手段。除汉英之外，其他语言的感叹句主要通过什么手段实现感叹义呢？疑问代词感叹功能的显赫度又有什么差异呢？经过大量调查发现，不同类型的语言中感叹句的实现手段有着显著的语种差异。

首先依据疑问代词作为疑问焦点时所处句法位置，将人类语言大致分为两类：一类是 wh-词移位语言，如英语、法语、西班牙语、俄语、德语、意大利语等，这类语言的疑问代词由句中某一位置生成，但为了突显疑问焦点而将其移位至句首；另一类是 wh-词原位语言，如汉语、韩语、日语等，句中疑问代词保持原有生成位置，疑问句与陈述句语序相同。

本文考察的同属 wh-词移位语言的其他 5 种语言和英语一样，不管是感叹整个句子还是感叹单个名词抑或句中成分，都能找到与之相适的疑问代词。也就是说，疑问代词能独立完成感叹任务，其功能强大、显赫度高。以法语为例，衍生出感叹用法的疑问代词有 combien（多少）、quel（什么样的）和 que（什么），它们有明确分工：1）combien 和 que 用于感叹句子；2）combien 和 quel 用于感叹形容词及副词；3）que 搭配介词 de 后修饰名词，用于感叹名词数量之多；4）quel 直接修饰名词，感叹名词性质之极致。见如下法语例句：

（3）Combien je suis heureux de le revoir!
多少 我 是 高兴 （介词）他 再看见 →又见到他我多么高兴啊！

（4）Combien rares sont ceux qui s'y intéressent!
多少 罕见 是 这些 谁（代词） 感兴趣 →对这感兴趣的人太少了！

（5）Que de langue il a aprises!
什么（介词） 语言 他（助词） 学习 →他学了那么多种语言啊！

（6） Quelle jolie maison.
什么样的 漂亮 房子 →多么漂亮的房子。

而 wh-词原位语言中疑问代词虽也衍生出感叹功能，但其显赫度远不如

wh-词移位语言,表征句子感叹义的任务无法全部交由疑问代词完成,这不仅在汉语中有例证,在日语和韩语中也都能找到佐证。

日语感叹句的实现方式主要有三种:1)疑问代词搭配语气助词构成的感叹句型“なんと(怎样)+…+だろう或でしょう”和“どんな(什么样的)+…+ことか或ことだろう”,见例(7);2)名词放在句末表达感叹,见例(8);3)在句末添加表感叹的粘着语气助词“～ね”“～な”“～わ”等,见例(9):

(7) なんと 美しい花 だろう。
　　怎样 美丽 花朵 (助词)→多美的花啊。

(8) おいしい水!
　　美味 水 →多好喝的水呀!

(9) ほんとうに すごい ねえ!
　　真的 厉害 (助词)→真不简单呐!

韩语感叹句是在句末添加感叹形终结词尾-구나、-더구나、-구만、-군、-군요等:

(10) 야, 올 농사가 정말 잘 되었구나!
　　啊 今年 庄稼 真的 好 成为(语尾)→啊,今年的庄稼长得真好哇!

由此可见,wh-词原位语言中疑问代词无法完成在 wh-词移位语言中可以由疑问代词完成的感叹任务,而要借助其他范畴的语法手段,在韩语中甚至于感叹句都不是主要依靠疑问代词来标记的,这说明 wh-词原位语言中疑问代词在感叹领域所起作用相较而言没有那么强大、显赫度没有那么高。

4. 产生显赫度差异的原因

疑问代词虽在很多语言中都扩张到了感叹领域,但总体来说,其感叹功能在 wh-词移位语言中体现得更为强大,更为显赫。这与疑问代词作为感叹标记时所处的句法位置,以及消解疑问代词疑问信息时所借助的语法手段息息相关。

4.1 句法位置

人类语言中普遍存在利用特殊句法位置或者语法标记来表达焦点的现

象，唐燕玲、石毓智（2009）将表达焦点的句法位置分为三类：句子开头、谓语动词之前主语之后、句子末尾。他们认为 wh-词移位语言主要利用前置法，借助句首位置突显焦点成分。依据此结论，疑问代词是句子的天然焦点，它在 wh-词移位语言中自然会被移位至句首。经参阅大量语法著作及语料发现，wh-词移位语言中居感叹句句首的确是疑问代词，如：

（11）¡Cuál fue su sorpresa!　（西班牙语）
哪个 是 他的 惊奇 →他是多么惊讶啊！

（12）Quale onore!　（意大利语）
什么样的 荣誉 → 多光荣呀！

wh-词移位语言的疑问代词固定居于表达焦点的句首位置，在语言运用过程中固定的焦点位置让疑问代词再次成为受关注的焦点，同时也赋予其更强的语法类推性。而 wh-词原位语言的疑问代词不占据固定的句法位置，以韩语为例：

（13）그들은 얼마나 행복하게 생활하고 있는가!
他们 多少 幸福 生活 （语尾）→他们生活得多么幸福啊！

（14）얼마나 신선한 과일인가!
多少 新鲜 水果（语尾）→多么新鲜的水果啊！

同一疑问代词얼마나在感叹句中时而居句首、时而居句中某位置，不断变化的句法位置减弱了其使用类推性，同时还使其丧失了本可以由固定焦点位置带来的句法优势。

4.2　疑问消解手段

疑问代词得以从疑问范畴扩张到感叹范畴，而不产生异义，是因为借助了不同的语法手段消解其疑问信息、表征其感叹功能。不同语言借助的语法消解手段不同，而语言库藏的能力往往受语法表达手段的制约。刘丹青（2011）认为语法表达手段的"语法性或语法化程度越高、使用频率越高、能产性和使用强制性越大，其扩张力和适用域就越广"，其语言显赫度也就越高。下面就来考察一下不同语言所采用的疑问消解手段，及其语法化程度、使用强制性和类推性情况。

4.2.1　wh-词原位语言的语气助词及超常搭配手段

wh-词原位语言表征疑问代词感叹功能的手段之一是借助句末语气助词。

句末语气助词是从汉语角度界定的,日语称之为“终助词”,韩语称之为“终结语尾”。日语中含疑问代词的感叹句句末必须添加终助词,形成感叹句型“なんと(怎样)+…+だろう或でしょう”或“どんな(什么样的)+…+ことか或ことだろう”,见上文例(7)。

日语语法强制要求在含疑问代词的感叹句末尾添加终助词,而汉语和韩语中虽然也有表感叹的句末语气词,但语法上却没有强制性要求,这造成疑问结构与感叹结构有时分化得并不清楚,甚至两者会处于同形形态,如:

(15) 우리의 책임이 정말 얼마나 무거우냐! (韩语)

我们的 责任 实在 多少 沉重(语尾)→我们的责任该有多重啊!

例句末尾添加的是表疑问的终结语尾-냐,单从形式上看很难分辨出它是疑问结构还是感叹结构,此时要结合语义及语用因素来分析。句中用询问数量的얼마나(多少)修饰무거우(沉重),事实上“沉重”是无法量化的,话语发出者故意违反交际原则,表面上看似无意义、不合逻辑地超常使用얼마나询问数量,实际上背后隐藏着言外之意,交际双方均有能力判定出全句传达的是表惊叹的感叹语义。借用这种超常搭配手段来标记疑问代词感叹功能的现象常见于 wh-词原位语言中。

4.2.2 wh-词移位语言的语序及固定格式手段

被调查的 wh-词移位语言中,除俄语外,含疑问代词的感叹句都依靠语序手段标记感叹功能。疑问代词不论在疑问句还是在感叹句中都居句首,但其后的主谓语顺序有所不同。疑问句采用主谓倒装形式,而感叹句则采用“主语+谓语”的陈述句语序。这种句法结构的改变实际上隐含着语义的变化,疑问语序的变更直接导致疑问信息脱落,促使疑问代词向感叹范畴扩张。

语序这一消解手段适用于感叹包含主谓语的整句或句中成分,但当被感叹部分不涉及主谓语,只出现单个名词或名词词组时,就要选取另一种消解手段——固定格式。“疑问代词+名词(名词词组)”格式专用于感叹单个名词或名词词组,我们将这种凝固成固定搭配的格式解读为感叹语义的固化体现方式,疑问代词一旦进入此类构式便丧失疑问功能。英语的 what、法语的 quel(什么样的)、西班牙语的 qué(什么样的)、德语的 welch(哪个)、俄语的 какой(什么样的)、意大利语的 quale(什么样的)等都能进入“疑问代词+名词(名词词组)”格式表达感叹。

上文提到俄语无法利用语序作为消解手段，这是因为俄语语序比较自由，它根据话语侧重点的不同而变化，这也造成感叹句和疑问句的语序有时没有截然不同，如：

(16) Какой он человек?! (俄语)
什么样的 他 人 → ?

例(16)的语义很难单从字面确定，而要依靠句子语调进行判断。依照 Б. А. Брызгунова 的理论，俄语有 7 个基本调型，不同调型传达不同语义。通过调型的变化例(16)可传达 3 种不同语义：采用常出现于疑问句的调型 2，传达疑问义"他是个什么样的人"；采用出现在评价句中强调状态特征的调型 6，意为"他人真好"；采用常出现于含代词的句中表不同意或否定义的调型 7，意为"他算什么人！"。Богомазов Г. М. 曾说：俄语中词序在构成疑问时处于次要地位，因为没有疑问语调仅靠词序是无法构成疑问句的。由此可见，俄语调型对句义判断起着至关重要的作用，它在一定程度上澄清了语序自由带来的句义表达上的模糊。

4.2.3 疑问消解手段的语法类推性及语法强制性差异

wh-词移位语言的疑问代词在句中主要通过陈述语序或固定格式体现感叹义，这两种语法手段为疑问代词提供了稳定的感叹模式。疑问代词一旦进入感叹领域，就要受到句法上的强制要求，这种强制性的句法要求使得疑问代词引导的感叹句具有显著的形式特征，进而增强了其使用类推性。

wh-词原位语言采用句末语气助词和超常搭配的消解手段表征疑问代词的感叹义。句末语气助词本是语法类推性较强的手段，但在汉语和韩语中对它的添加并没有强制性要求，而且这两种语言中都存在不只一个句末语气词，以汉语为例：

(17) 为了这个飞跃，油田的领导者们倾注了多少心血和汗水！

(18) 回头看看走过的路，该有多少感慨啊！

(19) 这里面，浸注了多少胡子叔叔的心血和感情呀！

日语中含疑问代词的感叹句虽然强制要求添加终助词，但具体添加哪一个却随着句中疑问代词、谓语动词或句末词的不同而变化，可能是だろう，也

可能是でしょう、ことか或ことだろう:

(20) 君が いて くれ たら、わたしは どんなに うれしい だろう!
你 在 为我 要是 我 什么样的 高兴 (助词)
→你要是能在,那我该有多高兴啊!

(21) 私は 田中さんに どんな 感謝している ごとだろう!
我 田中先生 什么样的 感谢 (助词)
→我多么感谢田中先生啊!

这种选择上的不固定性大大削弱了句末语气助词的语法类推性。此外,汉语和韩语还利用超常搭配的手段标记疑问代词的感叹用法,这种语法手段没有固定的形式、灵活性强、使用自由度大、不易掌控,其语法类推性较差,从而造成含疑问代词的感叹句欠缺显著的形式特征,而这正是影响疑问代词感叹功能是否显赫的关键句法指标。相较而言,wh-词移位语言采用的语序和固定格式的语法手段语法化程度更高、使用强制性更大、类推性更强,依据语言库藏学理论,由其表征的疑问代词感叹功能也就越强大、显赫度也越高。

5. 结语

综上所述,疑问代词扩张到感叹范畴的现象是跨语言普遍存在的,但在具体扩张过程中不同类型的语言体现出差异。在 wh-词移位语言中疑问代词感叹功能表现得更为显赫,这是由于疑问代词固定居于焦点化的句首位置,句中强制使用陈述语序或固定格式作为消解疑问的语法手段。这两种语法手段的语法化程度高、强制性大、类推性强,在语言中更容易获得直接的体现,因此由其表征的疑问代词感叹功能更为强大。而 wh-词原位语言的疑问代词不占据固定句法位置,采用的超常搭配和句末语气助词的消解手段灵活性强、类推性差,由此手段表征的疑问代词感叹功能相对弱势,无法完成在 wh-词移位语言中可以交由疑问代词完成的感叹任务,而要借助程度副词、指示代词或句末语气词等其他范畴的语法手段来实现。

参考文献

黄启高 2012《现代意大利语语法》,商务印书馆。
刘丹青 2011《语言库藏类型学构想》,《当代语言学》第 4 期。

刘丹青 2012《汉语的若干显赫范畴:语言库藏类型学视角》,《世界汉语教学》第3期。
石毓智 2004《疑问和感叹之认知关系》,《外语研究》第6期。
唐燕玲、石毓智 2009《疑问和焦点之关系》,《外国语》第1期。
王 丹 2012《大学韩国语语法》,北京大学出版社。
王光和 2002《汉语感叹句形式特点浅析》,《贵州大学学报》第5期。
王兆渠 2001《现代德语实用语法》,同济大学出版社。
徐 曙 2010《日语语法讲座与测试》,上海交通大学出版社。
张会森 2010《当代俄语语法》,商务印书馆。
朱晓亚 1994《现代汉语感叹句初探》,《徐州师范学院学报》第2期。
АКАДЕМИЯ НАУК СССР 1980 *Русская Грамматика*. Москва: Наука.
Богомазов Г. М. 2001 *Современный Русский Литературный Язык*. Москва:Фонетика.
Delatour Y, Jennepin D, Léon-Dufour M, Teyssier B. 2000 *Grammaire Pratique du Français*. Paris: Hachette.
Gutiérrez-Rexach J, Andueza P. 2011 Degree restrictions in Spanish exclamatives. Ortiz-López L A. *Selected Proceedings of the 13th Hispanic Linguistics Symposium*. MA: Cascadilla Press.
Quirk R, Greenbaum S, Leech G, Svartvik J. 1985 *A Comprehensive Grammar of the English Language*. London and New York: Longman.

(杨娜 天津大学 天津 33316504@qq.com)
原文发表于《天津大学学报》(社会科学版)2014年第6期。

惯常义演变为经历义的多样性*

——以英语、马来语和古汉语为例

陈前瑞　杨育欣

提　要：英语的 *used to*、马来语的 *biasa* 和古汉语的“常”均存在从惯常到经历的语义演变，都是以环境的相似性为基础，但总体呈现出因语言而异的多样性。文章从基于使用的理论视角出发，考察具体语言的语法语素在具体环境中的使用特点，发现这三种语言在从惯常到经历的语义演变中类推和重新分析的作用不尽相同。不同语言已有的语法语素的聚合系统也会对演变过程形成制约。演变的结果是，在英语和马来语中，惯常义与经历义并存，但以惯常义为主，古汉语中“常”的经历义则被“尝”所覆盖。

关键词：惯常　经历　多样性　基于使用

1. 引言

本文从基于使用的理论视角，比较英语、马来语与古汉语中从惯常到经历的语义演变过程。基于使用的理论（usage-based theory）是在功能、类型、历史和认知等视角的语言研究中逐渐汇聚而成的一种语言理论，它主张“语言系统根植于具体的使用并在使用中得以形成”（Neels 2015：213）。该理论较早地应用于语言习得和语言教学的研究，近些年来开始成系统地应用于历史语言学研究。本文尝试将该理论应用于从惯常义演变为经历义的跨语言比较研究，

* 本文得到国家社会科学基金重大项目“功能—类型学取向的汉语语义演变研究”（项目批准号14ZDB098）的资助。论文在第十七届全国近代汉语学术研讨会暨闽语演变国际学术讨论会（2016 年 11 月，漳州）、第三届语言类型学国际学术研讨会（2016 年 7 月，上海）等会议上宣读，得到史金生、要新乐、董正存等的指教。论文发表于《外语教学与研究》2018 年第 6 期，得到审稿专家和编辑部的指正。谨此一并致谢。

试图解决英语、马来语、古汉语以及类型学相关研究的一组难题。

先以英语的 *used to* 为例。Neels(2015)在 Binnick(2005)等的基础上进一步认为,*used to* 在原有的惯常用法的基础上发展出了一种 anti-present-perfect(反现在完成体)的用法,即例(1)。如何将该用法纳入类型学完成体用法的分类并建构其演变路径?这仅从英语来看可能有一定的理论难度,但如果引入汉语经历体的视角,问题就没有那么复杂。

(1) There **used to** be a house there.(那地方**曾经**有**过**一间房子。)

马来语的时间副词 *biasa* 以惯常用法为主,经历用法为辅,并存在不少两可的用例,如例(2)。第一个 *biasa* 为惯常义,表示他经常打仗,所以对战术非常了解。第二个 *biasa* 的惯常义和经历义相对均衡,可以表示没打过仗或不常打仗。这些用例不仅有助于确定惯常义向经历义演化的语用因素,还可以提供更多的细节,加深我们对演变机制的认识。

(2) ***Biasa*** ia ber-perang dan tahu ia akan segala tipu hikmat
惯常 3.单 交互—打仗 和 知道 3.单 关于 所有 骗术 智慧
pe-perang-an itu. Akan anakanda sekalian ini orang muda
名词化—战争—名词化 那 至于 孩子.敬称 全部 这 人 年轻
belum ***biasa*** ber-perang.
否定 **惯常/经历** 交互—打仗
他常常打仗,(所以)知道一切战术。至于这些孩子都是年轻人,不常打仗/还没打过仗。

上古汉语的"常",如例(3),在王利器主编(1988:197、221)中注为通表经历义的"尝",却翻译为惯常义;韩兆琦译注(2010:796)则径直译为"常"。这说明同音相借的假借与语义引申之间还有更多的纠结之处,这种纠结之处在语言使用方面具有哪些普遍性和特殊性?

(3) 秦始皇帝**常**曰"东南有天子气",于是因东游以厌之。(《史记·高祖本纪》)

最后来看历时类型学的研究。台湾闽南话的经历体形式 *pat4*(识,据 Lien 2007, 2015)在 16 世纪末 17 世纪初的文本中标注为:know, be used to doing(van der Loon 1967:141),Chappell(2001:63, 83)据此建构了从知道义经惯常义到经历义的演化路径。可见从惯常到经历是汉语方言乃至于世界语言经历体演化的重要路径,但资料极为匮乏,急需利用一切可以利用的语料来加强论证。

需要说明的是,本文的惯常与经历属于体范畴的语义标签,是对某个语法语素的某个具体用法的标注。本文由惯常义演变为经历义是指某个语法语素在其惯常义的基础上产生经历义的新用法。语义演变过程中新旧用法会形成三种演变结果,一是新旧用法共存,但有主次之别;二是新用法取代旧用法;三是新用法被其他成分覆盖(参见吴福祥 2017)。本文将在这一理论背景下比较三种语言特定路径的演变过程。

纵观英语、古汉语和马来语,它们都可能存在有待论证的从惯常到经历的语义演变过程。即使这一演变过程成立,三种语言的演变过程必然会存在一些差异性。下文依次讨论英语、马来语和古汉语的相关现象的使用特点,最后从基于使用的理论视角解释该语言演变的一致性与多样性。

2. 英语 *used to* 反现在完成体用法的性质与使用特点

英语 *used to* 的专题研究广泛应用了基于使用的理论(Neels 2015)、基于跨语言比较的语义分析(Hantson 2005)、基于语料库的量化分析(Tagliamonte & Lawrence 2000)等理论方法,为跨语言研究建立了良好的参照。本节基于已有研究从类型学的角度进行理论上的探讨和使用特点的归纳。Binnick(2005:366)把 *used to* 看作完成体的重要理由是:"*used to* 既不是一个过去时,也不是惯常体的标记。它是一种现在时,是在话语中具有直指功能的时。它的分布与用法类似于现在完成体,其功能是一种反现在完成体,用于将过去的状态与事件从现在的事态中分离开来。"Hantson(2005)则基于相似的理由提出了类似的 anti-perfect(反完成体)的术语。如例(1)的着眼点不是要报告过去的习惯,而是将过去与现在对比,突出现在与过去有所不同,或者强调过去的存在对现在的影响。这一点是很有见识的,因为对比也就是一种特殊的现时相关性。Neels(2015)通过对英语历时语料的统计,发现英语 *use(d) to* 在 19 世纪以前还保留现在时形式,现在时形式消失以后才突显出过去与现在对比的意义。宽泛地说 *used to* 是一种反现在完成体是没有问题的,Neels(2015)也基本沿用这一观点，但从完成体的跨语言比较的角度来看，会引发一些相关的思考：

第一，能否把 *used to* 的所有用法归入一种特殊的完成体？Binnick(2005, 2006)和 Hantson(2005)采取的是肯定性的做法，Neels(2015)认为不必采取非此即彼的观点，而把反现在完成体作为 *used to* 语法化路径上的一种新的功能，但是没有深入比较这两种分析方法的异同、得失与理据。根据 Haspelmath (2003)，Binnick 和 Hantson 采取的方法是把一个形式在一定条件下的所有用法统一到一个概括性的标签之下，其方法论的基础是结构主义的概括法；Neels(2015)采取的办法是分化不同的用法，观察这些用法在历史上的演变过程，其方法论的基础是功能主义的多功能法。如果像 Binnick(2005)那样把 *used to* 所有的用法都归入反现在完成体，就看不到 *used to* 背后演变的规律性，甚至会对惯常的用法带来曲解。实际上，惯常的用法在语篇中往往都有相关性，如例(4)，但句中的有生主语 *I* 和动态动词 *torture* 使得小句保持着非常突出的惯常的意义。因此，不同的语义标签之间往往不是含义有无的差别，而是含义是否凸显的差异。

(4) I **used to torture** cats. Now I'm a vegetarian.(我以前**经常虐**猫，现在是素食者。)

把 *used to* 的惯常和经历用法区分开来，完全符合 Bybee *et al*.(1994: 44—45)提出的区分语法语素的时体意义的三个标准：1)一个语法语素的两个用法在另一种语言里要用不同的形式来翻译；*used to* 的这两种用法在汉语里就要分别翻译为"常常"或"曾经"。2)两种用法各有不同的解释；惯常对动作发生的次数有较高的要求，而经历的最低要求是动作至少发生过一次，两者存在量级上的差异：惯常义衍推经历义。3)一个语法语素与别的语法语素或特定语义的动词共现时会带上不同的含义；*used to* 的经历义最容易产生于与静态动词的共现。总之，Neels(2015)所体现的多功能的思路要比 Binnick (2005)的概括性思路更有助于进行共时和历时的比较，顺着多功能的思路可以更好地理解从惯常义到经历义的演变过程。

第二，现有的完成体用法分类中没有反现在完成体的说法，是增加一类完成体用法还是归入某种已有的用法？本文认为可以直接归入完成体下位的经历性用法(参见陈前瑞 2016)。已有的多个研究已经归纳出 *used to* 具有非连续性的特点，即 *used to* 后续动词所表达的过去的行为或状态不再存在(Hantson 2005; Binnick 2005)。Hantson(2005:267)明确指出,这种非连续性还是一种可以取消的会话含义,其语法化程度不及现在完成体形式。Declerck(1991:341—342)也认为,即便是例(5)通常理解为“门还开着”,但仍然可以理解为“在有生之年我至少在一个场合下打开了那个门”,后一种理解就是对完成体经历性用法定义的最佳诠释,即事件在过去不确定的时间内至少发生一次。这说明 *used to* 与现在完成体形式的经历性用法在规约化和非连续性的性质上有相通之处。

(5) I **have** open**ed** the door.(我开**过**这个门。)

经历性用法或经历体最突出的特征就是非连续性,即情状在现在时间不成立。这是汉语语言学长期以来的共识(王还 1988),也是东亚语言经历体跨语言比较的共识(Kim 1998)。因此,从跨语言比较的角度来看,没有必要另立一种特殊的完成体,也没有必要在已有完成体经历性用法之下另立一种特殊的用法。至于 *used to* 跟现在完成体以及其他语言的经历性用法的异同,则是类型学进一步研究的课题。

基于已有的研究并与后文的马来语与古汉语的材料相比较,英语 *used to* 的经历性用法除了表示过去与现在的对照关系之外,还具有两个使用特点:第一,动词倾向于状态动词,*used to* 与 *like*, *live*, *be*, *believe*, *hate*, *know* 等共现时最容易产生经历的理解(Neels 2015)。如 Hantson(2005:252)所举的例(6)的 *used to be married* 很难理解为惯常义,只能翻译为经历义。第二,句法上很难以否定形式出现。Neels(2015:182)指出,从英国国家语料库(BNC)和当代美国英语语料库(COCA)中提取的所有用例中,*used to* 几乎没有否定形式。如果要表达否定的意思,最常见的手段是用 *never*。英语学界对 *used to* 的研究为后文分析马来语、古汉语的同类现象提供了重要的理论视角和句法参数。

(6) They **used to be** married but are no longer married.(他们以前结**过**婚但现在不再处于婚姻状态。)

3. 马来语 *biasa* 从惯常到经历的语义演变

根据 Baharom(2005),*biasa* 作为动词的含义为“习惯、熟悉”,作为副词有惯常和经历两种用法,作为名词通常会带上词缀 *ke…an*,表示习惯、常规,属派生用法。本文对 *biasa* 的分析以澳洲国立大学"马来语平行语料库"(Malay Concordance Project)①中 *biasa* 的用例为基础,重点分析作为副词的 *biasa* 兼表惯常和经历的用法。该语料库中 *biasa* 的语料共 520 条。经过筛选分析,发现 26 例 *biasa* 的用法与本文讨论无关,故最终的有效用例为 494 例。*biasa* 的副词用法最多,共 274 例,明确的惯常用法 205 例,明确的经历用法 12 例,其余 57 例有不同程度的惯常和经历两种理解。形容词用法次之,共 131 例;动词用法 88 例;名词用法仅有 1 例。

通过量化分析 ***biasa*** 的惯常和经历用法,可以发现 *biasa* 有以下几个使用特点:

1) 肯否属性。*biasa* 的经历性用法倾向于用在否定句中。*biasa* 共有 12 例明确的经历用法,其中 10 例为否定用例,如例(7)。例(7)的语境是孩子要去别的地方谋生,但是由于人生地不熟,所以父母请求朋友们关照他们的孩子。下文也说到父母还为这件事不停地向上帝祷告。由以上事件可以进一步推断孩子之前没有去过槟城,所以父母才会那么担心。因此例(7)的 ***biasa*** 适合理解为经历义。

(7) ... maka kita minta tolong sahabat kita barang tanda sudah
于是 1.复 请求 帮助 朋友 1.复 任何 标志 已经
ke Pulau Pinang, dari **kerana** ia **belum *biasa*** pergi ke
到…去 岛屿 槟城 从 **因为** 3.单 **否定** **经历** 去 到…去
Pulau Pinang.
岛屿 槟城
于是我们向所有已经到槟城去的朋友求助,因为他还没去**过**槟城。

通过统计还发现,在惯常义向经历义演变的连续统中,*biasa* 的否定用法所占的比例大幅度增加,如表 1 所示。一开始 *biasa* 的惯常用法以肯定形式为主,占了 94%。但当语义越来越倾向于经历义时,*biasa* 的否定用例明显增加。最后演变成经历用法的否定用例占了 83%,肯定用例下跌至 17%。从句法特征

---

① 该语料库由澳洲国立大学开发,包括 165 部古代文本,网址为 http://mcp.anu.edu.au/Q/mcp.html。由于诗歌语言的特殊性,本文对 ***biasa*** 的检索并不包括其中 49 部诗歌体裁的文本。检索日期为 2016 年 11 月 23 日。

来看,*biasa* 的经历性用法的肯否属性与马来语典型的经历体 *pernah* 有相通之处,*pernah* 同样倾向于用在否定句中。①

表 1 *biasa* 的肯定和否定用法

用 法	否 定	肯 定
明确的惯常用法	13(6%)	192(94%)
双重理解	25(44%)	32(56%)
明确的经历用法	10(83%)	2(17%)
合 计	48(18%)	226(82%)

2) 动词类型:动态与静态。无论惯常或经历用法,**biasa** 都倾向于和动态动词搭配,共 241 例,和静态动词搭配的用例仅 33 例。与 **biasa** 共现的静态动词大多数为"成为(be)、知道(know)、居住(live)"义动词。**biasa** 的经历用法有 2 例由静态动词构成,如例(8)。

(8) Akhbar "Majlis" *pernah* men-gata-kan bahasa suratkhabar dengan
报刊 大会.报刊名 经历 主动-说-主动 语言 报纸 用
huruf Latin di Semenanjung tak ***biasa*** **hidup** kerana tak
字母 拉丁文 在 半岛 否定 **经历** **存活** 因为 否定
di-suka-i, ber-puluh sudah masuk keliling kubur.
被动-喜欢-被动 整数-十 已经 进入 四周 坟墓
《大会报》曾经说过,因为不受欢迎,用拉丁字母书写的报纸没有在半岛存活过,已有十种报纸消失了。

3) 语用环境。*biasa* 的经历性用法与直接的上下文存在明显的现时相关性,语篇中都包含某种因果关系。通过量化分析,发现 *biasa* 的经历用法倾向于分布在具有显性因果关系的语篇中(8/12),如上文的例(7)。表 2 的显性因果和隐性因果是以句中有无表示因果关系的关联词语区分的。显性因果是指 *biasa* 所处小句有明显的因果词,*biasa* 作为原因小句或结果小句出现;而隐性因果是指句中没有明显的因果词,但上下文构成较明确的因果关系,如例(9)。

① 杨育欣(2014)考察了 1 683 个 *pernah* 的用例,其中否定形式有 1 030 例,肯定形式有 653 例。

(9) Akan tuan ke-dua ini orang belum ***biasa*** ber-perang.
至于 男人.敬称 第-二 这 人 否定 **惯常/经历** 交互-打仗
Biar-lah ayahanda keluar me-lawan dia.
让-强调 父亲.敬称 出去 主动-对抗3.单
至于二儿子是不常打仗/没打过仗的人，就让父王去对抗他吧！

从表2可以看出，*biasa* 的惯常和经历用法所分布的语用环境存在明显差异。仅23%的惯常性用法出现在具有因果关系的语篇中。当 *biasa* 有惯常义和经历义两种理解时，*biasa* 在该语境中的分布增加至44%，总体呈现出由少到多的趋势。由此可见，具有因果关系的语篇是 *biasa* 的经历用法产生的重要环境。

表2　*biasa* 的语用环境分布

用　　法	显性因果	隐性因果	其他语境
明确的惯常用法	30(15%)	16(8%)	159(77%)
双重理解	17(30%)	8(14%)	32(56%)
明确的经历用法	8(67%)	1(8%)	3(25%)
合　　计	55(20%)	25(9%)	194(71%)

总体而言，***biasa*** 在从惯常演变为经历的过程中呈现出与 *used to* 不同的使用特点，这些特点会在第5节一并讨论。

4. 古汉语"常"经历用法的引申与假借

古汉语的"常"与"尝"在上古汉语文献中互为通假，有单向的实义的"常"通"品尝"的"尝"；更多的是虚义的双向通假，但通假的方向并不均衡。"常"通经历义的"尝"如例(10)，远多于"尝"通"常常"的"常"，如例(11)(杨海峰2015：102，113)。

(10) 其后**常**以护军中尉从攻陈豨及黥布。(《史记·陈丞相世家》)

(11) 广所居郡闻有虎，**尝**自射之。及居右北平射虎，虎腾伤广，广亦竟射杀之。(《史记·李将军列传》)

根据对"上古汉语标注语料库"[①]中"常"的时间副词用例的穷尽性分析，

① 该语料库由中央研究院语言学研究所开发，包括48部上古文献，检索日期为2016年6月19日。网址为 http://app.sinica.edu.tw/cgi-bin/kiwi/akiwi/kiwi.sh。

“常”在以下三种语境中,有可能或必须理解为经历用法。

第一,在因果关系的原因小句中,背景性语篇中惯常所具有的经常发生的信息量得不到语境的明显支持,因而在背景小句中有可能弱化为经历的理解。韩兆琦译注(2010:5402—5403)把例(12)的“常”注为“尝”,但翻译为“过去曾和李斯是同乡并且常常向他学习”。“徵为廷尉”在结果分句中更加凸显,而“常学事焉”在原因分句中有可能因背景化而在语义上有所弱化。①例(13)的“又常与其姊采桑堕”为明确的经历用法,其发生频率不详,同样处于原因小句。《史记》中分布在因果语境的“常”共69例。值得注意的是,惯常用法多用于结果小句(42/63)。而双重理解或明确的经历用法均出现在原因小句(6/6)。原因小句通常属于背景信息,因此“常”更容易产生经历的理解。

(12) 孝文皇帝初立,闻河南守吴公治平为天下第一,故与李斯同邑而**常**学事焉,乃徵为廷尉。(《史记·屈原贾生列传》)

(13) 广国去时虽小,识其县名及姓,又**常**与其姊采桑堕,用为符信。(《史记·外戚世家》)

第二,在概括性叙述和特定性叙述之间,“常”所在小句作为话题性叙述的一部分,为后续特定性叙述做铺垫。例(3)的“秦始皇帝常曰”是典型的惯常小句引入话题。例(14)“高祖为亭长时,常告归之田”是时间和话题的引入成分,“吕后与两子居田中耨”及后续小句是叙述特定事件。两者之间在上古汉语中缺乏“有一次”之类的成分的引导,很容易导致将前面表示惯常的“常”理解为“曾经”或“有一次”。如韩兆琦译注(2010:791)将“常”注为通“尝”,并翻译为有一次。王利器主编(1988:220)的翻译则不够通畅,在惯常论述和特定叙述之间缺少过渡:“高祖任亭长时,常常请假回家种田。吕后带着两个孩子在田间除草,有个过路的老汉向她讨水喝,她便把水请老汉喝了。”如果在翻译的时候保留“常”的惯常义,就最好同时添加上“有一次”之类的成分,使之同时兼有两种意义。例(15)是明确的经历用法,“常”所在小句位于句首,引入话题。《史记》中“常”明确的经历用法共22例,其中15例分布在这类话题引入的语境中。Nishiyama & Koenig(2010)特别统计了英语完成体的语境分布,也是

① 有关背景化与语法化的关系参见洪波(2009)等的论述。背景化与后文提及的语用推理分别是从不同角度分析语义弱化的认知动因与演变机制。

以引入话题为主。上述这两类语境类似于语法化连续环境中具有双重理解的桥梁语境(参见彭睿 2008)。

(14) 高祖为亭长时,**常**告归之田。吕后与两子居田中耨,有一老父过请饮,吕后因铺之。(《史记·高祖本纪》)

(15) 高祖**常**繇咸阳,纵观,观秦皇帝,喟然太息曰:"嗟乎,大丈夫当如此也!"(《史记·高祖本纪》)

第三,"常"与"数"的共现语境。常常为经常发生,数次为多次发生,经历即事件至少发生一次。三者构成一个递减的量级。"常"与"数"在不同位置共现时,"数"的多次义更为具体,从而对"常"的理解带来了不同的影响。

例(16)"常"和"数"分别出现在不同的分句中,"常"既可以保留惯常的含义,也可以直接理解为经历的含义。笔者掌握的三个全译本中两个翻译为惯常,只有韩兆琦译注(2010:4197)把第一个小句翻译为"吕媭因为陈平曾为刘邦设计捉拿过樊哙",其中的"曾"对应于"前","常"被忽略。例(17)"上常赐告者数"中的"常"与"数"出现在同一个小句但不相邻;两个译本将"常"理解为惯常,只有安平秋(2004:1438)理解为经历。例(18)"常"与"数"直接相邻,"常"不能理解为高量的"经常发生",而适合理解为事件频次较为模糊的经历义。这种直接相邻的语境类似于语法化连续环境中只有一种新的理解的转换语境。此例的"常数"只有安平秋(2004:1239)准确地翻译为"曾多次";韩兆琦译注(2010:6165)和王利器主编(1988:2176)分别翻译为"经常"和"多次",均以省略的方式回避了"常数"共现的理解问题。例(19)的"常数"中的"常"在上述三个译本中一致地理解为经历义。因此,"常"与"数"共现的理解是惯常演变为经历最确切的证据,译本的不同理解本身也提供了语言使用的直接证据。

(16) 吕媭**常**以前陈平为高帝谋执樊哙,**数**谗曰:"陈平为相非治事,日饮醇酒,戏妇女。"(《史记·陈丞相世家》)

(17) 黯多病,病且满三月,上**常**赐告者**数**,终不愈。(《史记·汲郑列传》)

(18) 景帝即位,以错为内史。错**常数**请间言事,辄听,宠幸倾九卿,法令多所更定。(《史记·袁盎晁错列传》)

(19) 常从人寄食饮,人多厌之者。**常数**从其下乡南昌亭长寄食,数月,亭长妻患之,乃晨炊蓐食。(《史记·淮阴侯列传》)

上述三类语境都出现在《史记》中,在《史记》之前的先秦语料《韩非子》《荀子》《吕氏春秋》中,已经见到"常"用为"尝"的用例。但是这些用例都是明确的经历用例,没有理解为惯常的可能。例(20)为明确的偶发事件,且例(20)的动词为状态动词"有"。可靠的先秦语料中还没有发现"常"有双重理解的用例,仅在语料性质有争议的《孔子家语》和《孔丛子》中各发现1例,如例(21)。

(20) 夫日月之有蚀,风雨之不时,怪星之党见,是无世而不常有之。(《荀子·天论》)

(21) 昔臣常行临淄市,见屠商焉。身修八尺,须髯如戟,面正紅白,市之男女未有敬之者,无德故也。(《孔丛子·对魏王》)

先秦明确的经历用例出现的语境类似于语法化的习用化环境,即不需要借助更大的上下文就能获得明确的经历的理解,这与语法化环境的阶段性不相符合。因此,就目前的证据而言,保守地说先秦语料的"常"用于"尝"是通假的结果,是汉语特有的音近相通的特殊现象,而《史记》的此类用例本身可能兼有通假和引申。即使两者的引申关系成立,也仍然不能排除同期同音借用的使用现象。英语、马来语从惯常到经历的平行演变,有助于进一步明确认识古汉语"常"这两种用法之间的引申关系,有助于解决经典文献疑难语句的理解问题。刘又辛(1988:17)指出:"引申义和假借义应该从理论上严加区分",但是由于有些词义"引申的线索不易厘清,因而很可能误认为假借。也有些假借义同某一词的引申义偶有接近,因而可能误认为是这个字的引申义。"本文对《史记》中"常"的惯常和经历义兼具通假与引申的分析,注意到语义演变普遍性背后体现的汉语语义演变的特殊性,深化了对假借和引申关系的认识。

5. 从基于使用的理论看由惯常至经历的语义演变过程

基于使用的语言理论认为,语法是语言经验的认知投射,语法可接受度的判断是以熟悉度为基础,语言能产性或创造性的使用是基于对此前使用的范畴化用例的参照(Bybee & Eddington 2006:353)。De Smet(2012)将这一理论应用于语言演变的研究。一般认为语言的演变包括重新分析及其结果的实现过程。De Smet(2012:601)认为,重新分析一定程度上基于对已有的构式的类推并同样具有渐变的特征,因而把重新分析纳入整个语言演变的实现过程;语言演变从一个环境到另一个环境的实现是以环境的相似性为基础的;这种相似性既包括宽泛的句法方面的概括,也包括已有格局的表面相似性,甚至包括跟重新分析发生之前的用法的相似性。因此,语言演变实现的过程既因演变的项目而异,也因演变的语言而异。从历时类型学的研究旨趣来看,总是要寻找特定语言演变的多样性与一致性。基于使用范式的语言演变研究为我们提供了新的观察角度和解释方法。就目前的研究而言,三种语言的演变过程的异同可以从以下五个角度进行比较。

第一,从显性的句法形式来看,古汉语"常"和英语 *used to* 的惯常和经历用法以肯定形式为主。如古汉语"常"明确的经历用法有 32 例肯定用例,否定用例仅 1 例。古汉语和英语的经历用法继承了惯常用法的特点,两者在肯否属性上总体具有更高的相似性。而马来语 *biasa* 的经历用法是以否定形式为主,从肯定到否定的过渡出现在兼有惯常和经历两种理解的用例中,其中否定与肯定的比例是 44%比 56%。因此 *biasa* 的否定形式是经历性用法重新分析的节点,经历性用法只是跟重新分析的节点的句法形式具有明显的相似性。因此,句法相似性只是演变的条件之一,其作用因语言和项目而异。

第二,从入句的动词的语义特征来看,英语 *used to* 的经历用法明显倾向于出现在少数几个静态动词,而惯常用法则适用于大多数动态动词。*used to* 从动态动词扩展到静态动词,从而导致了意义的变化。这其中作用最为明显的就是类推的演变机制。而古汉语和马来语相应的经历性用法的动词仍然与惯常一样,以动态动词为主。比如经历义的"常"目前只发现 2 例与状态动词"有"搭配的用例,如例(20)的"是无世而不常有之"。古汉语和马来语两种不同的意义在相似的语义、语用环境中发生重新分析的可能性更大,即将因果语境中事件在过去时间至少发生一次的意义赋予原来表示惯常意义的成分(参见 Croft 2000:161—162)。由于古汉语和马来语富有多种表示经历的时间副词,也可以认为"常"与 *biasa* 的重新分析一定程度上是基于已有的经历义构式类推的结果,但是这种类推的作用性质与方式难以准确描述。总之,不同语言从惯常到经历的演变中,发挥主导作用的机制有所不同。

第三,从语用环境来看,英语 *used to* 的经历用法在现在时形式消失以后最常出现在具有对照关系的语篇中,而 *biasa* 67%的经历用法出现在具有关联词的显性因果关系的语篇中,"常"的经历用法则多作为话题的引入成分,这类用法在上下文中往往存在事实上的因果关系。三种语言的新旧用法具有明显的相似性。从逻辑上看,对照关系一定程度上包含因果关系。例(4)的"I used to torture cats. Now I'm a vegetarian"一方面可以理解为由于某种原因导致了这种变化;另一方面也可以理解为对当下某种行为的解释,按照此前的习惯应当得出某种结果,但由于情势的变化,该结果不会出现。因此,在现时相关性上,三种语言的语用环境异中有同,都包含某种因果关系。因果关系一般是用已实现的事来论说因果,语境中表示原因的部分通常都是已然的,即事件在过去时间至少发生一次,从而为语用推理奠定了语境基础。

第四,从语法语素的聚合系统来看,一般认为英语没有专用的经历体的表达手段,经历性用法只是现在完成体形式的一种用法;而 *used to* 则产生了一种仅用于经历性用法的完成体形式。因此 *used to* 的新用法不容易引起注意,较晚才被加以分化;也不容易在系统中得到很好的定位,并产生了"反现在完成体"之类的标签。而古汉语和马来语具有现成的专用经历体形式,原来的惯常义一旦发展出经历义,很容易被辨识与解读。在上古汉语中,"常"与"尝"的同音假借一方面诱发了惯常到经历的演变的产生,同时也因为"尝"的经历义的普遍使用以及同期"曾"的经历义的产生抑制了"常"的经历义的实现;使得"常"的经历义长期以来被视为同音相借的汉字使用现象,而不是一种语义演变现象,从而构成了汉字的使用与汉语的使用两者之间的相互制约。不同语言已有的语法语素的聚合系统一定程度影响到从惯常演变出来的新的经历用法的心理表征与使用倾向。刘丹青(2017)指出:凡是一形多义现象都要回答一个心理语言学的根本问题:这些多义形式在母语人心目中是视为同一个成分还是不同的且无关的成分?从本文的基于使用的理论角度来看,这些不同的多义关系在不同的语言中很可能以一种梯度的方式分化或表征,从而体现出表征方式的多样性。

第五,从演变的结果来看,英语 *used to* 和马来语 *biasa* 都在已有的惯常义的基础上增加了一个经历义,但是经历义的使用频率远远低于惯常义。这种低频率不足以撼动各自惯常义的主导地位,不会导致两个语法语素在教学语法中体貌名称的易位。比较而言,马来语 *biasa* 兼用于动态动词和静态动词,显得更为成熟。古汉语的"常"的经历义虽然在《史记》中已经产生,但没有获得独立义项的地位,零星的用例被视为"尝"的假借。在更多的情况下,很可能被"尝"直接覆盖,如《史记》中个别经历义的"常"在《汉书》中就直接写为"尝"。

6. 结论

本文研究发现,从惯常至经历的语义演变在多个方面呈现出多样性。从词汇来源来看，英语、马来语、古汉语的三个对应成分都是从基本义为惯常的成分发展出经历的用法。本文集中讨论的从惯常到经历的演变过程虽然也是以环境的相似性为基础的，但的确呈现出因项目和语言而异的多样性特点。古汉语和英语相应的经历义成分保留了肯定的形式特征，而马来语的经历义成分呈现出以否定用法为主的特点。英语相应成分的经历义以静态动词为主，显著不同于惯常用法；而古汉语和马来语均仍然保留了以动态动词为主的特征。英语相应成分的语用环境以对照关系为主，马来语以因果关系为主，而古汉语以引入话题为主。演变的结果是英语与马来语的经历用法与惯常用法共存但仍然以惯常义为主，而古汉语“常”的经历用法被“尝”所覆盖。

基于使用的语言研究更加关注具体语言中具体项目在具体环境中的使用特点，本文由此发现类推和重新分析在三种语言从惯常到经历的语义演变中作用各不相同。以往的语法化研究更重视个别语法语素的演变过程和机制，对于语法语素的聚合系统对单个语法语素的演变过程的制约缺少充分的重视和观察。本文一并考察英语、马来语、古汉语从惯常义至经历义的演变，有助于深入认识语言演变的多样性和一致性。

参考文献

安平秋主编 2004《二十四史全译·史记》，汉语大词典出版社。

陈前瑞 2016《完成体与经历体的类型学思考》，《外语教学与研究》第6期。

韩兆琦译注 2010《中华经典名著全本全注全译丛书·史记》，中华书局。

洪 波 2009《完形认知与“(NP)V得VP”句式A段的话题化与反话题化》，吴福祥、崔希亮主编《语法化与语法研究》(四)，商务印书馆。

刘丹青 2017《汉语动补式和连动式的库藏裂变》，《语言教学与研究》第2期。

刘又辛 1988《通假概说》，巴蜀书社。

彭 睿 2008《“临界环境—语法化项”关系刍议》，《语言科学》第3期。

王 还 1988《关于怎样教“不、没、了、过”》，《世界汉语教学》第4期。

王利器主编 1988《史记注译》，三秦出版社。

吴福祥 2017《试探语义演变的规律》，《古汉语研究》第2期。

杨海峰 2015《〈史记〉副词研究》，世界图书出版广东有限公司。

杨育欣 2014《马来语与汉语经历体标记的用法比较研究》，北京语言大学硕士学位论文。

Baharom, H. N. 2005 *Kamus Dewan* (*Edisi Keempat*)(《马来语大词典》第四版). Kuala Lumpur: Dewan Bahasa dan Pustaka.

Binnick, R. I. 2005 The markers of habitual aspect in English. *Journal of English Linguistics* 33:339—369.

Binnick, R. I. 2006 *Used to* and habitual aspect in English. *Style* 40:33—45.

Bybee, J., R. Perkins & W. Pagliuca. 1994. *The Evolution of Grammar: Tense, Aspect, and Modality in the Languages of the World*. Chicago: The University of Chicago Press.

Bybee, J. & D. Eddington. 2006 A Usage-based approach to Spanish verbs of 'becoming'. *Language* 82:323—355.

Chappell, H. 2001 A typology of evidential markers in Sinitic languages. In H. Chappell (ed.). *Sinitic Grammar: Synchronic and Diachronic Perspectives*. Oxford: Oxford University Press. 56—84.

Croft, W. 2000 *Explaining Language Change: An Evolutionary Approach*. Harlow, England: Pearson Education.

Declerck, R. 1991 *Tense in English: Its Structure and Use in Discourse*. London: Routledge.

De Smet, H. 2012 The course of actualization. *Language* 88:601—633.

Hantson, A. 2005 The English perfect and the anti-perfect *used to* viewed from a comparative perspective. *English Studies* 86:245—268.

Haspelmath, M. 2003 The geometry of grammatical meaning: Semantic maps and cross-linguistic comparison. In Michael Tomasello (ed.). *The New Psychology of Language, vol.2*[C]. Mahwah, New Jersey: Lawrence Erlbaum. 211—242.

Kim, N.-K. 1998 On experiential sentences. *Studies in Language* 22:161—204.

Lien, C. 2007 Grammaticalization of *pat4* in southern Min: A cognitive perspective. *Language and Linguistics* 8:723—742.

Lien, C. 2015 Formation of the experiential aspect marker *pat4* 識: Contact-induced grammatical change in southern Min. *International Journal of Chinese Linguistics* 2: 273—299.

Neels, J. 2015 The history of the quasi-auxiliary *use(d) to*: A usage-based account. *Journal of Historical Linguistics* 5:177—234.

Nishiyama, A. & J. Koenig. 2010 What is a perfect state? *Language* 86:611—646.

Tagliamonte, S. & H. Lawrence. 2000 I used to dance, but I don't dance now: The habitual past in English. *Journal of English Linguistics* 28:324—353.

van der Loon, P. 1967 The Manila incunabula and earlier Hokkien Studies(Part 2). Asia Major 13:95—186.

(陈前瑞　中国人民大学　北京　qianruic@163.com
杨育欣　中国人民大学　北京　yuxinyeo11@163.com)

语言类型学与认知语言学视角下苗汉空间词汇对比研究

李梦娟

提　要：语言类型学关注语言的普遍性和差异性。中国作为多民族国家，语言资源丰富，为语言学提供了充足的阐释空间。空间认知是人类认知的起点，苗汉空间词汇尤其是绝对空间方位词汇和趋向动词在认知及语义等方面存在差异。对于苗汉空间词汇差异性的把握，为探寻苗汉两种语言背后的认知机制，把握两种语言的特点及规律提供有利条件。

关键词：语言类型学　认知语言学　方位词汇　趋向动词

语言类型学关注语言的共性与差异性，空间认知被普遍认为是人类认知的起点，与之相关的空间词汇又因不同的民族文化，而反映出不同的民族认知机制。苗族绝对空间词汇抽象化的进程，反映了苗族人民空间认知的发展，民族语言的发展。在语言类型学相关研究方法框架下，从认知语言学角度阐释苗语与汉语表现出的绝对空间认知差异，在差异中把握苗族人民空间认知，认识苗语发展，加深民族了解，增进民族互信。中国是一个多民族国家，语言资源丰富，语言类型学重视语言的共性与个性差异，通过双语对比，可以发现不同民族在表示动态时空时的共性和个性，这对于研究人的认知能力，研究不同民族认知习惯的共性与差异有着非常重要的意义。

1. 语言类型学与认知语言学

"语言类型学是当代语言学的一门'显学'"，学术界普遍同意将其分成两个阶段：19 世纪初—19 世纪 60 年代；19 世纪 60 年代至今。关注语言的共性（或普遍性）和个性（或差异性）的关系，是当代语言类型学的主要内容。在语言类型学的研究中，研究者既可以从共时角度出发，也可以从历时角度出发，

"同时,也可以根据语言区域性特征进行区域分类研究"。语言类型学以跨语言研究为基础,中国作为多民族国家,民族语言资源丰富,绝大多数民族都有自己的语言,分属于汉藏、阿尔泰等语系。苗族是一个古老民族,贵州是其主要的居住地之一。苗语的系属问题仍存在争议,但普遍同意苗语与汉语同属汉藏语系,如在《苗语简志》(1985)、《苗语语法(黔东方言)》(1986)、《黔东苗语基础知识》(1992)、《苗族通史》(2008)、《苗族文化大观》(2009)、《苗家欢迎您(黔东方言)》(2011)中都提到了苗语和苗瑶语族的系属问题。《黔东苗语基础知识》《苗语简志》还给出了系属汉藏语系的理论依据。苗语有3大方言,7个次方言,18个土语。苗语中部方言主要分布在湖南省西南部和广西壮族自治区融水和三江等县,贵州省内主要包括黔东南苗族侗族自治州、黔南布依族苗族自治州东部。苗语中部方言区是国内苗族人口最多、最为集中的地区,本文主要以黔东方言为例。苗语与汉语虽同属汉藏语系,并且在语音、词汇等诸多方面具有共同性,但其差异性也颇为明显。对于少数民族语言的研究也主要集中在语音、语法、语义等方面的对比,对于空间词汇的对比研究,以及其背后的空间认知对比研究比较少。然而这方面的研究现今越来越得到各位专家及学者的重视,如:黄成龙博士主持的中国社会科学院重点课题"中国少数民族语言空间认知范畴研究"有了阶段性成果——《论苗语空间范畴的认知》。

当代语言类型学结合语言的功能、认知、历时演变等外部因素回答关于语言何以如此的问题,在跨语言事实的基础上概括出人类语言的共性,从而逼近语言的本质,这说明语言类型学并非孤立的学科,与其他语言学流派相互补充或借鉴过程中,使得双方都得到完善和发展,如与认知语言学的结合。狭义的认知语言学指:"坚持体验哲学观,以身体经验和认知为出发点,以概念结构和意义研究为中心,着力寻求语言事实背后的认知方式,并通过认知方式和知识结构等对语言作出统一解释的、新兴的、跨领域的科学。"当代语言类型学借鉴了认知语言学成果,如Levinson对于9种不相关语言中的in、on等空间关系的语义特征的研究,使得原来的普遍概念范畴假说得到了修正,这在一定程度上丰富了认知语言学自身的研究材料和方法。

2. 空间词汇

空间范畴是一个重要的、基本的语法范畴。认知语法非常重视空间范畴,早期就被称作"空间语法"(space grammar)。

空间词汇具有空间意义，对于空间，《语言大典》中这样定义："空间具有一组几何特征的公理的数学实体的集合""人对外部现象的体验的先验形式"等多种意义。语言的产生，要靠概念支撑，"概念是在感觉和知觉的基础上产生的对事物的概括性认识，是对客观事物本质特征的反映"。空间概念的形成来源于不断的空间体验，由此产生的概念也是人类赖以生存的最基本的概念，因此，空间认知是人类认知的基础，空间词汇也应该是语言的基础层面。有学者也将空间词汇系统进行了具体的分类：

- 空间词汇系统
  - 内部空间范畴
    - 整体内部空间（空间是物体的整个广延）
      - 空间形状词汇
      - 空间质量词汇
    - 部分内部空间（空间是物体广延的一部分）
      - 物体的中心——边缘空间
      - 人体的身体部位空间
  - 外部空间范畴（空间关系）
    - 界标
    - 射体
    - 空间关系
    - 观察者

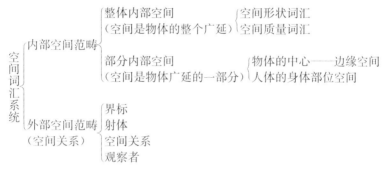

图 1　空间词汇系统分类

综上所述，空间词汇应该至少要包括：方位词，趋向动词，指示词等具有空间概念的词汇。这一点也可根据其定义来判断。

2.1. 方位词汇

在国内，1996 年，吕叔湘先生就在《中国文法要略》中就提到了方所词，包括了处所词和像"东、西、南、北"自成一类的方位词。

方位是"空间时间的方向和位置"。方位词的基本作用是表示方向。"东、西、南、北"为绝对方位词，"前后左右"为相对方位词。曹翠云教授则认为方位名词，指具体方向的位置。并将"东南西北上下前后左右里内外"共 13 个词称为单纯方位词(即有一个语素构成)。

2.2. 趋向动词

趋向动词用来表示动作的趋势或方向。吕淑湘先生认为，白话常常使用"往(望)、朝、向"等字表示动作的趋向。而"进、出、上、下"等字，本为动词，在其他动词和方所词之间成为了关系词，如不和方所词合用而只在一些动词之后，这些字则又有表示动作的趋向或者势力的作用。如：树上又掉下一个，"下"在这里就表示"掉"的趋向。除了"进、出、上、下"外，还有"过、回"(也可以作关系词)“起、开、往、来、去”(不能用作关系词)等字,都兼顾了动向和动势。也称为“动态词”。其中“来”和“去”比较特殊,除了表动态外,有常常和别的动态次连合。“现代汉语的趋向词是一个相对封闭的类,主要包括 8 个词(上、下、进、出、过、回、开、起)与“来”和“去”的组合。

2.3. 指示词

“指示词指是确指或疑指人或事物的词”。王力先生将指示代词分为近指(这)与远指(那),并分单数与复数,可以指示某一人或事物。空间作为认知的起点,一直都是认知语言学家关注的重要方面。

3. 认知隐喻

认知隐喻是认知语言学非常重要的贡献之一,空间隐喻理论又是认知隐喻研究的重要内容。Lakoff & Johnson 在《我们赖以生存的隐喻》(*Metaphor We Live By*)中提到,我们日常生活中的大部分概念系统都由隐喻构建,并分为结构隐喻(structural metaphors)、本体隐喻(ontological metaphors)、方位隐喻(orientational metaphors)。在方位隐喻中,使用方位概念解释非方位概念,使非方位概念具有方位意义。Ungerer & Schmid 将这一过程称作是从一个认知模型(cognitive model)到另一个认知模型的映射(mapping),即始发模型(source model)向目的模型(target model)的映射。

4. 射体与界标

趋向动词牵涉到事物的运动轨迹,在认知语言学看来,事物运动分成一个个阶段(stage)并遵循一定的路径(path),射体(trajector)与界标(landmark)是主要的构成要素。源于图形背景理论,该理论首先由丹麦心理学家 Rubin 提出,之后又由格塔式心理学家进行更加详细的描述。

心理学家认为,图像—背景(figure-ground)概念是指“图像就是觉知到任何被突出物体,它总是与未被突出的背景相对”。“This use of trajector and landmark has been generalized in cognitive liguistics, so trajector stands for the figure or most prominent element in any relational structure and is therefore indicated by very bold lines, whereas landmark refers to the other entity in a relation.”对应认知语言学中的射体和界标。射体相当于图像,指的是任何相关结构中最突出的部分,而界标则是指其他相关实体部分。

5. 苗汉空间词汇差异对比

在苗汉空间词汇对比中发现，差异主要体现在方位词汇中的绝对方位词汇、趋向动词中以及指示词。

5.1 方位词汇之绝对方位词汇

苗汉方位词汇的差异主要集中在绝对方位词汇中，主要体现在数量、参照、认知隐喻方面的差异。

5.1.1 数量差异

经对《黔东苗语基础知识》(1992)、《苗汉语比较》(2001)、《苗族语言与文化》(2002)、《苗语同义词反义词词典(黔东方言)》(2005)、张永祥主编的《苗汉词典(黔东方言)》(1990)以及贵州省少数民族语言文字办公室编撰的《苗家欢迎您(黔东方言)》(2011)几个版本所录的方位词汇进行对比研究发现：

表示方位东的有：pit/gid hnaib dax(太阳升起来的方向)、gid nangl(东方)、nangl(东)。其中 nangl 和 gid nangl 还指河流的下游。

表示方位“西”的有：gib hnaib liuf(太阳落山的地方)、gid jes(西方)、jes(西)。其中 jes 和 gid jes 还表河流的上游。不同时期，各个版本所收录的苗语方位词汇大致相当，但大都为复合词，其中变化最大就是南方和北方，可以说是经历了从无到有的过程。

在《苗家欢迎您(黔东方言)》(2011)一书中出现了 pit kib(南)，pit seil(北)复合方位词中，kib 表炎热或物体温度高，如：Hnaib nongd hsat～(今天最热)。seil 表冷，多指天气，在其他版本中并未发现有此搭配。字典中也未提及此种搭配。“苗语本来没有表东、南、西、北的单词。”而这一现象表现出苗语的发展态势，也在一定程度上表明了苗语空间词汇表达趋于抽象化的进程。因此，起初苗语绝对空间方位词汇在单纯方位词在数量方面要少于汉语，但抽象化的发展，使其趋于平衡。

5.1.2 参照差异

方位词的定位涉及方位参照。参照(reference)，指的是用于确定方位或指示方位的标准。学界研究普遍认为汉语中的“东南西北”以太阳为参照。有的学者也认为南北是根据南极、北极为参照(同上)。苗族的空间认知不以我们常识中的地磁或天文标志为依据，因而无东南西北的概念。与汉族方位比较起来，可以勉强把它称为主观坐标，与汉族执行的客观坐标相对立。苗语对位置空间的认知主要以人体部位为参照框架，对方位空间的认知主要以自然界为坐标,如地势、河流、山川、洞穴等。

5.1.3 认知隐喻差异

空间隐喻是由空间概念为始发域向非空间概念投射,使非空间概念具有空间意义。使得空间意义模糊的概念具有更加清晰的空间方向。

在汉语中,“东”表尊、暖、生,汉语中的东映射事物开端:东方是“光明的地方”,一天的开始是“开端”“有朝气”的地方。而“西”表卑、冷、死。如汉语中以西为空间方位隐喻的词汇,如“驾鹤西去”“上西天”等,隐喻死亡,如:他已经驾鹤西去了(他已经死了)。如图 2。

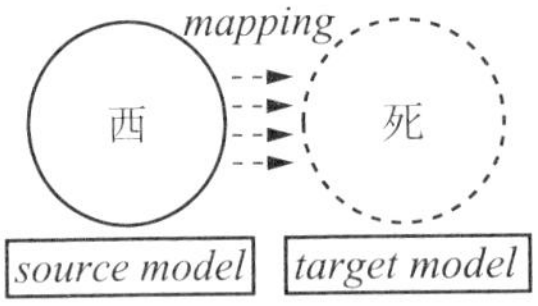

图 2

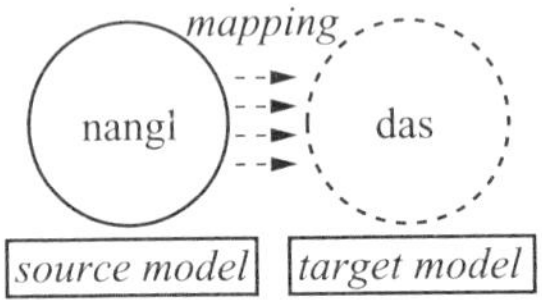

图 3

然而,苗族人恰恰相反,苗语中以东隐喻死亡,这主要与苗族人尚东习俗有关,他们认为自己的祖先居住在东方。在苗语中,较抽象化的空间方位词即是“nangl”“jes”。现“pit/gid nangl”“pit/gid jes”分指东方、西方。其本义分别指“河的下游”“河的上游”,如在苗族古歌《溯河西迁》中“Qab niangx dlongx vuk nangl.”意思是划梧桐船顺江流,而“Xongx eb jit jes.”意思是指溯河而上,沿河西迁。从相关苗族古歌,传说等可得知苗族原始的居住地在东方,苗族人认为他们的祖先就在“pit/gid nangl”这个方向,即河流的下游方向。而且在发现的一些苗族的古墓群,墓葬均头东脚西,苗族认为人死后,原附着在躯体上的灵魂要分化成几个灵魂,其中一个灵魂将返回祖先故地——东方,因此将“死”称为 diangd nangl 或 khad nangl,如图 3。又如苗族悬棺葬习俗,由于历史上不断地迁徙,使得苗族人形成崖葬的习俗,或悬棺葬习俗,且在这些崖洞下一般都会有一条湍急的河流,这些目的都是希望灵魂早一点逃逸出来,随着河流回到祖先居住的“东方”去。

5.2 趋向动词

苗语和汉语趋向动词中差异最为明显的主要是“上、下、来”3 个词,并主要体现在认知方面的差异。

5.2.1 趋向动词“来”

苗语趋向动词表达方式比较丰富,用不同的词汇表达不同的动作路径,而汉语往往靠不同的动词搭配来区分意义。苗语中的趋向动词“来”有 dax 和 lol 两个词,但其内涵不同,路径意义不同。dax 指客人来,有拜访之意,而 lol 指主人来,有归来之意。如下面的例子:“Khat～yangx.”客人来了。“Nenx～yangx.”他归来了。如果用动作路径表达,可以区分开来,如下图:

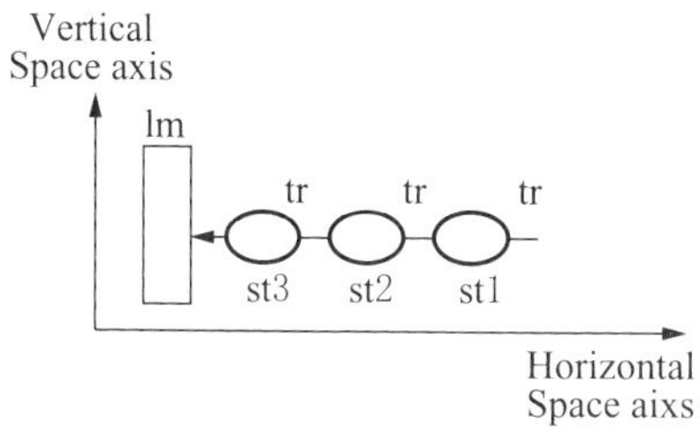

图 4　Knat dax yangx.客人来了。

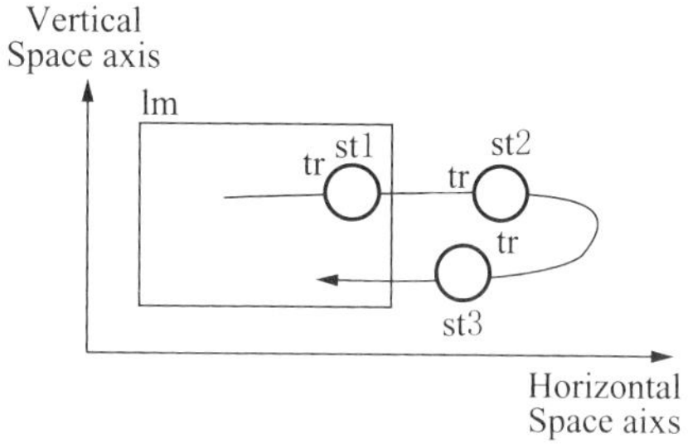

图 5　Nenx lol dail.他归来了。

5.2.2　趋向动词“上”与“下”

在《吕叔湘文集》一书中提到,汉语中,来表示动作从别处向着说话的中心点(多半不是主语的所在)而来。如:“丽丽送来一盒饼干,我留着等你一起吃!”

“上,上来,上去”中“上”表向上,加“来,去”表动向以复式表示,如:“他凑上去,仔细听!”另外还表物件归着到应归着的地位。以“上”字常见,如:“门关上了没有?”

“下,下来,下去”表动向也以复式为常,如:“吓得他连忙跪了下去。”其引申的意义,表物件离开原来的位置,或动而静。

“下来、下去”又表示某一类属性的逐渐加增,和“起来”相似,而应用范围不同。

“下去”又表示动作的延长,这是一种“动相”。

汉语中的“上、下”既可以作为方位名词,也可为趋向动词,有垂直空间意义,也有从高处到低处,从低处到高处的趋向意义,但苗语中的表现方式会更加细致。苗语中 waix 表上,dab 表下,都为方位名词,而 jit(上)、khad(下)、ngal(下)、vuk(下)才为趋向动词,并且苗语中的上与下都表示由低处到高处或由高处到低处的趋向动作路径。其中,jit 表由低处到高处的“上”,而 khad、ngal、vuk 都表示由高处到低处的动作趋向。如下图:

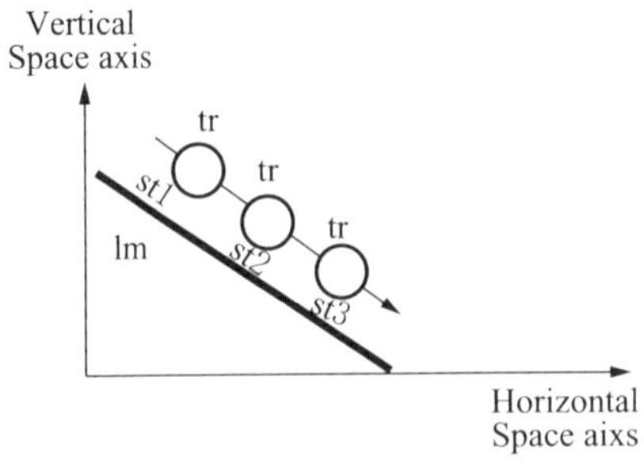

图 6　ngal mongl 下去

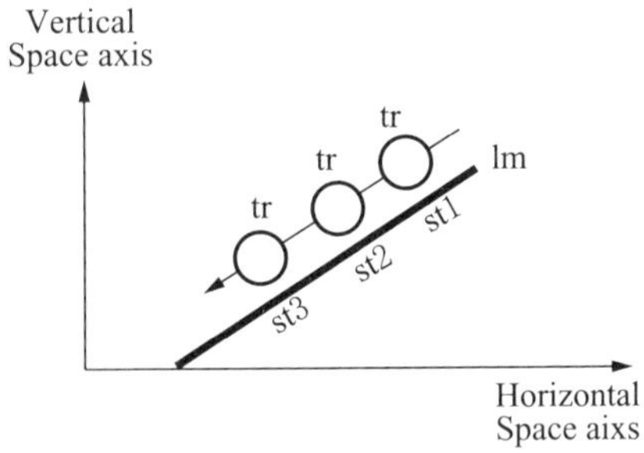

图 7　ngal dax 下来

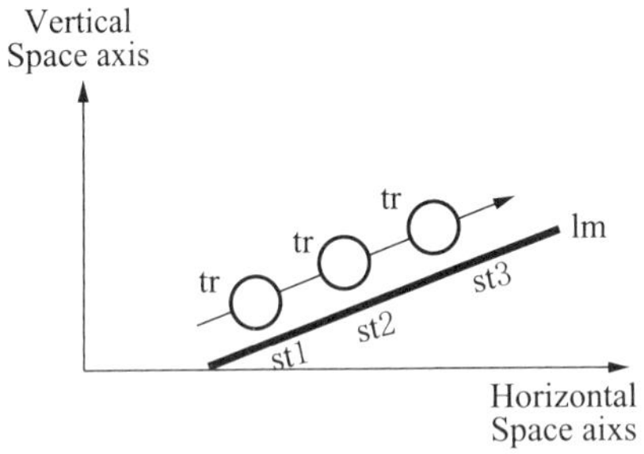

图 8　jit mongl 上去

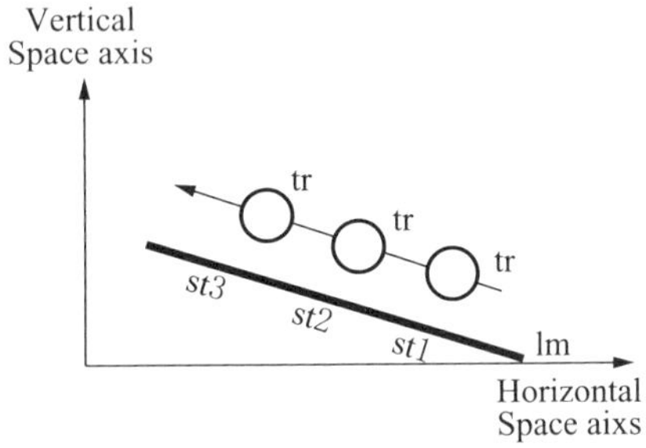

图 9　jit dax/ lol 上来

尤其要指明的一点是,汉语中的"下雨、下雪"等一些自然天气现象,在苗语中并不使用 khad、ngal 或 vuk,而使用 dax 来专指这些天气现象,dax 除了指"来"这一动作趋向外,还表"下、降"(雨、雪):～nongs 下雨/～bait 下雪。如下图:

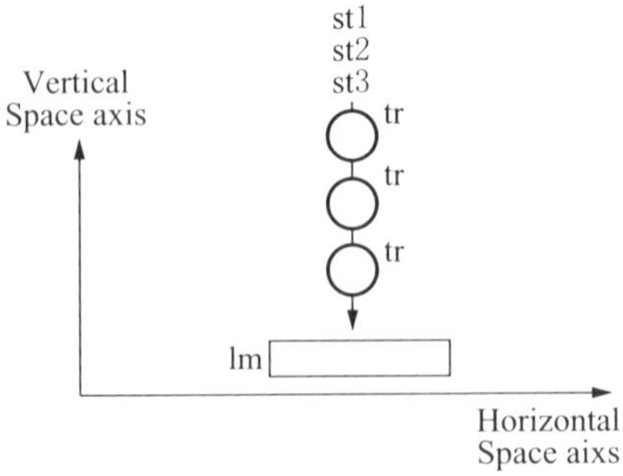

图 10　Bet hob yangx, nongt dax nongs dail.(打雷了,要下雨了。)

5.3　指示词

有的专家称苗族文化为一种压缩性文化,即常常把自己的文化压缩在生存空间内部,不扩张。从苗族迁徙历史来看,居住地区自然地理环境视野受限,苗族人非常注重人与人之间的关系,注重自己的内心世界,指示系统也更加丰富。王力先生将指示代词分为近指(这)与远指(那)并分单数与复数,可以指示某一人或事物。苗语中的指称词则比较复杂,分近指、远指、更远指如图 11.:

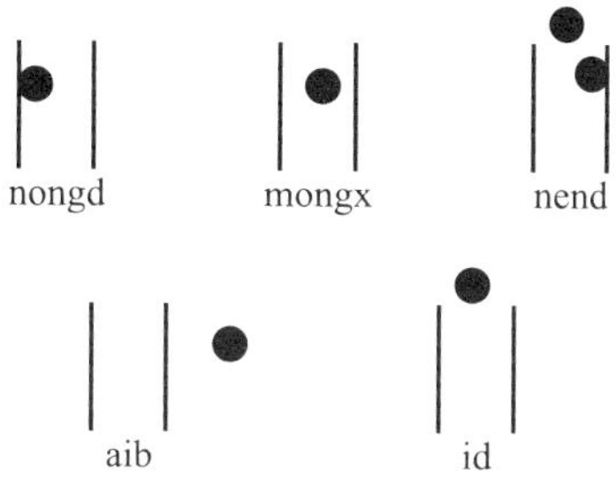

图 11 苗语指示词(左竖线为说话人,右竖线为听话人)

nongd 这:近指,离说话人较近的事物
mongx 那:远指,离听话人近、说话人较远,在两者之间
nend 那:离听话人近或者是谈论未见过的事物
aib 那:离听话人或说话人都远
id 那:忆指以前的事物(看不见的事物)

在《汉语空间短语研究》中提到“指示代词空间性越强,情况越复杂,多分的可能性就越大。生活于高山或河谷地带的民族,注重所指对象与说话人的位置和方向,形成复杂的指示代词系统”。汉语的指示词经济性较强。

综上所述可以得出以下结论:

1.苗语中本无东、南、西、北抽象的绝对方位词,但苗语处在变化之中,方位词的数量逐渐与汉语趋于平衡。2.在东、西两个方位认知隐喻方面,存在差异,苗族人有尚东习俗,认为东方为祖先居住的地方,常以东隐喻死亡,而汉语则以西隐喻死亡。3.趋向动词方面,以“来”为例,苗语以不同的词表达不同的路径意义,但汉语则通过不同的动词与“来”搭配区分路径意义,如:归来,往来。4.趋向动词方面,以“上、下”为例,苗语的趋向动词比较复杂,汉语中的“上、下”即可作为方位名词,也可为趋向动词,可表垂直空间位移,也可表从高处到低处,或从地处到高处的位置移动。但苗语中的区别比较细化,waix(上)、dab(下)方位名词,jit(上)、khad(下)、ngal(下)、vuk(下)才为趋向动词。并且这些趋向动词表达的路径意义都是从高处到低处,或者从低处到高处,很少有垂直路径意义。另外,汉语中一些自然现象的路径意义可用“下”,如:下雨、下雪等,苗语中则要专门的 dax 来表示,这时的 dax 除表“来”外,还表“下降”。5.在指示词中苗语指示词数量较多,指示系统比汉语更加复杂。

6. 结语

语言类型学视角下,关注语言的共性与差异性,并在差异对比中,揭示语言现象。苗语中,本没有“东西南北”抽象概念,但随着社会的发展,空间体验经验的丰富,苗语的空间词汇正趋于抽象化。趋向动词尤其在“上、下、来、去”认知及意义表达方面与汉语存在差异,比汉语用法要复杂很多。苗汉空间绝对方位词汇、趋向动词差异,主要反映在空间方位认知与语义差异,其差异原因主要是不同的自然地理环境与空间体验。运用语言类型学与认知语言学结合的方法,能互补不足,能更加清晰、更加科学地阐述语言差异现象。本文只对苗汉语言的一部分空间词汇进行了比较研究,有很大的局限性,相关理论也有待丰富。

参考文献

刘丹青 2003《语言类型学与汉语研究》,《世界汉语教学》第4期。

陆丙甫 2001《从宾语标记的分布看语言类型学的功能分析》,《当代语言学》第4期。

许文胜 2015《语言类型学视角下的英汉连词对比与翻译研究——基于“英汉文学名著语料库”的采样分析》,《外国语》第3期。

李云兵 2003《苗语的形态及其语义语法范畴》,《民族语文》第3期。

王 勇、周迎芳 2014《二语习得研究与语言类型学》,《中国外语》第5期。

王 寅 2013《认知语言学》,《英语学术关键词辞典》,广西教育出版社。

江 轶 2006《国际当代语言类型学发展动态》,《现代外语》第3期。

王同亿 1990《语言大典》,三环出版社。

杨玉芳 2015《心理语言学》,科学出版社。

赵 亮 2008《空间词汇系统的认知研究》,黑龙江人民出版社。

吕叔湘 1990《吕叔湘文集第一卷》,商务印书馆出版。

方经民 1999《汉语空间方位参照的认知结构》,《世界汉语教学》第4期。

曹翠云 2001《苗汉语比较》,贵州民族出版社。

Robert J.Sternberg 著,杨炳钧、陈燕、邹枝玲译 2006《认知心理学》,中国轻工业出版社。

储泽祥 2010《汉语空间短语研究》,北京大学出版社。

李 静 2006《民族心理学教程》,民族出版社出版。

李锦平 2002《苗族语言与文化》,贵州民族出版社。

杨渝东 2008《永久的漂泊(定耕苗族之迁徙感的人类学研究)》,社会科学文献出版社。

王　力 1985《王力文集第二卷》,山东教育出版社。

储泽祥 2010《汉语空间短语研究》,北京大学出版社。

Lakoff, G. & Johnson, M. Metaphors We Live By. Chicago: University of Chicago Press, 1980:56—57.

F. Ungerer, H.J. Schmid. An Introduction to Cognitive Linguistic. Beijing: Foreign Language Teaching and Research Press. 2001:120, 161.

(李梦娟　贵州民族大学　贵阳　645688302@qq.com)

乳山话正反问句“是不/是没 VP”及其类型归属

张甜甜

提　要: 在正反问句“VP-neg-VP”“VP-neg”和“K-VP”三种类型中,前人一般将乳山话“是不/是没+VP”分为未然体(“是不+VP”)和已然体(“是没+VP”)两类,归入“K-VP”,K=“是不/是没”。但本文调查发现,否定副词“不/没”与VP联系更紧密,“是不/没”连写对该句式类型划分产生误导,故将“是不/是没+VP”中的“+”省略。“是不/是没 VP”中“是”读轻声,“不/没”为否定副词,VP可以为形容词、动词和动宾短语。“是不/是没 VP”很可能是从“VP-neg-VP”发展而来的。

关键词: 乳山话　正反问句　“是不/是没 VP”　“K-VP”　“VP-neg-VP”

1. 引言

乳山,位于山东半岛东端,行政区划上同文登、荣成共同隶属于威海,地理上北邻文登、荣成、威海,西面与莱阳、莱西毗邻,东面南面环海,属胶辽官话登连片烟威小片。

关于现代汉语方言正反问句的类型研究,目前学界虽仍有些许争议,但主要沿用邵敬敏(2007)的分类模式。分为三种基本类型:“VP-Neg-VP”“VP-Neg”和“K-VP”。这一分法与朱德熙(1985)的两分法“VP-Neg-VP”“FVP”基本一致,只是将朱先生“VP-Neg-VP”的变式“VP-Neg”单列出来。

其中,“K-VP”这一类型争议最大。典型方言有苏州话“阿 VP”、合肥话“克 VP”、昆明话“格 VP”等,主要分布在吴方言、客家方言以及西南官话、山东方言的部分地区。赵元任(1928)、李小凡(1990)、刘丹青(1991)通过与是非问句对比,均认为这一类型应为是非问句。朱德熙(1985)、邵敬敏(2007)则主张应划归正反问句,认为“K”为疑问副词。罗福腾(1996)明确将乳山方言的“是不/是没+VP”归入正反问句“K-VP”类型,认为“是不/是没”=K。本文认同该句式为正反问句，但对其是否属“K-VP”类型存疑。

2. 乳山话正反问句“是不/是没 VP”

本部分采用罗福腾(1996)先生从时态(未然、已然)的分类角度入手，重点描写“是不/是没 VP”及其变式“VP 是不/是没 VP”句式。

2.1 未然体：“是不 VP”

(1)“是不 VP”

例如：

乳山话	普通话
你小孩儿是不胖?	(你的孩子胖不胖?)
你学习成绩这么好，你家是不欢气?	(你的学习成绩这么好，你家里人高兴不高兴?)
这个闺女是不强起乜个?	(这个女儿比那个强不强?)
你看这个是不好看?	(你看这个好不好看?)
你是不走?	(你走不走?)
你是不喝水?	(你喝不喝水?)
他是不愿意?	(她愿不愿意?)
我不知道他是不去。	(我不知道他去不去。)

VP 可为形容词、动词或动词短语，也可以带属于“起”字比较句的一部分。句末通常不加语气词，不可加“吗”；可加“啊、呀”缓和语气。答话为问句中形容词的肯定、否定形式(如，—你小孩是不胖? —胖/不胖。)或点头、摇头。

(2) 变式：“VP 是不 VP”

例如：

乳山话	普通话
猪肥是不肥?	(猪肥不肥?)
你朋友好看是不好看?	(你朋友漂亮不漂亮? /你朋友漂不漂亮?)
这个闺女强是不强起乜个?	(这个女儿比起那个强不强?)
你看这个好看是不好看?	(你看这个好不好看?)
你去是不去?	(你去不去?)

你愿意是不愿意?	(你愿意不愿意? /你愿不愿意?)
你承认是不承认?	(你承认不承认? /你承不承认?)
我不知道他去是不去。	(我不知道他去不去。)

当VP不是单音节时,仍是完整的表达,“你们欢气是不欢气?”“你承认是不承认?”,不能省略成变式“ * 欢是不欢气”“ * 承是不承认”。句末不可以加“吗”,可加“啊、呀”缓和语气。答话为问句中形容词的肯定、否定形式(如,—猪肥是不肥? —肥/不肥。)或点头、摇头。

语义上,“VP是不VP”与“VP还是不VP”基本一致,如“你欢气是不欢气?”与“你高兴还是不高兴?”基本一致,多用在再三追问的语境下,但若要加副词“到底”,只能选择“VP不VP”句式(猪到底肥不肥?)。语用上,相较于“是不VP”,该变式强调正反问句的两个疑问焦点(肯定和否定)。这时,肯定和否定疑问焦点分居在“是”两侧,“不”和“VP”联系更加紧密。

特别值得注意的是,动宾短语不能进入此变式中,若要表达上述语义,只能省略宾语,保留动词。如“你到底喝不喝水?”用该句式只能说“你喝是不喝?”。

2.2 已然体:“是没VP”

(1)“是没VP”

例如:

乳山话	普通话
猪是没肥?	(猪肥没肥?)
麦是没熟?	(小麦熟没熟?)
天是没亮?	(天亮没亮?)
你去问问他是没饱。	(你去问问他饱没饱。)
你是没去?	(你去没去?)
僚媳妇是没哭?	(你媳妇哭没哭?)
你是没坐上火车?	(你坐没坐上火车?)
我去看看他是没来。	(我去看看他来没来。)

VP可为形容词、动词或动词短语,不可以带属于“起”字比较句的一部分,语义上与普通话中“VP没VP”句式基本相同。句末通常不加语气词,不可加

"吗";可加"啊、呀"缓和语气。答话为问句中形容词的肯定、否定形式(如,—猪是没肥？—肥了/没肥。)或点头、摇头。

(2) 变式:"VP 是没 VP"

例如:

乳山话	普通话
猪肥是没肥?	(猪肥没肥?)
天亮是没亮?	(天亮没亮?)
俺家孩儿今儿炸试是没炸试?	(我家孩子今天淘没淘气?)
你去问问他饱是没饱。	(你去问问他饱没饱。)
你去是没去?	(你去没去?)
你要是没要?	(你要没要?)
你参加是没参加?	(你参加没参加?)
我去看看他来是没来。	(我去看看他来没来。)

当 VP 不是单音节时,仍是完整的表达,"俺家孩儿今儿炸试是没炸试?""你参加是没参加?",不能省略成变式"＊炸是没炸试""＊参是没参加"。句末不可以加"吗",可加"啊、呀"缓和语气。答话为问句中形容词的肯定或否定形式(如,—猪肥是没肥？—肥了/没肥。)或点头/摇头。

语义上,"VP 是没 VP"与"VP 还是没 VP"基本一致,如,"猪肥是没肥?"与"猪肥了还是没肥?"基本一致,多用在再三追问的语境下,但若要加副词"到底",只能选择"VP 没 VP"句式(猪到底肥没肥?)。语用上,相较于"是没 VP",该变式强调正反问句的两个疑问焦点(肯定和否定)。这时,肯定和否定疑问焦点分居在"是"两侧,"没"和"VP"联系更加紧密。

特别值得注意的是,动宾短语不能进入此变式中,若要表达上述语义,只能省略宾语,保留动词。如"你到底上没上天津?"用该句式只能说"你上是没上?"

2.3　小结

"是"与"不/没"语流上联系紧密,读轻声。"不/没"为否定副词,承担正反问功能。"VP"可以由形容词、动词及动宾短语充当。"是不/是没 VP"在句中充当谓语、宾语。语义上与普通话中"VP 不/没 VP"句式基本相同。"是不 VP"与"是没 VP"特点基本一致,故为方便下文对比,只选择"是不 VP"句式作对比讨论对象,“是没 VP”句式同。

3. 乳山话“是不 VP”类型归属的对比分析

3.1 与 K-VP 类型中典型方言对比

“K-VP”类型中典型方言的共同特点,总结如下:

首先,K 的性质相同。目前学界普遍认为,苏州话的“阿 VP”中的“阿”、昆明话的“格 VP”中的“格”、合肥话的“克 VP”中的“克”等都是疑问副词,都是舌根音发展而来。但乳山话中的“是”显然不同。且“K-VP”其他方言正反问功能均由 K 承担,如而“是不 VP”是由“不”承担。

其次,历时演变都能找到文献证据。上述典型方言无论从地域上还是从人口迁徙影响上基本都能从文献中的“可 VP”溯源。而乳山话的“是不 VP”句式目前还没有相关文献可证。

接着,其他典型方言在老派人中,“K-VP”句式基本都是说正反问句时的唯一选择。而乳山话的“是不 VP”句式却不是。乳山话中的“是不 VP”句式和“VP 不 VP”在使用上是共存的,只是“是不+VP”句式可能由于经济原则,是优势句式。

再次,它们的已然和未然形式也跟乳山话很不一样。如,合肥话“克 VP”是表示未然,当要表示已然情况的时候,直接在“克 VP”后加语气词。而乳山话则是将“不”变为“没”,跟普通话中“VP 不 VP”到“VP 没 VP”一致。

最后,典型的“K-VP”类型方言,都有明显区别于是非问句的答话方式,且答话方式有独特性。而从上一部分(与是非问句对比)的答话上可以看出,乳山话答话与“VP 不 VP”基本一致。

综上,除了第一点 K 的性质和第二点该句式历史溯源有待考证以外,其他几方面都与“K-VP”类型其他典型方言有很大的不同。

3.2 与普通话中“VP 不 VP”对比

乳山话在正反问表达上呈现出“是不 VP”和“VP 不 VP”共存的局面,“是不 VP”是优势句式,这可能是由于经济原则。但若句中出现“到底”“还”等副词时,只使用“VP 不 VP”。

“是不 VP”与普通话“VP 不 VP”基本一致:首先,“是不 VP”和“VP 不 VP”两种句式,VP 都是谓词性成分可以是形容词和动词,可以是单音节的也可以是多音节的或动词短语。其次,“是不 VP”和“VP 不 VP”都充当句子的谓语。再次,“是不 VP”和“VP 不 VP”两种句式语气词的使用一致。最后,

“是不 VP”和“VP 不 VP”两种句式答话基本一致。

唯一不一致的是：“VP 不 VP”可以充当主语，能居于句首充当话题，而“是不 VP”不能。

值得注意的是，乳山话中“是不是 VP”可以省略成“是不 VP”，但同本文讨论的“是不/是没 VP”中未然体只是形式相同，语义上有差别。普通话“是不是 VP”有明显的肯定性倾向，而“是不 VP”则没有。

综上，本文认为乳山话“是不 VP”跟“VP 不 VP”更趋一致，应是由“VP 不 VP”演变而来。

3.3　“是不/是没 VP”演变路径构拟

本文针对该句式历时演变成因提出了以下几个猜想：

（1）地理上的横向演变

山东牟平方言中，正反问句，既用“可不 VP”，又用“是不 VP”，乳山话中只用“是不 VP”句式。这可能和地理位置有关：从西到东，乳山话中只保留了“是不 VP”的句式。本文认为这种说法没什么证据支持，只是一种可能性猜想。

（2）“VP 不 VP”的历时演变

本文认为，乳山话的“是不 VP”很有可能是由“VP 不 VP”演变而来的。演变步骤大致如下，以“你去不去?”为例：

① 你去不去?

② 你去还是不去?

③ 你去是不去?

④ 你是不去?

从①到②是转折性的一步，②在普通话中也是成立的，是在正反问“VP 不 VP”句式的基础上为了表达求证、确认的意味而加上“还是”的。“是不 VP”很有可能是“还”字脱落形成的，这也正好解释了该句式不能加“还是”“到底”等词的原因。

但是很遗憾，由于历史资料文本有限，这种溯源的探究还很困难，难以轻易证实。

4. 结论

综上，“是不/是没 VP”中“是”是表示正反问的前置词。乳山话“是不/是没 VP”类型为“是-neg-VP”，应划归“VP-neg-VP”类型，但还需要其他方言和史料的补充和支撑。

参考文献

刘丹青 1991《苏州方言的发问句“可 VP”句式》，《中国语文》。

罗福腾 1981《牟平方言的比较句和反复问句》，《方言》第4期。

罗福腾 1996《山东方言里的反复问句》，《方言》第3期。

钱曾怡、高文达、张志静 1985《山东方言的分区》，《方言》第4期。

邵敬敏、周 娟 2007《汉语方言正反问的类型学比较》，《暨南学报》第2期。

邵敬敏、朱 彦 2002《“是不是 VP”问句的肯定性倾向及其类型学意义》，《世界汉语教学》第3期。

张树铮 2007《胶辽官话的分区(稿)》，《方言》第4期。

朱德熙 1985《方言的两种反复问句》，《中国语文》第1期。

(张甜甜 深圳市龙华区第二实验学校
深圳 tiantian_anna@163.com)

后 记

语言类型学国际学术研讨会(International Symposium on Linguistic Typology)首届和第二届会议分别在常熟理工学院和南昌大学召开,两届会议的论文选合编为《语言类型学集刊》(第一辑),所以第三届会议的论文选顺次编为《语言类型学集刊》(第二辑)。

第三届语言类型学国际学术研讨会由中国社会科学院语言研究所、《中国语文》编辑部、上海外国语大学语言研究院、《外国语》编辑部联合主办,上海外国语大学语言研究院承办,于 2017 年 7 月 15 日至 16 日在上海外国语大学虹口校区举行。来自中国大陆、台湾、香港和美国、德国、法国、英国、日本、韩国、新加坡等地约 160 名学者参加了这次盛会。本届会议也像历届研讨会一样,来自中文、外文和民族语文院系所的海内外同行们,就人类语言的种种学术问题,融洽无间地展开学术交流,挖掘语种特点,寻找语言共性,语料信息互通有无,学术观点取长补短。两天的会议,与会者们都是乘兴而来,满载而归。

会后,在中外与会作者的得力支持下,会议几家主办方共同进行了会议论文的审稿筛选工作,给众多论文提供了修改意见,得到了作者们的认真回应。上海外国语大学的会议主要筹备人吴建明副教授、中国社会科学院语言研究所的会议联络人夏俐萍副研究员,以及他们的年轻同事们,为会议的举办和集刊的编辑出力尤多。编辑期间,又承上海教育出版社欣然接过了集刊第二辑的出版任务,责任编辑毛浩高质量地完成了编辑出版工作。对以上各方、各位为会议举行和集刊出版所做出的艰辛努力,谨表衷心的谢意!同时也欢迎各界读者对论文集提出批评建议,帮助我们将研讨会越开越好,集刊越办越好。

刘丹青

2020 年 5 月

图书在版编目(CIP)数据

语言类型学集刊. 第二辑/刘丹青主编.—上海：
上海教育出版社，2020.7
ISBN 978-7-5720-0013-3

Ⅰ. ①语… Ⅱ. ①刘… Ⅲ. ①类型学(语言学)-文集
Ⅳ. ①H003-53

中国版本图书馆CIP数据核字(2020)第115466号

责任编辑 毛 浩
封面设计 郑 艺

语言类型学集刊(第二辑)
刘丹青 主编
吴建明 夏俐萍 副主编

出版发行 上海教育出版社有限公司
官 网 www.seph.com.cn
地 址 上海市永福路123号
邮 编 200031
印 刷 昆山市亭林印刷有限责任公司
开 本 700×1000 1/16 印张 25
字 数 423千字
版 次 2020年7月第1版
印 次 2020年7月第1次印刷
书 号 ISBN 978-7-5720-0013-3/H·0003
定 价 108.00元

如发现质量问题，读者可向本社调换 电话：021-64377165